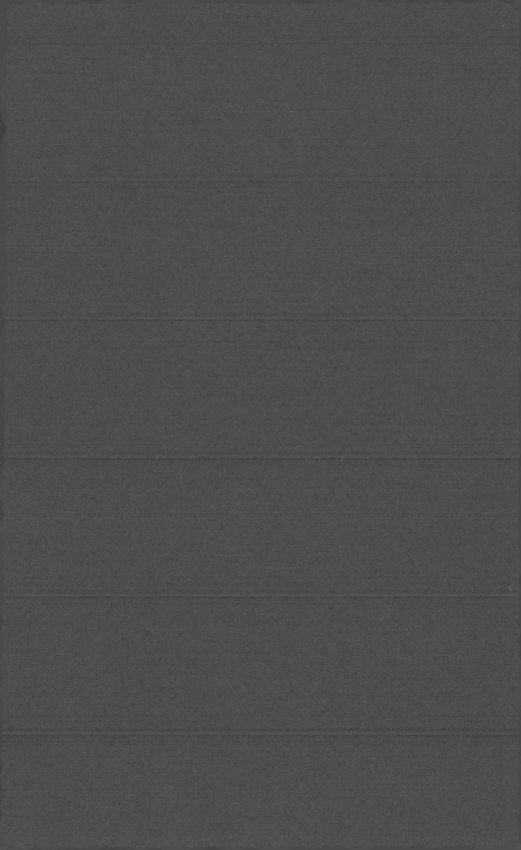

참회도(懺悔道)의 철학

— 정토진종과 타력철학의 길

ZANGEDO TOSHITE NO TETSUGAKU

(TANABE HAJIME TETSUGAKUSEN)

Annotated and compiled by Masakatsu Fujita

ⓒ 2010 by Masakatsu Fujita

First published 2010 by Iwanami Shoten, Publishers, Tokyo.

This Korean edition published 201X

by Dong-yeon Press, Seoul

by arrangement with the proprietor c/o Iwanami Shoten, Publishers, Tokyo

참회도(懺悔道)의 철학
― 정토진종과 타력철학의 길

2016년 2월 10일 인쇄
2016년 2월 20일 발행

지은이 | 다나베 하지메, 후지타 마사카츠(編)
옮긴이 | 김승철
펴낸이 | 김영호
펴낸곳 | 도서출판 동연
등 록 | 제1-1383호(1992년 6월 12일)
주 소 | 서울시 마포구 월드컵로 163-3
전 화 | (02) 335-2630
팩 스 | (02) 335-2640
이메일 | yh4321@gmail.com

ISBN 978-89-6447-297-2 93200

이 책은 난잔종교문화연구소(南山宗教文化研究所)의 출간 지원금을 받아 펴내게 되었습니다.

난잔종교문화연구소 연구총서 3

참회도(懺悔道)의 철학
— 정토진종과 타력철학의 길

다나베 하지메 지음

후지타 마사카츠 (編)

김승철 옮김

동연

발 간 사

〈난잔종교문화연구소연구총서〉를 펴내면서

1974년에 창설된 난잔종교문화연구소(南山宗敎文化硏究所, Nanzan Institute for Religion and Culture)는 일본 나고야(名古屋)에 있는 난잔대학(南山大學) 내에 설치되어 있다. 난잔대학은 〈말씀의 선교 수도회〉(神言修道會 SVD Societas Verbi Divini)에 의해서 설립된 대학으로서, 난잔종교문화연구소는 가톨릭교회의 제2차 바티칸공의회에서 천명된 기독교와 타종교와의 대화의 정신을 실현해 나가고 있다.

동 연구소에서는 연구회, 심포지움, 워크숍, 출판 활동 등을 통해 동서의 종교 간의 대화, 문화 간의 대화, 다양한 사상과 철학 사이의 대화 그리고 일본과 아시아의 종교에 대한 연구에 매진하고 있다. 해마다 국내·외 많은 연구자들이 연구소를 방문하여 연구 활동을 하면서 활발히 교류하고 있으며, 연구 성과는 저널이나 서적을 통해서 다양하게 출판되고 있다. (자세한 내용은 동 연구소의 홈페이지 http://nirc.nanzan-u.ac.jp/en/ 를 참조해 주시기 바란다.)

금번 한국에서 일련의 시리즈로서 계획되어 출판되는 〈난잔종교문화연구소연구총서〉(이하 〈난잔연구총서〉로 표기함)는 동 연구소가 종교 간의 대화를 실천하는 가운데 축적해 온 연구 성과들을 한국에 소개함으로써, 한국과 일본에서의 종교 간의 대화를 더욱 진작, 보급시키며, 양국의 연구자들 사이의 활발한 교류를 촉진하려는 목적에서 기획되었다. 특히 일본에서 이루어지는 기독교와 불교의 대화는 일본의 불교적 전통을 바탕으로 서구의 종교와 철학을 수용하였던 교토학파(京都學派)의 사상을 매개로 하면서 이루어져 왔다는 특징이 있으므로, 본 〈난잔연구총서〉 시리즈에서는 난잔종교문화연구소의 연구 성과들을 번역, 출판함과 동시에, 교토학파의 대표적인 사상가들을 소개하는 일을 겸하게 될 것이다.

이러한 취지로 2013년에는 교토학파의 창시자라고 일컬어지는 니시다 기타로(西田幾多郞)의 『장소적 논리와 종교적 세계관』이 〈난잔연구총서 1권〉으로 번역되었고, 니시다의 사상을 중심으로 기독교와 불교가 만날 수 있는 가능성을 논한 연구 성과를 난잔종교문화연구소가 책으로 엮었던 『기독교와 불교, 서로에게 배우다』가 〈난잔연구총서 2권〉으로 출판되었다. 그리고 이제 세 번째의 책으로서 교토학파를 대표하는 또 한 명의 철학자 다나베 하지메(田邊 元)의 『참회도의 철학』을 여기에 펴내게 되었다.

〈난잔종교문화연구소 연구총서〉의 발행을 통해서 한국과 일본, 나아가서는 아시아에 있어서의 종교간의 대화가 보다 활발히 진행되는 계기가 되기를 간절히 바라면서, 연구자들과 독자 여러분의 성원을 부탁드리는 바이다.

난잔종교문화연구소

차 례

서 문

지난 1944년(昭和19년) 여름, 마침내 우리(일본)의 국운이 기울고, 국력은 점점 쇠하여, 외적의 침격과 내습이 눈앞에 다가왔다. 그러나 국정은 정체(停滯)되고 정부 당국이 하는 일은 정세에 전혀 부합되지 못했다. 필요한 혁신을 단행해서 광란을 다스릴 아무런 능력도 없는 정부는 오히려 그 책임을 은폐하기 위하여 국민에게 진실을 알리지 않으며, 정책 시설에 대한 일체의 비평을 봉하고, 다만 정부를 찬양하고 선전하는 자들을 제외하고는 모든 언론을 금지하니, 우익을 제외한 모든 사상에 대한 억압은 참으로 가혹한 상태에 이르게 되었다. 우리 국민은 극도로 핍박한 생활 속에서도 불안을 감추고 국가의 앞날을 우려하였으나, 이것을 호소할 곳도 없고 알릴 사람도 없는 고뇌 상태에 놓여 있었다. 무엇보다도 내각의 경질을 바라는 마음은 너나 할 것 없이 국민 모두의 가슴속에 가득하였으나, 이러한 민의를 발표할 수 있는 길은 완전히 차단되어 있었던 것이다.

나 또한 일반 국민과 고뇌를 함께하였으나, 사상에 종사하는 자로서 남달리 특별한 고뇌를 겪지 않으면 안 되었다. 적어도 철학을 배워 사상을 가지고 보국(報國)해야 한다면, 설령 현 정부가 꺼린다고 하더라도 국가의 사상 학문 정책에 대해 직언(直言)해서 정부로 하여금 반성하도록 하여야 하지 않겠는가? 지금 단 하루의 유예(猶豫)도 허락하지 않는 이 위급한 시기에 국정의 개혁[釐革]을 말하지 않고 단지 침묵이나 지키고 있는 것이야말로 국가에 대한 불충(不忠)은 아닌가? 한편으로는 이런 염려를 했던 것이다. 그러나 다른 한편으로는, 이러한 행동은 평상시라면 모르되 전시(戰時)에 적을 앞에 두고 국내 사상의 분열을 폭로할 염려가 없다고는 할 수 없으니, 그러한 행동은 오히려 자제해야 하지 않을까 하는 자제심이 생기기도 하였다.

이처럼 염려와 자제심 사이에 끼여 이러지도 저러지도 못한 채 괴로워하였다. 그러나 이 진퇴양난의 곤경에서 나를 더욱 고뇌하게 만들었던 것은 다음과 같은 의문이었다. 고작 이 정도의 어려움조차도 극복할 수 없다면, 나에게는 철학에 종사할 만한 자격이 없는 것이 아닌가? 더욱이 철학 교사로서 사람을 인도하는 일은 생각할 수도 없을 터이니, 당연히 나는 철학을 그만두고 철학 교사직을 사임해야 하는 것은 아닌가? 나는 몇 겹으로 나를 옥죄어 오는 안팎의 괴로움에 절치부심(切齒腐心)하는 나날을 보낸 나머지, 나의 기력은 끝내 소진되어 버리고 말았으며, 철학과 같은 고매한 일은 천품이 비천한 나 같은 자가 할 바가 아니라는 절망에 빠지지 않을 수 없었다.

그런데 참으로 이상한 일이었다. 이 절체절명의 경지에서 스스로를 포기해 버린 나에게 참회가 다가왔던 것이다. 이제 다른 사람을 인도한다든지, 다른 사람을 바로잡는다는 것은 나에게 아무런 관심사도 아니었다. 나는 자신의 행동조차 마음대로 할 줄 모르는 자일진대, 무엇보다도 참회하여 솔직하게 나 자신을 직시하고, 밖으로 향했던 시선을 안으로 돌려 자신의 무력과 부자유함을 철저하게 직시하자. 이것이야말로 지금까지 해왔던 철학을 대신할 나의 일이 아닌가? 나는 이러한 새로운 결의에 도달하였던 것이다. 이미 철학할 수 있는 능력도 자격도 잃어버린 나로서는 이러한 일이 철학인가 아닌가 하는 것은 아무런 문제가 아니었다. 다만 그것이 지금의 내가 하지 않으면 안 될 과제로서 나에게 부과된 사상적 과제인 이상, 힘이 허락하는 한 그것을 수행하려고 결심하였다.

이런 결심은 나에게 오히려 참회의 자각을 통해서 철학 아닌 철학을 하라는 과제를 부여했다. 이제부터 철학하는 것은 나 자신이 아니라 참회이다. 참회가 참회의 행위 그 자체에서 나에게 자각을 가져다주는 것이다. 이것이야말로 종래의 철학이 부정된 자리에서 새롭게 태어나는 "철학 아닌 철학"이다. 그것을 "철학 아닌 철학"이라고 부르는 이유는, 철학이 한번 절망적으로 포기되고 사멸된 흔적에서 과거의 철학 대신 나타난 것이긴 하지만, 그것 역시 철학이 목표로 하는 궁극적인 사색과 철저한 자각이라는 요구에 응답하려고 하기 때문이다. 그것은 물론 일단 스스로를 버린 무력한 내가 자력(自力)으로 하는 철학은 아니다. 참회를 통해서 나의 방향을 바꾸고, 스스로의 무력함을 자각함으로써 새롭게 출발하도록 만든 타력(他力)이 나를 통해서 철학하는 것이다.

　참회란 내가 행한 잘못을 뉘우치고, 저질러진 악의 죄, 그 무엇으로도 갚을 수 없는 죄를 자신의 온몸으로 끌어안아 괴로워하며, 스스로의 무력과 무능을 부끄러워하면서 절망적으로 자신을 버리는 것을 의미한다. 그것은 나를 부정하는 행위이기에 나의 행위인 동시에 나의 행위가 아니다. 나 아닌 타자가 이러한 행위를 하도록 만드는 것이다. 그러나 그 타자야말로 내가 갈 길의 방향을 바꾸어 종래와는 다른 새로운 길로 재출발하도록 만들어 주는 것이다. 따라서 참회는 타력의 행위에 다름 아니다. 나의 참회에서 작용하는 것은 나에게 철학을 향해서 재출발하도록 해 주는 타력이다. 나는 타력이 시키는 대로 몸을 맡김으로써 참회를 행하고, 타력을 신뢰하면서 스스로의 전환부활(轉換復活)이 참되다는 사실을 확신한다. 이렇게 참회의 행위와 믿음과 깨달음[行信證]이 바로 부활된 나의 철학이다. 이것이 참회도(Metanoetik)이다. 그것은 타력철학(他力哲學)이다. 이렇게 해서 철학에 대해서 일단 죽은 내가 참회도에서 다시금 철학으로 부활할 수 있었다. 다만 부활이라고 해도 그것은 일단 절망 속에서 포기했던 철학을 다시 받아들여서 과거와 똑같은 길에서 철학을 부활시켰다는 의미는 아니다. 이렇게 부정도 전환도 없는 자동반복이란 있을 수 없다. 정신의 반복은 초월이기에, 부활은 신생(新生)이 아니어서는 안 된다. 더 이상 스스로 사는 것이 아니기에, 삶도 죽음도 아닌 절대적인 것, 초월적인 것으로부터 삶을 받아서 살아가는 것이다. 절대는 상대의 부정이며 전환이기 때문에 절대무(絶對無)라고 불린다. 그 무가 나를 부활시키므로 무는 나에게 "무즉애"(無卽愛)로서 체험된다. 혹은 절대부정의 "대비 즉 대비"(大非卽大悲)[1]로서 깨닫는다고 해도 무방하며, 참회라는 행위적 믿음(行信)에서 절대타력에 의한 전환부활을 깨닫는 것이라고 해도 무방하다. 나는 참회라는 행위적 믿음에서 절대타력에 의해서 부활로 전환된다고 확신한다.

참회도가 참회의 행위와 믿음과 깨달음[行信證]이며, 타력철학(他力哲學)의 길이라는 점에 대해서는 아무런 의심도 없다. 물론 유한하고 불완전한 내가 행하는 참회인 이상, 그것이 깨끗하지 못하고 진실하지 못할 수도 있다. 나는 참회하려는 의도였지만 진정으로 부활을 깨닫지 못하는 경우도 있을 수 있다. 또 한 번 부활했다가도 참회로부터 벗어나 다시금 자력으로 돌아가 스스로 현명하다고 자부한 나머지, 일단 도달한 곳에 주저앉아 버리는 경우도 없지 않을 것이다. 그렇게 되면 다시금 현실과는 배치되어 모순이 생겨나고, 다시 절체절명의 궁지에 빠지지 않을 수 없게 된다. 그러므로 부단한 참회만이 끝없는 부활을 믿게 해주고 또 깨닫게 해준다. 이 순환을 현실의 진전(進展)과 상즉(相卽)해서 행하고 깨닫는 데 있어서 참회는 그 무한성과 영구성을 나타내며, 절대 즉

---

1 『참회도의 철학』의 근본 개념의 하나. 절대적인 것은 상대적인 것의 절대부정임과 동시에, 상대적인 것을 살게 하고 부활시킨다. 불교적으로 말하면 대비심(大悲心)을 가진 것을 나타내는 말.

상대임을 깨닫게 된다. 정녕 이것이야말로 역사를 형성하는 원리이다. 참회도는 그 내용을 구체적으로 말하자면 철저하게 역사주의이다. 부단한 참회가 역사의 순환과 발전의 원리인 것이다.

이렇게 참회를 통해서 전환부활되는 것이 신란(親鸞)[2]이 타력법문(他力法門)에 의해서 정토진종(淨土眞宗)을 건립했던 배경이었다. 나는 신란이 불교에서 걸어나갔던 길을 우연히 철학에서 따라가게 되었다. 철학을 통하여 이러한 사실을 깨닫게 되었을 때, 나는 신란의『교행신증』(敎行信證)[3]을 참회도라는 시각에서 읽어내고자 하였다. 지금까지 신란의 글을 읽었던 적이 전혀 없지는 않았다. 특히『탄이초』(歎異鈔)[4]나『정상말화찬』(正像末和讚)[5]의 비탄술회(悲嘆述懷)[6]가 담고 있는 참회의 메시지로부터 큰 감명을 받았었다. 신란의 타력염불문(他力念佛門)은 이행도(易行道)라고 불리기 때문에, 자칫 하면 사람들에게 안이한 생각을 불러일으키게 된다. 대비(大悲)의 절대전환에서 있는 그대로 구제된다고 하는 초월적 경지를 상대적 자연의 무도덕적 입장과 혼동하기 때문이다. 그 결과 이행도의 교의가 끔찍한 악행과 망상을 변명하는데 악용되

---

2 1173-1263년. 일본의 정토진종(淨土眞宗)의 개조(開祖)로서 번뇌에 가득찬 범부의 극락왕생은 오로지 아미타여래가 중생을 구제하려는 원(願)을 절대적으로 믿음으로써만 가능하다는 절대타력의 불교를 주창하였다. [역자주]

3 신란의 대표적 저술. 원래의 제명은『顯淨土眞實敎行證文類』. [역자주]

4 신란의 제자였던 유이엔(唯圓 1222-1289)의 저서.『탄이초』라는 제명은 신란이 세상을 떠난 후 정토진종 내에서 여러 가지 이설(異說)들이 분출한 데 대한 것을 비판한다는 뜻이다. 1-10장까지는 신란의 어록이고, 11-18장이 유이엔의 저술이다. [역자주]

5 신란이 부처의 진리가 나타나는 세 시기[正像末]에 대해서 히라가나[和語]를 가지고 찬탄(讚嘆)한 책. [역자주]

6 신란의『正像末和讚』에서 "정토진종으로 돌아가려 해도, 진실한 마음은 있기 어렵고, 허가불실(虛假不實)인 이 몸에서, 청정한 마음도 또한 없다"라고 하는 제 16수의 와산(히라가나를 섞어서 지은 찬가)이 "어리석은 까까머리의 비탄술회"(愚禿悲歎述懷)라는 제목하에 수록되어 있다.

는 폐해가 없지 않았었다. 그럼에도 불구하고 나는 신란의 신앙이 철저히 비통한 참회를 기조로 한다는 사실만큼은 예전부터 굳게 믿고 있었다.

그러나 내가 『교행신증』을 참회도로서 이해할 수 있다고는 전혀 생각하지 못하였다. 사실 신란은 참회를 크게 찬탄하면서도, 내용적으로는 겨우 세 종류의 참회(三品懺悔)만을 말하고 있기에, 나는 참회가 『교행신증』의 중심 개념이라고는 생각할 수 없었던 것이다. 물론 『교행신증』의 중심이 참회에 있다고 보는 입장에서 이 책을 이해하였던 소가 료오진(曾我量深, 1875-1971)[7] 같은 뛰어난 승려요 학자가 계셨던 것도 사실이다. 나 역시 그 분의 해석에서 많은 것을 배웠고, 이에 대해 깊이 감사하는 바이다.

그러나 『교행신증』이 참회도를 불교적으로 전개한 책이라고 이해하는 일이 진종(眞宗)에 대한 일반적인 이해 방식이라고는 할 수 없다. 적어도 지금까지 나는 이러한 각도에서 『교행신증』을 접해보지는 못하였다. 그와는 달리 본래부터 자력주의에 기울어 있던 나는 신란의 타력염불문에 친밀감을 느끼기보다는 선(禪)을 더 좋아하였다. 그래서 비록 승당(僧堂)의 수업을 받은 적은 없지만 오래 전부터 선사들의 어록(語錄)에 친근감을 느끼고 있었다. 타고난 천품이 용렬(庸劣)하여 아직 선의 본령을 엿보지도 못하고 있음은 참으로 부끄러운 일이나, 그래도 진종보다는 선이 나에게 가깝다고 느끼는 바가 있었던 것이다. 『교행신증』은 그만큼 나에게 멀리 떨어져 있었던 것이다.

일찍이 나와 함께 교실에서 헤겔을 읽고, 헤겔에게 배운 바를 사색력을 바탕으로 『교행신증의 철학』이라는 훌륭한 책을 썼던 타케우치 요시

---

7 진종학자로서 신슈대학(眞宗大學), 토요대학(東洋大學), 오타니대학(大谷大學) 등에서 가르쳤다. 다나베는 이 책에서 소가의 『전승과 자신의 증언』(傳承と己證)에 대해서 언급한다.

노리(武內義範, 1913-2002)[8]와 같은 사람이 있어서, 나는 이 책으로부터 배운 바도 적지 않았다. 하지만 『교행신증』의 사상을 나 자신의 철학으로 삼는다는 생각은 꿈에도 할 수 없었다. 그런데 지금 나는 참회도를 가지고 철학을 타력적으로 다시 전개하기 위하여 『교행신증』을 정독하게 되었는데, 이제야 비로소 이 책을 이해하는 길이 열리는 것을 체감하면서, 위대한 선현인 신란에게 감사하고 다시금 그를 앙모하게 되었다. 이 책의 제6장과 제7장에서 해석을 시도한 "삼원전입"(三願轉入)이나 "삼심석"(三心釋) 등은, 구제(救濟)의 구조를 규명한 종교철학적 사상으로서 지극히 탁월한 사상이라고 나는 믿는다. 나는 신란의 지도를 신뢰하고 따르면서 참회도를 개진하게 되었음을 타력의 은총이라 여겨서 이에 감사하지 않을 수 없다.

게다가 정말 뜻밖의 일은, 내가 이처럼 타력 신앙에 눈을 뜸과 동시에, 보통 자력문이라고 해서 타력신앙과는 대조적이라고 여겨왔던 선(禪)을 예전보다 더 가깝게 느끼게 되었다는 사실이다. 아니, 그 뿐만이 아니다. 일견 지극히 인연이 먼 것 같던 수리철학[9]의 문제로서 오랫동안 내가 골머리를 썩혀왔던 무한 집합론에 대한 생각도 타력철학인 『교행신증』에 의해서 새로운 방향으로 생각을 바꾸게 되었다. 역사철학이 참회도에 뿌리를 내리고 있다는 사실도 알게 되었는데, 이는 참회도가 철저하게 역사주의적인 내용을 지닌다는 사실애서 본다면 당연하다고 하겠다. 이렇게 나는 참회도가 일견 매우 편협한 입장처럼 보이면서도 실은 폭넓은 전망을 가진다는 것을 믿게 되면서 큰 기쁨을 느꼈다.

---

8 일본의 종교철학자로서 다나베의 제자.
9 다나베는 "수리의 역사주의 전개"(數理の歷史主義展開, 1954년)라는 논문에서 무한연속의 이론인 칸토르의 집합론이 낳은 패러독스에 의해서 수학이 중대한 위기에 빠졌다고 보고, 그 문제에 30년 이상 관심을 가지면서도 쉽게 답을 발견할 수 없었다고 쓰고 있다.

혹자는 참회라는 것이 특이한 현상이어서 철학에 이르는 보편성을 갖지 못한다고 의구심을 품을 수도 있겠으나, 나는 처음부터 내가 주장하는 참회도가 폭넓은 사회성을 지닌다고 느끼고 있었다. 그러므로 사회 연대라는 견지에서 보아도 우리는 누구라도 부단히 참회하지 않으면 안 된다고 믿는다. 나의 이번의 참회는, 앞에서도 언급했던 것처럼, 비관적인 국가 정세에 직면해서 나의 철학 사상이 나아갈 바를 알지 못했던 바에 자극을 받아 이루어진 것이었다. 그러나 그 절체절명의 곤궁함이란 비단 한 사람의 사상가로서의 나 자신의 책임에 관한 고민에서 비롯된 것만은 아니었다. 나는 최근 몇 년간 군부(軍部)를 필두로 해서 지배계급이 국민을 경시하여 이성을 억누르고, 도리를 무시하면서 극도로 비합리적인 정책을 강행하였으며, 결국 국제도의(國際道義)를 어기고 나라의 신의를 실추시켰던 것에 대해서 극도로 분개한 적도 있었다. 그러나 그 책임은 단지 그러한 일을 감행했던 특수한 계층에게만 돌리는 것으로 해결될 성질의 것이 아니다. 그 책임은 궁극적으로는 이것을 제지할 수 없었던 국민 전체가 져야 할 연대책임이며, 그 중에서도 정치계와 사상계의 지도층이 직접 당사자이자 가장 큰 책임을 져야 한다는 것을 뼈저리게 느꼈다. 이른바 지식인의 방관자적 태도라는 것은 결코 용인될 수 없으며, 우리는 연대적이라는 신념이 강하게 나를 지배했다.

이러한 연대관에 입각한다면, 참회도는 의심의 여지없이 누구에게라도 언제나 필연적으로 요구된다. 참회도를 철학으로 삼는 것은 윤리를 철학의 통로로 하는 것처럼 일반성을 요구할 수 있다. 참회도가 신란의 『교행신증』에서 도출되었다는 사실에서 본다면, 참회도는 『교행신증』의 환상회향(還相廻向)이라는 심오한 사상으로부터 우러나온 것으로서, 독특한 종교적 사회 사상을 시사한다. 그것은 기독교의 이웃 사랑이 주창하는 평등과 달리, 선후(先後)의 질서를 지닌 평등으로서의 형제성에 다름 아니다. 오늘날 민주주의가 말하는 자유가 불평등을 초래하고, 사회주의가 말하는 평등이 자유를 방해한다는 것은 공공연한 사실이다. 자유와 평등의 통일은 결코 쉽게 얻을 수 있는 통일이 아니다. 그것은 대단히 어려운 과제임에 틀림없다. 그러한 과제를 해결하려면 "자유, 평등, 우애"라는 식으로 나열되는 우애가 원래적인 의미인 형제성이라는 구체적인 모습에서 자유와 평등을 매개해야 한다. 대승불교의 보살수행을 타력신앙 위에서 대자화(對自化)한 진종(眞宗)의 환상관(還相觀)은 구체적인 사회구조론을 시사하며, 새로운 역사철학을 위한 전망을 제공해 준다. 과연 참회도는 결코 사상의 비생산적 공전(空轉)은 아닌 것이다.

이렇게 나는 작년 가을, 진지하게 참회도를 철학으로 전개하려고 하였다. 참회도는 참회도적으로 전개되지 않으면 안 되는 구조를 가지고 있다. 참회도는 참회를 연구의 대상으로 삼는 "참회의 철학"이 아니기 때문이다. 기존의 철학적 방법을 가지고 참회를 해석하는 현상학 내지 생 철학 같은 것이 아니라, 모든 철학의 입장과 방법이 무력한 것으로서 일소(一掃)되고, 그 폐허 위에서 다시 태어나는 것이 참회도이다. 참회도는 데카르트의 방법적 회의보다 더 철저한 철학적 해체[掃蕩]의 방법이며, 그것은 한 번 죽어 부활한 철학이기 때문에, 참회도 자체는 기존의 철학으로서 취급될 수 없다. 그것은 정말로 죽어서 다시 사는 전환을 능동적으로 행하면서, 그러한 능동적 행위가 사실은 수동적으로 자기 자신에게 일어나는 것임을 자각하는 행위적 깨달음[行證]이다. 스스로 참회하지 않으면서 참회를 말하는 것은 참회도가 아니다. 타력행으로서의 참회도를 스스로 행하고 믿는 사람만이 이를 깨닫고 자각할 수 있다. 나는 이런 의미에서 참회도를 행함으로써 깨달으면서 참회의 자각을 심화하였다.

이처럼 사색을 전개해 가면서, 나는 참회도의 보편적인 논리가 절대

비판(絶對批判)이라는 사실을 알게 되었다. 자력에 바탕을 두는 이성의 철학은 현실과의 대결에서 피하기 어려운 이율배반에 빠진다. 그렇게 되면 칸트의 이성비판처럼 지식을 제한해서 신앙의 입장을 마련하고자 하게 될 것이다. 하지만 칸트가 추구하였던 해결책은 너무나 부족한 것이었다. 이성은 자력으로는 어쩔 수 없는 절체절명의 궁지에 몰려서 지리멸렬하고 산산이 분열되고 나면, 더 이상 쓸모없는 것이 되어버리는 것이다. 이성비판의 주체인 이성은 비판을 통해서 스스로를 보전하는 것이 아니라, 절대분열에 이르러 스스로도 철저하게 분열되지 않을 수 없다. 이 절대분열이 곧 절대 비판이며, 그것은 바로 이성비판의 철저화에 다름 아니다. 더욱이 절대적인 분열모순이 모순을 가지고 모순적으로 부정되는 곳에서 절대적인 전환이 일어나고, 철학은 "철학 아닌 철학"으로서 초월적으로 부활된다. 이것이 참회도이다. 따라서 참회도의 논리는 절대 비판인 것이다.

과학과 윤리에서 행해지는 이성 비판은 그것이 철저해짐으로써 결국 참회도에 도달한다. 칸트의 이성 비판은 헤겔의 정신현상학으로 발전하고, 칸트의 변증법이 헤겔의 변증법으로 전환된 것도 실은 이러한 이유에서이다. 다만 헤겔은 분열된 이성이 여전히 이성에 의해서 통일되어서 이성으로서 부활되며, 이성은 무한을 사유하는 개념에 의해서 스스로의 죽음과 부활을 자각할 수 있다고 믿었다. 즉 죽어서 부활하는 것은 이미 삶도 아니고 죽음도 아닌 절대적인 전환, 즉 절대무의 행위이며, 자각은 행위와 믿음과 깨달음을 통해서만 다가갈 수 있는 주체적인 중심으로서의 위치를 지니는 전환의 잠정적인 시간적 축에 불과하다는 사실을 알지 못하였던 것이다. 이러한 사실을 모른 채 헤겔은 절대모순의 동일성은 그러한 시간적인 주체적 중심과는 별개의 개념의 형태로서 파악될 수 있다고 생각하였고, 따라서 무한한 사유가 전체를 끌어안을 수 있는 무한한 원환(圓環)의 통일이라고 여겼던 것이다.

여기에서 우리들은 그가 말하는 이성이 여전히 아리스토텔레스의 동일성의 논리라는 좁은 새장에 갇혀 있음을 알게 된다. 그러나 이것은 사실 변증법의 부정이다. 거기에서는 자기의 행위적인 전환의 중심이 해소되고, 객관적인 개념이 지배한다. 따라서 이를 뒤집게 되면 개념은 실체가 되고, 절대개념론은 유물론이 되는 것이다. 거기에는 객관화되거나 물질화될 수 없는 주체가 존재하지 않기 때문이다. 그것은 자기의 실천적 전환에 아무런 매개적 역할도 인정하지 않는 비실존주의에 불과하다. 절대무 안에서의 행위적 자각 대신에 존재의 실체가 등장하게 되는 것도 당연한 일이다. 헤겔의 사상이 스피노자주의를 통해서 마르크스주의로 전개되었던 이유도 여기에 있었다.

이에 반해서 참회도는 어디까지나 행위에 의한 전환에서 "대비 즉 대비"를 깨닫고, 대행(大行)으로 매개되는 자기의 "죽음 즉 부활"의 전환적 통일을 행위를 통해서 깨닫는[行證] 입장이다. 이것은 이성 비판을 철저히 진행하여 타력에 의한 전환에 이르기 때문에, 칸트의 이성 비판을 끝까지 추구하고, 헤겔이 의도하면서도 도달할 수 없었던 절대매개의 변증법을 이성의 관상(觀想)에서가 아니라 행위적 믿음[行信]에서 수행한다. 그것은 헤겔의 이성주의에 반대해서 칸트의 근본악의 사상을 깊게 추구하였던 셸링의 자유론과 유사하며, 또 헤겔의 지성에 반대해서 자기의 실존을 실천적 전환의 중심으로 확보하고자 하였던 키에르케고르의 영향을 받은 현대의 하이데거의 실존철학에 호응하는 바가 적지 않다.

나아가 참회도는 셸링의 사변적 구성에 반대해서 절대매개의 자각적 입장에 서며, 하이데거의 실존주의의 자립적 입장이 키에르케고르의 신앙으로부터 떠나서 니체의 사상에 공명함에 반해서, 참회도는 타력신앙의 입장에 철저함으로써 절대와 자기의 전환매개를 확보하고, 또한 상대적인 자기가 상대적인 타자와 매개되는 그 매개에 절대가 절대매개로서 현성하는 것을 자각한다. 이렇게 되면 자유론에도 실존철학에도 공통적인 한계라고 인식되는 개인주의를 사회적 협동의 입장에서 구체화한다. 그 사회적 협동체가 앞에서 논하였던 환상(還相) 관념에 이끌려서 종래 내가 주창하여왔던 "종(種)의 논리"에 기초한 사회존재론에 새로운 근거를 마련해 준다. 이러한 사실들은 참회도가 철학으로서 충분히 구체적인 전망을 지닌다는 것을 확신하기에 충분한 것이었다.

이제 나는 다시금 안심하면서 철학으로 돌아올 수 있었다. 어디까지나 철학으로 부활한 이 사상 내용을 교토대학 재임 중의 마지막 강의에서 발표할 수 있었다. 우리들이 거듭 희망하였던 내각 경질이 이루어졌음에도 불구하고 후에 발족한 내각도 무능하여 아무것도 할 줄 모르기는 마찬가지여서 상태가 나아지는 바가 없었다. 국민들의 우려와 불안, 궁핍함과 재해에 대한 비관은 날이 갈수록 짙어져만 갔으나, 참회도라는 사상을 가지고 그래도 조금이나마 스스로를 위무하고 스스로를 격려할 수 있었다. 나는 감사와 신뢰하는 마음으로 참회도라는 제목 하에 10월에 강의를 시작해서 12월에 마쳤다. 그 사이 교토철학회의 공개강연회10에서도 같은 제목을 가지고 참회도의 요지를 말하였다. 이것이 참회도의 철학이 태어나게 된 유래이다.

나는 마지막 강의를 준비하면서 지금까지 기술하였던 절대 비판의 논리를 전개해서 내가 지금까지 배워왔던 서양 철학을 비판적으로 해부하면서 그것을 참회도적으로 다시 발전시켰으며, 나의 입장에서 에크하르트, 파스칼, 니체를 새롭게 해석함으로써 종래 투명하지 못했던 점을

---

10 1944년 10월 21일, 교토 대학에서 행했던 강연.

나 나름대로 분명하게 하였다는 기쁨을 맛보았다. 『교행신증』의 참회도
적 해석에 무엇보다도 힘을 기울였음은 물론이다. 그 결과를 써서 몇 편
의 초고를 작성해서 일련의 강의에서 요약하여 이야기하였다.

그러나 처음부터 3개월이라는 한 학기의 시간은 이 강의를 위해서는
턱없이 모자랐다. 1학기가 아니라 1년을 강의한다고 해도 모자랐을 것
이다. 그러나 정년퇴직이 다가와 그것이 허락되지 않았을 뿐만 아니라,
병약한 체질의 나는 11월부터 건강이 악화되어 병상에 누워있던 부자
유한 몸을 이끌고 교실로 갔으며, 집에 돌아오면 바로 병상에 누울 수밖
에 없었다. 어떻게 해서든지 예정된 강의만은 끝낼 수 있으면 하는 것이
나의 간절한 소망이었다. 그래서 12월 마지막 강의를 끝냈을 때에는 참
으로 안도의 숨을 내쉴 수 있었다.

그 이후 나는 줄곧 병상에 누워서 해를 보내고 겨울을 지냈다. 그 사
이 학생들과 졸업생, 그리고 친우들이 내게 베풀어준 호의는 말로 다할
수 없을 것이다. 그들에게는 아무리 고마움을 표해도 모자랄 것이다. 이
렇게 해서 금년 2월초에 퇴직하였을 때, 나는 25년여에 걸친 대학생활
을 뒤돌아보면서, 무력하여 아무 것도 이룬 바가 없이 지내온 것을 부끄
러워하는 동시에, 병약한 몸으로 어쨌든 임기를 완수할 수 있던 은혜를
하늘과 사람에게 감사하지 않을 수 없었다. 다만 나 개인의 일로부터 눈
을 돌려서 나라의 운명을 생각해 보면, 통한은 극에 달하고 비애는 끝이
없었다. 내각은 재차 경질되었어도 정세는 호전되는 바가 전혀 없었으
며, (일본) 본토는 침입을 받아 그 참상은 차마 말로는 할 수 없을 지경이
었다. 그래도 나는 절망하지 않고, 당면한 문제의 연구에 주의를 게을리
하지 않았다.

이렇게 참회도로서 부활된 철학은, 이미 그 전환의 동기가 되었던 과
거의 절망을 다시금 절망으로 끝나게 하지 않고, 반드시 전환하여 그 어

디에도 집착하지 않는 입장에 서게 된다고 믿는다. 마침내 나는 약하기 때문에 강하다고 하는 자각, 곧 자신의 무력을 철저하게 겸손히 자각하기 때문에 타력의 대비(大悲)로 말미암아 살아갈 수 있다고 하는 참회도의 은혜를 느끼게 되었다. 다만 공습이 심해져서 방공 시설도 갖추지 못한 나 같은 사람이 도시에 머무는 것은 국방에 방해가 된다고 자주 경고를 받던 터였으므로, 결국 7월 하순 나는 교토를 떠나 이곳으로 이주하기로 결심하였다. 무사히 이주할 수 있었던 것도 주위 사람들의 호의에 의한 것이었다. 그런데 이 땅의 한적함은 여전히 회복되지 못한 나의 기력을 회복시켜 주었고, 그 후 2개월여를 전심전력으로 글을 쓴 결과, 작년 가을 강의를 준비하던 중 작성했던 메모를 가지고 한편의 논문을 완성할 수 있었다. 그것이 다름 아닌 이 작은 책의 내용이다. 처음에 나는 이 책을 어떻게 발표할 것인지에 대한 확실한 계획도 없었으나, 다만 지금까지의 관례대로 잡지 「철학연구」에 게재할까 하고 생각하고 있었다. 그런데 8월 중순, 드디어 큰 일이 일어나고야 말았다. 일본은 무조건 항복하여 패전국이라는 슬픈 처지로 전락하고 말았던 것이다.

말로 다할 수 없는 비통함에 빠진 것은 물론 나 혼자만은 아니었다. 국민 전체가 그랬다. 게다가 국민으로서 이 모든 일에 이르게 된 유래를 돌아볼 때, 단지 참회 밖에 달리 할 것을 알지 못한다는 것도 사실이다. 이러한 상황에 이르러 생각해 볼 때, 나의 참회도는 이미 일 년 전에 국가와 국민의 미래를 예비했었다고 하는 이상한 운명을 지녔음을 알게 되었다. 나는 이것을 생각할 때 무한한 통한을 느끼지 않을 수 없다. 나는 오늘날 자기들의 책임을 회피하기 위해서 국민들에게 총참회(總懺悔)를 요구하는 지도층의 후안무치(厚顔無恥)를 혐오한다. 연대책임의 입장에 설 때, 참회란 자신은 하지 않으면서 다른 사람에게 권유하는 그런 것이 아니다. 그러나 지금 이러한 비운에 빠져서 생각해 본다면, 우리나라가 전체적으로 참회해야 한다는 것은 명약관화한 사실이다. 국민의 연대책임을 믿는 나로서는 문자 그대로 총참회하여야 한다는 것은 너무나 당연한 일이다. 나는 참회도가 나 혼자만의 길이 아니라 우리나라 국민의 철학하는 길이라고 생각하지 않을 수 없다.

그런데 신란(親鸞)에게 참회가 비통을 포함하고 참괴(慘愧)를 동반하는 것처럼, 서양어의 paenitentia는 본래 고통을 의미한다. 고통 없는 참회란 있을 수 없다. 그러나 참회의 핵심은 전환에 있다. 고통이 환희로 변하고, 참괴가 감사로 변하는 것이 참회의 본질이다. 우리나라가 지금 참회밖에 달리 길이 없다고 하는 것은, 단순히 절망을 의미하는 것이 아니라 부활로 전환될 것을 바라는 것이다. 이처럼 참회가 타력 전환의 행위고, 내가 믿음으로써 깨닫는[信證] 것이라고 한다면, 나는 그것을 국민 여러분에게 고하지 않을 수 없다. 참회도를 나 혼자의 철학으로 삼을 뿐만 아니라, 국민 모두의 철학으로서 참회도를 제공하는 것은, 내가 할 수 있는 보은(報恩)이다. 이렇게 생각해서 나는 가능한 빨리 이 작은 책을 한 권의 책으로서 세상에 출판하기로 결심하였다.

나는 참회가 우리 국민이 가야 할 길이라고 주창하는 바이지만, 결코 참회도의 철학을 다른 이들에게 강권하는 것은 아니다. 다만 현대를 살아가는 일본인으로서 철학을 추구하고자 하는 국민들에게 자유롭게 취사선택할 수 있도록 참회도를 제시하고자 할 뿐이다. 오늘날 패전의 비운과 함께 다년간 우리를 억압해 왔던 사상의 중압이 외국의 힘에 의해서 제거되고, 사상의 자유가 국민 전향의 목표로써 제시되어 있다. 국가의 강제로부터 벗어난 문화의 건설이 우리나라를 재건하기 위한 방도로써 끊임없이 제창되고 있음은 실제로 우리가 목도하고 있는바 그대로이다. 지식인이 문화주의를 표방하고, 자유로운 활동에 명랑한 기분이 감돌고 있다는 사실은, 사실 패전국의 경우로서는 일견 매우 이상한 현상이라고 하지 않을 수 없다. 나 역시 이러한 기분의 유혹을 느끼지 않는 것은 아니다. 그만큼 우리들이 다년 간 경험했던 중압감은 컸던 것이다. 그렇다고 해도 스스로 희생을 지불하면서 압박을 제거하여 자유를 쟁취했던 것도 아니고, 무조건 항복하지 않을 수 없었던 패전국의 국민으로서 자유주의를 강요받고 문화주의를 떠안게 된 것은, 설령 그것이 종래의 억압 세력이 제거되었다고 하더라도, 적극적으로 새롭게 문화를 창조하는 기력이 거기에 있을 수 있단 말인가? 가령 새로운 문화의 꽃이 피어난다고 해도, 그것은 견고한 뿌리가 없는, 일견 아름답지만 허약한 온실의 꽃에 불과하지 않을까? 실로 생명 있는 문화는 문화주의의 산물이 아니며, 문화주의는 오히려 문화 퇴폐(文化頹廢)의 산물이다. 일견 역설이라고 생각되는 이곳에 진실이 있다.

나는 일반적으로 문화주의의 추상성에 식상한 자이지만, 특히 오늘날의 문화주의의 앞길에 큰 희망을 품을 수는 없다. 문화주의에 만족해서 명랑한 기분에 사로잡힌 듯한 방관자적 태도는 국민의 연대성을 전혀 알지 못하는 자라고 하지 않으면 안 된다. 현재 식량 물자의 결핍, 산업의 정돈 금지, 복원 실업의 모순이라는 절박한 사회 문제들은 국가 재건이라는 것이 얼마나 힘든 일인가를 알려준다. 만약 조금이라도 잘못해서 일각을 소홀히 한다면, 망국의 비운을 또 맞이하게 될지도 모른다. 우리는 거국적으로 참회함으로써 길을 새롭게 하여, 옛 제도 조직에 집착하지 않고 어떤 혁신이라도 그것이 국가 재건의 길에 현재 반드시 필요한 것이라면 서로 협력해서 수행해야 한다. 그렇지 않다면 국가의 재흥은 기대하기 어려운 일이다. 오늘날 우리나라의 사상가가 마땅히 가야 할 길은 문화주의의 선전이 아니라 참회도의 제창이 아니면 안 된다. 구약의 예언자 예레미야야말로, 우리들이 나아갈 길을 제시해주는 것이 아닌가?

그러나 조금 더 진실을 말해 본다면, 우리나라에 국가주의의 청산을 요구하는 연합국에도 민주주의와 사회주의와의 협조는 아직 온전히 이루어지지 않았으며, 오히려 이제부터 해결되어야 할 문제인 것이다. 그것이 만족할 만큼 해결되지 못하였다. 그렇다면 많은 모순이 내외로부터 이들 나라들을 반드시 괴롭히게 될 것이다. 민주주의 국가도 사회주의 국가도 각각 참회하지 않으면 안 되는 것이다. 만약 우리나라가 부흥이라고 하는 세계 역사적 사명을 담당한다고 한다면, 민주주의도 사회주의도 아닌, 그러면서도 양자에게 자유롭게 출입하는 제3의 길을 발견해서 실천해야 하지 않을까? 그렇다면 참회도는 다만 우리나라 국민의 철학일 뿐만 아니라, 인류의 철학이기도 하다. 인류는 모두 참회를 행하고, 투쟁의 원인이 되는 아성(我性)의 긍정 주장을 절대무의 매개로 바꾸고, 유화협력(宥和協力)하여 해탈구제(解脫救濟)를 향해서 서로를 격려하는 절대 평화에서 형제애의 환희를 높이기 위해서 서로 경쟁하여야 한다. 이러한 삶을 통해서 인류는 자신의 존재의 의미를 발견해 내야 하지 않겠는가?

세계 역사의 전환기인 현대에 철학은 특히 참회도가 되어야 한다고 해서 이것을 아전인수(我田引水)적인 이해라고는 할 수 없다. 본래 나는 참회도를 가지고 세계를 지도하려는 생각은 추호도 없다. 참회도는 이러한 생각을 허락하지 않는다. "신란은 제자가 한 명도 없었다"[11]고 했듯이, 모두가 평등하다는 의식이야말로 참회도의 비특권자적인 평등주의이다. 더욱이 『탄이초』는 "이렇게 말씀드린 이상, 염불을 택하여 믿으시든가, 혹은 떨쳐버리시든가, 여러분 각자의 생각에 달렸습니다"라고 말하고 있다. 나 또한 참회도에 대해서 같은 말을 할 수밖에 없다. 이처

---

11 『탄이초』 6 (마에다 류, 전대석 역, 1997년, 42면. 이하에서는 경서원, 『탄이초』라고 표시한다).

럼 자유 평등의 정신이야말로 참회도가 민중의 철학이어야 할 이유라고
믿는 바이다.

앞에서 밝혔던 것처럼, 이 책의 완성을 위해서 작년 여름 이래 나를
도와준 여러 분들에게 충심으로 감사의 뜻을 표하고 싶다. 나는 이 책이
존재하는 한 그들의 호의를 잊지 못할 것이다. 또한 나약한 몸임에도 불
구하고 다년간 나의 연구생활을 도와준 아내에게 여기에 위로의 말을
적는 것을 너그럽게 용서해주신다면 고맙겠다.

끝으로 이처럼 대단히 장황한 서문을 인내를 가지고 읽어준 독자에
게 감사하는 바이다.

1945년 10월

키타카루이자와(北軽井沢)에서

저자 다나베 하지메

제1장

참회도의 철학적 의의

참회도(Metanoetik)라는 말이 일반적인 철학 용어로 인정되어 있다고는 할 수 없다. 과문한 탓도 있겠으나, 적어도 나는 지금까지 철학의 범위 내에서 이런 말을 들어 본 적이 없다. 그렇다면 이제 이처럼 낯선 용어를 도입해서 철학을 논하려는 이유는 무엇인가? 단지 시험 삼아 기이한 명칭을 현학적으로 이용하여 진부한 내용을 감추려 함인가? 나는 지금 이러한 의문에 대해서 무슨 변명을 하려는 것은 결코 아니다. 나에게는 철학이 참회도, 즉 메타노에티크(Metanoetik)로서만 가능하다는 것이 부동(不動)의 진실이기 때문에, 설령 다른 이들로부터 위와 같은 의심을 산다고 해도 아무런 문제도 아니다. 만약 위와 같은 불순한 동기가 나의 사색 속에 섞여 있어서, 사상의 객관적 필연성에 자의적인 주관성이 끼어들었다면, 먼저 나 자신이 반성하고 참회하지 않으면 안 된다.

지극히 부끄러운 일이기는 하나, 나는 어리석고 저열한 자이고 보니, 실제로 외형적인 신기함을 가지고 내용의 진부함을 교묘히 속이려는 비열함이 전혀 없다고는 할 수 없다. 이러한 수치스러운 행위에 대한 유혹은 끊임없이 나의 마음속에 잠복해 있다. 실은 밖으로부터 위와 같은 의문이 제기된다는 것 자체가, 이미 나의 마음속에 그러한 경향이나 조짐이 인정되기 때문이라고 할 수밖에 없다. 그럼에도 불구하고 내 안에서 일어나는 반성작용을 통해서 철저하게 그와 같은 경향이 부끄러운 일이라는 사실을 직시하고 이것을 참회하고자 한다.

그런데 참으로 감사해야 할 불가사의(不可思議)는 이것이다. 한번 이 요구에 순종해서 참회에 몸을 바치면, 위와 같은 나의 수치스러운 불순악행(不純惡行)이 무력해지고 만다는 사실이다. 참회는 부끄러움의 고통을 치유하는 향유(香油)이다. 어둠을 어둠 그대로 밝게 비추는 절대 광원(絕對光源)이다. 참회가 지니고 있는 이러한 전환의 힘을 은총으로 받아들여서 감사를 드리는 체험이야말로 내가 말하는 이른바 참회도의 핵심이다. 그러니까 나에게 참회도는 철학적으로 살 수 있는 유일한 길이다. 그에 대한 자각이 내게 유일한 철학이 되는 것은, 이미 전술한 주관성의 자의나 불순한 동기가 섞여 있는가의 여부와 관계없이, 객관적 진실이다. 참회도의 위력은 거기에 따라붙는 수많은 의혹을 불식시킨다. 이것이 참회도의 진실을 증언하는 하나의 증거라고 해도 괜찮을 것이다. 그러므로 나는 안심하고 참회도가 나에게 필연적인 철학이라고 솔직하게 고백할 수 있다. 나에게는 이러한 고백(ὁμολογία)과 참회(μετάνοια) 이외에 철학은 있을 수 없다. 그 참회의 길에 대한 자각이야말로 메타노에티크, 즉 참회도인 것이다. 길은 그 길을 가는 자의 자각이고 지혜가 아니면 안 된다. 참회도가 철학이라고 인정되는 이유가 바로 여기에 있다.

그런데 참회도를 다만 참회도라고만 부르지 않고 거기에다가 메타노에티크라는 서구적 조어(造語)를 덧붙이는 것은, Metanoetik가 Meta-Noetik에 통하고, 이(성적 직)관을 초월한다는 사실을 표현할 수 있기 때문이다. 참회도는 진실로 이관초월(理觀超越)이라는 뜻을 포함한다. 즉 그것은 초관도(超觀道)인 것이다. 참회도의 철학이 일반적인 신비주의 철학 내지 직관 철학과 구별되고 오히려 그들과 대립되는 중요한 특색이 여기에 있다. 참회도는 자력적 직관에 근거한 것이 아니다. 참회도는 타력의 전환에 의해서 매개되는 행위와 믿음과 깨달음[行信證]이다. 이는 본래 진종(眞宗) 특유의 개념이다. 왕상(往相)과 환상(還相)이라는 두 개념—이는 철학 전체에 대해서도 근본적인 중요성을 지닌다—을 가지고 설명할 수 있다면, 일반적인 신비주의가 왕상적 관상(往相的 觀想)이라면, 참회도는 환상적 행도(還相的 行道)라는 특성을 지닌다. 그것이 특히 철학을 갱신한다고 여겨지는 참회도의 의미이다. 그 일을 표어를 가지고 나타내기 위해서는 메타노에티크가 편리하다. 참회도는 "나중에 생각한다"는 의미의 μετάνοια로서 참회, 후회의 길에 대한 자각인 동시에, μετάνόησις, 즉 초관(超觀)의 자각이기도 하기 때문에, Μεταν οητική(Metanoetik)라고 불릴 수 있다. 물론 그 직관 초월의 의미는 점차 내용적으로 전개되지 않으면 안 되지만, 우선 그 말의 의미를 주의해서 살펴보는 것도 무익하지는 않을 것이다.

그런데 철학이 참회도라고 말하는 것도 참회도를 떠난 자리에서 하는 말은 아니다. 나는 메타노에티크로서의 철학을 메타노에티슈하게 말하는 것이다. 이 말이 어떻게 받아들여질지 나는 모른다. 나는 그것도 단지 나의 참회의 인연으로 삼는 수밖에 없다. 나는 나 자신의 죄악이 깊고 거짓이 많으므로, 고백이 정직하지 못하고 참회가 성실하지 못할 수밖에 없음을 두려운 마음으로 부끄러워한다. 그 뿐만이 아니다. 나의 참회에도 스스로 자만하려는 아성(我性)의 추악한 뿌리가 깊게 박혀 있기에 나는 부끄러움을 금할 길 없다. 나의 부과허영심(浮誇虛榮心)과 우치전도심(愚癡顚倒心)은 아무리 꾸짖음을 당하고 비난받는다고 하여도 나로서는 아무런 변명의 여지가 없다. 그에 대해서도 나는 다른 이로부터의 지적을 겸허하게 받아들임은 물론, 자기의 반성도 최선을 다하여서 날카롭게 하여서, 그 부정직함과 불성실함 그리고 부끄러움을 모르는 뻔뻔스러움[無恥無慚]을 참회할 뿐이다. 아니, 나의 자력은 이러한 참회를 할 수 없을 정도로 무력하고, 번뇌로 인한 나의 생각의 어리석음과 잘못된 행동[愚癡顚倒]은 이처럼 뿌리가 깊고 또 집요하다.

그럼에도 불구하고 내 안에서 작용하는 참회의 타력 스스로가 나에게 참회하도록 해준다. 나는 단지 그 타력에 순종해서 참회를 행할 뿐이다. 따라서 참회도가 나로 하여금 참회도적으로 참회도에 대해서 말하도록 만든다. 이런 의미에서 나는 참회도의 실존적 진리의 증언이 드러난다고 말할 수 있다. 참회는 단지 이른바 메타노이아, 즉 나중에 생각하고 나중에 후회하는 것으로서 과거의 죄악을 기억하고 그로 말미암아 괴로워하거나, 그 죄가 저질러지지 않았었다면 하고 나중에 바라면서 깊이 뉘우치는 것에 그치는 것은 아니다. 참회는 이처럼 자기를 반성하기 위한 깊은 생각에 그치는 것이 아니라, 오히려 자기의 돌파 (Durchbruch)를 의미한다. 자기를 그대로 놓아 둔 채 참회한다는 것은 있을 수 없다. 왜냐하면 참회는 자기의 행위이면서도 자기를 돌파해서 자신을 버리는 행위이기 때문이다. 마치 헤겔이 모든 행위의 죄책성을 말하면서 자신의 죄책을 승인하는 것은 자기의 몰락과 운명에 대한 심판에 복종하는 것이라고 보았던 것처럼, 참회는 자기의 몰락과 포기를 의미한다. 참회는 자기에 대한 죽음을 실천하는 길[行道]이다.

더욱이 죄악은 인간에게 일시적이고 우발적인 것이 아니며, 단지 우리의 악한 행위에 국한되는 것도 아니다. 그것은 이른바 "근본악"으로서 우리들의 존재의 근원에 깊숙이 숨어 있다. 죄악은 존재 그 자체에 대한 부정적 규정이다. 우리들이 우리들의 존재의 근거를 자신의 자발적인 결단을 통해서 마련해 나간다고 여긴다면, 그것은 절대자의 자유와 매개적인 자유를 누리려고 함으로써 자신의 상대성을 망각한 채 스스로를 절대자 자체라고 여기는 월권을 범하게 된다. 이것은 우리들이 부정을 매개로 하면서 모순적 대립을 통해서 성립하는 전환성을 원리로 하면서 존재한다는 사실을 망각해 버리고, 유사한 것을 동일한 것으로 바꾸고, 부정적 매개를 직접적 동일성으로 치환하려는 월권인 것이다. 자유를 원리로 하는 실존에 이러한 월권이라는 죄악이 숨어 있으므로, 이를 자기의 힘만 가지고 피하는 것은 불가능하다. 그것은 참으로 원죄(原罪)와도 같은 것이다.

다만 절대의 부정적 전환의 은총에 의해서 이 죄악의 근원성이 자각되고, 선천적으로 부여된 자유는 오히려 직접적으로는 부자유의 원인이라는 사실을 깨닫게 된다. 그리고 자유가 부정됨으로써만 비로소 참된 자유가 보증된다는 사실을 믿게 된다. 그 때 비로소 진정한 자유의 근거가 주어진다. 타력은총에 순종해서 자기를 버리고 자기에 대해서 죽는 실존만이 참으로 자유로운 실존으로서 살 수 있다. 생의 원리는 자기를 버리는 부단한 죽음과 부활에 있다. 참회란 이러한 죽음과 부활에 비추어 보아 자기의 가치성(아니, 오히려 반가치성)을 깨달아 참회를 행하도록, 아니 타력은총의 힘에 의해서 참회를 행하는 존재가 되는 부정적 전환을 가리킨다. 죄악에 대한 참회는 나의 존재의 반가치 내지 무가치를 고뇌 속에서 인정하고, 자신의 존재란 직접적으로 긍정될 만한 가치와 자격이 없다는 사실을 부정적으로 꿰뚫어 보는 곳에서 시작된다. 자신의 존재에 대한 부정적인 가치 규정으로서의 죄악이야말로 나의 존재의 근원을 침식하는 부정성이라고 자각하고, 자기는 존재할 만한 자격이 없노라고 자기를 버리는 것이 다름 아닌 참회이다. 절망한 나머지 오히려 반항하면서 자포자기 상태에서 소극적인 자아성[我性]을 주장하고 확대하는 대신, 자기가 바라는 바를 늘 희망하면서도 자신의 현실은 그러한 희망과 어긋날 뿐이라고 스스로에게 절망하는 것, 문자 그대로 자기는 존재할 만한 자격이 있다는 적극적인 희망을 잘라 버리는 것, 이와 같은 순종적 절망에 의해서 자기를 버리는 것, 이것이 내가 말하는 참회이다.

그러나 참으로 불가사의한 일이다. 나로 하여금 나의 자기를 버릴 수 있도록 밀어주는 힘은 동시에 나를 회복시켜주며, 일단 부정된 나의 존재를 다시 긍정해준다. 목을 길게 늘어뜨린 채, 자기는 무가치하고 아무

것도 아니라는 사실, 아니 자신의 존재는 가치에 반한다고 하는 사실을 정직하게 긍정할 때, 오히려 불가사의하게도 일단 부정된 자기의 존재가 전환되어 긍정된다. 나의 존재는 이러한 절대전환으로 바뀌어 부정되면서 동시에 긍정된다. 참회를 행한 나의 존재는 절대전환에 의해서 회복되며, 구제에 의해서 부활된 존재가 된다. 그뿐 아니라 이러한 부활적 존재는 자기가 새로운 죄과를 더한다고 해도, 참회를 부단히 행하는한 그 존재성 자체가 또 다시 부정되지 않는다. 따라서 부정이 긍정으로전환되는 전환의 과정이 변함없이 진행된다. 실로 참회를 행하는 사람은 부단히 자기의 존재 자격이 부정되고, 나아가 그 부정으로부터 긍정으로 전환되는 불가사의한 힘을 항상 체험한다. 항상 하는 체험이므로그것은 불퇴(不退)라고 불리는 것이다. 이런 의미에서 참회의 구조는 무한히 순환하는 발전이다. 영겁회귀(永劫回歸)는 본래 초월적 반복을 의미하는데, 참회는 이러한 의미에서 영겁회귀적이며, 영원의 찰나적 충실(充實)이다. 따라서 유한하고 특수한 죄과가 더해진다고 하더라도 참회의 근본 구조는 흔들리지 않는다. 그러한 죄에 대한 참회, 즉 축적된죄에 대한 참회적 자각은 우리의 존재와 절대의 행위를 매개하는 힘이다. 즉 우리의 유한한 존재 안에 있는 무한한 원소(元素)이다. 그러므로우리의 존재의 죄나 불성실한 참회도 용서받을 수 있으며, 오히려 무의존재로 부활된다.

참회의 부정적 측면과 대립되는 참회의 긍정적 측면이 전심(轉心)이다. 동일한 μετάνοια라는 말이 참회를 의미함과 동시에 전심을 의미하는 이유도 여기에 있다. 참회는 전심과 마찬가지로 무한하고, 영겁회귀적으로 무한히 반복[多回]되지 않으면 안 된다. 참회의 부정적 측면이 구제의 절대전환의 번전성(飜轉性)에 의해서 긍정적인 측면으로 전환된것이 전심이며 회심이다. 그것은 참회와 표리의 관계처럼 서로 통한다.

참회를 통해서 스스로를 포기한 존재가 긍정으로 전환되고, 회심으로 변화된 구제의 힘은 나로 하여금 절대의 전환력과 번전력으로서의 구제력을 믿도록 만든다. 아니, 단지 참회가 구제를 매개하는 것이 아니고, 참회가 오히려 구제에 매개된다. 이처럼 양자가 전환상입(轉換相入)해서 상즉상통(相卽相通)하는 것이 참회로서의 "자력 즉 타력"이라는 행위적 자각이다. 즉 행위하는 것과 믿는 것은 별개의 것이 아니다[行信不二]. 참회가 구제의 조건이고 회개가 천국에 들어가기 위한 조건이라는 뜻이 아니라, 참회 자체가 타력에 매개된 행위와 믿음이라는 말이다. 따라서 참회는 환희, 감사, 보은(報恩)의 자증(自證)을 포함한 행위와 믿음과 깨달음이 삼위일체적으로 통일된 것이다.

참회를 통해서 자기를 포기하지만, 이처럼 포기된 자기가 자기에게 다시금 부여되어 자기가 부활되고 회복된다는 환희를 매개한다. 참회는 말할 필요도 없이 회한의 고통이며 절망의 비애이다. 그러나 이 고통이 오히려 환희를 매개하며, 비애는 지극한 행복[淨福]의 모태가 된다. 참회에 의해서 마음이 거듭나고 깨끗해져서 천국에 들어가는 기쁨을 누릴 수 있게 된다고 하기보다는, 죄악심중(罪惡深重)하고 번뇌치성(煩惱熾盛)인 그대로 참회가 그러한 죄악과 번뇌를 열반의 지복(至福)으로 방향 전환시킨다는 말이다. 그로 말미암아 환희가 고통 속에서 솟구쳐 나온다. 섭취구제(攝取救濟)[1]의 기쁨은 참회의 고통 밖에 있는 것이 아니며, 또한 참회의 고통이 지난 뒤에 찾아오는 것도 아니다. 양자는 표리일체이며 동시적으로 전환상입(轉換相入)한다. 참회 자체는 나의 자력에서 비롯된

---

1 『관무량수경』에 "하나하나의 광명은 시방세계를 두루 비추어 염불하는 중생을 섭취하여 버리지 않느니라"(불전간행회, 『정토삼부경』, 보광 옮김, 민족사, 1995년, 142면. 이하에서는 보광 역, 『정토삼부경』이라고 표시한다)고 쓰여 있다. 즉 아미타불의 자비에 의해서 모든 중생이 구원되어 결코 버림받지 않음을 의미한다. [역자주]

것이 아니고, 오히려 구제의 대비(大悲)인 타력에서 비롯된다. 나의 자기는 타력에 순종하면서 부정의 고통과 함께 긍정의 환희를 맛본다. 그러나 그 환희는 타력에 의한 것이므로 필연적으로 감사로 연결되고, 나아가 이것을 타자와 함께 맛보려고 하는 행위, 즉 타력에 협력하려는 보은(報恩)의 행위로 연결된다. 이것이 참회의 증거이고 증언이다. 더욱이 절대타력은 그 자신도 또한 타력적이어야 하기 때문에, 오히려 상대적인 자립 존재를 매개로 삼으며, 상대자와의 교호 관계 속에서 현성한다. 여기에서 참회의 깨달음이 환상(還相)으로서 성립된다.

이처럼 참회는 행위와 믿음과 깨달음 사이의 삼위일체적 통일이다. 참회와 믿음과 환희(내지 감사와 보은)는 한몸을 이룬다. 이러한 것은 본래 참회가 전환하는 힘에서 비롯되는 바, 그 전환하는 힘의 구조적 특성이 "타력 즉 자력"이기 때문이다. 참회는 자력에서 비롯되는 것이 아니라 절대전환의 타력에 의해서 매개된다. 타력은 일단 부정된 자기의 존재를 긍정하여 죽음으로부터 삶으로 부활시키는 구제의 힘이기 때문에, 구제가 참회를 매개한다고도 할 수 있다. 하지만 그러한 존재의 부정이 다시금 전환되는 것, 즉 죽음으로부터 삶으로의 부활은 원래의 상대적 존재의 삶으로 되돌아가는 것을 의미하지 않는다. 그것은 긍정과 부정의 대립을 초월하여, 삶도 죽음도 아닌 절대무의 초월로 전입함으로써 구제됨을 의미한다. 참회를 통해서 타력은 상대자를 매개로 하면서 내재적으로 상대자를 구제한다. 그러므로 절대타력이다. 동시에 참회는 자기를 포기하는 것이기 때문에, 참회는 자기의 행위이면서도 자기의 행위가 아니다. 그것은 무의 행위가 아니면 안 된다. 따라서 참회는 반항적 절망과는 다른 순종적 절망이고, 참회하는 자기를 더 이상 주장하지 않게 된다.

염불이 아미타불의 본원력(本願力)이라는 말은 다름 아니라 이 절대

전환력과 번전력을 가리킨다. 본원의 대비(大悲)는 절대전환의 대비(大非)로서 나타난다. 절대전환으로서의 절대부정의 행위, 절대무의 작용인 대비(大非)를 구제의 대비(大悲)로서 믿고 깨닫는 것이 타력 신앙의 핵심이다. "大非 즉 大悲", "무 즉 애"의 행위와 믿음과 깨달음이 종교적 의식의 본질이라고 해도 무방하다. 대비(大悲)라고 하고 사랑이라고 하는 이상, 그것은 원래 무아가 아니면 안 되기 때문에 "大悲 즉 大非"이며 "애 즉 무"인 것은 당연하다. 하지만 그것이 이러한 존재적 규정과는 반대로 "大非 즉 大悲", "무 즉 애"의 체험으로서 자각되는 곳에 종교적 의식이 성립한다.

이러한 "大非 즉 大悲"라는 신앙이 어떻게 가능한가에 대해서 나는 대답할 바를 알지 못한다. 다만 참회해야 한다고 말할 수밖에 없다. 물론 위에서 말했던 것처럼 참회 자체가 단지 자력의 행위가 아니라 타력에서 비롯된 것이기 때문에, 자력만으로 참회할 수는 없다. 참회는 반드시 타력에 의해서 이루어져야 한다. 그러나 타력의 절대 주체는 절대무이며, 절대전환의 행위적 주체이기 때문에, 그것은 상대적 자기에 의해서 매개된 것이 아니면 안 된다. 단순한 절대모순의 자기 동일이 아니라, 자기의 죽음과 부활에 매개된 실존적 절대매개가 아니면 절대무라고 할 수 없다. 절대무가 자기를 매개로 하면서 자기의 부정 전환의 원리로서 믿어지고 깨달아지기 때문에 타력이라고 하는 것이다. 그러한 의미에서 타력은 자신에게는 타자인 자력을 매개로 한다. "구하라, 그리하면 너희에게 주실 것이요, 찾으라, 그리하면 찾아낼 것이다"(마태복음 7장 7절)라고 하는 이유가 여기에 있다.

이것이 절대타력이다. 부처는 아무 것도 구하지 않는 사람[無求人]이기 때문에, 작불(作佛)하여 부처가 되고자 바라는 것은 모순이라고도 생각할 수 있다. 그렇지만 부처가 되려고 하지 않으면 부처가 될 수 없다.

부처가 되고자 하면서도 부처가 되려고 하지 않고, 부처가 되려고 하지 않으면서도 부처가 되고자 한다는 모순, 이 모순의 길은 닫혀 있으면서도 동시에 모든 이에게 열려 있는 길이다. 이것은 모순을 해소해버린다는 뜻이 아니다. 자기가 직접적으로 존재[有]인 한에는 그러한 존재의 방해를 받기 때문에 그 길을 통과할 수 없으며, 억지로 통과하려고 하면 존재가 파열되어 버린다는 모순에 직면한다. 이 모순에 부딪쳐서 절체절명에 몸을 던져 자기를 포기하고, 모든 계량분별(計量分別)을 버리고 자기의 무력을 절대의 현실이 요구하고 용인하는 곳에 맡기며, 스스로 모순의 밑바닥에서 죽기를 각오할 때, 그때 모순은 모순인 채로 용납되며, 닫혔던 문이 열리고, 열렸던 문이 닫힌다. 즉 자력을 가지고서는 열 수 없었던 것이 타력에 의해서 열린다. 게다가 자력과 타력은 서로가 서로를 매개한다. 그러므로 참회의 타력행은 동시에 자기의 행위이기도 한 것이다.

"자 즉 타", "타 즉 자"의 전환을 스스로 믿고 깨달음으로써만 절대전환은 절대무가 된다. 이 믿음과 깨달음을 떠나 아무런 매개 없이 초월적으로 존재하는 절대무라고 한다면, 그것은 무라고 해도 사실은 유이지 무가 아니다. 자기동일적인 무는 이미 매개를 벗어나 유에 가까워진다. 그것은 행위적 자각이 아니고 직관의 내용이기 때문이다. 이러한 입장에서 참회는 있을 수 없다. 거기에는 이미 자타의 대립을 끊는 동일성이 전제되어 있기에 전환을 말할 여지가 없기 때문이다. 이와는 달리 참회는 자기의 행위이면서 자기의 행위가 아니고, 자기의 행위가 아니면서도 자기의 행위라고 하는 절대전환으로서 성립한다. 그러므로 각자에게 참회하라고 권할 수 있다. 그러한 의미에서 나는 참회를 권장하고, 이것을 "대비 즉 대비"의 믿음과 깨달음의 길이라고 하는 것이다.

만약 "대비 즉 대비"라는 신앙의 사실도 어떤 논리를 가지고 논증할 수 있다면, 이미 그 논리의 밖에서 행위와 믿음과 깨달음의 내용은 없어지고, 믿음의 입장도 사라져 버린다. 그렇게 되면 타력 신앙이 [반대하는 것의 일치를 주장하는](역자 삽입) 동일성의 신비주의와 달라야 할 이유는 없어지고 만다. 거기에는 환상(還相)의 대비(大悲)에 대자화되지 않는 왕상(往相)의 즉자(卽自)적 대비(大非)가 절대모순적 자기 동일로서 성립될 것이다. 따라서 절대환상의 전기(轉機)라고 해야 할 참회라는 매개는 불필요하게 되어버린다. 그러나 이것은 신란이 말했던 다음과 같은 믿음의 입장과는 다르다.

"아미타 부처가 그대를 받아들일지 받아들이지 않을지 결코 논하지 말라. 중요한 것은 그대가 그대의 마음을 바꾸었는가 그렇지 않은가 하는 것이다"(莫論彌陀攝不攝 意在專心廻不廻)(教行信證文類三末).

신학자 칼 바르트가 기독교에 의문을 품고 그에 대한 증거를 요구하는 사람에 대해서 그 사람은 아직 구원받지 못한 사람이라고 대답했다고 하는데, 이는 동서의 종교인에게 공통된 태도를 말한 것이다. 비록 내가 이들과 비견될 만한 인물은 아니지만, 내가 참회에 대해서 말하려는 것도 이와 비슷한 바가 있다.

절대전환으로 나아가고, 더욱이 순환적 발전이 나선적으로 돌면서 앞으로 나가는 방식은 단지 "절대모순의 자기동일"[2]이라는 표현적 변증법과 같은 것이 아니다. "절대모순의 자기동일"이란 여전히 이관(理觀)

---

[2] 교토학파의 창시자인 니시다 기타로(西田幾多郎 1870-1945년)의 후기 사상에서 중요한 개념. 니시다는 절대적으로 모순되는 것의 동일이라는 성격을 가진 역사적 실재의 세계 구조를 이 말로 표현하였다. 또 종교론의 문맥에서도, 즉 자기와 자기를 초월하는 절대무한적인 것과 모순적인 관계를 나타내는 경우에도 이 말을 사용한다.

의 입장이기 때문에 결코 평등을 벗어날 수 없다. 아직도 절대매개에는 이르지 못했다는 말이다. 절대매개는 오히려 상대적인 자기를 매개로 하고, 상대적인 자기를 중심으로서 자립시킨다. 자기 자신이 변화를 받고 변하며, 회전되면서 회전하는 전환의 축이 될 때, 즉 자기 자신을 자기의 중심이라고 여길 경우에만 매개가 되기 위한 결단은 가능하다. 이러한 매개의 중심으로서의 좌표 원점은 여기저기에 있을 수 있는 무한의 자기 실재이며, 이 개개의 점 밖에 어떤 보편적인 장소를 설정한다면, 그것은 행위적 믿음의 입장은 아니다.

스스로 참회하는 자에게는 아무런 방향성도 없고 추상적으로 한결같은 무의 장소라고 하는 것은 존재하지 않는다. 이것은 여전히 관상[觀]의 입장에서 나온 말이다. 행위적 직관3이라고 하지만, 그 경우의 행위란 타력 전환의 축을 추상화해서 예술적으로 표현한 것에 불과하므로, 그것은 직관의 연장과 발전에 지나지 않는다. 플로티노스가 행위는 관상을 위한 것이라고 보았던 까닭이 여기에 있다(Plotinus, Enneades, III, 8,6). 거기에는 죽음과 부활 사이의 부정적 전환에 포함된 특정한 방향성, 즉 환상(還相)의 종적(種的) 매개라고 하는 윤리적 협동의 사회적 한정성이 없는 것이다. 하지만 이러한 사회적 한정의 교호성으로 말미암아 종(種)이 유화(類化)되고, 참회의 축을 중심으로 서로 반대되는 방향에서 구체적인 개체를 서로 교호적으로 매개하여 역동적이고 발전적으로 통일시킨다. 따라서 내가 말하는 참회는, 나의 회심, 즉 자력으로부터 타력으로의 회심을 의미한다. 메타노에티크(Metanoetik)는 적극적으로 말하면 타력의 철학이다. 나는 나 자신이 걸어왔던 길을 따라서 참회도의 부정 전환적인 구조를 우선 지적하고 싶다.

---

3 니시다는 『행위적 직관의 입장』(1935년)에서 "우리들은 행위에 의해서 사물을 보고, 사물이 나를 한정함과 동시에 내가 사물을 한정한다. 그것이 행위적 직관이다"고 말한다.

데카르트의 방법적 회의는 이성의 형식적 전환성을 자각함으로써 철학의 명증성을 보장하려던 시도였다. 하지만 그것만으로는 아직 주관성을 벗어날 수 없다. 그가 말했던 해체[掃蕩]는 내용적으로는 공허하며, 객관적으로는 무력한 요청에서 끝나고 말았다. 그것이 실로 철학의 근저로서 추진력을 가지는 충실한 내용을 전개할 수 있었던 것은 그의 시도가 신에 대한 믿음에 의해서 뒷받침되었기 때문이다. 그렇기 때문에 미요(Gaston Milhaud 1858-1918)나 슈발리에(Jacques Chevalier, 1882-1962)가 데카르트의 자각에는 신에 대한 믿음이 함께 있음을 지적하였고, 나의 존재를 신의 존재에 근거한 것이라고 해석하였던 것이다.

진정한 자각은 동일성적 삶의 연속에 대한 자각이 아니고 절대와 상대 사이의 부정적 전환으로서의 죽음과 부활에 대한 자각이어야 한다. 참회의 자기포기와 타력적 부활 사이의 전환적 매개가 명증적 자각에 입각해서 비로소 철학의 객관적 근거를 보증한다. 참회도야말로 우리들 누구에게나 열려 있는 철학의 자기 매개라고 나는 생각한다. 그 행위와 믿음과 깨달음을 제외한 채 철학을 초월적 근거 위에 설정해서 절대적인 어떤 것으로 자립시킬 수는 없다.

이처럼 참회에서는 구제의 대비력(大非力)이 대비심(大悲心)으로서 작용하고, 무의 절대전환이 이것을 매개하기 때문에 참회도가 철학의 통로가 된다. 이 말은 구제가 이미 확실한 것으로서 보장되어 있을 것을 요청하고, 본원의 약속을 자만하는 "본원(本願) 자랑하기"[本願ぼこり]4는 아닌가? 이것은 오히려 참회의 핵심인 자기포기와 존재의 부정을 불가능하게 만들고 자기 긍정을 요청하기에, 참회와는 명백히 모순되지

---

4 아미타불의 본원은 아무리 악한 사람이라도 구제한다는 것인데, 이를 안이하게 이용해서 자신이 구제됨을 자랑하는 것을 가리킴. [역자주]

않는가? 이런 의문이 없지는 않을 것이다. 실제로 만일 구제가 직접적으로 보증된다면, 구제의 매개로서의 참회도 불필요할 것이며, 거기에서 철학이 재출발해야 할 이유도 없어질 것이다.

그러나 철학이 참회를 전환적 매개로 하면서 구제가 성립한다는 사실을 자각한다는 과제를 스스로의 과제로 여기는 것은 참회와 구제 중 어느 한편만을 우선시하고, 다른 한편을 그로부터 파생된 것이라고 여긴다는 의미가 아니다. 그와는 반대로, 어디까지나 참회가 구제의 매개이며, 참회의 상대적 자력이 구제의 절대적 타력의 매개가 되며, 그로 말미암아 참회가 구제로 전환되어 불가사의한 초월적인 부활을 체험하게 되는 것이다. 그러므로 매개의 논리를 가지고 이 불가사의한 전환에 이성의 자각을 개입시키고, 직접적인 체험을 개념의 부정적 매개에 의해서 이해하는 것이 철학의 과제가 된다. 동일성으로 귀일(歸一)하는 것이 아니라, 둘은 둘로서 대립하면서도 따로따로 존재하는 것이 아니라는 불일불이(不一不二)와 부동불이(不同不異)의 변증법적 관계가 행위와 믿음을 통해서 자증된다. 철학은 이러한 매개의 논리를 전개한다는 과제를 안고 있는 것이다.

만일 참회를 매개로 하지 않고도 구제가 보증된다면, 구제는 이미 절대자에 대한 인간 영혼의 영적 관계를 의미하는 것이 아니다. 그것은 인간의 행위와 동떨어진 동일성적인 자연적 존재의 사실일 뿐이다. 그렇게 되면 구제는 더 이상 영적 전환의 행위와 믿음과 깨달음으로서의 구제가 아니다. 참회가 다만 자기의 분별심 위에서 이루어지는 일이고, 구제의 전환에 의해서 매개되지 않는 직접적인 심리 경험에 불과하다면, 그것은 회한(悔恨)이나 후회(後悔)처럼 유한하고 상대적인 경험 사실에 지나지 않는다. 그렇게 되면 참회는 더 이상 절대자에 대한 초월적 전환의 행위와 깨달음을 의미하는 영적 체험이 될 수 없다.

영적 사실은 동일성적인 어떤 것으로 이해될 수 없다. 그러므로 참회
는 과학이 아니라 철학의 문제가 되는 것이다. 또 그것은 단순한 신비에
그치는 것도 아니다. 참회의 불가사의는 무언가 이성적으로 매개되고,
행위를 통해서 부정적으로 전환된 한정으로서의 개념을 통해서 이해될
수 있기 때문에, 철학의 이성적 자각과 논리적 매개를 요구하고, 문제를
해결하기 위한 출발점을 찾아낼 수 있는 것이다.

단순히 동일성에 환원된다면 철학의 문제가 될 수 없다. 오히려 철학
의 과제로서 요구되는 것은 어떤 불가사의함을 해결하는 일이다. 그러
나 논리의 매개나 이성의 자각을 전혀 수용하지 않는 직접적인 신비 불
가사의함 역시 철학의 문제는 될 수 없다. 왜냐하면 아무리 해결하려고
하여도 도저히 손을 댈 곳이 없다면, 과제 자체가 성립되지 않기 때문이
다. 구제에 의해서 매개되지 않는 단순한 회한이나, 참회에 의해서 매개
되지 않는 동일성적인 자연적 사실로서의 구제도, 모두 철학의 과제는
될 수 없다.

행위적 믿음을 통해서 참회와 구제를 매개시킴으로써 철학은 문제
의 해결을 시도할 수 있다. 절대와 상대가 절대매개에 의해서 통일되고,
초월과 내재가 행위에 의해서 전환상입(轉換相入)하기 때문이다. 참회에
의해서 매개된 자기, 즉 자신은 존재할 자격이 있다는 주장을 철저히 포
기하였기에 설령 구제된다고 하더라도 자신의 존재는 부활될 수 없다고
철저히 단념하는 영혼만이 절대의 대비심의 전환력으로 말미암아 변화
된다. 그때 그의 존재는 초월적이고 매개적으로 회복된다. 이것이야말
로 동일성적인 자연적 필연성과는 달리 절대의 대비심(大悲心)과 대비
력(大非力)에 속하는 불가사의임에 틀림없다.

이러한 "대비 즉 대비"의 본원을 멋대로 해석해서 이 본원은 필연적
인 것이라고 자부하면서 본원을 자랑한다면, 그것이야말로 절대를 모독

하는 죄악이다. 그것은 참으로 대법(大法)을 훼방하는 반역이며, 신불 (神佛)에 대한 배반의 죄를 범하는 일이다. 이러한 죄야말로 참회에 의해서 매개되지 않으면 구제될 수 없다. 『대무량수경』(大無量壽經)의 아미타여래의 제18원에서 정정취(正定聚)5를 약속하는 왕생필정(往生必定)의 절대구제의 본원이라고 해도, 오역(五逆)과 훼방(毁謗)6을 제외한다는 단서가 붙어 있다. 여래의 대비본원인 타력을 불경스럽게도 취하려는 반역자와 훼방자는 결코 그대로 구제될 수 없다.

단지 참회에 의해서 자기를 포기하고 자신이 존재할 자격마저도 부정하는 것을 매개로 해서만 구제받을 수 있다. 나아가 참회에서 참회자는 이 훼방의 죄마저도 용서하는 구제의 매개라는 불가사의를 체험한다. 참회자는 본원을 자랑하지 않으며, 다만 불가사의한 힘에 대해서 전율과 감사를 느낄 뿐이다. 아니, 죄악심중의 범부, 극중악인(極重惡人)인 나에게는 그처럼 본원을 자랑하려는 경향은 엄연히 있을 뿐만 아니라, 그것은 참회와 구제에 의해서도 여전히 소멸되지 않고 끝까지 남아 있다. 나는 구제의 불가사의함에 대해서 전율하고 감사를 드리는 가운데, 나 자신은 본원을 자랑하려는 경향을 버리지 못할 정도로 죄가 깊다는 사실을 부끄러운 마음으로 참회하지 않으면 안 된다. 오직 "대비 즉 대

---

5 반드시 부처가 된다고 정해진 성자. 아미타불에게 구제되어서 부처가 되기로 정해진 자. "부처님께서 아난에게 말씀하셨다. 저 극락국에 태어나는 중생들은 모두 정정취에 머물게 되느니라. 그 까닭은 그곳에는 사정취나 부정취가 없기 때문이니라." 보광 역, 『정토삼부경』 66-67면.

6 『무량수경』 제18원에 나타나는 표현. "만약 제가 부처가 될 적에, 시방세계 중생들이 지극한 마음으로 믿고 좋아해서 나의 나라에 태어나고자 하여 십념 정도를 하였음에도 불구하고 태어나지 못하는 사람이 있다면, 저는 차라리 부처가 되지 않겠습니다. 다만 오역죄를 지었거나 정법을 비방하는 자는 제외하겠습니다." 여기서 "오역죄"란 아버지를 죽이고, 어머니를 죽이고, 아라한을 죽이고, 부처님 몸에 피를 내고, 승단의 화합을 파괴하는 것. (보광 역, 『정토삼부경』 38, 217면)

비"의 불가사의한 구제력 만이 깊은 죄악에 이르는 성향을 소멸시키지 않고 번뇌도 끊지 않은 채, 있는 그대로의 모습에서 그들의 방향을 전환시켜서 구제에로 인도한다. 참회에서 전율과 감사와 훼방이 상입순환(相入循環)하는 것이야말로 참회와 구제와 죄악 사이의 교호관계를 잘 보여준다. 오직 이 순환에 의해서 구제는 본원을 자랑하는 훼방죄악에 연결되고, 참회를 매개로 해서 그 죄악을 구제하며, 죄악에로의 경향을 그대로 놓아 둔 채 그 방향을 전환시켜서 죄악을 구제로 매개한다. 본원을 자랑한다는 훼방죄악마저도 참회를 매개로 해서 구제로 변한다. 그러므로 참회의 무한한 구조는 전율을 포함하면서도 구제를 신뢰하도록 만드는 것이다. 참회는 모든 번뇌죄장(煩惱罪障)을 하나도 멸하지 않은 채 그대로 구제로 전환시킨다.

그러나 참회를 매개로 하지 않으면 그 어떤 구제도 불가능하다. 구제와 참회는 동일한 것이 아니므로 부정적으로 대립하지만, 양자는 서로 분리되는 일 없이 서로 교류(交流)한다. 구제와 참회는 참으로 변증법적 긴장 관계 속에서 부동불이(不同不異)라고 하는 동적 통일을 유지한다. 구제와 참회는 끝없이 분리되면서도 끝없이 상즉한다. 구제와 참회는 이러한 위험한 연계(連繫)관계에서 결합되어 있기 때문에, 거기에는 본원을 자랑한다고 하는 동일성적 결합이 들어갈 여지는 없는 것이다.

참회의 자기포기는 전율과 감사의 교류 순환으로서 두렵고 떨리는 것이지만, 바로 그렇기 때문에 그것은 구제에 대한 확신을 매개할 수 있다. 자기의 존재성에 대한 요구를 철저히 포기하고 참회하는 자로서 고개를 깊이 숙일 때, 우리들은 그와 같은 부정이 긍정으로 전환되는 것을 구제의 불가사의함으로써 믿고 깨닫는다. 그러나 그러한 확신의 뒷면에는 여전히 단멸되지 않은 채 남아있는 자기 집착의 번뇌가 있기에, 혹시 자신이 구제의 예정에서 빠져 있는 것은 아닐까 하는 불안이 여전히 남아 있다. 또한 참회와 구제의 매개적 관계에서 볼 때 도저히 용납될 수 없는 태도, 즉 본원을 자랑하는 일이 여전히 남아 있어서 자기를 긍정한다는 반역적 태도도 여전히 남아 있다.

그러므로 절대전환의 대비력(大非力)을 통해서 본원의 대비심(大悲心)으로서의 구제가 이루어진다. 우리들의 마음은 절대전환 속에서 긍정과 부정 사이의 심각한 긴장감을 느끼게 된다. 이러한 절대전환은 구제의 절대매개성과 통일성에 대한 부정적 매개로서 절대부정에 대한 상대적 긍정을 참회의 자발성으로서 요구한다. 이로서 참회는 구제의 매개가 되는 것이다. 이것이 참회와 구제 사이의 변증법적 관계이다. 모든 긍정이 동시에 부정이며, 부정은 부정적으로 매개되면서 부정인 채 그대로 긍정으로 전환된다는 절대전환의 절대매개적 변증법의 논리이다. 이를 통해서 어리석은 범부에게도 참회도의 길이 열린다는 사실이 분명해진다. 어리석은 범부를 위한 철학의 길은 참회도로서만 가능하다는 사실을 이제는 의심할 수 없다.

이미 고대 철학자의 전형인 소크라테스는 "무지의 지"라는 반어(反語)로서 참회의 길을 걸었다. 거기에 종교적 구제의 타력 신앙은 아직 나타나지 않았지만, 그 자체만 보더라도 이미 무지에 대한 고백이 지(知)의 적극성으로 변하는 매개가 된다. 이것이야말로 반어의 핵심이며, 그것은 참회와 상통한다. 소크라테스가 말했던 다이몬의 부정적 경고는 모든 직접적 긍정에 대한 독단적 집착을 불식시킨다. 그것은 부정이나 매개를 무시하면서 직접적인 긍정에 사로잡히지 않도록 만들며, 자유무애(自由無碍)한 절대의 부정에 이르게 한다. 다만 그 무애자재함은 자력으로 이룰 수 있는 바가 아니니, 다이몬의 경고는 오히려 자력을 타력으로 전환시키는 참회의 자기포기를 의미한다. 그렇다고 한다면, 소크라테스의 윤리적 실존은 반어를 참회로 삼고 있으며, 반어 속에 포함된 종교성을 전개한다고 할 수 있다. 따라서 소크라테스가 전개했던 최초의 논리가 변증법이었던 것이다.

철학이 소크라테스에게서 주체적 실존에 대한 자각으로서 발현하였다는 사실을 이상하게 여길 필요는 없다. 오늘날의 종교철학에 큰 영향을 미치고 있는 19세기 사상가의 한 명인 키에르케고르의 학위논문이 〈아이러니의 개념: 계속해서 소크라테스를 돌아보면서〉(*Der Begriff der Ironie mit ständiger Rücksicht auf Sokrates*, 1841)였다는 사실도 이 점에서 수긍된다. 소크라테스의 주지주의(主知主義)가 타력적 구제를 대자적으로 매개하는 참회도를 전개했다고는 할 수 없겠지만, 그 반어의 변증법 속에 이미 참회도가 함축되어 있었던 것이다.

이와는 달리 신란의 『교행신증』(教行信證)은 타력 구제의 종교를 확립할 수 있었다. 그러나 구제를 위한 매개로서의 참회는 어떤 특정한 교리가 아니라 교리의 전제와 배경이라고 보아야 한다. 이것은 종교적 교리의 입장으로부터 보면 당연하다고도 할 수 있다. 하지만 신란의 가르침으로서의 정토진종이 그 종조인 신란의 정신에 반하여 무반성적이고 무양심적인 염불문으로 타락했는데, 그 이유의 하나는 종교적 구제를 위한 매개로서의 참회가 지닌 윤리적이고 이성적인 계기가 부족했다고 볼 수 있다.

불교의 자력성도문(自力聖道門)이 수도적 단련의 요소를 다소나마 여전히 지니고 있는 데 반해서, 타력이교(他力易教)의 염불문은 문자 그대로 행하기 쉬운 세속 생활이 구제를 위한 염불의 기반으로서 충분하다고 여기고 있다. 신란이 가르쳤던 심각하고 비통한 참회와 지옥일정(地獄一定)[7]의 자각을 상실하고, 종교의 면목을 완전히 잃어버렸다는 말이

---

7 『탄이초』 "그러나 어떠한 수행에도 도달하기 어려운 몸이고 보면, 결국 지옥에 떨어지기 마련이었기 때문이었지요"(경서원, 『탄이초』 33면).

다. 이것은 참회의 길을 잃어버렸기 때문이라고 할 수 있지 않겠는가?

여기서 우리는 종교는 윤리적 이성의 매개와 부정적으로 대립하며, 따라서 종교와 윤리는 서로 독립적이면서도 분리될 수 없는 관계임을 다시 생각해보지 않을 수 없다. 타력대비(大悲)의 구제는, 아무런 윤리적 노력도 없이 자력의 무능만을 말하면서 타력의 전능을 즐기려는 자들, 그런 안일함과 부끄러움을 모르는 도배(徒輩)에게 주어지지 않는다. 타력대비의 구제는 자력으로 애쓰면서도 자력의 무력함을 부끄러워하고 참회를 행하는 구도자에게 비로소 성취되는 것이다. 대비(大悲)는 대비(大非)의 부정 전환으로써만 드러난다. 구제의 환희는 참회의 비통과 표리일체(表裏相即)의 관계를 지니지 않으면 안 된다.

일반적으로 철학은 이성의 자율에 따라 자기로부터 출발한다. 철학은, 이 자기가 세계로부터의 한정을 받고 있음을 알고 있으면서도, 자기는 절대무의 매개를 통해서 존재한다는 자각으로 나아간다. 절대무가 자기와 세계를 전환적이고 교호적으로 매개한다는 것을 자각한다는 말이다. 자기는 무이면서 유, 즉 공유(空有)[8]라는 것, 죽음을 통해서 삶을 받아서 살아가는 초생사적 부활 존재라는 것을 믿고 깨닫는 행위가 다름 아닌 참회이다. 철학이 요구하는 절대는 오직 절대무이다. 존재는 무와 마주보는 한에서 상대(相對)가 되지 않을 수 없기 때문이다. 다만 무만이 절대무로서 존재와 무를 뛰어넘는 절대가 될 수 있다. 그러나 무는 상대적 존재를 자신의 매개로서 독립적으로 존재케 하고, 무이면서 존재, 즉 존재와 무를 초월하여 "무 즉 존재"로서 존재케 한다.

참회의 행위를 통해서 존재는 이처럼 부정적으로 전환된다. 참회를 통해서 자기가 방향을 바꿈으로써 비로소 철학의 주체가 가능해진다.

---

8 『참회도의 철학』의 주요 개념의 하나. 무이면서 유, 죽음을 매개로 하여 삶을 받아 부활한 존재를 의미한다.

그러나 자기가 방향을 바꿀 수 있다고 해도, 그 방향을 바꾸는 능동자가 따로 있는 것은 아니다. 타력이라고 하지만 그 타자(他者)는 무이고, 그렇기 때문에 그것은 절대이다. 즉 그것은 절대전환으로서의 무가 아니면 안 된다. 능동자 없이 순수한 수동이 될 때에만 절대타력이라고 불릴 수 있다. 타력 그 자체도 또 타력에 대응하는 타자로서의 상대의 자력을 매개로 하면서 작용하기 때문에 순수타력이고 절대타력일 수 있다. 따라서 절대타력은 이른바 자력을 매개로 한다. 이렇게 해서 절대는 절대매개가 된다. 상대가 상대인 것은 상대가 절대와 마주하기 때문만은 아니다. 왜냐하면 절대는 절대매개로서 상대와 마주할 뿐만 아니라, 상대와 상대를 매개하지 않으면 안 되기 때문이다. 상대가 절대와 만나는 것은 다른 상대와의 만남을 통해서 이루어진다. 상대는 상대끼리 서로 만나기 때문에 상대인 것이다. 그것이 동시에 이 교호태(交互態)를 매개하는 절대를 현성시킨다. 절대매개에 있어서 매개는 이중적이어야 한다.

일견 절대매개는 자기의 중심이 없는 평등의 매개 활동이며, 그것이 자기를 둘러싸면서도 자신을 넘어서 작용하는 장소처럼 보일지도 모른다. 즉 절대타력이란 이러한 포월적 활동이 자기를 밖으로부터 한정하는 것을 말하는 것처럼 이해될지도 모른다는 말이다. 그러나 이러한 타력은 오히려 절대타력이 아니고 상대적 타력이고, 그 활동은 무매개인 직접 활동이어서, 결코 절대매개는 될 수 없다.

참된 절대타력은 이른바 자력을 매개로 하고, 자기의 행을 매개로서 믿게 되고 깨닫게 된다. 상대에 대한 절대의 작용은 절대에 대한 타자로서의 상대자를 매개로 해서만 실현될 수 있다. 따라서 상대에 대한 절대의 작용은 상대의 상대에 대한 작용을 떠나서 있을 수 없다.

절대무의 장소라고 해도, 그것은 위에서 말했던 것처럼 그렇게 직접적으로 있는 것은 아니다. 단지 상대와 상대가 서로 관계하는 종적유(種

的有)의 장소가 평등한 교호성에 의해서 유화(類化)되고, 절대매개로서 절대전환인 무로 바뀌는 것을 일컬음에 불과하다. 무는 유에 매개되고, 절대는 상대에 매개되기 때문에 절대이며 무일 수 있다. 무는 자기라는 상대적 중심에서 믿어지고 깨달아지는 것이어야만 한다. 그 행위와 믿음과 깨달음이 바로 참회이다. 자기의 행위이면서도 타력의 행위인 참회가 절대매개의 특유한 내용이다. 자기에게서 일어나는 절대매개의 "지금 여기"가 바로 참회도이다. 종교적 신앙으로서는 직접적 무매개적으로 작용하는 은총적 타력을 말하는 유신론도 가능하고, 오히려 그러한 생각이 일반적일 것이다. 그러나 이것은 철학의 절대지를 매개할 수 없다. 왜냐하면 유신론의 신화와 계시에 의한 직접적 규정은 철학의 자립을 부정하고 이성의 자유를 방해하기 때문이다. 철학의 길에서는 이성의 자율과 자유를 철저히 가로지르며, 이성이 스스로의 한계에 봉착하여 거기에서 이성이 스스로를 방기(放棄)하는 참회만이 진정으로 절대타력의 매개성을 행하고, 믿으며, 깨닫게 해준다.

칸트의 비판 철학이 말하는 바와는 달리, 이성의 자율은 스스로의 근거를 마련할 수 없다. 자기비판의 능력을 가지는 이성은 피하기 어려운 유한성의 근본악에 사로잡혀서 결국 실천적 변증론을 면할 수 없다. 이성 비판은 이성의 자기방기인 절대 분열과 절대 위기로서의 절대 비판에까지 도달하지 않으면 안 된다. 이러한 절대 비판이야말로, 다음 장에서 우리가 전개하는 것처럼, 참회의 이성적 측면이며 참회의 논리이다. 참회도는 철학에 우연히 존재하는 하나의 길이 아니라 필연적이며 유일한 길이라는 것이 현재의 나의 주장이다. 참회도는 이성 비판이 도달하는 마지막 귀결점인 것이다.

이와 같은 입장에 서 있는 현재의 나에게 신란이 큰 감격과 교화의 근원이 되는 것은 당연한 사실로서 재언할 필요조차 없을 것이다. 나는

『교행신증』이 서양에서는 이에 필적할 만한 사상을 찾아낼 수 없을 정도로 심오한 종교철학이라고 주장하려 한다. 그렇다고 해서 내가 신란이 전개했던 타력 염불의 교리를 철학적으로 해석해서 정토진종의 철학을 주장하려는 것은 아니다. 나는 다만 참회의 행위를 통해서 철학 자체를 타력 신앙적으로 재건하고자 한다. 즉 신란의 가르침을 철학적으로 해석하려는 것이 아니라, 신란을 따라서 철학을 참회도로서 다시 검토하고, 신란이 종교에서 걸었던 길을 따라가면서 철학의 길을 다시 걸어가려는 것이 지금의 나의 목표이다. 그러므로 나는 신란에게서 배우고 그를 스승으로 삼고자 하는 것이다.

신란의『교행신증』을 가리켜서 참회도를 말하는 종교철학이라고 한다면 이론(異論)이 없지는 않을 것이다.『교행신증』은 여섯 장[卷]으로 되어 있지만, "어디에서 참회도가 설법된다는 말인가"라고 묻는 이도 있을 것이다. 사실 거기에 참회를 다루는 장은 없고,『교행신증』의 체계를 성립시키는 하나의 구성 성분으로서 참회라는 개념을 끄집어 낼 수 없기 때문이다.

그러나 참회는『교행신증』을 구성하는 하나의 요소가 아니라 오히려 그 책 전체의 지반이고 배경이다. 표면에 나타난 바는 편린일 뿐이다. 예를 들면『화신토』(化身土)의 권에 있는 인용문 중에 삼품참회(三品懺悔)에 대해서 다음과 같이 말하고 있다.

"이 상품, 중품, 하품의 참회는 각각 차이가 있다고 하더라도 모두 먼 옛날부터 깨달음을 향해서 선근(善根)을 쌓아 온 사람이다. 이들은 이 세계에서 법을 공경하고, 사람을 중히 여기며, 몸과 목숨을 아끼지 않으며, 조그마한 죄에 대해서도 그 참회는 마음 깊은 곳까지 뚫고 들어간다. 이렇게 참회한다면 시간이 오래 걸리든 그렇지 안든 관계없이, 아무리 무거운 죄도 모두 단박에 없어지는 것이다."

또한 나아가 참회가 정토문의 말법의 때에 상응한다는 것을 『안락집』
(安樂集)9의 글에 근거해서 입증하면서 이렇게 말한다.

"바로 이렇게 참회하고 복을 닦으며 부처의 이름을 불러야 할 때이다.
일념으로 아미타불을 부르면, 사람들은 바로 80억겁 생애의 죄를 없앨
수 있다. 일념이 이미 이럴진대 언제나 같은 마음[常念]으로 닦는 것에
대해서는 더 무엇을 말할 것인가? 그들은 언제나 참회하는 사람이다."

이들 인용문은 정토교에서 참회가 염불과 외연적으로 동일한 보편
적 개념이고, 내용적으로는 참회와 염불이 소극적인가, 적극적인가라
는 방향의 차이는 있지만, 그 둘은 본질상 필연적으로 연관되어서 마침
내 하나가 된다는 사실을 명백히 나타내고 있다.

참회는 염불의 출발이고 통로라고 해도 결코 과언이 아니다. 다음과
같은 비탄술회(悲嘆述懷)가 『교행신증』의 교설 사이에 등장하는 것을 본
다면, 이 책 전체가 참회에 의해서 뒷받침되어 있고, 참회에 의해서 지지
되면서 쓰여졌다는 것은 조금도 의심할 여지가 없을 것이다.

"참으로 불쌍한 까까머리 신란은 애욕의 넓은 바다에 침몰하고, 명리의
태산에 미혹되어서 정취에 들어가는 것을 기뻐하지 않으며, 참된 깨달
음에 다가가는 것을 기꺼워하지 않으니 참으로 부끄럽고 슬픈 일이다."

---

9 중국 정토교의 조사 도작(道綽 562-645)이 지은 책. 『관무량수경』에 입각해서 안락정토
의 왕생을 권하고 있다.

『교행신증』을 이해하는 첫 번째 열쇠는 참회이다. 스스로 참회하고 비탄술회를 신란과 함께하지 않는다면, 이 책을 읽었어도 그 의미를 이해했다고 할 수 없다.『교행신증』에서 스스로 독자적인 신앙을 수립하고도 30년이 더 지난 86세의 노령에도 여전히 "정토진종으로 돌아가도 진실의 마음은 있기 어렵다, 허가불실(虛假不實)의 이 몸에 청정한 마음도 역시 없다"라고 피로 쓴 듯한 구절로 시작하는『우독비탄술회』(愚禿悲歎述懷)의 화찬(和讚)을 쓰지 않으면 안 되었던 신란이기에『교행신증』의 저자가 될 수 있었던 것이다.

참회 없이 타력염불의 신앙은 있을 수 없다. 참회도는 실로 타력의 철학이다. 물론 이 말은, 방금 기술한 바에 의해서 분명해진 것처럼, 자기 밖으로부터 작용하는 능동적인 타력에 대해서 말하는 것이 아니고, 또 타력으로 바뀌는 참회에 반성을 가해서 그 구조를 기술한 것도 아니다. 절대매개로서 행하는 행위와 믿음과 깨달음이 절대지를 요구하는 철학의 필연적인 길이 참회라는 의미이다. 그 길을 자각적으로 수행하는 것이 참회도이다. 이것이 바로 내가 말하는 철학이다. 이것은 참회에 대해서 말하는 "참회의 철학"이 아니라, 참회를 행하는 타력철학이다. 한 걸음 더 나아가 말해본다면, 참회도는 실은 철학 자체에 대한 참회이다. 참회는 철학에 대해서 단지 밖으로부터 문제로서 제기된다든지, 방법으로서 규정된다든지 하는 것이 아니다. 앞에서도 언급하였고 또 다음 장에서도 논구하게 될 절대 비판의 개념에서 분명히 알 수 있듯이, 이성비판을 필연적인 계기로 삼는 철학은 본질상 참회도로 귀결된다. 참회도는 철학 그 자체 안에서 발전한다. 철학은 철학의 참회로서 비로소 그 도달해야 할 귀결점에 도달한다고 하지 않으면 안 된다.

본래 유는 상대이므로 절대가 될 수 없다. 앞에서도 말하였던 것처럼, 따라서 절대는 무가 아니면 안 된다. 무는 전환을 의미한다. 따라서 무의 매개로서의 유는 전환의 축이 된다. 그러나 그것이 무의 매개로서의 유이기 때문에, 그것은 동시에 그 스스로 무가 되지 않으면 안 된다. 여러 전환축 사이의 교호적 연대와 평등성으로 말미암아 유는 무가 된다. 뒤에 삼원전입(三願轉入)을 언급하면서 밝히게 되겠지만, 세계는 이러한 교호적 전환의 환상적 교화와 구제의 매개태(媒介態)로서의 방편세계에 다름 아니다. 참회는 방편으로서의 유가 유를 초월하는 매개적 행위이다.

상대적 자기는 절대무의 매개로서 방편적으로 존재하는 유이다. 그것은 무에 대한 유이고, 그 존재 자체 안에 상대적 자립성을 지닌다. 상대적 유로서의 자기는 절대로서의 무의 매개인 방편으로서 존재하지만, 그 자기는 무에 대한 유로서 자신의 존재를 고정하여 스스로의 자립성에 집착하려는 경향성을 가능성으로서 짊어지고 있다. 이것이 이른바 인간 존재 속에 있는 "근본악"이다.

악은 단지 행위에서 비롯된 죄과(罪過)만을 가리키지 않는다. 헤겔도 깊이 이해하고 있었던 것처럼, 참된 윤리적 세계를 완성하는 행위는 인류기체의 대립 계기를 "저것이기도 하고 이것이기도 하다"는 식으로 종합하는 것인데, 이는 결코 의도적이거나 목적 관념으로서 의식되지 않는다. 의식적 행위 속에는 거기에 포함되지 않은 채 감추어진 계기가 반드시 잊혀져 있기 때문에 어떤 행위도 죄로부터 벗어날 수 없다. 이처럼 모든 행위가 죄에 머물 뿐만 아니라, 인간 존재의 자립성 자체가 근본악으로서 악의 뿌리를 스스로 지니고 있다. 상대적 자기는 절대무의 매개로서 그 스스로의 본질이 무이고 공이지만, 이것이 자신의 유한성과 상대성을 망각하고 자기를 절대 존재라고 망상하여 존재의 유성을 절대화하여 여기에 집착하려는 성향을 지니지 않을 수 없게 된다. 이것이 다름 아닌 근본악이다. 절대자에 대한 상대자의 월권적 반역이 바로 악인 것이다.

　절대가 무이고 절대매개라고 한다면, 그것은 매개를 위하여 유라는 상대자를 요구한다. 유신론이 말하는 세계 창조설이나 범신론적 사고와는 달리 눈앞의 현실로부터 출발해서 현실을 실천적으로 건설하면서 "혁신 즉 부흥"이라는 순환적 발전을 꾀하는 역사적 사고에 있어서는, 절대와 상대, 무와 유의 결합은 절대매개의 필연적 구조이다. 그들은 하나로부터 다른 하나가 파생되는 선후의 관계가 아니라, 교호적으로 동시적인 관계이다. 상대자는 절대자의 매개로서 절대자와 동시에 성립한다. 상대자로서의 존재는 무로서의 절대를 위해서 필연적인 조건이다. 더욱이 절대는 무이기 때문에 유는 상대자 밖에 별도로 존재하지 않는다. 유의 존재는 어디까지나 무의 매개이고, 따라서 방편 존재이며, 상대자들과 상대적 교호태라는 관계 속에서 살아가는 협동적 존재이다. 유는 절대적으로 상대적이기 때문에 절대매개로서의 무를 매개해서 드러나게 만든다. 따라서 매개로서의 상대자는 무로서의 절대로부터 유도되는 존재가 아니라, 당연히 무에 의해서 부정적으로 전환되면서 자립하는 존재이다. 유는 절대의 매개로서의 상대이기에, 상대로서 다른 상대와 대립하는 유한 존재로서의 자립성을 지닌다.

　그런데 바로 여기에 악의 근원이 잠복해 있다. 절대가 자신의 매개로서 상대자를 요구하는 것은 절대가 절대매개로서 자기 부정적 원리인 것을 의미한다. 따라서 절대는 자신에 대한 타자이고 부정 계기인 상대의 상대적 자립성을 용납한다. 즉 악에 대한 경향을 용납하는 것이다. 그런데 절대는 이처럼 상대자가 악에 대한 경향성을 지닐 뿐만 아니라, 악을 자신의 현실로 하는 상대자가 자기의 죄과를 참회함으로써 구제의 지복에 도달할 수 있게 만든다. 이것이 다름 아닌 대비(大悲)이다. 앞에서 "大非 즉 大悲"라고 말한 뜻이 여기에 있다. 이처럼 안팎으로 죄와

악이 불가피하다는 죄장(罪障)을 자각함으로써 참회는 필연적으로 유한 상대 존재의 구체적인 존재방식이 된다. 여기서는 벗어나기 어려운 죄악 숙업의 과거적 의식과 이로부터 해방된 구제에 대한 희망의 미래적 의식이 대립한다. 그 어디로도 빠져나갈 길 없는 절체절명의 고뇌야말로 현재의 의식을 불안으로써 규정짓는다.

그러나 무의 절대적 전환은 상대적 존재를 다른 존재와의 평등함으로 인도한다. 왜냐하면 상대적 존재에 의해서 수행되는 교호적인 회개와 전환은 방편 존재로서의 존재로 귀착되며, 거기에서 모든 전환의 축은 그 어디에도 집착하지 않으면서 자유롭게 타자로 변화되고, 절대에 의해서 미리 선택된 그 어떤 존재로서 선택된다. 상대적 존재는 자신이 방편적 존재이며 교호적 전환의 축으로서 무의 매개라는 사실을 자각함으로서 절대의 대비(大悲)에 협력해서 다른 상대를 교화 구제하는 환상 회향이라는 연대를 만들어 낸다. 이 협동과 연대의 힘이 능동자 없는 순수 수동이고, 수순적(隨順的) 자기방기의 "타력 즉 자력", "자력 즉 타력"으로서의 행위에 작용하는 것이 다름 아닌 참회이다. 행위의 죄책도 참회의 무한성에 의해서 윤리적으로는 제재되면서도 종교적으로는 사면되며, "무작(無作)의 작(作)"으로서의 감사 보은의 행위로 환상된다. 참회는 죄악이 있는 그대로 절대무로 전환되며, 사면구제의 지복으로 전환되는 매개가 된다. 즉 그것은 절대가 상대를 통해서 스스로를 매개하는 것이며, 그것을 자각하는 참회도야말로 절대지이다. 여기에 철학의 길이 존재한다.

이처럼 나는 철학으로부터 타력염불의 종교로서의 정토진종으로 돌아온 사람들과는 정반대의 방향으로 나가고자 하였다. 나는 어떤 종류의 철학적 사상을 가지고 진종 교의를 해석하는 것은 아직 타력염불의 정신을 그 철학적 태도로까지 철저화한 것이라고는 생각하지 않는다.

왜냐하면 스스로 옳다고 여기는 어떤 철학을 가지고 진종 교의를 해석하는 것은 명백히 자력성도문(自力聖道門)의 태도이기 때문이다. 그것은 자기의 철학이 무력하다는 것을 참회하고 어리석은 범부로서 스스로가 의지할 바가 전혀 없다는 순종적 절망의 입장에서 오직 일념으로 자기를 방기하고, 내어던지는 참회자의 타력적 믿음의 태도는 아니기 때문이다. 이렇게 하면 타력의 교리를 자력적 철학을 가지고 해석하는 데 그치고 말 뿐이어서, 철학 그 자체를 타력적으로 참회도로서 행위하고 깨달을 수 없다. 여전히 지자와 현자의 성도문적 입장을 직접적으로 철학의 입장으로 삼을 뿐인 것이다.

물론 철학이 이성의 자율적 자각이라고 하는 일반적 해석에 따른다면, 이러한 태도는 한편으로 보아 당연하다고도 할 수 있다. 그러나 어리석은 범부인 나는 이러한 보편적인 철학의 태도를 더 이상 갖고 있지 못하다. 나는 과거의 철학적 생활의 결과로서 자력에 대한 철학적인 무력을 깨달았으므로, 이제는 내가 의지할 철학을 완전히 잃어버렸다. 가혹한 현실에 처해 있는 나로서는, 내게 길을 가르쳐 주며 역사를 초관하는 힘을 부단히 부여해 줄 수 있는, 이성적 철학이란 더 이상 없다. 특히 현실의 불합리 속에서 국내의 부정과 불의, 편견과 망단(妄斷)에 대해서 연대책임을 느끼며, 다른 악과 잘못은 동시에 모두 나 자신의 책임이기도 하다고 느끼고 있는 나이고 보니, 나 자신의 철학이 실제로 무력한 것이라는 절망을 고백하고 참회하지 않을 수 없는 것이다. 그러나 이 고백과 참회는 다만 나 한 사람의 고백과 참회에 그치지 않을 것이다. 어리석은 범부인 내가 행하는 철학이고 보면, 그러한 고백과 참회는 일반적으로 나처럼 어리석은 범부 모두에게 해당될 것이다.

무릇 철학은 과학과 같이 이성의 자율에 의해서 성립하지만, 과학과는 달리 상대적 인식이 아니라 절대적인 지를 요구한다. 그러나 이것은 불가능한 요구에 지나지 않는다. 왜냐하면 우리들은 절대자가 아닌 상대자이고, 신불(神佛)과 합일하는 성자나 현자가 아니라 자기의 아집과 아만을 벗어나지 못하는 어리석은 범부이기 때문이다. 가령 이성의 입장에 선다고 해도 여전히 자기만족의 제한을 벗어나지 못하기 때문이다. 이성의 요구도 자력의 입장에서 보면 완전히 만족시킬 수 없는 이념에 지나지 않는다. 만일 그러한 요구가 충족되어서 우리들이 절대적 지를 획득할 수 있고, 또 어떤 의미에서 그러한 지를 실천할 수 있어야 한다면, 자력으로 위를 향해 올라가는 것이 아니라 타력이 위로부터 우리들에게 내려와서, 상대를 절대로 전환시키고 매개하지 않으면 안 된다. 즉 종교가 말하는 구제가 과학과 같은 뿌리에서 나온 철학으로 전개되고, 그 결과 철학을 근저로부터 전환시키지 않으면 안 되는 것이다. 그러나 과학처럼 이성의 자율을 근본으로 하는 철학이 이성의 자율을 버리고, 종교의 가르침과 신앙으로 무매개적으로 옮겨올 수는 없다. 그렇다면 철학에 남아 있는 유일한 길은 철학을 태동시킨 원동력인 이성의 자율이 스스로는 더 이상 전진할 수 없다고 하는 무력성을 자각하는 길뿐이다. 절망적으로 스스로를 방기하는 참회를 통해서 자력이 타력으로 전환되고, 자(自)와 타(他)의 대립을 넘는 무작법이(無作法爾)의 입장에서 다시금 철학으로 환상복귀(還相復歸)하여야 한다. 만일 나에게 철학의 길을 다시 출발하는 것이 가능하다고 한다면, 오직 이러한 참회로부터 다시 시작하는 길 이외에 다른 길은 없다.

그런데 이상하게도 나는 어느덧 이 길을 걸어가고 있었다. 참회와 동시에 나는 이미 이 길을 걸어가기 시작하였던 것이다. 이 말은 내가 의도적으로 철학을 다시 시작하였다는 뜻이 아니다. 나는 이미 이런 자력의 행위를 버렸기 때문이다. 나는 참회야말로 철학을 깨끗이 지워버리는 유일한 길이라고 생각해서 참회를 행할 수밖에 없었다. 지금 나는 이 참회 외에 달리 길이 없다고 하는 궁지에 몰려 있다. 나는 스스로 참회함에서 출발하여, 오직 나 한사람의 실존적 자각으로서의 참회를 반성하고, 분석하고, 규명할 수밖에 없었다. 참회의 자각으로서의 참회도 외에 나에게 철학의 길은 있을 수 없었다.

그러나 이상하게도 참회와 동시에 내가 철학의 길을 재출발할 수 있었던 것은, 나의 자력에 의한 것이 아니라 타력에 의해서 이미 일어나고 있었다. 아니, 나에게 참회가 있었던 것은 나 한 사람의 자력에서 비롯된 것이 아니었다. 나 자신이 자력으로 시작했던 것이 동시에 나의 자기방기와 자기 부정을 자기 긍정으로 전환하는 절대전환의 타력에 의해서 매개되었다고 생각하지 않을 수 없었다. 자력과 타력은 여기에서 전환하고 상입상통(相入相通)한다. 이렇게 나는 참회와 동시에 정반대의 방향으로 걸어가고 있었다. 즉 이른바 전향(轉向)하여 나 자신의 의도에 의해서가 아니라 저절로[法爾] 철학의 길을 다시 출발하게 되었던 것이다. 이것은 이미 나의 자력에 의해서 철학을 계속한다든지, 재건한다든지 하는 것이 아니라, 참회에 매개되어 타력으로 전환된 "무작의 작"으로서의 철학을 하는 것이다. 나는 스스로를 절대가 전환된 공유(空有)라고 깨닫고, 스스로를 절대의 부정적 매개로서만 긍정하며, 순종적으로 자기를 자연법이(自然法爾)에 복종시킬 뿐이다.

철학은 이러한 자각으로서의 행위와 믿음과 깨달음[行信證]에 다름 아니다. 그러나 일단 이러한 참회적 자각의 입장에 서게 되면, 이성적 자력의 입장에서는 의미가 통하지 않는 모순으로서 절대 비판으로 인도하던 이율배반도 참회의 자기방기와 함께 모순인 그대로 용납되며, 더욱이 그 모순은 절대전환의 매개가 된다. 그것이 역사의 행위적이고 주체적인 필연이다. 과학이 말하는 "점근적 근사론"(Approximate truth)도 과학사의 발전에서 각 시대에 상대적인 필연성의 의미를 부여해 준다.

철학은 이성의 자율이 이성 비판을 통해서 스스로의 근거를 마련하려는 자력이 몰락함으로써 절대 비판의 절대 위기에 빠지고, 불가피한 이율배반으로 말미암아 분열되어 모순의 밑바닥으로 추락하지 않을 수 없다. 그러한 절체절명의 자기방기가 무력에 대한 자각이 되어 마침내 참회에 이르게 될 때, 그 무저갱으로 몰락한 철학은 밑바닥으로부터 솟아올라 절대타력의 행위와 믿음과 깨달음으로 전환된다. 그때 자력으로는 해결할 수 없었던 모순이 모순 그대로인 채 용납되며, 역사의 각 단계에서 행위적 필연으로서 실천된다. 이른바 길 없는 길이 타력적으로 열리는 것이다. 이렇게 철학은 성도문적 자력의 이성적 입장으로부터 정토문적 타력의 행위적 믿음의 입장으로 전환된다.

이것은 신란의 정토진종의 영향과 지도를 받아서 철학을 전향시킨 것이 아니다. 오히려 철학의 이성 비판이 절대 비판으로 철저해질 때 이성이 초이성적으로 죽고 부활하는 길로서 필연적으로 나타난 것이다. 자연으로부터 역사로의 전환이 이에 해당된다. 칸트의 비판철학이 헤겔의 변증법으로 발전한 길도 다름 아닌 이것이었다. 이 두 철학자에게 이성 개념의 차이는 이와 같은 발전을 보여준다. 더욱이 헤겔이 키에르케고르의 비판을 받았던 것은 이러한 발전을 철저하게 행하지 못하였고, 칸트적인 이성의 입장을 남겨 놓았기 때문이었다. 이성의 죽음과 부활은 필연적으로 타력신앙으로 통한다. 즉 참회도가 이성의 초이성적 부활로서 철학의 재건이 되는 것이다. 이렇게 보면 키에르케고르의 실존철학은 참회도를 전개한 것이었다고 해도 잘못된 말은 아닐 것이다. (Kierkegaard, *Philosophische Brocken. Abshliessende Nachricht.*)

철학은 철학 자신의 필연적인 발전으로서 참회도에 이른다. 이것이 내가 생각하는 철학의 운명이다. 이것은 정토진종의 타력신앙을 철학에 이식한 것이 아니다. 나의 현실 체험과 철학과의 대결이 필연적으로 이러한 것을 하도록 만들었던 것이다. 그러나 철학의 이러한 운명이 나에게 신란의 사상을 새로운 감격과 더불어 만날 수 있도록 해주었을 뿐만 아니라, 신란의 신앙과 사상을 이해할 수 있는 길을 열어주었던 것도 사실이다. 기존의 철학을 가지고 진종의 교의를 이해하고 해석하는 것이 아니라 참회도의 철학의 발전 그 자체가 신란 정토진종의 발전과 궤를 같이하였기에, 참회도의 철학의 길을 걸어가는 것이 신란의 신앙사상을 이해하고 존경하는 길을 열어주었던 것이다. 만일 철학과 교의가 한쪽이 다른 쪽을 움직이는 것으로 고착화하고, 그렇게 함으로서 다른 쪽을 규정하고 해석하고자 한다면, 그 결과는 신학의 고루한 독단에 지나지 않는다. 내가 말하는 참회도의 철학은 신란의 신앙사상에 영향을 받아서 발생한 것이 아니다. 이성 비판을 절대 비판으로까지 철저하게 행함으로써 도달한 귀결점이 참회도의 철학을 전개하도록 만들어 주었던 것이다.

　나의『교행신증』해석은 기존의 철학을 가지고 신란의 사상을 해석하고자 한 것이 아님을 솔직히 말하고자 한다. 물론 오늘의 내가 신란의 신앙 사상을 해석한다면, 참회도의 철학이라는 입장을 취하는 나에게 고유한 해석이 생겨날 수도 있을 것이다. 그러나 이 철학은 기성의 체계로 고정된 철학이 아니다. 이는 그러한 체계를 이율배반에 의해서 해체하고 붕괴시켜서 이성의 자율을 이성의 자기방기로 인도하는 참회의 길이기 때문에, 신란의 사상을 해석한다고 하기 보다는 그 선결 조건으로서 신란과 함께 참회의 길을 행하고 믿고 깨닫고자 하는 것이다. 더욱이 이렇게 신란에 대한 이해와 존경의 길이 자발적으로 열림으로써, 지금까지는 불가능하였던 신란의 유발적 지도를 받아 참회도를 추진하고 발전시킬 수 있었다. 나는 이러한 사실을 조금도 의심하지 않으며, 따라서 감사를 금할 수 없다. 신란은 나의 참회도 철학의 스승이다. 그가 환상해서 나를 교화했다는 것이 움직일 수 없는 나의 신앙이다.

철학과 신앙은 각각 독립해 있으면서도 서로 호응하고, 한쪽이 다른 쪽에게 일방적으로 영향을 미치는 것이 아니라 서로가 서로를 불러일으키는 자발성을 통해서 발전한다. 그러한 일의 매개가 되고 중심이 되는 것이 다름 아닌 참회의 행위이다. 나는 철학과 신앙이 이런 관계에 있다고 여기며, 나아가 참회의 행위와 믿음과 깨달음을 가지고 생활 자체를 통일하고 뒷받침하고자 한다. 일반적으로 말해 보면, 철학에서뿐만 아니라 나의 생활에서 참회의 자기 부정은 긍정으로 전환되고, 자기를 방기하는 죽음은 새로운 삶으로 부활되며, 절망으로부터 희망으로 전환된다. 그러나 구체적으로 말해 보면, 실은 철학을 떠나서 나의 생활이라는 것은 있을 수 없다. 또 나의 생활 밖에 나의 철학이 있는 것도 아니기에, 참회도의 철학이 나의 생활의 원리이다. 거기에서 나는 죽음과 부활의 삶을 살 수 있다.

나는 자살이라는 소극적 자기 주장이 아니라, 삶도 죽음도 자기의 의지대로 선택하고 결단할 수 없는 절체절명의 자기방기, 절대적 자기 부정, 순수한 수동성이라는 의미에서의 절대적 죽음이야말로 죽으면서 살고, 삶을 받아서 사는 전환이라고 믿고 또 깨닫는다. 그 매개가 순종적 절망을 통한 참회의 행위에 다름 아니다. 더욱이 타력에 의해서 유발되어 순수하게 수동적이고 순종적인 존재가 되는 바에서 작용하는 능동자는 절대적 전환으로서의 무이다. 그것은 자기에게 대립하는 유가 아니다. 만일 그렇다면 그것은 상대이지 절대일 수는 없기 때문이다. 절대타력은 능동자 없는 순수한 수동성이다. 그것은 자기의 순수 부정, 절대전환의 매개성, 즉 자타를 뛰어넘는 자연법이(自然法爾)에서 성립한다.

그러므로 이러한 전환이란 단순히 나 자신이 새로운 재출발의 힘을 회복하였다든지, 새로운 능력을 부여받았다는 뜻이 아니다. 그렇게 되면 절대타력은 아닐 것이다. 나는 여전히 무력하고, 끊임없이 절망하면서 처음부터 끝까지 자신을 참회에 내어 맡긴다. 그러나 동시에 절대타력의 매개로서 삶을 받아 살고 있다. 절대타력은 자기 자신에 대한 타자로서의 상대를 매개로 하여 작용하며, 이를 통해서 상대자를 구제한다. 따라서 절대는 상대자 상호간의 교화(敎化)를 통해서만 상대를 구제한다. 그러한 의미에서 신란은 바로 나를 참회도로 이끌어주신 선현(先賢)으로서 환상(還相)하였다고 하여야 한다. 나를 참회도로 이끄는 절대타력은 신란을 매개로 하고, 신란을 그 대표로 삼았던 것이니, 나는 이에 대해서 추호(秋毫)의 의심도 없다. 내가 스스로의 참회도에 의해서 『교행신증』을 이해하게 되었던 것은 신란의 환상교화이기도 하였던 것이다. 거기에는 인과적으로 영향을 주고받는 관계가 아니라, 서로 매개하고 서로 비추면서 이끈다는 관계가 있다.

이처럼 나는 일단 철학의 길을 잃어버렸지만, 오히려 그러한 자기 상실에서 다시금 새롭게 나갈 길이 열렸고, 이 부정 전환의 현실에서 앞으로 나아간다고 하는 과제와 해결책이 나에게 주어졌다. 이제 나에게 철학적 자각이란 자력적으로 움직인다는 의미에서의 자유로운 자발성에 대한 자각이 아니다. 그와는 정반대로 자기의 무력함과 무능함을 깨닫고, 순종적으로 절망함으로써 자기를 방기하고 부정하는 것을 의미한다. 간단히 말한다면 사는 것에 대한 자각이나 사는 힘에 대한 자각이 아니라, 절대적인 죽음에 대한 순종적 자각이고, 자신에게는 살 수 있는 힘이 없음을 자각하는 것이다. 이런 자각을 가지고 참회함으로 말미암아 나는 철학으로 재출발하였다. 따라서 나에게는 일반적인 지자나 현자처럼 자기의 철학을 천명한다든지, 진종의 교리를 해석하고자 하는 시도는 당연히 생각할 수도 없는 일이다. 다만 신란에게서 이루어진 정토진종의 길을 자신의 철학을 통해서 다시 걸어갈 뿐이다. 신란의 가르침에 대한 철학적 해석이 아니라, 신란을 따라가면서 철학을 재건하는 것이야말로 내가 철학으로 재출발하는 길이었다.

이 말은 위대한 신란과 약소범용(弱小凡庸)한 나를 비교한다는 뜻이 결코 아니다. 다만 필연적인 과정으로서 내가 걸어나가기 시작한 참회 도가 신란의 길에 부합한다고 믿기에, 신란으로부터 깊은 감격과 위무를 받으며, 신란을 위대한 선현과 힘 있는 선진자로 받아들인다는 사실을 의미할 뿐이다. 그러나 신란을 선진과 선배로 삼는 이상, 나 스스로의 길을 열어 나가기 위해서 그의 사상을 이해하는 것이 유익하기에 나는 『교행신증』의 삼심석(三心釋)이나 삼원전입(三願轉入)을 해석하였던 것이다. 나는 스스로에게 자립적인 철학의 길을 발견해 냄으로써 신란의 교화와 지도를 분명히 받게 되었다.

어리석은 나에게 현자의 길은 막혀 있다. 나는 현자가 서 있는 자리보다 더 어두운 갱도(坑道)에서 현자와는 반대 방행으로 움직이지 않으면 안 된다. 참회도는 참회도적으로 열리고 철학화될 수밖에 없다. 참회도는 참회의 행위에 의해서 매개되며 믿고 깨달음으로서 철학적 자각이된다. 따라서 "알기 위해서 믿는다"(credo ut intelligam)라는 태도가 이경우에도 해당된다. 신과 본질적으로 일치하는 성자나 현자의 절대적입장에서는 보면 그러한 것은 필요 없겠지만, 어리석은 범부에게는 절대적으로 불가피하다. 믿음이 계시에 의해서 무매개적으로 규정되는 신조로 한정된다면, 철학은 그 근거로서 자기 확립성(필연성)과 보편성을 요구할 수 없다. 이는 유신론의 신학이 독단론으로 변하여서 철학의 비판적 정신과 충돌하는 소이이다.

그러나 참회도는 믿음을 매개하는 전환의 입장이 됨으로써 이러한 난관을 돌파한다. 철학이 스스로의 입장으로부터 믿음을 매개해서 자각할 수 있는 길은 참회도 밖에 없다. 그럼에도 불구하고 지금까지 철학에서 참회도가 거의 무시되었던 것은 철학이 본래 이성의 자율과 자유의 입장에서 발달한 것이기 때문이었다. 철학은 사실 이성을 신뢰하고 지식을 자신만만하게 여기면서 발달해왔다. 그러나 이 자신만만함이 흔들리고 의심의 대상이 되어왔음도 철학사가 또한 가르치는 그대로이다. 철학에는 늘 회의(懷疑)가 있어왔다.

다시 말할 필요도 없는 일이거니와, 이는 단지 우연적인 인간의 약점이나 과실로 말미암은 것이 아니고, 인식 자체의 구조, 이성 자체의 본성에 뿌리를 둔 한계에서 유래한다. 이러한 사실을 분명히 했던 것이 칸트가 이성 비판에서 전개한 선험변증론이다. 그런데 방금 말했던 것처럼, 칸트는 이성의 고유한 한계를 자각하고, 인식을 이러한 이성의 한계 내로 제한함으로써—한계를 뛰어넘는 월권을 범하지 않음으로써— 이러한 회의를 초극하고자 하였다. 인식의 한계 밖에서 권위를 지니는 것은 신앙이다. 칸트가 신앙이 올바른 자리를 잡기 위해서 지식을 폐하지 않으면 안 되었다고 한 것은 주지의 사실이다. 이렇게 칸트에게서 지식과 신앙이 경계를 나눔으로써 양립하고, 서로가 상대의 영역을 침범하지 않으면서 각자의 안전을 확보하려고 하였다. 즉 양자는 서로 외적인 관계에서 병존하였다. 다만 그 내용상 절대와 상대라는 차이가 있으므로 신앙이 지식보다 위에 서며, 지식이 도달할 수 없는 초월계가 권위를 지닐 뿐이었다.

내가 참회도의 특색이라고 보았던 교호적 매개, 즉 한쪽에 철저함으로써 저절로 다른 쪽으로 전환되고, 서로 독립하면서도 서로 유발한다고 하는 내면적 전환운동은 칸트에게서는 전혀 인정되지 못하였다. 그러나 과연 그러한 자기 제한에 의한 조화가 만족스럽게 이루어질 수 있었을까? 이미 칸트가 이성 비판의 선험변증론에서 주장한 "자연 소질로서의 형이상학"이라는 사상은 이러한 조정이 최후의 해결책이 될 수 없음을 드러내준다. 이에 대한 상세한 논구는 다음 장으로 미루기로 하고, 여기서는 대체적인 형식적 구조에 주목하는 것으로 만족하고자 한다. 다만 칸트가 인식의 전형이라고 생각하였던 수학과 자연과학의 그 후의 발달이 그가 시도하였던 조정을 무너뜨렸다는 점만은 여기서 언급해 두고자 한다. 그는 낡은 형이상학의 이율배반을 면하기 위해서 인식을 피제약적 상대계로서의 현상계에 한정하고, 무제약적 절대자에 대한 인식은 불가능하다고 부정하였다. 즉 경험과 범위가 일치하는 자연과학은 객관적 인식으로서 타당하지만, 경험의 범위를 넘어서 단지 개념의 체계적 질서의 완결을 위해서 무제약자의 이념을 객관화하여 절대자를 인식하고자 하는 형이상학은 학문적 인식으로서는 인정하지 않았던 것이다. 이것이 이른바 학(學)으로서의 형이상학에 대한 부정이다. 그러나 그와 동시에 우리의 이성이 추론의 능력으로서 개념의 연역체계를 요구하기 위해서는 그 체계의 완결을 가능하게 해주는 무제약자를 사유하고, 거기에 단순한 이념으로서의 형식적 지도성을 부여하는 데 멈추지 않고, 내용으로 가득 찬 대상 개념으로서 정립하는 일은 피할 수 없다고 보았다. 그것이 이른바 "자연 소질로서의 형이상학"에 다름 아니다.

그러나 칸트는 이 주관적 형이상학이 객관적 형이상학으로 되고자 하는 월권을 억제하기 위해서 이념의 형식적 지도에 의한 체계의 규제적 통일을 객관적 인식의 구성적 통일로 바꾸려고 하였다. 즉 그러한 통일은 경험을 통해서 주어지는 것이 아니고 사유를 통해서 추구할 수 있도록 주어진 것이라고 보았다. 그러나 형식적일 뿐인 이념이란 존재하지 않는다. 이념은 현실을 일방적으로 규제하는 것이 아니고, 동시에 현실에 매개된다. 그것은 칸트가 경험의 유비에서 말하고 있듯이, 범주 개념처럼 유리수적 비례의 의미에서 유비를 경험에 대해서 조형하는 것이 아니라, 변증법적 매개의 의미에서 경험과 유비를 조형하는 것이며, 가설을 통해서 실험과 행위적으로 매개된다. 그것은 한편으로는 경험으로 부터 독립하여 경험을 규제함과 동시에, 다른 한편으로는 그 스스로 경험이 실험적이고 행위적으로 성립하기 위한 지도개념으로서 경험에 매개된다. 이러한 의미에서 이념이야말로 고차원적인 경험의 유비이며 행위적 매개라고 할 수 있다.[10]

오늘날의 신 물리학에서 이론체계 완결을 위한 이념이 동시에 실험의 매개로써 물리학적 경험의 내부에 잠입하고, 무제약자의 개념이 이론의 구성 계기가 되어 있음은 주지의 사실이다.[11] 이것은 상대성이론이나 신양자론에서 물리학적 주관의 매개성으로서 나타난다. "자연 소질로서의 형이상학"이 자연과학 안으로 들어온 것이다. 형이상학을 인식 비판에 의해서 주관화한 칸트가 생각했듯이, 주관을 객관의 선험적 근거로서 객관에 대립시키며, 일방적으로 주관의 형식적 자립성을 가지고 객관을 확립할 수는 없다. 실은 주관이 객관에 의해서 매개되고, 객관과 주관 스스로가 타자에 의해서 매개됨으로써 스스로를 매개한다고 하는 변증법적 관계를 유지하는 것이다. 이것이 "주관 즉 객관", "객관 즉 주관"이라고 할 수 있는 행위적 현실의 구조이며, 또 역사의 구조이다. 새로운 자연과학이 "자연도 실은 역사적이다"라고 말하는 것도 이에 다름 아니다.

따라서 철학도 과학을 사실로서 전제한다. 철학은 과학의 근거를 문제시한다는 방식으로 과학과 동떨어져서 존재할 수 없는 것이다. 과학

---

10 칸트에 의하면 경험은 다양한 지각이 종합적으로 통일됨으로써 성립하지만, 이 통일은 일종의 유비(Analogie)에 의한다고 보았다. 따라서 "경험의 유추"는 지각으로부터 경험의 통일이 생기는 규칙이고, 통제적(regulariv)으로만 타당하다.

11 다나베는 『철학입문: 보설 제2 과학철학 인식론』(1950년, 〈다나베 전집 제2권〉)에서 새로운 물리학, 즉 상대성이론이나 양자역학에 있어서는 경험적인 사물과 그것에 규정된 인식 외에 제3의 계기로서 "무" 내지 "비존재"를 인정하지 않으면 안 된다는 것을 지적한다.

이론의 내부에 철학이 들어와 있다는 것은 앞에서도 말한 그대로이지만, 그와 동시에 과학도 철학을 떠나서 자립하는 것이 아니라 그 이론의 내부에 철학을 포함한다. 이것이 칸트의 시대에는 인정받지 못했던 현대과학의 특색이다. 수학기초론이나 앞에서 언급했던 신물리학 이론은 그 대표적인 실례이다. 여기에 이르러 칸트의 과학 비판은 과학 그 자체에 의해서 부정되었다고 할 수밖에 없다. 과학 비판을 그 주요 내용으로 하는 이성 비판은 그 과제를 충분히 해결할 수 없었던 것이다.

나아가 만약 그러한 이성 비판을 더 어렵게 하여 온 역사적 현실의 구조 자체를 전면에 내세워 문제시한다면, 과학 비판으로서의 이론 이성에 대한 비판뿐만 아니라, 실천 이성에 대한 비판도 또한 피할 수 없는 이율배반에 빠진다. 이성 비판은 전면적 붕괴의 위기에 직면하는 것이다. 이것이야말로 내가 절대적 비판이라고 부르는 것이다. 나는 이것이야말로 참회도의 논리라고 생각한다. 참회도는 철학 자체가 이성 비판으로서의 길을 철저하게 달려온 후 도달한 논리적 귀결이다. 과학이 종교에 이르고, 지식이 신앙으로 변하며, "알기 위해서 믿는다"는 입장이 전개되는 것은 철학의 부흥에 다름 아니다. 이러한 전환이 참회도에서 자각된다. 다음 장에서는 이에 대해서 보다 구체적으로 논해보고자 한다.

제2장

참회도의 논리로서의 절대 비판

참회도는 나의 주관적 감정의 소산이 아니다. 신란의 정토진종의 영향을 받아서 그것을 모방해서 구상해 낸 것도 물론 아니다. 참회도는 이성 비판으로서의 철학이 불가피하게 지닌 운명이 당도한 필연적인 귀결이다. 나는 이 귀결을 절대 비판이라고 명명한다. 절대 비판은 참회도의 이론적 측면을 조형하므로 이를 참회도의 논리라고 해도 좋다. 그러면 절대 비판이란 도대체 무엇을 의미하는가?

참회도라는 개념이 철학에서 흔히 만날 수 있는 것이 아니듯이, 절대 비판이라는 개념도 우리들이 별로 접해 본 적이 없는 개념일 것이다. 그러나 절대 비판이라는 개념을 필요로 하지 않는다는 사실이야말로 많은 경우에 철학적 사색이 불철저하다는 사실을 드러내며, 또 철학적 사색이 문제를 지니고 있음을 증명하는 것은 아닐까? 물론 헤겔의 『정신현상학』의 길이야말로 절대 비판이다. 그는 이것을 서양 정신사의 발전의 여러 단계에 보조를 맞추면서 전개하였고, 따라서 논리적 발전 이외의 사회적이고 인간적인 계기를 섞어 넣었기에 순수하게 절대 비판을 전개했다고 보기는 어렵다. 하지만 본질적인 면에서 본다면 『정신현상학』이야말로 절대 비판의 역사적 전개라고 해야 할 것이다.

그런데 과연 헤겔이 절대 비판을 이성 비판의 귀결로서 제시하였는가는 분명치 않다. 또 『정신현상학』의 마지막 결과인 절대지가 여전히 이성의 입장을 유지하고 있다는 점에서, 절대 분열로서의 절대 비판을 철저히 했다고는 하기 어렵다. 헤겔에 대한 셸링의 비판, 특히 키에르케고르의 비판은 이 점에서 비롯된 것이었다. 철학에도 동양의 선종(禪宗)의 수행[修業]처럼 엄격한 철저함과 생사를 넘어 매진하는 용맹심이 필요하다. 신란이 도달했던 타력 신앙이 그 철저함에 있어서 선과 통하며, 이른바 전후제단(前後際斷)[1]의 절대 경지에 서는 것을 연상시키는 것은 분명한 사실이다. 신앙의 입장이 모두 일상의 이지상량(理知商量)을 철저히 추구한 궁극적 자리에서 열린다는 사실은 철학에 대해서 반성을 재촉하는 바이다. 철학도 종교의 신앙과 같이 죽음의 길이며 부활의 입장이다. 이것이야말로 철학이 요구하는 절대지이다. 헤겔에 대한 키에르케고르의 불만도 헤겔이 이러한 점을 철저히 추구하지 못했다고 보았기 때문이었다. 이렇게 "크게 한 번 죽음"[大死一番]이 철학의 제일 요건이 되지 않으면 안 된다. 절대 비판이란 참으로 비판 철학의 "크게 한 번 죽음"에 해당된다. 이성 비판은 그 귀결로서 여기에 도달하지 않을 수 없는 것이다.

앞 장의 마지막 부분에서 언급했던 자연의 역사성, 인식 대상의 역사적 현실로서의 구조에 대해서는 지금부터 상세히 논의하겠지만, 우선 무엇보다도 먼저 부정할 수 없는 사실은 칸트가 이성 비판 그 자체를 문제시하지 못하였기에, 이성의 자기비판이 과연 가능한가를 규명하지 않았다는 점이다. 주지하는 대로 칸트는 『순수이성비판』 제1판의 서문에서 자신의 시대를 본래적 비판의 시대라고 보고, 종교의 신성함이나 국법의 존엄성도 비판을 면할 수 없다고 하였다. 칸트는 그러한 입장으로부터 이성의 자기비판을 수행하여 내용적으로는 형이상학을 비판할 필요가 있다고 선언하였으며, 이른바 비판 철학의 탄생을 가지고 자신의

---

1 전제(前際)(과거)와 후제(後際)(미래)가 단절된 것. 혹은 시간의 흐름이 연속하면서 그 한순간 한순간이 독립해서 절대성을 가지는 것. 도겐(道元)의 『정법안장』(正法眼藏)의 〈현성공안〉(現成公案) 등에 보이는 표현.

시대를 이전의 시대로부터 구분하였다.

　그러나 그는 이성 비판 그 자체를 문제시하지 않았다. 이른바 비판 철학자인 칸트도 비판의 능력이나 비판의 가능성 자체는 비판하려 하지 않았던 것이다. 칸트는 비판이 이성의 고유한 일이라면, 이성을 부정하고 철학을 방기하지 않는 한 비판의 가능성 여부는 문제시하지 않았으며, 비판의 능력을 인정하여야만 철학은 가능하다고 믿었다. 이런 의미에서 칸트는 어디까지나 이성의 철학자였다. 그러나 이렇게 되면 비판 그 자체에 대해서 여러 가지 문제점들이 드러난다는 사실도 부인할 수 없다.

　먼저 이성이 이성을 비판한다고 할 때, 비판하는 이성은 어디까지나 비판의 주체이므로 이성 자체는 비판의 대상이 되지 않고 비판의 밖에 서있는 것일까? 만약 그렇다면 이성 비판은 이성 전체에 대한 철저한 비판일 수는 없다. 만일 그렇지 않고 비판의 주체인 이성도 비판의 대상이 된다고 한다면, 비판은 또 다른 비판을 불러일으켜 그 끝을 알지 못하게 된다. 따라서 이성 전체를 철저하게 비판하는 것은 결국 불가능한 요구가 아닌가라는 의문이 제기될 수밖에 없다. 그리하여 이러한 모순은 일반적으로 자각의 무한 구조가 빠지는 이율배반의 본성상, 분석논리적으로 해결할 수 없음도 부인할 수 없다. 자각이 무에 대한 자각으로 자기를 돌파하지 않으면 안 되는 것처럼, 이성의 자기비판도 자기 자신을 일과 다(多), 전체와 개체, 무한과 유한, 피한정과 자발성, 필연과 자유 등의 이율배반의 장벽을 타파하면서 자기 자신을 분열 돌파하지 않으면 안 된다. 비판(Kritik)은 자기 분열의 위기(Krisis)에 몸을 던져 자기를 돌파하고 분쇄함으로써 그 위기를 돌파할 수밖에 없다.

　그런데 비판 그 자체의 가능성에 대한 비판은, 동일성 논리의 원칙인 모순율로부터 고찰할 때, 이성의 체계에 모순은 없는가, 만일 모순이 있다면 어떻게 그것을 제거할 수 있는가라는 분석 논리의 문제로서 제기되는 것이 아니라, 이성의 종합 원리가 정당한 근거를 가지는가, 만일 가진다면 그것은 어떤 체계를 이루는가를 탐구하는 선험 논리의 종합이라는 입장에서 문제시된다. 그러한 비판의 가능성은 결국 이율배반에 봉착하고 말아서, 가능하다고도 불가능하다고도 할 수 없는 무에 빠지지 않을 수 없다. 이성의 자율성을 철저히 추구하면 할수록, 결국 자기 자신을 돌파하는 데 이르게 되고, 이(理)는 이의 분열과 파괴로 끝나고 만다는 것이 이성의 운명이며 이(理)의 참된 모습이다. 그렇다면 무에 뛰어들어서 자기를 돌파하는 이성이 그러한 자기 돌파와 함께 위기를 돌파하고, 무로부터 다시 유로 전환하고 부활할 수 있는 곳은 어디인가? 그것은 이성의 자기비판 이외에 다른 길은 없다. 왜냐하면, 우리들이 앞의 장에서 살펴보았던 것처럼, 현실 전체의 깊이는 절대가 오직 절대무의 전환력에 의해서 구성된다고 확신할 때에만 알 수 있기 때문이다.

이미 이성이 좌절되는 경험을 통해서 이성이 분쇄되고, 하지만 아직 그 위기를 공식적으로 자각하지는 못했다고 하더라도, 우리들은 이제 무로부터 부활된 행위적 사실[行的事]을 말할 수 있을 것이다. 이것은 이성을 초월하는 초이성적에 근거한 행위적 사실이다. 그것은 이성의 입장에서는 합리화될 수 없다. 그것은 참회여야 한다. 그것은 이미 자기의 행위가 아니며, 그 행위의 근거는 자율적 비판이 아니라 오직 무의 전환에 순종하는 "무작의 작"인 행위이다. 절대타력의 입장에서 방편적으로 존재하게 된 존재로서의 사실의 입장이다. 이(理) 없이, 이성이 돌파되고 부활됨으로 말미암아 이(理)를 그 위에 성립시키는 사실의 "무즉유", 혹은 공유(空有)로서 존재가 변환된다. 그것이 이성의 자기비판이 포함하는 어려운 문제와 그처럼 자기 자신을 비판할 수 있는 능력이 교호적으로 매개됨으로써 비롯되는 순환이다. 지금까지 추궁해 온 첫 번째 모순(이율배반)은 이(理)가 사실[事]의 입장으로 전환됨에 의해서 비판이 비판 자체를 비판한다는 비판의 교호성이라는 사실 속으로 들어간다. 이것은 이(理)가 지닌 모순을 비판의 순환이라는 사실[事]로 돌파하는 것이다. 이러한 순환적 사실이야말로 비판에 포함된 두 번째의 어려운 문제였던 것이다.

비판철학은 순수학문의 정당성을 밝히기 위해서 순수학문이 실제로 존재한다는 사실로부터 출발한다. 이러한 과제를 해결하고자 했던 것이 칸트의 이른바 선험연역론이다. 이 부분은 주지하다시피 『순수이성비판』 중에서 가장 어려운 부분이다. 이미 칸트는 『순수이성비판』 제2판의 서문에서 자신의 비판 철학의 선험론적 방법을 자연과학의 실험적 방법과 비교하였다. 그는 실험이란 이성이 실험에 앞서서 어떤 법칙적 구조를 구상하고 예상하며, 그러한 예상이 사실적으로 실현되는 것을 확인한다는 것을 지적하고 있다. 칸트의 진의가 여기에 있는 이상, 이른바 선험적 원리는 경험 사실을 매개함과 동시에, 선험적 원리의 타당성은 경험적 사실에 의해서 매개되지 않으면 안 된다.

이른바 선험적인 것으로서 경험적으로 예상되는 이(理)의 타당성은 이(理)가 사실[事]에 의해서 보증되고 확인됨으로써 설명된다. 즉 연역을 통해서 정당화된다. 이것이 이와 사실의 교호적 매개이며, 명백한 순환이다. 자연과학의 실험적 방법은 이를 가지고 구상하고 그것을 사실을 통해서 검증한다는 두 행위의 교호적 매개, 즉 순환에 의해서 이루어진다. 이 순환은 공허한 동일성적인 반복이 아니라, 교호적 매개에 의해서 깊어지며, 유의 매개로서의 무가 행위에 의해서 더욱더 그 깊은 속내를 드러냄으로써 존재의 행위적 발전을 이룬다.

그렇다면 칸트의 비판 철학이 말하는 선험(론)적 방법도 실험적 방법과 같은 순환태를 이루는 것은 당연하지 않을까? 앞서 제시하였던 첫 번째 문제점, 즉 비판에 포함되는 모순이라는 문제점이 이성의 자기 돌파에 의해서 사실의 입장에서 해소된다면, 그것은 이와 사실의 순환이라는 두 번째 문제점으로 변화된다. 그러나 이것은 순환의 소용돌이를 통해서 점점 더 무로 깊이 침잠함으로써 오히려 보다 깊은 무의 현현을 드러내는 방편적 존재로서 환상(還相)한다는 입장에서 해소된다. 모순과 순환이 상즉하는 것이다. 이의 모순이 사실의 절대부정으로 변하면서 이사상입(理事相入)으로서의 행위와 믿음을 성립시킨다. 이성의 지는 그 이율배반에 의해 자기를 돌파하여 행위와 믿음으로 왕상(往相)하고, 나아가 깨달음의 매개지(媒介智)로 환상(還相)한다. 이 자기 돌파로서의 자기비판이야말로 비판의 주체가 없이 이루어지는 절대 비판이며, 그 행위와 믿음과 깨달음이 곧 이성의 자기 초월이다. 이성의 자율과 자유는 자기가 무라는 사실을 행하고 믿고 깨닫는 절대 비판을 통해서 자기를 초월한다. 이것이 이성의 죽음이고 부활이다. 그리고 그것은 절대무의 현성으로서 "타력 즉 자력"인 참회도에 다름 아니다. 지적으로 이루어지는 절대 비판은 행위적으로 이루어지는 참회로써만 가능하다.

나는 앞에서 자연과학의 실험적 방법이 이미 즉자적으로는 절대 비판을 매개하는 행위적 역사성을 함의한다고 썼다. 그것은 이와 사실이 행위적으로 매개되기 때문이다. 다만 그 역사성이 과학의 내부에 머물러 과학의 이론 구성과 가설 정립의 역사적 발전을 의미할 뿐이라면, 그것은 다만 과학의 방법에 속할 뿐이다. 만약 그 역사성이라는 것이 이성의 전체적이고 근원적인 요구의 체계적 통일에 대한 것으로서 이율배반에 부딪치고, 이가 궁극적 지점에 이르러 사실의 "이것도 아니고, 저것도 아닌"[2] 절대무의 현성으로 바뀐다면, 그래서 이와 사실을 서로 매개

---

[2] "이것도 저것도"(Sowohl-als-auch)라는 헤겔의 변증법적 입장에 대해서 다나베가 대치시킨 Weder-noch(이것도 아니고, 저것도 아니고)의 입장.

하는 무의 순환태로서 대자적으로 역사성을 행하고 믿고 깨닫는 입장으로 발전한다면, 그때 철학의 절대 비판이 등장하는 것이다. 과학의 실험적 방법이 이성 비판의 선험적 방법을 거쳐서 이율배반에 부딪치고, 참회의 절대 비판에서 절대무의 행위와 믿음과 깨달음으로 바뀌어 종교에 들어갈 때 철학이 성립한다. 그러한 철학의 지반이 역사이며, 그 방법이 참회도이다. 이성은 이렇게 해서 과학으로부터 종교를 거쳐서 철학으로 변하며, 종교의 환상행은 과학의 현실 인식을 매개로서 사용한다. 행위는 윤리적 행위의 절대부정으로서의 무의 환상이 됨으로써 윤리가 역사 건설을 위해서 "왕상 즉 환상"이라는 매개가 되는 것이다. 이성은 자기를 돌파하는 참회도에서 과학과 종교, 철학과 윤리를 교호적으로 매개함으로써 초이성적인 자재함[自在]에 도달한다.

이것은 칸트의 이성 비판이 이율배반 앞에서 좌초되고, 이를 피하기 위해서 형이상학적 인식을 단념하고 이성이 요구하는 절대적 무제약자라는 이념을 가지고 실천을 위한 지표로 삼았던 것 같은 소극적 단념이 아니다. 오히려 이율배반의 위기에 감연히 몸을 던지고, 자기를 절대무의 전환에 내어맡겨 절대 순종의 입장으로 부활하며, 이(理) 아닌 이(理)로서의 사실[事]의 현성을 행하고 믿고 깨닫는 죽음과 부활의 입장에 서는 것이다. 이것이야말로 이성의 운명으로서의 절대 비판이다. 거기에서 이론과 실천이 무에 매개되면서 행위적 믿음으로 연결되며, 종교의 입장으로부터 깨달음으로서의 지(智)로 환상한다. 칸트의 이원론적인 분리로 말미암아 형식주의에 빠진 나머지 역사를 철학적으로 근거 지을 수 없었던 추상성이 이제 여기서 극복될 수 있다고 해도 좋다. 절대 비판적 입장에서 성립하는 개념은 칸트의 이성 개념처럼 단순한 형식적 당위를 의미하는 이념이 아니고, "이념 즉 현실"적으로, 현실의 사실로서 현성한다. 개념은 철저하게 무의 매개로서의 방편적 유, 즉 공유(空有)

가 되는 것이다. 만약 우리들이 이념에 대한 이러한 자각을 잃어버린 채 그것을 직접적인 존재로 이해한다면, 이념은 근본악에 묶인 가상(假象)이 되어서 부정되어 버린다. 이념은 이런 유와 무 사이의 전환을 상징한다. 상징은 생명의 표현으로서 역사적으로 형성되는 것이지만, 자신이 표현을 통해서 나타날 것을 허락하는 무의 현성이기도 하다. 이러한 이율배반 속에서 상징은 표현으로서 나타난다는 사실을 부정하는 자기 모순적 공유이다. 상징은 무가 표현으로 나타내는 것이 불가능하다는 사실, 즉 자기의 무력을 참회하고 전환하는 것을 의미한다. 상징은 이념처럼 형성 작용의 목표를 가리키는 것이 아니라, 형성 작용이 궁극적으로 도달하는 이율배반에서 자기를 돌파하고, 무에서 전환되어 방편적인 공유로서 환상된다. 칸트가 논했던 이념으로서의 자유, 불멸, 신은 모두 이러한 상징적 이념이다.

이처럼 칸트가 사유한 것과는 달리, 이성 비판은 철학의 궁극적 입장이 될 수 없다. 그가 분리하였던 세계를 타협하고 조정하는 것은 이성이 안주할 최후의 경지가 아니다. 거기에는 여전히 불가피한 이율배반이 얽혀 있기 때문이다. 이성은 결국 이율배반 속에서 분열되어 절대적인 자기 분열로 빠져들지 않을 수 없다. 이성비판의 주체인 이성은 처음부터 마지막까지 스스로를 안전하게 유지하려 하고, 비판의 능력 그 자체에 대해서는 비판하지 않으면서 자기를 보전하려 한다. 그러나 이성 자체가 자기 분열을 면할 수 없다고 한다면, 비판하는 이성과 비판되는 이성 사이에도 분열과 괴리를 분명히 피할 수 없을 것이다. 왜냐하면 이성은 비판의 결과 자기 분열적이라는 사실을 스스로 인정하지 않을 수 없기 때문이다. 스스로 비판의 능력이 있다고 자인하던 이성이 비판의 결과로서 자기 분열에 이른다. 즉 이성에는 비판 능력이 결여되어 있음을 승인하지 않으면 안 되는 것이다. 만일 이러한 사실을 수긍하게 된다면,

비판하는 이성과 비판되는 이성이 두 개의 이성으로서 별개의 것이 되어 버리고, 결국 이성의 자기 분열로 귀착되지 않을 수 없을 것이다. 자기비판에 의해서 자기의 권능을 확립하려던 이성은 자신의 의도와는 달리 스스로를 절대의 자기 분열로 이끌고 가는 것이다.

이러한 절대적인 자기 분열이 절대 위기이다. 위기(Krisis)는 다름 아닌 분열이다. 이처럼 절대적인 자기 분열이라는 절대 위기로 이끄는 이성의 자각이 바로 절대 비판이다. 절대 비판은 비판의 주체를 비판의 전제로서 비판 밖에 안전하게 남겨놓지 않으며, 비판의 주체도 함께 묶어서 비판에 노출시킨다. 이렇게 남김없이 스스로를 분열시키는 것이 다름 아닌 이성의 절대 비판이다. 이성 비판은 이러한 절대 비판에 이르지 않을 수 없다. 절대 비판의 절대적 자기 분열이란 자기 자신에 대해서 눈 뜸으로써 자각을 요구하게 된 이성이 당도할 수밖에 없는 운명인 것이다. 모든 것이 모순과 괴리로 지리멸렬해버리고 만다는 자각이야말로 이성의 자기 동일적 통일이 요구하는 귀결점이다. 진정한 자기 동일은 무한한 절대자에게만 가능하다. 이성이 자신의 유한성과 상대성을 망각한 채 이를 감히 시도하는 한, 절대모순과 절대 분열의 운명을 스스로에게 선고하지 않으면 안 된다.

그런데 이러한 운명에 순종해서 기꺼이 죽음을 선택하여 자발적으로 죽음에 몸을 맡기고, 아무리 애써도 피할 수 없는 모순의 밑바닥에 몸을 던질 때, 현실은 모순의 바닥으로부터 스스로를 새롭게 하는 길을 열어주고, 우리의 자기를 현실이 되는 방향으로 인도하면서 우리와 협력한다. 이성적 자기가 자기 자신에게 집착하여 스스로를 주장하는 동안은 모순을 뚫고 나갈 수 없다. 이성이 스스로의 죽음을 긍정함과 동시에 모순은 모순인 채로 통과할 수 있다. 모순은 이성을 초이성적으로 부활시켜 절대의 전환을 위한 매개가 되도록 만들어 주는 것이다.

이 절대전환으로서의 절대무의 대비(大非)가 한 번 죽은 우리들의 자기를 구제[攝取]하여 부활시키는 대비(大悲)이다. 이것이 절대의 "대비 즉 대비"라는 구조이며, 우리들은 이 전환에 순종하여 환희하고 감사[歡喜報謝]한다. 이것이야말로 참회도이다. 이성은 자기의 월권참상(越權僭上)을 참회하고, 자기의 죄를 뉘우치며, 자기의 유한성을 자각함으로써 초월적으로 부활되고 구제된다. 참회는 이미 대비(大悲)에 의해서 일어난 것이기 때문에, 자기가 행하는 바이면서도 자기가 행하는 바가 아니다. 그것은 타력의 행위이다. 게다가 참회는 자기의 행위를 매개로 하기 때문에 절대타력의 행위인 것이다. 지리멸렬한 절대 분열에 빠졌던 이성은 자기 자신을 초월하는 절대타력의 행위로 말미암아 부활된다.

그러나 이것은 분열을 고쳐서 통일로 복귀시킨다는 의미가 아니다. 헤겔은 이성의 입장에서 소외된 통일이 사면유화(赦免宥和)에 의해서 회복된 것을 종교라고 규정하였지만, 이 말 역시 이러한 입장에서 벗어나지 못하고 있다. 그렇기 때문에 그의 종교론은 이성의 자기 동일적 입장을 벗어나지 못했던 것이다. 키에르케고르가 비판하였던 것처럼, 헤겔의 종교 이해는 지성의 영역을 벗어나지 못하였으며, 절대적 역설이 아닌 자기 동일로의 내화(內化)로 끝나고 말았다.

참된 종교적 신앙은 분열이 분열인 채로 통일되는 것이다. 모순이어서 상통할 수 없는 것이 모순 그대로 상통하게 되는 것이 종교이다. 자력적인 자기가 통일하고자 하여도 불가능하였던 모순이 자기가 죽음을 선택하여 스스로를 버리고 또 버려지게 될 때, 그 때 비로소 모순은 모순인 채로 통하게 된다. 모순이 스스로 녹아서 흘러내림으로써 모순이라는 관문은 더 이상 장애물이 아니다. 분열이 분열인 채로 통일이라고 말하는 이유가 여기에 있다. 번뇌를 끊지 않은 채 열반의 경지를 얻는다고 하는 말도 이와 다르지 않다.[3] 이것을 자기 동일이라고 한다면 동일인 자기가 있어야 한다. 헤겔이 자기 의식을 주체로 하면서 종교를 말했던 것도 여기에 해당한다. 그러나 실은 의식되어야 할 자기란 없는 것이다. 자기는 철저히 분열되고[七花八裂], 철저히 분리이산(分離離散)하여 흔적도 없이 사라졌기 때문이다. 그처럼 무로 돌아가는 바가 곧 자유자재를 의미한다. 자기를 잃어버렸으므로 더 이상 행위하는 자기란 없으며, 다만 절대 현실이 이루는 바에 협력하고, 오히려 절대의 무에 대한 매개로서만 방편적인 존재가 된다[有化]. 무언가 자기 동일적으로 스스로를 통일하는 포월적인 전체가 있다면 행위적 매개로서의 절대매개는 불가능하다. 그러므로 헤겔의 절대 정신이 이성의 자기 동일성을 벗어나지 못했던 것이다.

혹은 자기 동일의 전체가 직관의 내용이라고 생각되곤 하는데, 무는 직관될 수 없다. 행위적 직관은, 플로티노스의 직관(Plotinos, Enneades, III, 8.6)과는 반대로, 행위를 위한 형성적인 내용의 직관이라고 해석되지만, 그러한 행위는 예술적 표현 형성의 자력적인 행위이지 절대무의 타력행은 아니다. 후자는 자기의 행위이면서도 자기의 행위가 아니고 무의 행위이다. 그러한 점에서 절대무의 타력행은 여기저기에 무의 틈새를 포함하며, 그 틈새를 통해서 존재와 무, 안과 밖이 끝없이 전환한다. 이것을 전체적으로 직관하는 것은 불가능하다. 직관된 것은 표면적인 존재이지, 이면적(裏面的)인 무는 아니기 때문이다. 존재와 무의 교호적 매개로서 분열되는 것은 직관을 허용하지 않는다. 존재와 무의 전환은 오직 행위를 통해서 자각될 뿐이다. 일방적으로 행위를 위해서 직관하는 것이 아니라, 직관이 행위를 위한 부정적 매개가 되고, 지식과 행위가 서로 교차하여 존재와 무가 서로를 매개한다.

---

3 담란(曇鸞)의 『정토론주』 하권에 "즉 이 번뇌를 끊지 않은 채 열반의 경지를 얻는다. 어찌하여 그렇게 되는지 생각해서는 안 된다"는 말이 있다.

그렇다면 행위의 자각이 있다는 것만으로 자기 동일적인 직관이 성립한다고는 할 수 없다. 자각의 경우 자각되는 자기가 자기 동일적인 것으로서 사유되지 않는다. 자기는 오히려 무의 매개로서 무화(無化)된다. 거기에는 무의 행위를 행하는 행위적 매개성, 무와 존재의 교호적 전환이라는 동적인 통일만이 있을 뿐이다. 무의 자각은 자각의 무가 아니면 안 된다. 그러나 무가 존재에 대한 상대적인 무가 아니고 절대무이기에, 자각이 없는 것이 아니라 자각이 자각으로서 고착되지 않고 부단히 전환되면서 무의 매개로 변하는 것이다. 무는 절대무로서 상대의 유무를 뛰어넘기 때문에 초월적으로 자기에게도 대립되며, 존재에도 무에도 관계하지 않는 자각의 통일적인 근저가 된다. 무에 있어서의 전환적 통일은 형성적 내용으로서 직관될 수 없다. 그것은 오히려 직관을 끊고 직관을 부정하는 초월적 무의 타력적 전환이다. 행위를 위해서 하는 직관이 아니고, 직관을 부정 전환하며, "분열 즉 통일"의 무에 있어서의 행위의 자각이다. 행위처럼 스스로 작위하면서 형성하는 것이 아니라, 작위 형성의 길이 막힌 절체절명의 경지에서 자기를 버림으로써 타력에 순종하는 행위로 전환되고, 거기에 몸을 맡기는 믿음에서 부활되어 자각되는 행위와 믿음과 깨달음이 곧 무의 자각이다.

행위는 직관[觀]을 부수고, 존재로부터 무로 들어가기 때문에 행위일 수 있다. 만약 직관에 그친다면 그것은 존재이지 무는 아니다. 행위적 자각은 존재에 대한 직관이 아니라 무에 대한 자각이 아니면 안 된다. 만약 이렇게 말할 수 있다면, 그것은 죽음의 자각이고 자기 소멸의 자각이지, 생의 직관이나 자기 형성을 위한 직관은 아니다. 원래 행위를 이룬다고 여겨지는 행위적 직관의 입장은 자기를 연장하고 확대하는 것이지, 자기를 부정하고 소멸하는 것이 아니다. 그것은 분명히 죽음이 아니라 삶이다. 무의 매개로서의 존재인 공(空)과 방편이 아니라, 예술적 형성의 내용이며 자기표현의 산물이다. 그것은 어리석은 자가 자신의 무력을 자각하는 데서 비롯되는 참회적 자기방기의 전환적 행위와 믿음이 아니라, 절대와 합일한다고 자부하는 현자(賢者)의 자력적인 주장에 불과하다. 그러므로 행위적 직관은 자기 동일을 내용으로 하기에 절대를 직관하는 것이다. 표현 형성의 행위는 어디까지나 자력의 작용이며, 상대가 절대의 합일을 요구하는 일이다. 타력의 절대무에 대한 매개로서만 그 존재가 허용되는 상징적 존재가 자기를 부정적으로 매개하는 대행(大行)[4]을 자각하는 일은 이것과는 철저하게 방향을 달리한다.

이야기가 너무 옆길로 빠진다고 생각할지 모르겠지만, 또 하나의 좋은 예로서 다음과 같은 것을 설명해 보고 싶다. 우리들은 보통 괴테를 자기 초월적 생의 시인이라는 관점에서 이해하며, 그를 체념하는 적광(寂光)의 시인이라고들 한다. 상징 시인으로서의 괴테의 원숙함을 보여주는『서동시집』(西東詩集)과『파우스트』제2부가 곧잘 사람들에 의해서 경원되는 이유도 그 때문이 아닌가 한다. 가령 그의 체념(Entsagung)[5]이라는 개념이 중시되곤 하지만, 그것을 단지 생의 자기 초월이라는 입장으로 이해한다면 그 의미가 충분히 드러나지 않는다. 물론 체념이란 내가 참회라고 부르는 것처럼 대비(大悲)의 기쁨과 감사[歡喜報謝]라는 적극성을 가지지 않으므로 소극적인 태도를 벗어나지 못한다. 그러나 체념의 구조는 참회와 같이 부정 전환의 통일을 의미한다. 체념을 생의 확대 내지 초월에 대한 긍정으로 이해하면 안 된다. 그와는 반대로 체념이란 생을 직접적으로 긍정하려는 주장을 버린 죽음과 부정의 태도가 부

---

4 커다란 행위. 일반적으로 보살이 중생구제를 위하여 공덕을 쌓는 것을 가리킴. 정토진종에서는 염불하는 것을 말함. 염불이 자력의 행위가 아니고 아미타불의 본원에 의한 것이므로 이러한 대행이라는 말로 나타난다.
5 괴테는『빌헬름 마이스터의 편력시대』(*Wilhelm Meisters Lehrjahre*, 1821년)에서 "체념"의 덕에 대해서 논한다.

활과 긍정으로 변하는 전환을 의미한다. 즉 주어진 운명의 제한을 기꺼이 자신의 것으로 선택하여 주체적으로 긍정하고, 잃어버린 과거에 대한 비애에 사로잡히지 않고 미래에 대한 희망 속에서 살아가는 것, 담담한 심경으로 무애(無碍)하게 현실을 수용하는 것, 그것이 곧 괴테가 말하는 체념이다.

그러므로 환상(還相)해서 은혜를 갚으려는[報恩] 마음에 불타는 타력신앙의 대비(大悲)에 의존하는 광명과 환희[光明歡喜]에는 비할 수 없다 하더라도, 그것과 일맥상통하는 적광유안(寂光幽安)이 체념이라는 관상생활의 특징이다. 체념에는 환상보살의 적극성이 결여되어 있지만, 거기에는 독각자(獨覺者)의 안심과 평화가 있다고 하겠다. 여기에 동양적 무와 상통하는 어떤 부정적 색채가 있음을 인정할 수 있다.『서동시집』이 동양의 영감으로 불타는 불꽃이라는 사실은 숨길 수 없다. 그러나 이 시편과 함께 괴테의 원숙성의 정점을 보여주는 것이『파우스트』제2부이다. 이 부분은 제1부의 표현적 작품과 달리 상징적 작품이며, 주인공 파우스트의 죽음은 일반적으로 비극의 주인공의 죽음과는 전혀 의미를 달리하는 전환적 환상성(還相性)에 대한 자각을 보여준다. 자기 초월이란 자기를 긍정함으로써 이루어지는 것이 아니고, 죽음에 의해서 매개된 부정적 전환을 가리킨다.

그런데 이러한 죽음의 자각 내지 체념의 내용을 직관이라고 부르는 것이 적합한가? 나는 그렇게 생각하지 않는다. 왜냐하면 체념은 이러한 자각이 주장하는 자기라는 것을 이탈해 있으며, "나의"라고 해야 할 것을 방기하는 부정의 자각이기 때문이다. 부정을 매개로 해서 다시 살아난 긍정은 이미 직접적인 긍정과는 다르다. 그것은 무의 긍정이며, 따라서 항상 무가 그 배면에 있는 적광(寂光)의 상징이다. 그것은 유로써 직관될 수 없는 자기 방하의 자각에 대한 매개이다. 즉 매 순간 새롭게 전환되는 모습인 것이다. 괴테가 『파우스트』에서 "모든 것은 비유 (Gleichnis)이다"라고 한 것은 이를 가리킨다. 선가(禪家)의 말은 이러한 비유로 가득 차 있다. 시인 보들레르가 "호응"(correspondence)이라고 불렀던 것도 이를 말함이다. 상징 시인으로서의 괴테의 특징이 잘 드러나는 『파우스트』 제2부와 『서동시집』은 그가 말하는 상징을 담고 있는 두 개의 보물창고이다. 저 유명한 Stirb, und werde(죽어라, 그리고 살아라)라는 구절이 『西東詩集』(West-östlicher Divan)에 실려 있는 것도 전혀 이상할 바 없다.

이러한 괴테의 "체념"에 만일 자기 동일적인 것으로서 직관되어야할 것이 있다면 그것은 더 이상 체념은 아니지 않을까? 자기 방하의 자각은 자기 동일적인 것이라고는 할 수 없다. 절대모순도, 만일 그것이 자기 동일적인 것으로 돌아간다면, 더 이상 모순이 아니다. 그것은 모순이 모순인 그대로 인정되어 살도록 허락된다고 자각하는 것이 아니라, 오히려 모순을 포월하는 것을 의미하기 때문이다. 체념의 내용을 직관한다고 해버리면 그것은 더 이상 체념이 아닌 것처럼, 모순의 분열적이고 순종적인 부활과 통일을 자기 동일이라고 하면, 거기에서 타력행적인 것은 사라져 버리고 만다. 내가 주장하려는 것은 바로 이것이다.

절대 비판은 철저하게 타력행이고, 오직 순종적으로 절대무에 의해서 부활되는 것이다. 여기에서 이성은 자기 동일을 원리로 하는 이성으로서 회복되는 것이 아니다. 소극적으로 말한다면, 체념적으로 자기를 버리고, 자기의 자율과 자유를 방기하는 것이 순종적인 행위와 믿음 속에서 자신에 대해서 죽으면서 사는 길이라고 자각하는 것이다. 무난선사(無難 禪師)가 "살면서도 죽은 사람이 되어야만 마음먹은 대로 할 수 있다"[6] 고 했듯이, 살아 있으면서도 죽은 사람이 되어서 행하는 행위야말로 마음먹은 대로 하는 행위이다. 그때는 생각도 무심즉심(無心卽心)

이 되어 "몸도 깨어지고 마음도 사라졌으니 마주하는 사물에 맡기게 된다."7

이 경우 "사물"이란 "본래무일물"(本來無一物)로서 언제 어디서나 끝없이 전환하는 새로운 행위적 내용이다. 자기 동일적 직관을 뛰어 넘어 끝없이 전환하는 무인 것이다. 직접 보지만 아무 것도 보지 않는 것[直見無見]이고, 직접 들어도 아무 것도 듣지 않는 것[直聞無聞]이기에, 참된 의미에서 보고 들을 수 있다[直下見直下聞]. 이것이 "본래무일물"에 대한 깨달음이다. "본래무일물"이 자기 동일적인 것으로서 직관될 리는 없다. "무일물"은 "무일물"을 실제로 행하는 무화(無化)의 행위를 통해서 깨달을 수밖에 없다. 이 무일물에서 자기의 부활을 믿고 깨닫게 된다. 이것이 절대 비판의 적극적 측면이다. 나는 이것을 부활의 자각이라고 불렀지만, 이는 적분적(積分的)으로 절대모순을 관통해서 자기 동일적인 전체를 포락(包絡)하는 직관이 아니고, 단지 미분적으로 시간과 공간 속에 있는 이 세계의 모든 지점에서 죽음으로서 사는 전환적 행위에 대한 믿음과 깨달음이다.

이처럼 이성은 절대 비판에 의해서 타력의 행위와 믿음과 깨달음으로 전환된다. 이성이 자기 자신을 확립하려는 이성 비판은 자기를 해체시키는 절대 비판에 이른다. 그러나 절대 비판이 이성을 초이성적인 절대무의 매개인 공유(空有)로서 부활시키며, 무의 방편으로서의 존재를 허락해준다. 우리는 다만 이 전환에서 자기의 무를 행위하고 믿고 깨닫는다. 이것이 무의 자각이다. 이때 부활이란 단순히 삶으로 복귀하는 것은 아니다. 죽은 사람이 되어서 행위하는 자기로서 부활되는 것이다.

---

6 에도(江戶)시대 임제종의 승려 지도무난(至道無難 1603-1676) 선사의 『즉심기』(即心記 1767년)에 있는 구절.
7 지도무난선사의 글. 자필본인 『무난선사도가』(無難禪師道歌)에 실려 있다.

부활은 이성이 이성으로서 회복되는 것이 아니라, 이성을 뛰어 넘는 행위와 믿음과 깨달음을 자각함을 의미한다. 칸트는 "단순한 이성의 한계 내에서의 종교"를 말했지만, 옳게 말한다면 이성의 한계 내에 종교는 있을 수 없다. 종교의 근저로서 인간의 근본악을 다스리는 절대선의 원리는 단지 신에게만 속한다. 종교는 신국을 지상에서 건설하려는 일에 참여하며, 신국의 백성으로서 신의 명령과 지배에 복종하는 인간의 신앙에서 성립한다. 나아가 이러한 신앙은 하나의 역사적 사실인 계시와 구별되는 일반적인 의미에서의 신앙이다. 칸트는 이것을 이성적 신앙이라고 불렀다. 그러나 신앙은 이성의 절대부정이며, 이성의 사유를 뛰어 넘기 때문에 신앙인 것이다.

그러므로 이성적 신앙이란 이성에 속하는 신앙을 가리키는 것이 아니고, 이성에 의해서 매개된 신앙이라는 의미이다. 즉 이성적 신앙은 동일성적 속성을 규정하는 개념이 아니라, 부정적이고 변증법적인 매개를 나타내는 개념인 것이다. 이성적 신앙도 이른바 이성적으로 자기 동일적인 것이 아니고, 이성을 부정하면서 초이성적인 것이어야 한다. 변증법은 이성이 피할 수 없는 특성이다. 이성은 자기 부정적으로 스스로 죽고 소멸함으로써만 매개적인 존재로서 부활된다. 이러한 전환적 매개의 측면이 이성의 "본래면목"(本來面目)인바, 그것은 "무일물"이라고 할 수밖에 없다. 육조(六祖)의 "본래면목"은 "무일물"이다. 그러나 그것은 자기가 죽고 절대무의 행위에서 믿고 깨달아지는 것이지, 자기 동일적인 어떤 것으로서 개념화될 수 없다.

헤겔의 변증법은 지성적 사고에 머무른 나머지 이성의 자기 동일을 가지고 모순의 대립을 종합으로 지양하면서 모순을 해소하려고 했는데, 위와 같은 이유로 말미암아 키에르케고르는 헤겔을 비판했던 것이다. 그러나 헤겔은 칸트의 선험변증론을 철저히 하고, 내가 말하는 절대 비판과 궤를 같이하는 교호적 부정의 분열에까지 이르렀으므로, 그의 사색이 철저하다는 것은 인정하지 않으면 안 된다. 특히『정신현상학』이 말하는 절대무적 변증법에 대해서 나는 경탄을 금하지 않을 수 없다.『정신현상학』의 큰 장점은 우리의 개인 의식의 절대 비판성을 문제시하는 데 그치지 않고, 항상 이것을 구체적인 역사에서의 정신의 발전으로 고찰한다는 점이다. 그런데 역사에는 이성 비판 이외에 사회적 인간적 계기가 포함되기 때문에, 절대 비판의 운동과 입장에서 보면, 역사에는 우연이라고 해야 할 우여곡절이 섞여있기 마련이다. 헤겔은 절대 비판을 본질로 하는『정신현상학』을 서양사상사의 구체적 단계와 병행하면서 역사적으로 발전시켰다. 헤겔은 일거에 비역사적으로 절대 비판을 수행한 것이 아니라, 지각의 추상적 단계로부터 아름다운 영혼의 윤리적 인생관에 이르기까지 차례차례 모순의 심화를 추적해 나갔다. 그가 정신이 철저하게 파멸되었다가 재생하는 발전의 경과를 분명하게 한 것은, 실로 비할 데 없는 위업으로서 찬탄하지 않으면 안 된다.『정신현상학』은 실로 절대 비판의 역사적 전개이다.

다만 종교를 이성에 속하는 것으로 보아서 종교를 개념의 형태로 사유한 바에 헤겔 사상의 추상성이 있다. 그는 이성의 적극적 측면인 사변적 이성이 이성의 최종적 발전 형태라고 봄으로서 자신의 철학을 완결적인 체계로 만들고자 하였지만, 그렇게 함으로써 그의 철학은 비변증법적인 동일성의 철학으로 전락하지 않을 수 없었다. 그것은 칸트적인 이성의 부활이며, 셸링의 동일성 철학의 부흥이다. 키에르케고르가 비판하였던 것처럼, 결국 변증법의 역설을 상실해버리고 만 것이다. 키에르케고르가 말하는 역설의 변증법은 실천적 변증법에 대한 고유한 규정으로서 행위와 믿음의 입장이다. 지성으로서의 이성의 동일성적 입장은 변증법으로부터의 이탈을 의미한다.

우리는 칸트의 이성 비판을 철저히 함으로써 헤겔과 함께 절대 비판의 길을 걸어나가지만, 헤겔처럼 이성에 집착한 나머지 이성 비판을 미완의 것으로서 마감하는 것이 아니라, 분열의 밑바닥에서 죽고, 죽은 자로서 행함으로써 산다는 것을 말하고자 한다. 이것이 절대 비판의 긍정적인 측면이다. 그것이 대비(大悲)로서의 대비(大非), 즉 대비(大悲)의 믿음과 깨달음이며, 진정한 참회도이다. 헤겔은 부정적으로 이성적인 것(변증법적인 것)과 긍정적으로 이성적인 것(사변적인 것)을 동일적 이성의 "부정 즉 긍정"이라는 종합 통일이라고 보면서 이성의 체계를 구축하고자 하였다. 헤겔의 논리학이 존재학으로서의 형이상학이 되는 소이가 여기에 있다. 그러나 그 체계의 완성과 동시에 변증법은 그 생명을 잃어버리고, 다만 논리의 형해(形骸)를 남겼을 뿐이다. 이른바 역설성을 잃어버리면 변증법은 변증법이 아니라 단순한 동일성의 논리로 변해버린다. 게다가 그때 변증법은 절대모순의 자기 동일이 되려 하기에 신비주의에 의존하지 않을 수 없다. 따라서 헤겔의 논리가 신비주의라고 평가되는 것이다.

셸링이나 키에르케고르가 비판했던 것처럼, 그것은 비실천적이고 비인격적인 범신론이 될 수밖에 없다. 그것은 아리스토텔레스 이래의 내재적 목적론을 벗어나지 못하며, 처음부터 끝까지 이성의 입장으로 일관한다. 이와는 달리 후기 셸링은 악의 자유를 강조하고, 계시의 적극성을 구제에 필요한 조건으로 주장하였다.[8] 또 키에르케고르는 변증법의 역설성을 말하고, 철저하게 개별적인 실천적 신앙의 자기의 부활은 이성의 보편에 속하지 않는다고 강조하였다. 이는 헤겔이 그리스적 이

---

8 셸링은 『인간적 자유의 본질과 그에 관련한 여러 대상에 대한 철학적 탐구』에서 인간의 자유를 선의 적극적 대립물로서의 악도 행할 수 있는 능력으로 규정하고 있다. 또 신의 계시를 사랑과 선의가 실현되기 위한 필연적인 소행이라고 보았다.

성의 입장을 벗어나지 못한 결과 이교적이 될 수밖에 없었다고 지적하면서 기독교의 복음적 신앙을 명확하게 한 것이라고 보아야 한다. 키에르케고르는 실존적이고 역사주의적인 추구를 철저히 수행한 결과, 작금의 실존철학의 선구가 되었다.

내가 말하는 절대 비판이나 참회도가 주장하는 변증법은 헤겔적인 것이 아니라 키에르케고르적인 것이다. 아우구스티누스의 "조명"(illuminatio) 개념에 대한 해석에는 의문을 품게 되는 것도 사실이지만, 그 주장의 진의는 이성이 자기 모순에 의해서 초월적으로 부정되어서 절대적 수동태로 변하며, 자연법이(自然法爾)적으로 이(理)가 사실이 되어[事化] 무애의 진실이 이데아의 내용으로 결정화(結晶化)된다고 하는 데 있다. 그러므로 그 구조는 절대 비판적이며 따라서 참회도적인 것이라고 할 수 있다.(Cf. Gilson, Introduction a letude de Saint Augustin, p. 119-121.) 이것이야말로 사실이 이가 되는 것[理化]의 영역을 벗어나지 못하는 왕상적(往相的) 아리스토텔리즘을 뛰어넘는 것이니, 그것이야말로 복음적이고 환상적(還相的)인 아우구스티니즘의 특색이다. 그 기조 전체가 참회도적인 것이라고 해도 과언은 아니다. 아니, 아우구스티누스야말로 서양에서 참회도의 길을 연 인물이라고 해야 할 것이다.

물론 헤겔이 서 있는 바탕도 기독교의 복음이며, 종교의 형태로서도 기독교의 계시를 최고라고 보는 입장임은 말할 필요도 없다. 그의 『정신현상학』이 "정신"에 대한 장의 말미로부터 "종교"의 장으로 옮아가는 부분을 보면, 사상적인 면이나 용어적인 면에서 내가 참회도나 절대 비판이라고 부르는 것에 해당되는 바가 많이 있다. 그러나 그가 나의 참회도에 상당히 유사한 개념들을 사용한다고 하더라도, 그는 나의 철학적 입장과는 매우 다른 방식으로 자신의 생각과 신념을 전개하였다. 그의 사상과 나의 사상 사이에 유사한 점이 많다는 것은 논리적으로 보아 필연적이라고 할 수 있다. 적어도 그도 나처럼 이성 비판을 철저하게 추구하였으며, 기독교의 복음으로부터 다대한 영향을 받았던 것이다. 행위하는 자기 안에 있는 악의 필연적 존재라는 생각에서 헤겔은 칸트가 밝힌 근본악이라는 개념을 분명히 하고자 하였다. 헤겔은 칸트와 달리 악의 문제를 의지로부터 윤리적 행위로 옮겨서 사유하였는데, 이는 그가 칸트보다 더 철저히 근본악에 대해서 사유하였음을 말해준다.

헤겔에 의하면 세계 내에서의 인간의 행위는 자신의 인간의 제약성으로 말미암아 개인적 특수성에 따라서 특수하게 이루어진다. 그러므로 우리의 행위는 타자 안에서 반항과 대립을 불러일으키지 않을 수 없는 일방적 성격을 지닌다. 그러므로 이론 이성으로부터 실천 이성에 이르기까지 이성의 자기 분열과 자기모순은 필연적이다. 그러나 이러한 자기의 모순과 대립을 자각하는 행위자는 이 자각을 고백함(Bekennen)으로써 행위자로서의 자기의 개별성을 잃어버리고 보편적인 전체로 귀입(歸入)한다. 그 결과, 행위로 말미암아 정신에 가해진 제한과 한정이라는 상처를 흔적도 없이 잃어버리게 되는 것이다. 이 고백은 자기만을 옳다고 여기는 이른바 "아름다운 영혼"이 추상화되는 것을 막아주며, 타자에게서 자기를 직관하여 타자를 시인하며, 서로 용서하고 서로 화해하는 고백자의 것이다. 고백은 그러므로 행위자의 자기 소외로부터 보편성을 회복하는 것, 즉 전체로의 귀환을 의미한다. 고백은 상호적 승인과 용서를 통해서 나타나는 절대 정신의 현성이다. 여기에서 자타를 뛰어넘어 보편적으로 자기가 통일되고, 보편을 기체[substratum]로 하는 진정한 개체로서의 자아가 성립된다. 이처럼 타자가 자신을 반대하는 것을 매개로 하여 자기가 존재한다는 확신 속에 신은 현상(現象)한다. 정신은 이러한 신적 자기의 자각인 종교에서 완전한 전체에 이른다. 종교는 이 전체를 상대적 현존재로서의 자기의 근저인 절대로서 자각하는 것인데, 이러한 종교야말로 정신의 발전을 완결시키고 정신의 발전을 궁극적으로 통일시킨다.

이러한 의미에서 헤겔의 『정신현상학』은 종교로부터 절대 비판으로 인해서 죽음의 길로 특징지어지는 정신의 각 상태로 돌아가고, 그 경우 어떻게 정신의 각 단계가 삶의 길로 전환되고 회복되는가를 반성하도록 가르쳐준다. 헤겔은 이러한 전환에 의해서 정신의 각 단계가 종교의 절대 정신의 계기로서 내화되고 보존됨으로써 절대지가 성립한다고 생각하였다. 절대지를 고유의 입장으로 하는 철학은 이성적 종교의 자각이며, 이를 근거로 하면서 반성하는 정신의 각 단계의 존재방식에 대한 논리적 자각으로서의 범주론인 논리학이 절대지의 내용이 된다.

이처럼 헤겔의 『정신현상학』은 그 본질에서 절대 비판과 다르지 않다. 또 그 종교적 고백에 의한 정신의 보편성 회복이 참회도의 전환과 상통한다는 사실도 부인할 수 없다. 하지만 다음 장에서 논하게 되듯이, 헤겔은 어디까지나 이성의 자기 동일성을 고집하였으며, 절대 비판적으로 무의 전환에 의해서 초월적인 행위와 믿음과 깨달음이 통일된다는 종교적 자각을 이성의 자기 동일성과 동일시하였다. 결국 그는 자력의 논리로 시종하면서 그리스적 존재학의 체계 구축을 목표로 하였던 것이다.

이것과 비교할 때 절대 비판의 참회도는 타력의 대비(大悲)에 의존하는 행위와 믿음과 깨달음이고, 이성의 자기 동일성이 아니라 절대무에 대한 신앙적 순종이다. 고백과 참회는 매우 유사한 개념이다. 하지만 만일 구별할 수 있다면, 전자는 자력의 이성에 속하고, 후자는 타력의 신앙에 속하는 것으로 구별되지 않을까? 절대 비판의 근저에서 죽은 이성은 자기 동일성을 원리로 하는 이성으로 부활되지 않는다. 이른바 죽은 사람으로서 부활되고, "본래무일물"의 자기로서 삶과 죽음 그 어느 쪽도 아닌 입장에 서서 삶에는 삶, 죽음에는 죽음으로서 과거와 미래에 자유롭게 출입하는 것이다.

참회는 모순이 모순이면서도 모순에 방해받지 않는 무의 매개가 되는 것이지, 모순을 지양 종합하는 보편의 이성적 입장에 서는 것이 아니다. 그것은 각자 각자가 절대무의 초월적 현재에서 절대타력적으로 행위하고 또 행위되는 것이다. 불법(佛法)의 뜻을 관문[關]이라는 한 글자로 돌파한 운문(雲門)9이라는 말의 뜻은 마차가 통과하는 넓은 이성의 보편적인 공도(公道)가 아니라, 사적으로는 말과 마차가 통행하지만 공적으로는 바늘 하나도 들어가지 못하는 관문, 곧 죽음과 사부활(死復活)의 길을 의미한다. 그 길은 각자가 이성의 길을 끝까지 추구하여 궁극적으로 절대 비판의 바닥에서 죽고, 오직 이렇게 죽은 사람으로서 사는 무의 행위에 대해서만 열린다. 이 자기에게 고유한 행위적 전환이라는 소식은 이성의 넓은 길을 통과하는 것이 아니라 각자에게 관문[關]을 통과하도록 허용하는 개인의 사적인 행위와 깨달음에 한정된다. 바로 그렇기 때문에 운문의 관을 투과해서 크게 깨달았던 다이토 묘쵸(大燈妙超)10가 "몇 사람이 같은 길을 걸어갈 수 있겠는가?[幾乎同路]"라고 덧붙였던 것이다. 바로 여기에 통하지 않으면서 통하고, 통하면서도 통하지 않는 신비하고도 외로운 길이 있다. 이것을 이성의 넓은 길[公道]처럼 명백하게 통하는 자기 동일의 직관이라고 볼 수는 없다.

어떤 선의 권위자는 선의 논리를 "무분별의 분별"이라고 이해하였

---

9 운문(雲門 864-949)은 중국 당나라의 선승. 『벽암록』(碧巖錄) 제8칙에서 취암(翠巖)이 "하안거가 시작된 이후로 여러분을 위해 설화를 늘어놓았는데, 그래도 이 취암의 눈썹이 남아있습니까?"라는 묻자, 운문이 "關"("문은 닫혔다")라는 한 글자로 답했다. 그 의미를 둘러싼 공안을 "운문의 관"이라고 한다.

10 종봉묘초(宗峰妙超 1282-1338) 가마쿠라(鎌倉)시대의 선승. 다이토 국사(大燈國師)라는 이름으로 알려져있다. 다이토는 스승인 타이오(大應)으로부터 "운문의 관"이라는 화두를 받았을 때, "몇사람이나 같은 길을 걸어갈 수 있는가?"라고 대답했다고 한다.

다. 이 말은 정말로 합당하다고 해야 할 것이다. 하지만 이것을 분별의 무분별로 바꿀 수는 없다고 생각한다. 양자는 일견 거의 같은 듯해도 실은 매우 다르다. 이른바 털끝만큼이라도 차이가 있다면 결국 하늘과 땅만큼의 차이로 벌어지고 만다. 절대모순의 자기 동일은 실은 분별의 무분별에 해당되는 것은 아닐까? 그것은 일견 선의 논리에 가까운 것처럼 보이나 실상은 그것을 일탈한 것이라고 하지 않을 수 없다. 왜냐하면 선의 "무분별의 분별"은 이른바 "살았다고도 할 수 없고, 죽었다고도 할 수 없다"(生也不道死也不道)[11]고 하듯이, "이것도 아니고 저것도 아니다"(Weder-noch)를 의미한다. 분별을 밖에 내세우고 무분별을 안에 두면서 무가 이들을 통일한다. 그런데 절대모순의 자기 동일이라고 할 때의 자기 동일이란 이와는 정반대로 분별의 무분별을 성립시키고, "이것도 아니고 저것도 아니다"(Weder-noch)가 아니라 "이것이기도 하고 저것이기도 하다"(Sowohl-als-auch)는 입장에 서 있기 때문이다. 그렇지 않다면 적극적으로 자기 동일이라는 것은 있을 수 없는 까닭이다. 절대모순이라고 하지만 그것이 자기 동일을 이루는 이상, 결국 자기 동일이 모호하게 사념되고 있을 뿐이다. 그것은 Weder-noch가 아니다. 그것은 선의 행위적 신앙과는 다른 예술적 제작에서 이루어지는 직관에 다름 아니다. 이것을 변증법적이라고 한다면, 그것은 헤겔의 이관(理觀)의 변증법과 같아서 아리스토텔레스가 말하는 자기동일성이라는 새장[樊籠]을 벗어나지 못한다. 결국 그것은 Sowohl-als-auch[이것이기도 하도 저것이기도 하다]의 입장을 벗어나지 못하는 것이다.

---

11 『벽암록』제55칙 "道吾漸源弔慰"에 있는 표현. 초상집에 갔을 때 도오(道吾)의 제자 점원(漸源)이 유체를 앞에 놓고서 "살았는가 죽었는가"라고 도오에게 묻자 "살았다고도 할 수 없고, 죽었다고도 할 수 없다"(生也不道 死也不道)고 답했다고 한다. 다나베는 『메멘토 모리』(メメント・モリ)(1958년)에서 이 화두를 언급한다.

따라서 절대모순의 자기동일이라는 입장은 Weder-noch[이것도 아니고 저것도 아니다]의 입장을 이것에 대립시킨 키에르케고르의 실천 변증법과 역설 변증법의 입장으로부터 비판을 받는다. 혹은 "무분별의 분별"이 환상적인 데 반하여, 절대모순의 자기 동일은 왕상적인 것에 그치고 만다고 보아도 무방하다. 모순을 모순화하는 절대모순의 자기 동일은, 필경 이(理)의 본체론적인 요청이지 실존적 믿음과 행위의 자증(自證)은 아니기 때문이다. 단지 자기의 부정 전환에 의해서 절대적으로 환상하는 무의 무분별만이 분별을 통해서 실천적이고 역설적으로 초월적인 통일을 유지할 수 있다. 키에르케고르가 헤겔적 지성의 사변적 변증법에 실천 변증법과 역설 변증법을 대립시킨 소이가 여기에 있다. 내가 말하는 참회도의 논리로서의 절대 비판은 실천 변증법과 역설 변증법과 같은 길을 간다. 그것은 행위와 믿음의 자각으로서 키에르케고르의 신앙의 입장과 상통하는 것이다. 그 행위와 믿음과 깨달음의 통일적 구조가 철학적 자각의 특징이다.

　충분하다고는 할 수 없겠으나 이상으로 나는 내가 의도하는 바를 어느 정도까지는 명확하게 할 수 있었다고 생각한다. 칸트의 이성 비판이 철저하게 이루어질 때 필연적으로 절대 비판에 이르지 않을 수 없다. 칸트의 선험변증론은 절대 변증법으로 돌파되는 것이다. 헤겔은 이 길을 개척하는 데 있어서 불후(不朽)의 공적을 남겼다. 그러나 위에서 논했던 것처럼, 헤겔도 이것을 정말로 철저히 수행할 수 없었다. 내가 주창한 절대 비판은 헤겔이 시도하였던 것을 더욱 철저하게 수행하려는 것이다. 그러나 그 결과는 오히려 헤겔의 이성의 동일성적 체계를 부정하고, 칸트의 실천적 신앙에 독자적인 지위를 인정하여 행위에 의해서 지식과 믿음을 매개하게 될 것이다. 그 구체적인 실천이 다름 아니라 참회도이다. 그것이 키에르케고르에게 가장 가깝다고 하는 사실은 역사적으로 보아 당연하다고 하겠다.

제3장

절대 비판과 역사성 사이의 연관성

이상에서 나는 내가 주창하는 절대 비판이 이성 비판을 철저하게 수행한 결과로서 도달하게 되는 귀착점이라고 주장하였다. 지금부터는 앞장에서 논했던 역사의 절대 비판성으로 옮겨가기에 앞서서, 이성 비판이 내포하는 역사성이 필연적으로 절대 비판으로 나아가는 방향성을 지니고 있다는 사실과, 역사와 절대 비판 사이에 불가분리의 관계가 있음을 주목해 보고자 한다.

칸트의 이성 비판은 과학적 인식 내지는 이성의 선험종합이 존재한다는 사실을 전제하고, 그러한 사실을 승인하는 데서부터 출발하여 그러한 사실이 가능한 근거를 묻는다. 이 점에 대해서는 모두가 주지하는 바이기에 여기서 다시 말할 필요는 없을 것이다. 선험론적 방법이란 이러한 절차를 의미한다. 과학 내지 도덕이 사실상 존립한다는 점은 의심할 수 없는 역사적 사실이다. 칸트는 당시의 비역사주의적 이성주의의 입장에 근거해서 내용적으로는 변천하는 것도 형식적으로는 선험종합에 있어서 영구불변이라고 생각하였으며, 그러한 것들이 사실상 존립한다는 것은 필연적이고 보편적으로 타당하다고 여겼다. 그러나 인식에 있어서 선험종합의 형식으로서의 범주가 과학의 역사적 발전과 더불어 발달한 것이어서 결코 영원히 불변하는 것도, 처음부터 오늘날과 같은 형태로서 존재했던 것도 아님은 과학사가 익히 보여주는 사실이다.

예를 들어서 가장 단순하고 보편적이라고 생각되는 수(數)에 대해서 생각해 보자. 자연수의 개념을 체계화하였던 것은 중세의 아라비아 수학이었고, 희랍의 기하학에서 산술은 발달하지 못하였다. 그 이유는 그들이 기호화의 방법을 몰랐기 때문이다. 학문으로서의 산술의 발달을 떠나서 수의 체계로서의 자연수는 존립하지 않는다. 그 원리인 수학적 귀납법을 예상하지 못하기에, 그 개념을 정확하게 학문적으로 규정하는 것이 불가능하기 때문이다. 즉 수의 개념은 수학의 역사적 발전과 더불어 발달한 역사적 소산인 것이다.

그렇다면 자연과학, 특히 물리학의 근본범주인 인과의 범주는 어떠한가? 칸트의 이성 비판의 주요한 동기 중 하나는 뉴턴 물리학의 기초를 확립하기 위해서 인과율에 대한 흄의 회의(懷疑)를 넘어서 인과의 범주를 옹호하기 위함이었다. 인과의 범주는 힘의 개념과 불가분의 관계를 지닌다. 힘이란 물체의 운동과 정지, 상태의 변화를 결과로서 낳는 원인이라고 규정된다. 뉴턴은 이 힘을 원격 작용의 능력이라고 생각해서, 만유인력의 물리학을 만들어 냈던 것이다. 그러나 뉴턴의 시대에 조차 원격작용에 대한 의문이 완전히 사라진 것은 아니었다. 오히려 그러한 의문이 점차 퍼져나감으로써, 한편에서는 원격 작용을 배제하고 근접 작용만을 인정하려는 경향이 마침내 장(場)의 물리학을 태동시켰고, 물리학을 기하학화함으로써 힘의 개념을 인과의 개념으로부터 분리시켰던 것이다. 다른 한편 흄의 사상이 부활한 실증론에 의해서 힘의 개념은 물리학으로부터 배제되었고, 그와 함께 인과의 개념도 물리학으로부터 배척되었다. 그러나 최근의 신양자론(新量子論)에서는 이 범주가 미시적 현상에는 적용되지 않는다고 여겨져서 물리학에서 인과의 범주가 지닌 보편타당성은 제한적이라고 생각되고 있음도 주의해 보지 않으면 안 된다. 인과의 범주라는 근본 범주가 불변의 내용을 지니며 언제까지나 변하지 않는 타당성을 가지는 것이 아님이 이제 분명해졌을 것이다.

인과의 범주와 더불어 역시 근본 범주인 실체의 범주도 아무런 조건

없이 정당화될 수 있는 것은 아니다. 실체의 범주와 물리학의 기하학화는 서로 공존할 수 없기 때문에, 실체라는 범주를 모든 곳에 적용할 수는 없기 때문이다. 혹은 칸트가 생각하였던 것처럼 물질을 실체로 보는 사상이 부정되어 실체 대신 에너지라는 개념으로 치환되고, 실체를 역학화해서 인과와 유사한 것으로 여김으로써 실체와 인과를 수학의 함수 개념으로 통일하려는 경향도 뚜렷해졌다. 그러나 현대의 신물리학은 상대성이론과 양자론을 종합한다는 근본적 과제를 지니고 있으며, 여기에서 두 범주는 결합되고 이론화될 것임에 틀림없다.[1] 그리고 결합의 원리는 동일성이 아니라 변증법적이라는 점을 미리 추정해 볼 수 있다. 새로운 실험에서 나타나는 절대무에 대한 행위적 깨달음이 변증법을 통일한다. 여하튼 범주가 과학의 발전과 더불어 역사적인 것으로 이해되지 않으면 안 된다는 점은 오늘날 의문의 여지가 없다.

나아가 도덕의 범위를 살펴보면, 칸트의 형식적 주관 도덕설[2]은 일견 그 선험 원리의 부동적 보편성을 보증하는 것처럼 보인다. 그러나 칸트가 도덕 주체의 구성적 원리라고 생각하였던 인격, 자유, 입법과 같은 근본 개념들은, 인식의 일반 형식논리적 범주에 있어서 처럼 형식적 종합 개념이 아니다. 그것은 오히려 도덕 주체의 내용을 규정하며, 따라서 주체의 역사적 한정과 분리된 채 존재하지 않는다. 이러한 개념이 실은 근대 서구의 도덕 사상에 고유한 역사적 산물이라는 사실은 오늘날 이미 상식이 되어 있다. 칸트의 형식적 도덕설 자체가 역사의 산물이고,

---

[1] 다나베는 논문 "국소적 미시적 – 현대적 사고의 특징"(1948년, 다나베전집 제2권)등에서 이 과제에 대해서 논한다.

[2] 칸트는 『도덕형이상학의 기초』 제2장에서 "정언명법은 행위의 실질과 행위로부터 결과되는 것에는 관계하지 않는다. 형식과 행위가 그로부터 나오는 원리와 관계한다. 행위의 본질적 선은 마음가짐(Gesinnung) 안에 있다. 가령 결과가 어떤 것이 되든지 말이다"라고 말하는데, 다나베는 이러한 칸트의 도덕 이론을 염두에 두고 있다.

그의 비역사적 이성주의도, 자연법 이론과 마찬가지로, 역사적 산물인 것이다.

　이렇게 과학이나 도덕에 있어서 선험적 종합 이론은 역사적으로 형성된 것이다. 그런데 칸트의 선험론적 방법은 이러한 선험적 종합 개념이 사실상 존재한다는 것을 전제하면서 그러한 것이 타당한 선험론적 근거를 탐구한다. 그렇게 함으로써 그와 같은 개념의 근거를 찾고, 타당한 것과 타당하지 않은 것을 나누어서 비판하고자 한다. 이것이 선험론적 방법이 비판 철학의 방법으로서 비판적 방법이 되는 까닭이다. 이성 비판에서의 선험론적 연역론은 이 방법이 구체화된 것이다. 그러나 이 경우 연역론이라고 해도, 일반적으로 논리학에서 말하는 것처럼 보편으로부터 특수를 이끌어 내는 추론의 방법으로서의 연역과는 다르다. 근거를 마련해 줄 종합은 사실상 이미 존재하며, 그것이 존재할 수 있는 근거를 탐구하는 것이기 때문이다. 따라서 근거를 그 근거에 의해서 근거된 어떤 것으로부터 탐구한다고 하는 방향성이 이미 암시되어 있는 것이지, 결코 보편이 한정되어서 일방적으로 보편으로부터 특수가 도출되는 것이 아니다. 법률상의 용어를 가지고 말해보면, 권리 부여라는 의미로 사용된 연역이라는 말은 사실상 주어진 것의 정당화를 의미하기 위한 것이며, 따라서 선험론적인 명제를 사실로서 전제한다. 이와 동시에 사실로서의 선험론적인 명제는 근거가 된다. 왜냐하면 선험론적인 명제는 논리적 연역에 의해서 그 자체로부터 추론되었기 때문이다. 다른 말로 한다면 선험론적 연역은 일반 논리의 연역과는 달리 일방적으로 추론해내는 것이 아니라 쌍방적으로 추론해내는 것이다.

　이것은 물론 동일성적 형식논리에서 오류로 여겨지는 순환논리는 아니다. 그러나 일종의 순환론인 것도 부정할 수 없다. 매개의 교호성에 의거해서 성립하기 때문이다. 사실 일반논리의 연역도 귀납추론과 결합되어야만 비로소 구체적인 과학적 인식의 방법으로서 사용될 수 있다. 그런 의미에서 역시 일종의 순환론이다. 단순한 연역추론은 가언적(假言的)일 뿐이므로 현실을 인식할 수 없다. 현실의 역사성은 역사적 우연성을 포함하는데, 이 역사적 우연성은 필연적인 것으로 연역하고 추론될 수 없다. 우리들은 그것이 있기 때문에 있다고 하는 이상의 것을 인식할 수 없는 것이다. 연역추론의 전제도 실은 이러한 현실에 매개된다. 따라서 이러한 전제에 의거해서 이루어지는 연역은 일종의 순환론에 다름 아니다. 모든 역사적 현실에 대한 인식은 순환론적이고 교호적이다. 실제로 역사에서는 모든 것이 교호적 순환을 이룬다. 현실과 인식도 또한 교호적이며, 실천이 이들을 매개한다. 따라서 인식도 또한 순환적일 수밖에 없다.

선험론적 변증론의 순환은 이 일반적 순환론의 한 형태에 지나지 않는다. 칸트는 『순수이성비판』의 제2판의 서문에서, 자기의 비판 철학의 선험론적 방법을 자연과학의 실험적 방법에 비교하면서, 실험은 이성이 실험에 앞서 구상한 법칙적 구조를 예상하고, 그러한 예상이 실제로 실현되는 것을 확인한다는 것을 지적했음은 앞에서 언급한 바와 같다. 그러나 이것으로는 발명적 실험에 의해서 이론이 설명하지 못하는 바를 타개하는 무로부터의 창조를 이해할 수 없다. 단지 검증하고 수정하는 작업을 계속할 뿐 과학사의 시대를 새롭게 여는 비약은 이루어지지 않기 때문이다. 그러한 발전이 이루어지기 위해서는 이성이 인식 주관으로서 계속 살아 있어서는 안 된다. 오히려 이성 자신이 모순의 궁지에서 죽고, 절대무의 전환에 의해서 부활됨과 동시에, 서로 모순 대립하는 양자의 어느 쪽도 아닌 중도(中道)가 될 때, 새로운 이론을 발전시킬 수 있다. 이것이 "혁신 즉 부흥"의 순환적 창조이며, 역사의 구조에 다름 아니다. 과학사에 입각해서 이러한 사실을 자각하는 것이 과학 비판으로서의 이성 비판이다.

연역이라는 방법은 자연적인 사실에 대한 인식이 아니라 구체적인 주체성에 대한 인식, 즉 과학적 인식에 대한 자각에 가치를 부여한다. 여기에 연역의 정당성이 인정된다. 그렇다면 역사적 현실의 구조에서 볼 때, 연역은 필연적으로 교호적 순환론을 벗어날 수 없다. 역사에 대한 인식과 역사에 대한 실천적 건설에 대한 자각은 단지 보편적인 원리로부터 연역될 수 없다. 그것은 교호적 순환 사이의 간격이 점점 긴밀해지고 축소되어 마침내 거기에 아무런 틈[罅隙]도 남지 않도록 빈 곳을 메우려는 목표를 향해 나아간다. 이렇게 진행되어 감에 따라서 현실 자체의 내부가 자각되어, 앞으로 나아가는 것[進行]은 곧 내부적인 것이 펼쳐지는 것[內展]이라고 하는 순환태를 이룬다. 즉 그것은 직선적인 발전이 아니고, 이미 이루어 진 것[旣成]이 곧 발전이라고 보는 순환태이다. 이것이야말로 역사의 근본 구조이다.

시간의 구조에 입각해서 말한다면, 미래를 향한 부단한 혁신을 실천하는 것은 과거를 점점 심도있게 거슬러 올라가 근원으로 돌아가는 부흥이라고 하는 순환을 이룬다. 우리들은 이러한 "혁신 즉 부흥"이라는 행위적 순환의 축으로서 영원한 현재라는 것을 믿고 또 깨닫는다. 이것이 역사에 대한 행위와 믿음과 깨달음이다. 선험론적 연역도 이 삼위일체적(三一的) 구조를 의식에 대한 자각을 반영하기 때문에, 교호적 순환태를 이루는 것도 당연한 일이다.

그러나 이처럼 선험론적 연역이 교호적이고 매개적인 순환론이라고 한다면, 칸트가 이성 비판의 입장으로서 확신했던 이성의 자립성은 포기되지 않을 수 없다. 순환론은 이성의 수미일관적인 자기 동일성을 방기하는 것이고 모순율을 초탈하는 것이다. 이것은 차별과 대립을 향해서 밖으로 나아가는 것[進出外展]이 오히려 통일적 자기를 향해서 안으로 복귀하는 것[復歸[內向]이기 때문이다. 그러나 이러한 순환론을 이성의 요구에 배치되는 것으로서 회피하고자 한다면, 순환하는 층과 층 사이의 반복적 긴밀함은 무시되기 때문에, 각 층은 천 갈래 만 갈래로 분열[七花八裂] 지리멸렬에 이르는 수밖에 없다.

이것이야말로 앞에서 말했던 절대 비판이다. 순환론과 이율배반은 겉과 안처럼 서로 분리될 수 없는 것[表裏相伴]이기 때문에 한쪽을 피하려고 하면 다른 쪽으로 떨어지지 않을 수 없게 된다. 따라서 이성 비판의 순환론은 절대 비판의 이율배반으로서 전개되어야 한다. 여기에 선험론적 방법의 구조적인 한계가 있고, 그 피할 수 없는 운명이 있다. 내가 이성 비판의 귀결로서 절대 비판을 생각하지 않을 수 없는 이유가 여기에서 잘 드러난다. 칸트처럼 이율배반 앞에서 좌절하지 않기 위해서 학문으로서의 형이상학을 단념하더라도, 앞에서 말했던 것처럼 자연적 소질로서의 형이상학은 피할 수 없다. 그렇다고 이러한 요구를 실천 이성의 요청에 의해서 채우려고 한다면, 이번에는 실천 이성 그 자체의 이율배반으로 말미암아 결국은 이성의 한계 내에서 이성을 넘는 종교의 원리를 요청하지 않을 수 없다. 이것이야말로 참회도의 절대 비판을 벗어나고자 할 때 이성이 빠지는 자기 모순이다.

지금 말한 선험론적 방법의 한계가 가장 현저하게 드러난 선험론적 연역론의 순환성은 이미 앞에서 언급했던 바대로 역사의 본질적인 구조에 속한다. 다시 말해서 일반적인 역사적 현실 일반이 지닌 절대적인 교호적 상대성으로서의 순환적 구조와 표리 관계를 이루는 전면적인 이율배반이 이성의 자기 자신을 비판하고, 자신의 자율성을 잃지 않고 자립성을 확보하고자 등장하는 것이 절대 비판이 말하는 철저한 분열이다.

계속해서 나는 현실의 역사적 현실의 구조에 대한 절대 비판의 대강의 특색에 대해서 하나씩 해명해 보고 싶다. 이미 앞에서 거론한 대로 역사의 근본 성격에 관해서 생각할 때 우선적으로 살펴보아야 하는 것은 역사의 우연성이다. 선험론적 연역이 역사적 사실을 보편의 법칙으로부터 연역해 낼 수는 없으며, 오히려 연역의 전제가 되어야 할 보편 명제는 존재하는 개별적 사실을 토대로 하지 않으면 안 되기에, 우리들은 순환론이 불가피하다고 말하였다. 근본적으로 개별적인 역사적 사실의 존재 이유는 보편적인 원리나 법칙으로부터 완전하게 설명될 수 없다. 역사적 사실은 다만 그렇기 때문에 그런 것으로서 승인되지 않으면 안 되는 절대적으로 우연적인 사실이다. 역사의 특징은 보편적인 법칙에 의해서 필연적이라고 설명될 수 없는 연역 불가능성에 있다. 이러한 원초적인 우연성, 즉 존재하지 않을 수도 있는 것이 지금 존재한다고 하는 우연성은 역사를 자연으로부터 구별하는 특징이 된다. 칸트의 비판 철학에도 분명히 나타나 있듯이, 자연의 일반적인 성격은 법칙의 지배이다. 따라서 자연에서 우연은 궁극적으로 인정되지 않는다. 자연에서 특수한 것은 보편의 법칙으로부터 연역되어 그 필연적인 존재 이유를 설명할 것을 요구한다. 자유는 반대급부가 가능하다고 하는 우연성을 포함하지 않기 때문에 자유가 자연에 대립하는 개념이라고 인정되는 것이다. 그러나 자연을 범형(範型)으로 인정하는 한, 자유의 실현을 목표로 함에도 불구하고 도덕의 세계는 이성적으로 필연적이며 법에 의해서 결정됨으로써 완성된다고 하지 않을 수 없다. 결국 칸트가 말하는 도덕의 세계는 자연법의 세계였으며, 따라서 칸트는 역사의 고유한 의미를 이해할 수 없었다.

19 세기 초에 이르러 자연법 이론을 대신해서 역사적 방법이 법학의 정당한 입장이라고 인정되었다. 역사적 방법은 일반적인 문화 과학의 방법이 되었으며, 역사학파가 발흥하게 되었다. 역사주의는 이러한 전반적 경향에서 태동하였다. 우리들은 각자에게 특유한 문화의 개별적

존재를 보편적인 자연법으로부터 연역해 낼 수 없기 때문에, 현실을 있는 그대로 승인하면서 그 개성을 밝히는 것이 이러한 학문의 방법이었다. 이것이 그 근본 기조이다. 우리는 우선 역사의 우연성을 분명하게 승인할 필요가 있다. 역사적 사실에 대한 개별적 인식은 자연과학의 법칙적이고 보편적인 인식과 대립된다. 이렇게 말할 수 있는 형식적인 근거는—역사적 사실이 지닌 가치가 개별적이라고 하는 내용은 차치하고서라도— 역사적 사실이 지닌 우연성이다.

현실적 존재로부터 눈을 돌려 자기 자신의 존재를 살펴보자. 작금의 실존철학이 현존재의 과거적 존재방식을 피투성(被投性 Geworfenheit)이라고 해석하는 것을 빌려서 말해 본다면, 역사적 사실의 우연성은 피투성이라는 성격을 지닌다. 자기의 피투성은 현실의 우연성에 대응한다. 왜냐하면 우리의 자기는 이성적으로는 필연적인 이유를 댈 수 없는 우연적 현실 속에 다만 던져져 있는 존재라고 자기 자신을 해석하지 않으면 안 되기 때문이다. 과거의 시간은 우리에게 주어진 것으로서 우연적이다. 그것은 우리가 요청해서 우리에게 주어진 것이 아니다. 우리는 다만 거기에 던져진 채 그것을 짊어질 수밖에 없다. 이것이 다름 아닌 현실의 우연성이다. 존재가 존재한다는 것 자체가, 존재하지 않을 수도 있음에도 불구하고 존재한다고 하는 우연성을 포함한다. 이것이 존재의 원초적 우연성이다. 그리고 우리가 이렇게 존재하기 때문에, 그것은 본성상 과거를 가리킨다. 과거에는 우리로서는 어떻게 할 수 없는, 다만 그렇기 때문에 그런 것으로서 승인하고 수용할 수밖에 없는 바가 반드시 존재한다. 이것이 과거의 우연성이다. 과거는 본질적으로 우연적이다.

만약 우연성이 없으며, 따라서 자연법칙이 완전하게 지배한다고 해 보자. 그렇게 되면 지나가 버린 것은 존재하지 않으며, 모든 것은 현재에서 반복될 뿐이다. 아니 모든 것은 동시적이라고 해야 한다. 모든 것에는 언제나 이성적인 이유가 따라다니기 때문이다. 따라서 시간의 경과를 포함하는 역사는 그 경우 사라지게 될 것이다. 우리들은 상식적으로 역사는 과거에 관계된다고 생각하는데, 이것은 우리들이 역사의 우연성을 암암리에 승인하는 것이라고 볼 수 있다. 우리의 지배를 벗어나 있으며, 우연히 우리에게 주어진 것이라고 밖에는 그 존재 이유를 설명할 수 없는 것이 우리의 존재를 규정한다. 우리의 실존은 이것을 매개로 해서 존재할 수밖에 없다. 그러므로 우리는 과거의 역사에 관심을 가지며 과거의 역사의 개개의 특성을 이해하고자 하는 것이다.

그러나 역사가 이처럼 우연적인 것으로서 우리의 지배를 벗어나 있는 과거와 주로 관계한다고 하더라도, 우리가 과거에 대해서 관심을 가지고 그것이 지닌 독특성을 이해하고자 하는 이유는 단지 우리의 존재가 그것에 의해서 규정되기 때문만은 아니다. 역사적 현실이 우리의 존재를 규정한다는 사실은 부인할 수 없다. 그러나 이러한 한정을 매개로 해서 우리가 실존하고, 그것이 우리가 자유롭게 자신의 존재방식을 결정할 수 있는 소지를 제공하기 때문에, 역사적 현실은 우리의 관심의 대상이 되고, 또 역사로서 존재하는 것이다. 현실의 역사는 과거의 우연성을 지니고 있음과 동시에, 이것을 매개로서 우리의 자유로운 자기 존재가 행위한다. 오늘날의 실존철학이 기투(企投 Entwurf)[3]라고 부르는 미래의 측면이 바로 이것이다. 자유롭게 행위하지 않는 존재는 자연이지 역사가 아니다. 역사는 우연이 자유로 전환되는 바에 성립한다. 자유는 자연적 필연과 대립한다는 점에서 우연을 포함한다. 그러나 우연에는 주체가 없으므로 우연이 곧 자유는 아니다. 자유는 우연을 포함하고, 우

---

3 현재를 초월하여 미래로 자기를 내던지는 실존의 존재 방식. 하이데거나 사르트르의 실존주의의 기본 개념이다. (Daum 국어사전)

연에 직면해서 결단하는 주체의 행위적 자각이다. 우연은 반대의 가능성을 의미하고, 거기에서는 존재할 수 있는 가능성과 존재하지 않을 가능성이 똑같이 가능하다. 어느 쪽의 가능성이 현실이 되는지를 정하는 원리는 존재하지 않는다. 바로 그렇기 때문에 우연인 것이다. 따라서 우연을 지배하는 것은 불가능하다. 두 가지 가능성 중에 하나를 선택해서 결단하는 주체가 없기 때문이다. 우연에는 우연을 지배하는 주체의 원리가 완전히 결여되어 있다.

이와는 반대로 자유는 우연이 주체의 선택적 결단으로 바뀌고, 무원리가 적극적으로 원리가 되는 것을 의미한다. 자유가 무원리인 한에서 그것은 우연이다. 그러나 자유는 단지 우연으로 끝나지 않는다. 이 무원리를 원리로 하고, 지배 불가능한 우연적인 결정을 스스로 긍정하여 그것을 자기의 결단으로 바꾸며, 자신을 우연에 맡김으로써 스스로를 우연의 주체가 되도록 하는 것이 자유이다. 자유에 의해서 우연을 결단하는 주체가 나타나고, 주체에 의해서 우연이 자유로 전환된다.

어떻게 이러한 자유가 존재하는가라는 물음에 우리는 대답할 수 없다. 왜냐하면 대답해야 할 이유가 있는 한 그것은 필연이지 우연이 아니며, 따라서 자유가 아니기 때문이다. 만약 그것이 있지 않으면 안 되는 이유가 있다고 한다면, 그것은 이미 필연이며 자유가 아니다. 철저하게 자발적으로 나타나지 않는 존재는 자유라고 할 수 없다. 자유의 존재가 증명될 수 없는 까닭이 여기에 있다. 자유는 단지 주체의 자유로운 자각에 있어서만 존재한다. 스스로의 행위를 통해서 자유를 실현하는 주체에게만 자유는 존재한다. 우연은 그것이 존재하지 않을 가능성을 체험하는 자유로운 주체에 의해서 비로소 우연으로서 인식된다. 즉자적으로 우연적인 존재는 자신의 우연성을 결정할 수 없다. 존재할 가능성과 존재하지 않을 가능성 사이에서 자유롭게 움직이는 주체에게서 비로소 우연이라는 양태가 대자적으로 성립한다.

일반적으로 양태(modality)라는 범주가 자유로운 주체의 반성에 속한다는 사실에 주목해야 한다. 자연에는 양태의 구별이란 존재하지 않는다. 역사적 현실에 이르러 자유를 계기로 하면서 양태들이 구별되고 주체적으로 자각되는 것이다. 이 점에서 반성적으로 말하자면, 자유가 먼저이고 우연이 나중이다. 우연은 자유를 추상화한 계기이다. 우연은 자유에 의해서 매개되어 구체적으로 자각된다. 마치 과거의 시간 양태란 미래의 자유로운 기획에 의해서, 미래의 자유로운 기획을 매개로 해서만 드러나는 것과 마찬가지이다. 단순한 피투에는 자각이란 있을 수 없다. 자각은 자유로운 주체의 행위이기 때문에, 미래를 향해서 자유롭게 자기의 존재방식을 결단하는 기투의 주체가 없다면 자각은 성립될 수 없다. 따라서 그 경우 일반적으로 시간에 대한 의식은 성립하지 않으며, 과거의 피투성과 우연성도 의식될 수 없다. 우연이 아니라 자유야말로 역사의 원리이며, 현실의 정수(精髓)이다. 자유롭게 기투하고 기획하는 자기가 없다면 현실의 역사란 존재하지 않는다. 역사는 자유의 발자국이다.

하지만 한 걸음 더 나아가 생각해 보자. 과거의 피투성과 미래의 기투는 어떻게 해서 통일적인 시간을 성립시킬 수 있는가? 우연이 없다면 자유는 성립할 수 없다. 필연적인 법칙에 의해서 보편으로부터 완전하게 한정되는 특수만 가지고는 역사의 내용을 형성하는 개별성이 나타날 수 없다. 개별성은 법칙으로부터 연역될 수 없고, 다만 그렇기 때문에 그런 것이라고 인정할 수밖에 없는 우연적인 것이 아니어서는 안 된다. 역사는 이러한 우연성을 가진다. 따라서 역사란 우리들이 법칙에 따라 생산한 것도 아니고, 그것의 존재의 이유를 물을 수 있는 것도 아니다. 간단히 말하면 우리가 역사를 한정하는 것이 아니고, 반대로 우리가 역사에 의해서 한정된다. 역사란 우리보다 앞선 과거로부터 우리가 물려받아 짊어지게 된 것이다. 역사가 우선 과거에 속한다고 여겨지는 소이가 여기에 있다. 그것은 미래와 연관되는 자유와는 대척적(對蹠的)이다.

물론 자유도 법칙에 의해서 연역될 수 없는 자발성이라는 점에서는 우연과 서로 통한다. 우연 없이는 자유도 있을 수 없다. 그러나 자유는 우연의 정반대이다. 자유는 우리들이 그것에 맞추어서 결단하도록 우리들에게 주어진 그 어떤 것이 아니다. 자유는 우리 스스로 결단하여서 자발적인 선택에 의해서 필연적인 것으로 변환시킨 것이다. 이처럼 과거의 우연성과 미래의 자유는 서로 유사하면서도 하나가 될 수 없는 대립관계이다. 양자는 단지 대척적으로 대립만 하는 것이 아니라 유사한 것이기도 하기 때문에, 한쪽을 내세우면 다른 한쪽은 뒤로 물러난다. 자유와 우연은 상극(相剋) 관계를 이룬다. 간단히 말하자면, 자유와 우연은 단순히 형식논리적인 모순이 아니라 실질적인 모순을 이룬다. 혹은 정적인 대립이 아니고 동(력)적인 대립 관계에 있다고 해도 괜찮다. 양자는 상극모순의 관계에 있으므로 서로가 서로를 먹는다고도 할 수 있다. 하지만 가령 한쪽이 다른 한쪽을 다 먹어버리면 그렇게 다 먹어버린 쪽도 소멸해버리는 이상한 관계이다. 동력적 대립은 항상 상관적이다. 반대가 있음으로써 비로소 자기가 있기 때문이다. 즉 서로 모순적이기 때문에 서로 용납할 수 없는 대립자이면서도, 서로가 서로를 요구한다는 구조가 동력적 대립의 구조이다.

그러나 이런 모순의 상극성과 상관성은 어떻게 결합될 수 있는가? 모순과 통일 사이의 모순이 어떻게 해서 통일될 수 있을까? 이 문제를 형식화해서 본다면, 이 물음이 무한히 반복되는 물음이며, 따라서 유한의 입장에서 그것을 이해할 수 없다는 사실을 알게 된다. 우리들에게 가능한 것은 이러한 절대적인 모순 속에는 모순이 모순인 채 그대로 통일을 포함하며, 절대적인 통일은 통일인 채 그대로 모순을 포함한다고 자각할 수 있을 뿐이다. 다시 말해서 모순도 통일도 자신을 부정함으로써 스스로를 유지하고 긍정한다. 양자는 깊이 연관되어 있으므로 자신을 긍정하면 긍정할수록 결과적으로는 스스로를 부정한다는 사실을 자각하여야 한다. 절대모순은 모순을 모순화함으로써 오히려 통일에 모순을 돌려준다고 말하는 까닭이 여기에 있다. 이것이야말로 시간을 근본적 구조로 삼는 현실 그 자체의 본질이며, 형식논리적인 동일성을 뛰어넘는 현실적 논리의 변증법이다. 우리들의 현실은 이러한 구조를 갖고 있으며, 우리는 이러한 구조에 의해서 존재한다. 나아가 우리가 사물을 의식한다든가 생각한다든가 하는 것도 이러한 원리에 따른다. 모순과 통일이 어떻게 통일될 수 있는가라는 물음에 우리는 대답할 수 없다. 다만 그러한 통일이야말로 근본적인 사실이라고 수긍할 수밖에 없다. 이와 같은 근본적인 사실을 수긍한다는 것 자체가 다음의 사실을 의미한다. 즉 모순이 통일이며, 한정되는 것이 한정하는 것이며, 부정이 긍정이며, 긍정은 부정을 매개로 함으로써 비로소 참으로 긍정일 수 있다. 이렇게 유의 원리는 무이며, 존재는 절대무의 매개적 계기로서만 존재한다.

하지만 위와 같은 단순한 형식적 규정만 가지고 생각해 보면, 모순과 통일이 모순의 통일을 만들고, 따라서 무한한 연속체를 만들어 낼 뿐이어서, 언뜻 보면 모순과 통일의 대립이 단지 모순적이고, 교호적이며, 대칭적인 것처럼 여겨질 것이다. 이것을 시간을 축으로 해서 말해본다면, 과거와 미래가 모순적으로 서로 대립하지만, 양자가 모두 현재에는 존재하지 않는다는 점에서는 동일하다는 사실과 유사하다. 이처럼 과거와 미래가 현재에는 존재하지 않으면서도 시간을 통일시킨다면, 그것은 현재에 존재하지 않는다고만은 할 수 없으며, 오히려 현재에 존재하지 않는다고 하는 부정이 참으로 현재에 존재한다고 하는 긍정의 매개적 근거가 된다. 그러한 한에서 과거를 있게 하는 과거의 현재와, 미래를 있게 하는 미래의 현재가, 현재의 현재라고 하는 절대 현재, 혹은 영원한 현재에 있어서, 모순적으로 통일된다.

주지하다시피 저 유명한 아우구스티누스의 시간론은 이러한 구조를 존재론적으로 전개하였다. 그런데 거기에 영원한 것이 현재에서 과거와 미래를 통일하는 방식은, 단지 존재론적으로 보자면, 모두 무의 존재로서 본질적으로 동등[對當]하고 동일하다. 이른바 "영원한 현재"(nunc stans)가 이것을 의미한다. 그러나 시간이 만약 과거, 현재, 미래를 넘으면서 이들을 감싸는 영원 안에서 통일된다면, 다시 말해서 현재의 존재 중심으로부터 과거와 미래의 무가 대칭적으로 통일될 뿐이라고 한다면, 그것은 이미 공간이지 시간은 아니다. 거기에서는 이른바 시간의 흐름이라는 것은 소멸되어버리기 때문이다. 즉 과거로부터 현재를 통해서 미래로 흐르는 시간의 움직임은 사라져버리고 마는 것이다.

시간은 결코 수평적인 것이 아니고 기울어져 있다. 아니, 경사(傾斜)를 따라서 흐르지 않는다면 시간은 성립하지 않는다. 원추 곡선의 대칭적인 초점의 대립만 가지고는 시간의 모순을 나타낼 수 없다. 시간의 모순은 타원이나 쌍곡선의 대칭성이라기보다는 포물선의 비대칭성에 더 가깝다. 즉 시간은 과거에 의해서 결정되고, 미래에 의해서 이러한 결정성이 돌파된다. 이처럼 과거에 결정된 것을 돌파하는 것이 행위가 지닌 자발성의 특성이다. 여기서 자유는 성립된다.

앞에서 말했던 것처럼, 시간은 과거에 의해서 결정되고 미래를 향해서 자유롭다는 특성을 지닌다. 그러나 이러한 결정됨과 결정함 사이의 통일, 결정됨과 돌파 사이의 통일은 자각으로 말미암아 이루어지며, 자각 없이 이러한 통일은 불가능하다. 자기는 결정된 존재이고 따라서 부정된다. 그러나 자각은 그처럼 결정된 자기를 돌파하는 것이며, 부정의 부정으로서의 긍정이다. 모순적인 대립에 의해서 분열된 것이 통일되는 것, 그것이 자각이 갖고 있는 구조이다.

그러므로 시간이란 단순히 존재론의 입장에서 성립하는 것이 아니고, 현상학의 입장에서 비로소 성립한다. 시간을 오로지 운동이라는 측면에서 존재론적으로 생각하였던 고대 철학은 시간의 핵심을 이해할 수 없었다. 아우구스티누스에 이르러 비로소 시간의 본질적 구조가 분명하게 되었던 것도, 그의 입장이 존재론으로부터 현상학으로 전회(轉回)되었기 때문이다. 아우구스티누스가 과거를 기억에, 현재를 지각에, 미래를 예기(豫期)에 배치시키고, 의식의 지향성에 의해서 시간의 양태를 생각하였을 때, 그는 현상학의 자각의 입장에 서 있었던 것이지, 본질상 존재론적으로 영혼을 규정하는 고대의 형이상학적 심리학의 입장에 머물렀던 것은 아니었다. 그는 시간을 이해하는 입각지를 존재로부터 자기에게로 바꾸었던 것이다. 시간은 존재의 입장으로부터는 충분히 해명될 수 없고 자기의 입장으로부터 사유되었던 것이다. 다른 말로 한다면, 여기서 존재라는 개념은 자각적인 존재에게 속하는 것이었다.

오늘날 자각의 존재론[4]을 표방하는 실존철학의 대표자 하이데거가 그의 주저를 『존재와 시간』(Sein und Zeit, Erste Hälfte, 1927)이라고 명명했던 것도 의미 깊은 일이다. 그가 과거를 피투성(被投性 Geworfenheit)이라고 규정하고 미래를 기투(企投 Entwurf)라고 규정하였던 것도 이런 자각 존재론에서 비롯된 것이었다. 그와 같은 구별은 아우구스티누스가 의식의 지향성에 의해서 시간을 구별했던 것과는 달리 전적으로 심리학을 초월하는 자각 존재의 규정이라는 점에서 현저한 차이를 드러낸다. 아우구스티누스가 현상학의 입장에 서 있었다고 했지만, 그의 현상학은

---

4 다나베는 『철학개론』(哲學概論 1933년)에서 이미 하이데거의 입장을 "자각존재론"이라는 말로 기술하고 있다. (〈다나베전집〉 제3권 472면 이하.)

후설의 선험현상학에 해당하는 것이어서, 아직 심리학을 완전하게 탈각하지 못하였다. 하이데거의 해석학적 현상학에 이르러 비로소 자각존재론이 발전하였으며, 따라서 시간의 본질적 구조를 해명하는 길이 열렸다. 하이데거가 아우구스티누스가 말하는 영원이라는 부동의 매개자를 버리고, 결정되는 것이 곧 결정하는 것이라는 자각에 입각하여 "피투적 기투"(geworfener Entwurf)로서 과거와 미래 사이의 모순적 통일을 이해한 것은, 철저하게 자각의 입장에 서 있었기 때문이었다. 아우구스티누스가 "영원의 지금"이라는 개념을 가지고 "현재의 현재", "과거의 현재", "미래의 현재"라는 시간의 세 가지 양태를 통일하고자 하였던 구조는 현상학보다는 오히려 본체론적 존재론에 그치고 만다고 하지 않을 수 없다. 이와는 달리 하이데거의 "피투적 기투"라는 개념은 참으로 자각 존재의 모순적 통일을 의미한다고 할 수 있다. 그것은 결코 동일성적인 속성 규정이 아니다. 피투, 곧 자각에 대한 부정적 한정이 필연적인 것이라고 오히려 긍정됨으로써 피투는 자유로운 기투로까지 돌파된다. 이처럼 자기의 긍정으로 바뀌는 전환이 "피투적 기투"인 것이다. 따라서 그것은 존재의 동일성적 본질 내지 속성 규정처럼 단순히 관상(觀想)의 입장에서 이해되는 개념이 아니고, 행위에 있어서 실천적으로 이해된 개념이다. 한정된 것을 돌파하는 것, 즉 한정되는 것을 부정함으로써 스스로를 한정하는 주체로 전환되도록 실천함으로써 비로소 "피투적 기투"를 자각할 수 있다. 여기에 자각의 행위성이 있다.

그러나 그러한 자각이 자력적 행위에 그친다는 점에 실존철학의 한계가 있다. 참회도는 그러한 자각이 타력의 대행[他力大行]에 의한 전환이라고 주장한다. 이러한 전환이 필연적이란 사실은 이미 피투적 존재에 대한 부정적 긍정에 의해서 암시되었고, 무의 매개를 통해서 철저하게 실현된다. 자각은 자기 존재에 대한 부정이 자기 존재에 대한 긍정의 매개가 되고, 피한정이 능한정으로 바뀌는 전환을 통해서 피한정과 능한정이 모순적 통일을 이루는 곳, 즉 자기라는 존재의 변환에서 성립한다.

따라서 자각은 행위적인 것이다. 그렇기 때문에 자각이 "내적 행위"(innere Handlung)라고 불리는 것이다. 하지만 순수하게 내적인 행위란 존재하지 않는다. 행위는 항상 내외가 하나가 되는 것[一如]이다. 당연한 말이겠으나, 피한정이라고 하면 필연적으로 자기의 밖을 예상하고, 능한정의 경우는 자기 안으로부터의 자발성을 의미한다. 그렇다면 이 양자가 전환에 의해서 통일되는 것이므로, 내외의 통일이 일어나는 것도 자명한 일이다. 행위는 내외가 전환에 의해서 통일되는 것이다. 자각은 여기에서 성립한다.

자각은 단순히 행위의 내적인 요소만을 의미하지 않는다. 오히려 자각은 행위가 자기로 귀환한다고 하는 반사의 방향을 가리킨다. 이처럼 자기에게로 귀환하는 자각과는 달리 밖을 향하고 타자를 향하는 방향에서 이루어지는 것이 직관이다. 과거에 이미 존재했던 내용이 기억 속에 보존되고 상기(想起)된다면, 그것은 자기의 자발성을 매개로 하여 변화되고 미래를 향하게 된다. 이처럼 현재에서 종합되고 결단되는 것이 직관이다. 자각은 무의 통일이라고 할 수 있다. 왜냐하면 과거와 미래가 기억의 내용과 일치하는 것을 결정하고 승인하는 결단의 자발성이 무를 향한 행위의 측면과 통일되기 때문이다. 무를 매개로 함으로써 이러한 과정이 발생한다. 이와는 달리 직관은 존재를 향한 행위의 측면이므로 다양한 내용을 드러낸다. 자각의 자발적 결단이 직관과 만나서 직관의 내용을 바꾸는 것이 행위이다. 그러므로 행위는 반드시 자각적이지 않으면 안 된다. 자각이 없다면 운동은 있어도 자발적인 자기의 행위는 존재할 수 없기 때문이다.

나아가 자각 존재는 실천적이지 않으면 안 된다. 그것은 자유로운 존재의 자각으로 말미암아 성립한다. 하이데거의 자각 존재론이 계보적으로 말하자면 외면상 직접적으로는 후설의 선험현상학으로부터 나오고 그 혈통면으로 본다면 칸트의 자유 철학에 속한다는 사실은 부정할 수 없다. 하이데거가 자신의 시간론을 칸트의 선험론적 도식론에 연관시키는 것처럼, 그의 자각 존재, 즉 실존은 칸트의 실천적 자아에 상응한다. 실존과 실천적 자아는 모두 자유로운 주체이기 때문이다. 자각 존재론이 피히테의 지식론과 근친성을 가지는 것도 당연하다. 다만 칸트나 피히테의 관념론을 돌파하여 의식의 자기 동일을 넘어서 행위의 전환에 이르렀던 것은 니체의 운명에 대한 사랑(amor fati)에 연결되는 허무적 실존주의의 영향이었다. 이런 점에서 니체야말로 단적으로 하이데거의 선구(先驅)라고 해야 할 것이다.

이렇게 자유로운 실천적 주체는, 가령 과거에 의해서 한정되어 있다고 하더라도, 미래를 향해서 그러한 한정을 돌파하여 피한정을 능한정으로 바꾸는 무한한 미래적 전망을 지닌다. 실존의 자각이 성립하는 전환의 통일을 하이데거는 "탈자적 지평"이라고 불렀다. 하지만 지평이라고 한다면 그것은 모든 방향에서 한계를 지닌다. 아무런 한정도 없다면 지평이 될 수 없다. 지평은 자기가 올라가거나 내려감에 따라서, 앞으로 나아가거나 뒤로 물러남에 따라서 넓어지거나 좁아지는 유동적 경계를 의미하기 때문에, 그것은 완전히 무한정일 수는 없다. 그러나 시간의 지평은 모든 방향에서 한계를 지니는 공간적 지평과는 다르다. 공간적 지평은, 입각점의 변화에 따라서 아무리 그 경계가 멀리 확대된다고 하더라도, 시간의 탈자성을 수용할 수 없다. 탈자(脫自)란 한 번 한정된 자기를 초탈하는 것이기 때문에, 그것은 정말로 자기를 돌파하는 것이며, 한정된 것이 한정하는 것으로 전환되는 것이다. 자기가 높아지고 깊어지는 것이 자기의 돌파이고 초탈이므로 탈자가 가능하다. 행위는 본래 자기 돌파이며 자기 초탈이다. 그러므로 행위는 자각의 매개가 되는 것이다.

자각의 발전, 심화, 앙양은 행위를 통한 자기 돌파이고 자기 초탈이기 때문에 그것을 탈자라고 한다. 시간의 지평은 탈자적이지 않으면 안 된다. 왜냐하면 시간이 자유 자발적인 행위적 자기의 자기 돌파, 자기 초탈이기 때문이다. 여기에 공간의 대칭적이고 정적인 포괄과 다른 시간의 비대칭적이고 동적인 탈자성이 성립한다. 시간의 지평은 공간의 지평권 확대의 경우처럼 다만 한계를 밀고 나갈 뿐인 악(惡)무한(schlechte Unendlichkeit)도 아니며, 또 한꺼번에 한계를 철폐해버리는 무한정(infinitum에 대한 indefinitum)도 아니다. 그것은 한정되면서도 그러한 한정을 매개로 하는 "피투적 기투"이며, 피한정을 매개로 하여서 능한정으로 전환되는 것이다. 그러므로 시간을 무를 향한 개방성이라고 불러야 한다.

앞에서는 타원과 쌍곡선의 초점이 대칭성을 이루는 것과는 달리 포물선의 초점이 비대칭적인 것을 비유로 들면서 설명해 보았다. 전자의 경우는 초점 사이의 거리가 유한하지만 후자의 경우는 무한하다는 것을 말하고자 하였던 것이다. 하지만 이러한 공간의 비유를 가지고 시간의 구조를 충분하게 나타낼 수 없음은 물론이다. 이러한 비유로서는 한정과 한정을 돌파하는 것이 서로 일치하고 대응한다는 사실을 나타낼 수 없다. 한정을 다만 부정하는 데 그치고 만다면, 한정의 부정이 곧 한정의 긍정을 매개로 하고 한정을 긍정함으로써 한정을 돌파하고 부정할 수 있다고 하는 사실, 즉 무의 전환이라고 하는 구체적 변증법을 표현할 수 없다. 물론 유의 형성을 나타내는 표현을 가지고 무의 전환을 완전하게 비유할 수는 없다. 마찬가지 이유에서 유의 공간적인 표현을 무의 시간적 상징으로 바꾸는 것은 불가능하다.

그러나 지금 말한 탈자적 한계 돌파나 부정은 오히려 한계에 대한 긍정을 매개로 하면서 이루어진다. 이러한 교호적 부정의 구조는 순환성에 의해서 오히려 더 적절히 표현될 수 있지 않을까? 이러한 방식으로 과거의 한정이 결코 무매개적으로 고정된 것이 아니라 오히려 과거의 한정을 긍정하는 자기에 대하여 상대적인 것이 되며, 따라서 자유로 매개된다고 하는 교호 매개성이 나타난다.

시간적 과거는 우리에게 주어진 것으로 단순하게 받아들이지 않을 수 없는 우연적 한정인 것만은 아니다. 한정 자체는 이것을 어떠한 한정으로서 받아들이고 어떤 존재로서 긍정하는가와 관계되기 때문이다. 그러므로 어떤 의미에서는 과거가 미래를 포함하고 미래를 매개한다고도 할 수 있다. 실제로 우리의 경험에 의하면 주체가 과거의 한정을 어떻게 긍정하는가에 따라서 우리의 존재성이 결정된다. 이러한 의미에서 우리들은 미래를 향해서 과거를 어떻게 매개하고 어떤 의미를 거기에 부여하는가에 의해서 과거를 한정한다.

그렇기 때문에 참회가 행위의 근본 형식을 구성하는 원리라고 할 수 있다. 참회에 있어서 과거란 이미 지나가 버려서 우리의 지배를 벗어나 있는 피투태(被投態)가 아니고, 부단히 의미를 새롭게 하는 현재가 된다. 과거는 그것을 매개하는 미래에 의해서 무한하게 순환한다. 그런 의미에서 "피투적 기투"는 역으로 기투적 피투성으로 전환된다.

자각은 이러한 순환적인 "발전 즉 귀환"에서 성립한다. 발전의 방향이 부정적이며 모순적이라면, 귀환의 측면은 긍정적이고 통일적이다. 자기란 이러한 순환의 중심이다. 그것은 부단히 부정되면서 움직이지만 언제나 통일로 돌아간다. 더욱이 귀환해서 과거를 미래로 매개하여 긍정하는 것이 행위적으로 자기의 자유에서 비롯되는 것이기 때문에, 이른바 "부동의 지금"이라고 하는 것은 존재하지 않는다. 오직 절대의 움직임[動]이 자각될 뿐이다.

하지만 여전히 의문은 남아 있다. 마치 다(多)가 일(一)에 즉해서, 모순은 동일성의 장면에서 모순으로서 자각되는 것처럼, 순수한 움직임[純動]에 대한 자각 그 자체는 정(靜)인가? 만일 정이 없다면 움직임은 자각될 수 없지 않은가? 그러나 자각은 자기를 유로서 자각하는 것이 아니고 무로서 자각하는 것이며, 자기를 자기 동일적 존재로서 자각하는 것이 아니라 모순으로서 자각하는 것이다. 즉 정으로서 고정하는 것이 아니라 어디까지나 동으로서 행위하는 것이다. 자기가 자기 동일적인 행위자로서 긍정되는 것이 아니라, 어디까지나 부정됨으로써 긍정되는 것이다.

행위란 자기가 존재하면서 자기의 속성을 변화시키는 것이 아니다. 행위는 존재가 비존재로, 비존재가 존재로 전화(轉化)되는 것이다. 즉 존재의 성격 자체가 전환되는 것이다. 혹은 유가 무가 되고 무가 유가 되어, 절대적 무가 현성하는 것이 행위이다. 자기 동일적 정은 기체(基體, substratum)이며, 사물의 운동 변화를 통일하는 매개자이다. 그와는 달리 행위는 부동의 기체가 없는 순수한 운동[純動]이며, 유가 무로, 무가 유로 끝없이 전환하는 것이다. 이때 연속적인 것, 즉 무화되지 않는 것은 불연속 자체, 즉 무로의 전환 그 자체이다.

이것을 자각하는 것은 단절 없이 존속하는 자기 위에서 전환과 변동이 일어나는 것을 자각한다는 의미가 아니다. 만일 그렇다면 운동과 변화는 가능해도 아직 행위는 일어날 수 없다. 행위의 전환적 과정 밖에, 혹은 그것을 뛰어 넘어서, 자기 동일적인 어떤 것이 있어서 행위를 통일시키는 것은 아니다. 만약 이런 통일이 행위의 근거가 된다면, 행위는 자유롭고 자발적인 행위가 아니며, 따라서 결국 행위가 될 수 없다. 자기 동일이 아니라 자기 동일의 부정이 행위를 통일한다. 달리 표현한다면, 통일의 부정은 자기 아닌 타자로서의 무로 돌아가는 것이기 때문에, 통일의 부정은 타자로서의 무를 매개로서 통일된다. 통일의 기저로서 어떤 일반자가 존재한다면, 행위는 자유롭고 자발적인 발동성(發動性)을 잃어버리기 때문에 행위일 수 없다. 행위는 이런 일반자로서의 기저의 존재를 허락하지 않는다. 하지만 만일 전혀 아무런 매개도 없이 단순히 전환만 있다면, 전환도 전환으로서 자각되지 못하는 것은 아닌가라는 의문은 여전히 남아 있다. 이 어려운 질문에 답할 수 있는 길은 일반자를 유가 아니라 무로서 생각하는 길 외엔 달리 없다.

아우구스티누스가 말하는 영원은 무가 아니고 유이다. 그렇기 때문에 영원은 시간을 감싸는 포월자가 되고, 영원에 둘러싸인 시간은 돌파될 수 없기 때문에, 시간은 부정을 품을 수 없는 부동의 실체로 정착된다. 이렇게 되면 시간은 시간이 아니라 공간화될 위험이 있다. 하이데거가 이러한 영원을 배제하고 전환적이고 자기 돌파적인 시간을 자각하려고 했던 것은 옳은 일이었다. 우리는 시간을 포월하는 영원을 유라고 생각해서는 안 된다. 유한한 우리에게 이러한 영원은 자각될 수 없다. "영원한 지금"의 내재를 요구하는 것은 자기를 신과 합일시키려는 불경스런 월권이다. "영원한 지금"은 초월적이지 않으면 안 되며, 따라서 그것은 직관될 수 없다.

그럼에도 불구하고 초월자의 내재를 계속해서 요구한다면 그는 신비주의로 향할 수밖에 없다. 신비주의란 초월적 존재가 이러저러한 방식으로 우리들 유한자에게 내재하는 체험을 긍정하고, 우리들의 자기는 자기를 벗어나 이 초월적 존재에 합일하는 직관이 가능하다는 주장이다. 신비주의는 절대자가 상대자와는 초월적으로 떨어져 있고, 상대자는 상대자이지만, 상대자는 초월자와 직접적으로 합일한다고 하는 정반대의 모순된 요구를 충족시키기 위해서 보통의 인식 능력을 뛰어넘는 탈자적인 명상을 통한 일치[脫自冥合]의 직관을 긍정한다. 신비주의의 원천이고 전형인 플로티노스는 신과 영혼을 광원(光源)과 거기로부터 흘러넘쳐 유출(流出)하는 광선과의 관계에 비유하여 이해하였다. 하지만 신과 영혼을 이렇게 이해한다면, 신이 유와 무의 전환적 매개인 절대무의 순수한 움직임이며, 영혼은 이러한 절대무의 매개로서의 유이고 전환적 주체로서의 행위자라는 구조는 성립할 수 없다. 시간은 단지 영원의 그림자에 불과하므로 시간의 진실성은 부정될 수밖에 없다. 즉 시간은 절대적 존재로서의 영원이 가지는 초월적 존재성이 박탈된 저급한 것으로서만 해석된다.

물론 플로티노스에게도 시간은 영혼에 고유한 것으로 이해되었다. 다시 말해서 이미 아리스토텔레스적인 운동의 존재론으로부터 현상학으로의 전이가 준비되어 있었던 것이다. 거기에는 한편으로는 영원 속에서 존재들이 통일되어 있었으나 영혼의 다양성으로 말미암아 파괴되었고, 다른 한편으로는 그것을 회복하려는 대립적 경향으로 말미암아 영원의 분산적 영상(影像)으로서의 시간이 성립된다고 하는 변증법이 나타나 있다. 그러나 무를 매개로 하는 행위가 아니라 영원을 기체로 하는 영상을 관상하는 것에서 시간의 성립을 찾는 플로티노스의 입장에서는, 실로 시간의 핵심을 이루는 사실, 곧 존재로부터 무로의 전환이라는 절대적 매개는 일어날 수 없다. 시간을 포월하는 영원을 기체로 간주하는 입장에서 본다면, 어차피 시간은 그림자에 불과하므로 시간의 자립성은 박탈될 수밖에 없다. 시간이 있으므로 영원도 있다고 하는 매개 사상은 거기에서는 불가능하다. 이것은 시간이 생멸 변화의 원리이며, 이른바 생과 사의 뿌리, 유전(流轉)의 근원이라고 보고, 이러한 생사유전(生死流轉)의 속박을 벗어나는 해탈을 인생의 궁극적 목표라고 여기는 종교적 세계관에 공통된 입장이다. 현실의 역사를 존중하고, 현실의 역사를 건설하는 행위적 자유에서 실존의 의의를 찾아내려는 근대 정신은 자연히 이러한 생각을 부정한다. 하이데거의 시간론이 실체로서의 영원을 배제한 것은 당연하다고 하겠다.

그렇다면 하이데거가 주장하는 것처럼 과연 현재라는 시간의 양태는 단지 "사실성"(Faktizität)(Heidegger, Sein und Zeit, I, S.192)이라는 개념만으로 남김없이 설명될 수 있는가? 하이데거에게 있어서 "사실성"은 과거와 미래의 결합점이고, 이로부터 "배려"(Sorge)가 나타난다. 현재에 대한 이러한 개념은 현실 존재의 기성적 사실성에 중점을 두는 역사주의의 실증적 정신에서 유래한다. 하이데거의 실존론적 분석에 의하면, "사실성"은 과거적인 "이미 이 세계 안에 있는 것"(Schon-sein-in-der -Welt)으로서의 피투성을 미래적인 "그 자신에 앞서 있는 것"(Sich-vorweg-sein)으로서의 기투로, 이른바 "피투적 기투"(S. 192, 223)로 결합한다.

그렇지만 앞에서도 말했던 것처럼, 피투성과 기투는 서로 모순적으로 대립하기 때문에, 가능적 잠세태가 현실화되는 것처럼 피투가 기투로 직접적으로 변하지 않는다. 이렇게 동일성적 실체 위에서 일어나는 운동은 유와 무가 교호적으로 변화된다고 하는 시간의 역동성을 성립시킬 수 없음도 이미 위에서 고찰하였다. 그러나 하이데거에 있어서는 기투에서 피투성이 부정적으로 전환된다는 사실, 즉 기투에 의해서 과거에 이미 형성되어 있는 피투성이 돌파된다는 사실이 충분히 변증법적으로 파악되지 못한 것은 아닌가?

하이데거가 기투를 "존재 가능"(Sein-können)(S. 192)이라고 규정한 것은 아리스토텔레스적인 의미에서의 잠재성이나 가능성과 유사한 것은 아닌가라는 의심을 불러일으킨다. 한편으로 그가 말하는 "존재 가능"이 "자기 돌파"(über sich hinaus [자기를 넘어서] S.192)라는 사실은 의심의 여지가 없다. 그것은 주체의 능력에 속하며 자발적인[自由起發] 것이다. 그러나 다른 한편, 그것이 아리스토텔레스적인 운동의 계기로서의 동일성적 가능태로의 경향을 완전히 탈각하지 못하였으며, 따라서 자기 돌파를 부정적 전환이 아니라 동일성적인 전환을 말하는 것은 아닌가라는 의심을 품지 않을 수 없다.

물론 기존의 어떤 사실에 의해서 매개되지 않는 가능성이란 현실적으로는 있을 수 없다. 하지만 앞에서 피투성에 대해서 말했던 것처럼, 과거의 기존 사실의 존재 방식은 자기의 자유로운 가능성에 의해서 매개되고, 기투에 의해서 상관적으로 긍정되는 방식으로 결정된다. 따라서 사실성이 일방적으로 기투를 결정하는 것이 아니라, 자유로운 가능성을 지닌 기투가 오히려 사실을 결정한다. 즉 사실성도 자유도 아닌 절대무가 사실성과 자유를 매개해서 상관적으로 존재하도록 결정하는 것이다. 무가 유와 만나고 유가 무와 만나는 부정이란 다름 아닌 현재에 존재한다. 현재는 과거와 미래를 부정적으로 나누어 단절한다. 그러므로 현재는 절대무의 매개와 전환과 돌파의 행위를 통해서 과거와 미래를 교호적으로 변화시킨다.

하이데거도 이러한 사실을 충분히 강조하였다(S. 284-285). 그 변증법적 전환의 미묘함이 잘 나타나 있는 것이다. 그럼에도 불구하고 하이데거는 여전히 동일성적으로 피투성과 기투를 결합한다. 이는 생각건대 하이데거의 자각 존재론이 행위의 자각을 철저히 추구하지 못한 채 해석학의 입장에 서 있다는 사실에서 유래한다. 왜냐하면 해석학은 행위의 자각을 언어 표현에 대한 해석으로 투사하기 때문이다. 행위에 있어서 전환의 매개가 되는 절대무에 대한 자각을 동일성적 실체로서의 표현과 해석에 대한 존재적 자각으로 바꾼 것이 하이데거의 자각 존재론이다.

자기 존재의 근저(根柢)에 자리 잡고 있는 피투적 제한, 즉 근저가 완전하게 자기의 것은 아니라고 하는 근저의 공무(空無 empty nothingness)

는 동시에 실존적 기투의 근거가 될 수 있는데, 이로써 근거 자체의 공무가 드러난다. 즉 근거가 근거가 아니라 자기가 바로 근거가 된다. 자기는 공무 그 자체를 의도하기 때문에 근거의 공무가 근거가 된다. 이렇게 "…이 아니다"(nicht)를 의미하는 비(非), 불(不)을 하이데거는 "허무"(Nichtigkeit)라고 불렀고, 허무의 허무인 근저를 현존재의 근본적인 죄(Schuld)라고 보았다. 자기의 죄에 대한 이러한 각성이 양심이고, 이 양심을 가지려고 의지하는 것이 현존재의 자유이다. 기투는 대중(das Man)의 비인칭적 세계가 양심을 통해서 스스로 책임을 지는 자유로 변한다는 것을 의미한다.

이러한 것들의 근본 구조는 절대무의 전환과 의심할 바 없이 일치한다. 그러나 하이데거에게서는 무를 통한 행위의 매개가 표현 해석의 유적 매개가 됨으로 말미암아 절대전환의 원리로서의 절대무가 근저로서 자각되지 못하고 있으며, 현재는 무의 매개인 공유(空有)의 성격을 잃어버리고 자각 존재로서 유화(有化)되고 만다.

현재의 자기 존재는 양심의 죄를 범하는 존재이기에 절대무의 돌파와 부정에 의해서 무를 대자화하지 못한다. 대비(大非)라고는 하지만, 그것은 어디까지나 자기의 책임에 불과하다. 거기에는 대비(大悲)의 보증이 없으므로 자유는 자기 안으로부터의 요청에 그친다. 즉 행위의 비약에 있어서 사실성을 돌파하여 유를 무로 바꾸는 대비(大悲)로서는 믿고 깨달을 수 없는 것이다.

다시 말해서 절대의 무가 유를 긍정시키고 나아가 그것을 행위적으로 전환해서 자기의 자유로운 기투로 변환시킨다는 사실이 하이데거에게는 아직 자각되지 못하였다. 하이데거에게 이런 절대무의 전환성이 희박하다는 사실은 그의 『형이상학이란 무엇인가?』(Was ist Metaphysik? 1929)라는 강연에서도 분명하게 드러난다. 하이데거는 칸트의 이성 비판을 절대 비판으로까지 철저하게 추구하지 못하였다. 따라서 이성을 비판하는 자기도 철저하게 분쇄되지 못하였으며, 자각의 주체로서의 자기를 유지하면서 자기의 존재를 해석하는 데 머물렀던 것이다. 하이데거가 철저한 허무라고 불렀던 것도 결국 허무의 초월적 현성이 아니고 내재적 요청에 지나지 않는다. 그의 입장은 어디까지나 윤리에 머물러 있을 뿐, 아직 종교에 이르지는 못했다는 말이다.

하이데거의 경우 행위적 자각의 매개로서의 절대무가 결여되어 있기 때문에 아우구스티누스의 영원 개념을 대신하여 시간의 자각을 통해서 시간성에 적합한 근거를 마련하려는 그의 시도도 불가능해졌다. 그렇게 되면 탈자에 의한 초월도 자기가 절대자에게로 초월하려는 가능성에 그치고 말며, 절대자의 매개로서 상대자의 자립이 확보되는 일도 불가능하다. 그것은 '왕상적이지 환상적이지는 않다'고 해야 한다. 결국 그것은 '당위는 가능하다'고 하는 이상주의의 요청에 불과하다. 그러나 당위가 초월적으로 존재하는 한 "초월의 내재"라는 "실존의 원리"는 이해할 수 없게 되어버린다.

이처럼 이해할 수 없는 것을 이해하기 위해서 신비주의에 의탁하는 대신, 절대를 존재 내지 초월적 존재인 유로 보지 않고 절대무로 이해할 필요가 있다. 다시 말해서 절대와 상대 존재의 교호 관계를 절대매개로서의 행위로 이해하고, 유로서의 절대와 상대의 동일성적 합일로서 명상적으로 이해하려는 시도를 철저하게 폐기해야만 한다는 말이다. 유로서의 절대와 상대를 명상을 통해서 합일하려는 시도는 결국 동일성적 요구로서의 신비주의가 지니는 특징이다. 그것은 개체로서의 상대가 지닌 자유로운 자립성을 불가능하게 만든다. 그렇다고 해서 만일 자유를 직접적이고 확실한 체험에 귀속시켜서 거기로부터 출발한다면, 절대는 초월 존재가 되어 상대와는 무관계한 추상적 일반이 되고 만다.

이처럼 어려운 문제를 극복하려면 행위의 매개로서의 절대무를 현재에 있어서 절대전환의 매개자라고 생각해야 한다. 절대무의 매개를 통해서 과거의 피투성이 미래의 기투로 변하고, 피투의 기존적 사실성이 현재에서의 기투에 매개된 것으로서 긍정된다. 그래서 피투도 기투도 아니면서 양자를 모두 뛰어넘는 초월적 무가 현재를 매개하고, 현재에서의 사실로서의 유를 무의 매개로서, 즉 절대에 근거를 지닌 상대라고 이해하여야 한다. 즉 절대무의 현성으로서의 유가 현재의 사실이 되고 만다. 초월의 내재란 이와 같은 것을 의미한다.

여기에서는 초월적 절대가 무로서 상대를 매개하기 때문에 상대의 자립성을 요구한다. 그러므로 자유가 확보될 수 있다. 한편으로는 기성 사실의 발전이면서도 기성 사실을 돌파한다는 모순의 통일이 현재의 행위를 성립시킨다. 하이데거에 있어서는 단지 가능성의 요청에 그치고, 그것의 초월적 근저를 갖지 못한 현재의 전환적 매개성에 대한 자각이 이러한 사유를 통해서 비로소 가능하다.

더욱이 무에 의해서 매개가 이루어지는 것이지 무를 유로서 관상하는 것이 아니기 때문에, 아우구스티누스가 말하는 영원처럼 자유를 위험스럽게 할 우려도 없다. 절대무가 오히려 자유의 근거가 되기에, 자신을 절대에 복종시킴으로써 절대의 매개가 된다는 것은 참다운 의미에서 자유롭게 됨을 의미한다. 즉 자기의 본래면목(本來面目)인 "무일물"(無一物)을 실현함으로써 모든 속박으로부터 떠난 자유로운 상태[脫灑自在]가 된다. 이렇게 해서 초월이 내재하고, 영원이 현재를 자기 돌파적인 탈자태로 만든다. 행위는 더 이상 무언가를 기획하여 작위하는 자기의 행위가 아니다. 행위란 초월적 사실, 혹은 절대 현실이 우리들의 자기가 계산적으로 하는 일[計量作爲]을 매개로 하면서 그것을 부정하고, 나아가 그것을 자기 자신에게로 변환시키는 것이다. 신란이 말한 자연법이(自然法

爾)나 "무작의 작"이 이것이다. 그것은 행위하는 주체가 없는 행위이기 때문에, 이제 행위는 자기가 행하는 행위가 아니다.

이미 앞에서도 언급했듯이, 하이데거가 자신의 입장에서 실존의 행위라고 이해했던 것은 실은 절대무의 전환으로서의 행위이다. 실존의 행위는 절대무의 전환으로서의 행위를 근저로 하며, 그것을 매개로 하여 성립하는 상대적인 현성에 다름 아니다. 그것은 무의 매개로서의 유, 즉 공유이다. 그것이 성립하는 현재는 사실성이라고 해석될 수 있지만, 그 절대적 근저는 무의 초월적인 영원의 통일이다. 이것이 행위에서 자각되는 것이다. 행위는 절대의 매개로서의 존재의 현성에 불과하다. 자기에게서 행위하고, 그러면서도 자기를 자유롭게 행위하도록 만드는 것이 대행(大行)이다. 대행은 자기가 행하는 것이 아니다. 대행이란 자력이 타력으로 변한 것이라고 생각해도 무방하다.

혹은 윤리가 윤리의 원리인 자유에 포함된 이율배반으로 인해서 자기 분열에 빠지고, 그러한 자기 분열의 극한에서 종교의 절대무로 전환되며, 절대무의 매개로서 초월적으로 회복되어서 공유로 돌아간다고 말할 수도 있다. 공유는 자기가 자기 스스로를 부정하여 초월적 무에 몸을 의탁하는 행위적인 자각으로서의 믿음에 의해서 살아간다. 자신의 작위는 행위가 아니다. 절대무에 대한 순종이 오히려 자기의 실현으로서의 전환을 의미하는 것처럼, 믿음은 자기에 대한 직접적이고 긍정적인 자각이 아니라 오히려 자기의 무화(無化)에 대한 자각이다. 이러한 믿음은 자기가 소유하는 믿음이 아니라, 타력에 의해서 일어난 행위의 자각인 "행위적 믿음"[行信]이다. 신란이 믿음을 가리켜서 "여래로부터 받은 믿음"5이라고 말했던 이유가 여기에 있다. 믿는다는 것은 믿음을 받아서

---

5 『탄이초』 6장에 "아미타불의 부름을 받아 염불을 하게 된 사람을 내 제자라고 함은 지극히 오만한 말투입니다"라고 쓰여 있다(경서원, 『탄이초』, 42면).

믿는 것이기 때문에, 믿음의 자각이란 자기가 무라는 사실에 대한 자각이다. 그것은 자각의 무이다.

그러나 이러한 절대무는 어디까지나 전환이며 매개이기 때문에, 하이데거가 "존재론적인"(ontologisch) 것에 대립시킨 "존재적"(ontisch)이라는 의미에서 무매개적으로 존재하는 것은 아니다.[6] 그것은 결코 직접적인 존재가 아니고, 어디까지나 매개적 자각의 초월적 근저이며, 행위를 통해서 깨닫게 되는 무이다. 이런 초월적 무는 자신에 대해서 타자로서 대립하는 상대적인 자기를 매개하여 상대적 자기가 무로 돌아가도록 만든다. 그리하여 윤리적 자기의 당위적 요청으로서 단지 가능성에 그쳤던 실존의 자유가 타력적 종교 신앙의 입장에서 현실적으로 행위를 통해서 깨닫게 된다. 하이데거의 자각 존재론은 윤리적 자기의 자력적인 자유의 자각에 입각해 있기에, 해석학의 자기 동일성적 유의 제한을 벗어날 수 없다. 자각의 이율배반, 자유의 자기모순에 부딪쳐 철저한 절대 비판으로 나아가고, 참회도에 있어서 그 행위적 자각이 종교적 행신으로 변하지 않으면 안 된다.

하이데거는 키에르케고르로부터 깊은 영향을 받았으며, 아우구스티누스 이래의 기독교 신앙에서 받은 영향 또한 현저히 깊다. 하지만 이른바 "신 없는 신학"의 입장에서 자유의 철학을 전개한 결과 모순에 직면하게 되었던 것도 분명하다. 스스로 반 그리스도인임을 표방한 니체가 하이데거에게 미친 영향은 결정적이었다. 그리고 이미 언급했던 것처럼, 몇몇 유사한 면을 지니면서도 서로 상반되는 키에르케고르와 니체

---

6 하이데거가 『존재와 시간』에서 구별한 용어. 다나베는 ontologisch를 "자각존재론적"으로, ontisch를 "초월존재론적"이라고 번역하였다. 『존재와 시간』에서 하이데거는 예를 들어서 "존재의 이해는 그 자신 현존재에 대한 하나의 존재 규정이다. 현존재의 존재적 (있는 것으로서의) 탁월성은 그것이 존재론적으로 있다는 점에 있다"(제4절)라고 기술하고 있다.

의 사유체계는 하이데거의 사상에 큰 영향을 끼쳤다.

키에르케고르의 "영원"의 원자(原子)로서의 "순간"의 자리에—그러한 "순간"에서 영원은 시간 내에 자신을 드러낸다— 하이데거는 니체가 말하는 "운명에 대한 사랑"의 근저가 된다고 스스로 믿었던 허무를 갖다 놓았다. 방금 말한 대로, 그는 무매개적 존재—예를 들어서 유신론의 영원을 펼치는 신의 의지—가 인간의 자유를 불가능하게 만드는 것을 염려했기 때문이었다. 이것은 충분히 이유가 있는 일이었다. 물론 아우구스티누스는 자유의 문제로 고뇌한 결과 신의 의지를 사랑이라고 보고, 그것이 발현된 은총은 인간의 의지를 파괴하는 것이 아니라 불러일으키고 지지한다고 봄으로써 해결책을 찾았다고 생각하였다. 그래서 은총은 인간 의지의 활동을 통해서 매개되지 않으면 안 된다고 보았다. 이처럼 신과 인간을 매개적으로 규정한다면, 신과 인간의 자유가 반드시 양립하지 않는 것은 아니며, 오히려 양자는 서로 불가분의 관계[相卽不可離]에 있게 된다. 따라서 신의 영원성과 인간의 시간성은 당연히 매개되어 통일되어야 한다.

그러나 이 경우 신은 절대매개의 원리로서의 무에 다가가고, 끝내는 결국 유신론이 말하는 인격적 존재로서의 신을 부정하는 데 이르지 않을 수 없다는 것 또한 사실이다. 이러한 결과를 피하기 위해서 신을 직접적 존재로서 이해한다면, 그러한 신은 절대적 매개라는 규정을 벗어나기에, 인간의 자유는 방해를 받게 된다. 하이데거가 유신론을 비판하면서 자유의 입장에 철저히 했던 것, 그리고 자신의 입장이 성립할 수 있는 근저로서 줄곧 니체의 허무를 생각하였던 것은 이치적으로 볼 때 맞는 일이었다.

이와 관련해서 스피노자의 "신의 지적 사랑"(amor Dei intellectualis)—체계상으로는 해결하기 힘든 모순을 포함하고 있지만— 이 매혹적인 생각이라고 할 수 있다. "신의 지적 사랑"은 니체가 말하는 "운명의 사랑"과 공통점을 지니고 있다. 즉 양자는 본질적으로 필연적인 어떤 것을 향하고 있기 때문이다. 따라서 스피노자가 말하는 절대 존재로서의 신은 절대무를 자신 안에 포함하므로 그 경우 신은 매개된 존재가 아니어서는 안 된다. 셸링과 헤겔이 스피노자주의에서 자신들의 변증법적 통일의 체계의 이면(裏面)을 보았다고 여겼던 것도 당연한 일이었다.

니체가 "그러하였다"라는 과거와 "나는 그러하기를 바랐고, 또 그러하기를 영원히 바랄 것이다"라는 의지를 긍정한 것은 "운명의 사랑"에서 비롯된 자유와 해방을 향하고 있다. 니체는 "권력에의 의지"는 그것을 자신의 의지로서 긍정함으로써 필연성을 지배할 수 있다고 보았고, 그러한 권력 의지의 근저에 있는 것을 허무라고 보았는데, 이 경우의 허무는 하이데거가 자유로운 기투의 근저라고 여겼던 철저한 허무와 다르지 않다. 그 절대적 허무주의가 참회도의 논리인 절대 비판의 근저를 이루는바, 절대전환의 원리로서의 무와도 공통적이다. 그러나 하이데거가 자신의 주저(主著)에서 말하는 바의 허무(Nichtigkeit)는 "…이 아니다"(Nicht)의 원리이기에 절대무와는 큰 차이가 있다. 그 이유는 분명하다. 하이데거의 "…이 아니다"는 자기의 양심의 책임의식에 그쳐서, 따라서 내재적 당위 요청에 지나지 않는다. 그것은 참회도에서처럼 절대무의 무(Nichts)로 전환됨으로써 자기를 무화하는 초월적 원리로서 행위를 통해서 깨닫는 바는 아니기 때문이다.

주저인 『존재와 시간』보다 후에 행한 취임 강연 "형이상학이란 무엇인가?(Was ist Metaphysik? 1929)에서 하이데거는 "…이 아니다"의 원리로서 무(Nichts)를 말하면서, 무는 부정보다 앞서 있는 부정의 원리라고 강조하였다. 그 결과 무는 존재를 해석하기 위한 장치에 불과한 정적(靜的)인 것으로 이해되었다. 하이데거는 이를 "불안의 무의 밝은 밤" 등으로 불렀다. 그는 우리들의 존재가 무의 심연 위에 매달려 있기에 불안이 현존재의 존재 방식이며, 따라서 자유로운 실존은 무와 존재의 대립을 자각함으로써 가능하다고 보았다. 이 점에서 본다면, 그가 말하는 무는 절대무와 유사한 바가 있다. 그러나 하이데거에게 무는 그로 말미암아 자기가 절대적으로 전환되어 "죽음 즉 부활"로 부활되는 원리가 될 수 없다. 오히려 무는 자기를 해석하는 자각의 범주로서 존재에 속한다(S. 26). 무의 부정에도 불구하고 하이데거의 존재는 언제나 변함없이 자각의 주체로 남아 있다. 이는 마치 이성 비판에서 그러한 비판의 주체로서의 이성적 자기가 계속적으로 존재하는 것과 같다. 실존철학은 결국 이성 비판의 입장을 벗어나지 못하고 있는 것이다.

이와는 달리 절대 비판에서는 무의 전환에 의해서 자기는 자기가 무라는 사실을 행위로 깨닫고[行證], 무가 초월적인 것임을 믿는다. 혹은 하이데거의 실존철학이 왕상적(往相的)인 데 반하여 절대 비판은 환상적(還相的)이라고 보아도 무방하다. 다시 말해서 실존철학은 즉자적(an sich)이고, 절대 비판은 대자적(für sich)이다. 무는 즉자적인 어떤 것으로는 깨달아질 수 없다. 왜냐하면 매개되지 않은 무는 내재적이며, 따라서 그것은 존재이지 무가 아니기 때문이다. 엄격하게 말한다면, 하이데거의 무는 가능성을 가리키고 있으며, 다만 당위적인 것으로서 요청되고 있을 뿐이다. 그것은 무가 아니라 무의 관념으로서 존재라고 해야만 한다.

니체는 "권력에의 의지"의 근저가 무라고 생각하였지만, 디오니소스의 자기가 무가 아니고 유라는 사실은 의심의 여지가 없다. 디오니소스는 자신의 충일한 삶을 모두 소모해서 죽음으로 몰락함으로써 비로소 무를 깨닫는다. 그러나 그 몰락과 사멸로부터 부활로의 절대전환을 깨닫는 곳에서 절대무는 비로소 대자화된다. 이것이야말로 절대 비판이 말하는 "죽음과 부활"이다.

하이데거의 허무는 "죽음과 부활"을 행위로써 깨닫는 원리가 아니라는 점은 분명하다. 왜냐하면 그가 문제시하는 죽음이란 어디까지나 존재 전체의 가능성에 대한 자각으로 이끄는 매개로서의 한계 상황인 죽음에 불과하기 때문이다. 또 자각적 존재는 "죽음에 이르는 존재"로서 자신의 죽음을 긍정하고 그에 직면하여 결단하는데 그치고 말기에, 죽음의 실천[決死行]에서 부활을 깨닫는 절대무의 현성은 아닌 것이다. 이 점에서 해석학적 자각 존재론과 참회도의 절대 비판이 철저히 다르다는 사실이 드러난다.

우리는 결코 죽음에 대한 결단을 통해서 죽음 그 자체를 돌파하고 죽음을 초월하여 부활을 깨닫는다고 할 수 없다. 그것은 현자나 영웅에게는 가능할지 몰라도 어리석은 범부에게는 불가능하다. 이러한 죽음은 어디까지나 삶으로부터 해석된 죽음이며, 유로부터 해석한 무이며, 단지 가능으로서 요청된 것에 불과하다. 실로 자기를 돌파해서 절대무를 행위로서 깨닫는 입장은 아닌 것이다. 절대무는 단지 내재적으로 요청된 철저한 부정[百非]이 아니다. 그것은 초월적이며, "대비(大非) 즉 대비(大悲)"로서 우리의 삶의 방향을 바꾸는 것이 아니면 안 된다. 이런 의미에서 실존철학은 자력성도문처럼 현자의 가르침은 될지 모르겠으나 어리석은 이를 위한 구원은 되지 못한다. 어리석은 이를 위해서는 참회도의 절대 비판이 필요하다. 그것은 타력 정토문에 비유할 수 있는 이행도(易行道)이다. 니체와 키에르케고르는 서로 입장을 달리하는 점이 많지만, 이점에서만은 동일한 종교적 경향을 지니고 있다.

자유는 직접적으로 자기를 긍정하는 입장에서는 확립될 수 없다. 유한적이고 상대적인 인간의 자기에게 직접적으로 자유가 속한다는 생각은 유한과 상대라는 개념 자체와 모순이기 때문이다. 절대적으로 자유로운 것은 절대자, 즉 신뿐이다. 하지만 우리에게 무언가의 자유가 있다는 점 또한 부정할 수 없다. 원래 자각이라는 것도 자유가 있기에 성립하는 것이고, 자유 없이 자기의 자각이라는 것은 있을 수 없다. 만일 그렇다면 어떻게 해서 상대적인 존재인 자기가 자유를 가질 수 있을까? 그것은 어떤 의미에서 절대자의 자유가 아닌 상대자의 자유로서 가능한가? 인간의 자유가 신의 자유 밖에 있을 수 있을까? 인간의 자유는 신의 자유에 의존하면서도 여전히 파괴되지 않고 자립적으로 존재할 수 있을까? 자유는 단지 직접적인 경험의 사실로서 성립되는 것이 아니라, 우리들이 직면하여 해결하지 않으면 안 되는 문제이다. 하지만 자유는 단지 요청될 뿐이라고 생각하려고 하여도, 자유에 포함된 이율배반으로 말미암아 그것도 불가능하다. 이른바 자유의 아포리아가 엄연히 우리 앞을 가로막기 때문이다. 이에 대해서 아우구스티누스 이래 얼마나 많은 사색과 논의가 이루어져 왔던가?

하이데거는 신을 제거함으로써 자유를 자각의 사실이라고 보고, 거기에 어떤 문제가 있음을 인정하지 않았다. 이러한 일은 해석학적 자각의 입장에서는 가능한 것처럼 보일 수도 있을 것이다. 그러나 하이데거가 말하는 자유가 실존의 가능성으로서 요청되는 한, 자유는 당위의 문제가 되기 때문에, 초월적인 것에 대한 믿음을 통해서 실천적으로 깨닫는 것이 아님은 자명하다. 그것은 해석적 자기의 내재적 사상에 그칠 뿐, 초월적으로 실현될 수 있는 사실로서 이해될 수 없다. 실존의 근저로서의 자기 초월과 자기 돌파는 자유가 자기에게 직접적으로 자각되는 현상에 머물 때 결코 현실이 될 수 없다.

자유에는 자기의 자발성을 파괴하지 않으면서도 자기를 돌파하도록 만드는 초월적 무의 근저가 필요하다. 그것은 초월적인 절대자이면서도 오히려 상대자를 자립적인 존재로 만든다. 초월적 무는 상대자가 자유롭게 움직이도록 함으로써 상대자를 초월적 무의 절대성을 실현하는 매개로 삼고, 상대자를 자신에게 협력하도록 만든다. 무의 매개인 상대자는 초월적 내재자가 아니면 안 된다. 행위적 자각은 이러한 사실을 우리들에게 알려준다.

유한한 상대자는 절대무의 매개자로서 자립적인 고유한 존재이다. 이러한 사실은 초월자에 의해서 결정된 것으로서 상대자의 자력으로 부정할 수 없다. 유한한 상대자에게 잠복해 있는 근본악을 초극하기 위해서는 초월적인 절대무의 전환을 근저로 삼지 않으면 안 되기 때문이다. 해석학적 자각 존재가 타력에 의지하는 행위적인 믿음의 자각 존재에 도달해야 하는 까닭이 여기에 있다. 이러한 입장의 전환은 상대적인 자기가 이율배반을 돌파할 수 있는 힘을 갖지 못하기에 필연적으로 절체절명의 절대 비판으로 나아가고, 모순 그 자체가 절대무로까지 철저해져서 절대모순에 부딪침으로써 모순 자체가 모순적으로 통일되며, 나아가 절대 분열이 무에서 통일된다. 이로써 자기의 무력을 자각하고, 자기를 버리는 참회행이 자기를 무의 매개로서 살도록 부활시킨다. 이렇게 해서 해석학적 자기는 참회도적 자기로 변화되며, 자력 행위의 윤리적 자각으로부터 타력적인 행위적 믿음이라는 종교적 자각에 이를 수 있다. 절대 비판의 궁극적 목적은 절대 분열과 절대모순이 무에 의해서 통일되고, 참회에서 스스로를 버리고 부정하는 자기가 무의 매개로서 긍정되고 부활되는 것이다. 자유는 이러한 "대비 즉 대비"에서 가능하다.

그러므로 아우구스티누스는 자유가 은총에 의해서만 가능하다고 보았다. 그는 은총이 의지를 강제하는 것이 아니라 촉진하기에 의지의 자유를 파괴하지 않는다고 생각했던 것이다. 하지만 이러한 은총이 신의 의지에 의한 예정이란 점에 유신론의 문제점이 있다. 하이데거가 유신론을 벗어나고자 했던 것도 바로 그 때문이었다. 하이데거의 허무주의는 인간 실존의 근거가 공무(空無)의 심연이며, 인간의 자유는 "기투"의 본질적 무근거성[無底]에 있다고 주장한다. 이러한 사실로부터 하이데거가 허무를 단순한 공허가 아니라 절대전환으로서의 무라고 보았음이 분명해진다(S.285). 이러한 사실은 매우 짧으면서도 충실한 내용을 담고 있는 "근거의 본질에 대하여"(Vom Wesen des Grundes, 1929)라는 논문에서 분명히 드러난다. 거기서 하이데거는 현존재의 무근거성으로서의 허무가 자각을 과거적 존재로부터 해방시켜서 미래를 향한 기투의 자유로 변화시키는 매개가 된다고 보았다.

그러나 앞에서도 언급했던 것처럼 무의 과제가 "운명에 대한 사랑"을 완수하기 위한 "권력에의 의지"로서 표현되는 한, 그러한 과제가 해결되리라는 보장은 없다. 그것은 단지 현자와 영웅의 자신(自信)일 따름이다. 지극히 평범하고 어리석은 나에게는 "대비 즉 대비"의 타력적인 행신증이 아니면 안 된다. 나는 나의 자유를 절대무의 "대비 즉 대비"에게 돌려드린다. 그 결과, 전술했던 것처럼, 자유의 아포리아를 통해서 새로운 길이 열린다. 이것을 깨닫기 위한 길은 참회밖에 없다.

이미 드러났듯이, 참회도는 단순히 자력적인 자기의 자각이 아니라 "대비 즉 대비"의 타력에 대한 자각이다. 절대 비판에 의해서 철저하게 분열된 것이 그대로 무의 통일을 매개로 하여서 부활되고, "대비 즉 대비"로서 깨닫는 것이 참회의 자각으로서의 참회도이다. 자기의 절대 분열이 절대무의 통일에 의해서 매개되어 긍정으로 변하는 부활의 대비(大悲)는, 절대 비판의 대비(大非)로 말미암아 죽는 참회행을 통해서만 자각될 수 있다. 참회에서 대비(大非)를 대비(大悲)로서 깨닫는 것은 대비(大非)의 무가 절대이면서도 상대에 대한 타자이기 때문이다. 이렇게 해서 초월은 내재화된다.

믿음과 깨달음에는 선후(先後)가 없다. 믿음과 깨달음은 동시적으로 상즉(相卽)한다. 그러므로 초월은 곧 내재인 것이다. 이것이 절대매개의 본질이다. 타력행은 행위와 믿음과 깨달음의 삼위일체적 일치[三一態]로서 자각된다. 부정의 행위에서 자기는 참회행에서의 절대적 분열을 통해서 사멸되며 일상적 삶에 대해서 죽는다. 그러나 동시에 이 행위를 통해서 변화를 깨닫게 된다. 즉 자기가 믿음 속에서 순종함으로써 대비(大非)가 부활 긍정의 대비(大悲)로 변하는 것을 깨닫는 것이다. 절대무를 절대전환이면서도 절대모순의 통일로서 깨닫는 것은 이러한 대비(大悲)에 대한 자기 초월적 믿음으로 말미암는다.

믿음에서 자기가 순종적으로 따르는 것은 타자이며, 따라서 그것은 자기를 초월한다. 절대 비판의 대비(大非)는 절대성이므로 상대적 자기를 초월한다. 그러므로 대비는 초월적 무이지만, 자기가 그것과 대립하면서도 그것에 의해서 매개된다고 믿는 한, 초월적 무는 자각의 통일적 근저가 되어 자각을 뒷받침한다. 절대적 무의 통일하는 힘, 혹은 절대적인 전환은 언제나 무이고 자기 동일적인 존재가 될 수 없다. 그 이유는 무는 대비(大悲)이므로 무는 자기를 존재로 부활시키며, 스스로를 매개적인 존재의 깨달음에 필요한 독특한 역할을 자각하도록 만들기 때문이다.

이것을 절대모순의 자기 동일로서 간주하는 입장은 행위와 믿음과 깨달음의 삼위일체적 통일을 보지 못하고 있는 것이다. 행위적 직관이라는 것도 행위를 통해서 믿음과 깨달음이 서로서로 연관되어 있다는 사실[信證相卽]이나 "초월 즉 내재"에 대한 자각이 아니다. 그것은 플로티노스가 행위가 명상을 위해서 있다고 하였던 것처럼(Plotinos, Ennedades, III, 6) 예술적인 형성적 관상(觀想)에 불과하다. 대비(大非)의 행위적 믿음이나 대비(大悲)를 깨닫지 못한 신비주의는 종교의 입장은 아니다. 이른바 절대모순의 절대성을 어떻게 깨달을 수 있단 말인가? 참회 없는 자기의 절대화가 자기를 신화(神化)하여 신과 인간을 합일시키고자 하지만, 그렇게 되면 자기는 무의 반대급부인 유가 되고 만다.

절대의 부정이 그 절대성에 있어서 부정을 관철할 때 부정의 부정으로서의 긍정으로 전환하는 변증법의 절대전환은, 자기 동일적인 관상이 아니고 대비(大非)를 대비(大悲)로서 깨닫고 믿는 것이다. 이때 긍정은 결코 직접적인 긍정이 아니며, 부활도 원래 상태 그대로 회복되는 것이 아니다. 철저하게 무이면서, 그 절대성에 있어서 초월적 통일을 믿고 깨닫는 것이다.

무를 플로티노스의 일자(一者)처럼 직관한다고 하면 벌써 무가 아니고 유이며, 부정이 아니고 긍정이다. 이와는 달리 무는 철저하게 행위에 있어서의 절대적 전환이어야 하며, 전환에 있어서 매개로서의 역할을 하기 위해서 행위적 믿음으로 깨달아야 한다. 플라톤이 『파르메니데스』에서 말하는 일자로부터 플로티노스의 일자가 비롯되었는데, 플라톤이 말하는 일자는 상대적 존재(개체적 자기)의 전환을 매개하는 절대적 무의 초월적 일자에 상응한다. 그것은 플로티노스의 일자처럼 자기 동일로서 직관되지 않고, 행위에서 실천되는 바의 것이다.

플라톤의 초월적 일자와 플로티노스의 일자는 언뜻 보면 서로 비슷한 듯하지만 실은 하늘과 땅만큼 다르다. 나는 플로티노스가 채택한 극단적인 입장은 궁극적으로는 진리로부터 벗어나 있다고 확신한다. 그러면서 나는 플라톤이 예술적 관상을 철학에서 금지한 이유를 따라서 철저하게 행위적 믿음의 자각을 추구한다. 물론 플라톤처럼 존재의 형식 범주 상에서 일과 다의 전환을 실행하려고 하는 것은 아니다. 현실에 대한 이론적이고 실천적인 이성 비판이 결국 절대 비판으로 구체적으로 변화된다면, 참회행의 구조에서 드러나게 되는 "대비 즉 대비"는 의심할 바 없이 행위를 통해서 믿고 깨달아야 한다.

아쉽게도 하이데거는 이러한 무의 초월적 일(一)을 시간의 근저인 영원으로 인정하지 않았다. 그것은 유신론이 자유론을 불가능하게 만드는 것을 피하기 위함이었지만, 그 결과 그는 무신론에 빠지고 말았다. 하이데거가 키에르케고르의 영향 아래 있으면서도 참회를 윤리의 불가피한 본질 규정으로 보았던 키에르케고르의 사상을 철저히 이해하지 못하였던 것은 심히 유감스럽다. 또 하이데거가 칸트적인 이성 비판을 절대 비판으로까지 철저하게 진행하지 못하였으며, 따라서 윤리가 참회로까지 철저해져서 종교적 믿음으로 전개되지 못했다는 점도 심히 안타까운 일이다. 아우구스티누스에서 시작된 인간 존재론 혹은 인간학은 인간이 신과 다른 유한 존재라는 사실에 중점을 두면서 변함없이 인간을 신과 짐승 사이의 중간 존재로서 규정하여 왔다. 이와는 달리 하이데거의 인간론은 인간을 영원과 관계없는 시간적 존재로 국한시켰다. 이로써 그의 사상은 인간의 유한성을 드러내는 데까지는 미치지 못하였다. 그가 말하는 자유나 죽음의 자각은, 한편으로는 키에르케고르의 불안과 함께 전율하고, 다른 한편으로는 니체의 "권력에의 의지"에 억지로 안주한다고 하는 불가능한 시도는 아니었을까? 이 불안과 안주가 실로 모순적 통일로서 서로 전환되고, 매개가 참회로 전개되지 못한 결과, 에크하르트의 신비주의로 귀착되고 만 것이 하이데거의 궁극적 입장은 아닐까?(하이데거의 제자인 오르트만스가 쓴 에크하르트 연구에 대한 나의 비평은 제5장에 기술하겠다). 만약 그렇다면 참회도의 변증법이 어리석은 나에게 반드시 필요한 철학임에 반해서, 하이데거의 실존철학은 현자의 철학이다. 이러한 입장의 차이를 나는 인정하지 않을 수 없다.

이상에서 나는 하이데거의 시간론이 지닌 문제점을 지적하였고, 그의 입장이 지닌 한계를 분명히 하기 위해서, 비교적 자세하게 그의 사상에 대해서 고찰해 보았다. 그 결과를 한 마디로 요약한다면 다음과 같다. 그의 시간론에 잠재되어 있는 변증법은 해석학의 제한으로 말미암아 충분히 전개되지 못하였고, 따라서 시간의 탈자적 통일을 위한 근저인 절대무의 초월을 영원으로서 행위적으로 믿고 깨닫지 못했던 것이다. 또 현재에서 서로 전환적으로 상입(相入)하는 과거와 미래가 초월적 무의 영원한 현성으로서 대자화되지 못하였다. 그 결과 해석학적 자기의 즉자적 요청에 그치고 말았고, 자력의 윤리가 인간 존재의 입장을 제한하였다. 그가 주장한 무신론은 종교적 신앙을 억제하면서 자유의 철학을 표방하였으나, 윤리의 필연적인 귀결로서의 절대 비판과 절대 분열로까지 이성 비판을 철저히 수행하여 참회도에 들어가지는 못하였다. 그것은 절대와의 합일을 요청하는 지성의 철학이라고 보아도 무방할 것이다.

그러나 하이데거는 이러한 시간론을 가지고 역사의 구조를 이해할수 있다고 생각하였다(S.375ff). 그가 일상적이고 상식적인 시간론을 가지고 역사성을 이해하는 역사 철학을 배제하고, 현존재의 시간성으로부터 역사성을 이해하고자 했던 것은 실로 탁견이었다. 그는 역사의 근저에 자기의 유한성에 대하여 주체적으로 자유롭게 결단하는 미래적 주체를 인정하였으며, 그러한 결단에 의해서 과거의 기성 사실을 운명으로 긍정하면서 선택할 때 역사가 성립한다고 보았다(S. 384-385). 이는 니체의 사상에 빚진 바로서 매우 중요한 견해라고 보아야 한다. 그러나 그의 시간 존재론이 말하는 미래적 기투는 결국 해석과 이해의 영역에 속하는 것이어서 절대무의 행위에 기초한 것이 아니었다. 따라서 죽음에 대한 결단도 결국 자신의 유한성에 대한 자각에 그치고 말 뿐, "자신의 죽음을 죽는"(決死行) 영원한 대행(大行)을 믿고 깨닫는 것이 아닌 것도 분명하다.

그 결과 하이데거는 전통상승(傳統相承)이라는 복고주의로 기운 나머지, 부단한 "혁신 즉 부흥", 즉 "자신의 죽음을 죽는다"고 하는 종교적 비약에까지는 이르지 못하였다(S.366-368). 그가 키에르케고르로의 "반복"을 본래적 자기의 결단을 통해서 과거를 자각적으로 회복하는 것으로 해석하고, 이것이야 말로 전통의 참된 의미라고 보았던 것은 정당하였다(S.385). 그러나 키에르케고르의 "반복"은 존재의 동일성적 반복이 아니고, 변증법적 부정에 의한 무의 현성으로서 존재를 매개하는 "죽음과 부활"에 의한 영원을 가리키는데, 유감스럽게도 하이데거는 이를 존재의 동일성적 반복으로 해석하였던 것이다. 키에르케고르는 "반복"이 초월임을 분명히 밝혔다(Kierkegaard, *Die Wiederholung*, Schrempfs Übers., S.199-200). 그것은 키에르케고르가 신앙의 입장에 서 있기 때문에 가능한 일이었다. 하이데거처럼 해석의 관념적 초월에서는 상대적 동일성의 속박을 벗어날 수 없다. 이는 결국 하이데거가 전통주의나 복고주의라는 의미에서의 역사주의를 완전하게 초극하지 못한 결과는 아닐까?

해석학은 언제나 역사주의를 동반한다. 그러나 역사는 영원한 현재에서의 초월적 무의 통일 없이는 역사주의에 함의된 상대주의를 벗어날 수 없다. 각각의 현재에 관계하면서 절대무의 현성으로서의 초월적 통일을 근거로 할 때 "상대 즉 절대"의 매개가 성립하고, 따라서 역사적 세계의 통일이 유지된다. 반복은 반복의 부정인 한에서 참된 반복이 된다. 통일은 무의 초월성 이외에는 불가능하다. 절대매개는 존재의 동일성이 아니라 무의 통일에서 (과거와 미래의) 순환을 이룬다. 이것은 해석학이 말하는 반복과는 아무런 관계도 없다. 해석학에서는 상대적인 존재의 동일성을 벗어나지 못하기 때문에 무의 절대적 통일은 사라져 버린다. 해석학은 지극히 역사적이기 때문에 오히려 역사적일 수 없다고 하는 역설을 벗어나지 못한다.

아우구스티누스 이래로 역사철학이 종교철학과 떨어질 수 없었던 이유는 시간이 영원의 근저에서 성립한다는 사실과 필연적인 연관성을 지닌다. 하이데거는 이러한 연관성을 억지로 단절시켰던 것은 아닐까? 그의 해석학은 일견 역사의 실증적인 객관주의에 입각해 있는 것처럼 보이지만, 실은 관념론적 주관주의를 벗어나지 못한다. 특히 그가 말하는 "공동세계"(Mitwelt)는 공동의 환경에 매개되면서 인간 상호간에 맺는 상호성을 가리킨다. "공동세계" 안에서 사람들은 도구를 매개로 하여 서로 연결된다. 그러나 이것은 실존의 환상(還相)으로서의 종교적 세계를 무시한다. 즉 하이데거의 "공동세계"는 이른바 자유주의의 원자론을 완전하게는 탈각하지 못한 추상에 불과하다. 이러한 입장에서는 역사의 주된 내용을 이루는 국가 사회의 정치적 변천을 이해할 수 없음은 물론이다. 본래 해석학이 문화사의 한 방법으로서 발전했다는 사실이 이러한 제한을 필연적인 것으로 만들었을까? 그러나 문화사는 역사의 반면(半面)에 불과하다. 다른 한 면은 정치사이다. 그리고 문화와 정치를 매개하는 것이 윤리이며, 문화와 윤리 사이의 변증법은 궁극적인 통일의 근저로서 종교를 요구한다. 윤리를 통하여 세계로부터 절대를 향해서 나아가는 운동인 왕상(往相) 종교 안에서 절대로부터 세계를 향한 운동인 환상(還相)이 교호적으로 순환성을 이룰 때 역사 세계가 형성된다. 역사적 세계의 성립을 이해하기 위해서는 시간성만으로는 부족한 것이다. 종적(種的)인 사회의 공간적 한계성과 폐쇄적 대립성이 정치적 지배와 문화적 전통의 기저에 있으며, 양자의 교호 한정이 과거와 미래에 매개되어서 "공간 즉 시간"적인 "세계"의 역사성이 성립한다.

지금 이에 대해 상세히 설명할 수는 없지만, 하이데거의 시간론이 노정하는 유한적이고 상대주의적이 입장이 그가 표방하는 역사 이해를 어렵게 만든다는 사실에 대해서는 논란의 여지가 없을 것이다. 현존재의 "세계 내 존재성"은 단지 안으로부터의 상승적 초월일 뿐만 아니라, 밖으로부터의 초월, 즉 세계를 매개로 하는 하강적 내재화이기도 하여야 한다. 영원의 현성으로서만 현재는 모순을 행위적으로 통일할 수 있기 때문이다. 즉 그것은 왕상적인 동시에 환상적이지 않으면 안 된다. 우리들 유한자에게 이 두 가지 반대되는 방향성이 교호적으로 전환되는 것은 절대 비판의 참회도 말고는 불가능하다. 참회도만이 종교철학이기도 한 역사 철학을 가능케 해 준다.

이상에서 나는 참회도의 논리인 절대 비판이 시간성과 역사성을 이해하기 위해서 필수적임을 논하였다. 이제부터는 절대 비판 내지 참회도가 필연적으로 역사성을 함의하고, 역사 철학으로 인도한다는 사실을 밝히지 않으면 안 된다. 이는 곧 참회도를 헤겔의 『정신현상학』과 대결시킨다는 의미이다. 왜냐하면, 앞에서도 살펴본 것처럼, 헤겔의 『정신현상학』은 칸트의 이성 비판을 철저히 추구함으로서 절대 비판의 길을 열어 주었고, 칸트에게는 결여된 역사성이 헤겔에게서 훌륭하게 전개되었지만, 참회도의 입장에서 본다면 헤겔의 입장도 여전히 불철저한 것으로 여겨지기 때문이다. 왜냐하면 헤겔의 사상은 일종의 절대주의로 귀착되었고, 이는 사실상 변증법적 방법을 부정한 것이며, 따라서 역설적이게도 본래적 변증법에 의해서 부정되는 자신만의 체계를 구축하였기 때문이다.

헤겔의 변증법이 실패했던 근본적인 이유는 그가 유신론적인 인격신이 절대 의지에 의해서 무매개적으로 세계를 창조했다고 보았기 때문이다. 하지만 우리들이 절대를 절대무로 이해하고, 궁극적으로 변증법적인 방식에서 행위를 통해서 깨닫는다면 —즉 절대적 변환과 절대적 매개라는 의미에서— 절대는 필연적으로 자신의 매개로서 상대적 존재를 필요로 한다. 더욱이 그 매개의 작용도 직접적인 것은 아니다. 왜냐하면 그 매개는 상대적인 존재 사이의 상호적 활동에 의해서 이루어져야 하기 때문이다.

이러한 절대매개의 입장에 서게 된다면, 절대와 상대는 동시적이다. 절대가 상대보다 시간적으로 앞선다는 것은 있을 수 없다. 양자는 절대와 상대라고 하는 원리적인 면에서의 선후이지, 시간적인 의미에서의 선후는 결코 아니다. 그러므로 아우구스티누스는 시간 안에서 세계가 창조된 것이 아니라 세계와 함께 시간이 창조되었다고 말했던 것이다. 그는 신의 의지를 인간적 자의(恣意)와 구별된 완전한 사랑이라고 규정하고, 그 사랑의 자기 계시가 다름 아닌 세계 창조라고 이해함으로써, 사랑의 부단한 계시가 세계를 신과 동시적으로 만들어 나간다고 보았다.

그러므로 기독교 신학이 아우구스티누스 이래로 플라톤의 변증법을 가지고 복음을 논리적으로 이해하고자 했던 것도 우연은 아니다. 그러나 변증법의 절대매개라는 관념을 철저히 밀고 나가서 신을 절대무라고 규정한다면, 이것은 유신론이 말하는 인격신관과는 서로 어울릴 수 없다. 유신론은 신이 절대무를 초월하는 절대 존재이며, 변증법의 매개를 포월하는 통일적 의지라고 주장한다. 세계 존재의 근저를 설명하기 위해서는 사랑의 자기부정에 의한 계시의 매개성만으로는 부족했던 것이다. 신의 뜻이 직접적이고 무매개적으로 작용하고, 그것이 사랑의 매개를 규정한다고 유신론은 주장한다. 그러나 비유적으로 말하자면, 신은 인간 상호간의 민주주의적인 조직의 원리이지, 군주처럼 인간을 직접 지배하지 않는다. 신은 인간을 매개하는 작용으로서만 나타난다. 신의 행위는 인간과 인간 사이를 매개한다. 만일 우리들이 신과 인간 사이의 관계가 교호적 매개의 협력 관계로서 철저한 민주주의에 근거한다고 생각할 수 있다면, 우리들은 변증법의 절대적 매개를 말하게 된다. 절대와 상대의 대립관계가 군주와 신민의 관계로 상징된다고 하더라도, 그러한 상징의 본질은 전제군주적인 것이 아니고 매개 협력적인 것이다.

덧붙여서 말해본다면, 우리나라의 군주 정치의 이상도 이처럼 오히려 원리적으로는 민주주의적인 것은 아닐 것인가? 원래 민주주의는 정치의 필요조건[sine qua non]으로서 국가가 필요하지만, 그것만 가지고 충분조건이라고는 할 수 없다. 민주주의가 되기 위한 충분조건은 각 민족과 사회 집단을 매개로 하여서 비로소 구체화된다. 예를 들어서 북미합중국[미국]이라고 해도 완전히 민족적인 협동체라고 하는 종(種)으로서의 기반이 없는 것은 아니다. 청교도 이주 집단은 영국 민족의 자연적 집단이며, 그들이 반드시 민주주의만을 원리로 하는 것은 아니다. 그와는 정반대로 일본 민족에 의한 정치적 국가의 건설이 민주주의를 원칙적으로 배제하는 것도 아니다.

그러나 유신론적인 신과 인간의 관계는 결코 철저하게 민주주의적인 원리에 의해서 설명될 수 없다. 거기에는 전제군주적인 신의 자의적이고 자발적 의지가 궁극적인 원리로서 작용하고 있는데, 이는 민주주의와 절대로 어울릴 수 없다. 이것은 기독교만 그런 것이 아니고, 오히려 기독교의 역사적 모태라고 할 수 있는 유대교로부터 물려받은 유물이다. 그렇다면 기독교는 유대교를 계속해서 매개함으로써 진리를 실현하는 것이다. 즉 유대교의 유신론을 기독교가 절대적인 진리라고 주장하는 "신은 사랑이다"라는 사랑의 절대적 매개로 바꾸는 행위를 통해서 믿고 깨닫는다. 이것이야말로 기독교적 진리를 역사적으로 건설해나가는 것이라고 할 수 있다. 그로 말미암아서 존재가 무에 의해서 매개되며, 실존은 대비(大悲)에 의해서 존재의 근저를 얻는다는 진실이 역사에서 실현된다. 우리가 위에 보았던 역사성의 구조가 바로 이것이다. 절대무의 전환으로부터 생겨난 "운명에 대한 사랑"(amor fati)을 통해서 행위적 믿음은 우연적이고 직접적으로 존재에게 주어진 제한을 자유로운 주체적 "기투"로 바꾼다. 존재의 역사성은 이러한 행위적 믿음을 통해서 자각된다.

역사적으로 국가를 건설하는 길도 이러한 행위적 믿음의 길밖에 없다. 이것은 종말론적으로 역사의 목표를 설정하고, 그것을 향해서 직선적으로 접근하려는 노력과는 다른 의미이다. 앞에서 살펴보았듯이, 무로서의 절대는 절대매개이기 때문에 항상 존재와 상관적으로 매개되면서 순환한다. 절대는 상대를 지양해서 최후에 도달하는 이념이나 목표가 아니다. 절대는 우리들이 서 있는 자리를 받쳐주면서 우리들에게 행위를 허락하는 원리이다. 절대란 앞으로 전진하는 사람에게는 영원히 도달될 수 없는 어떤 목표가 아니고, 바로 지금 여기에서 우리를 움직이는 힘이다. 상대가 존재하는 곳에 반드시 절대는 상즉적으로 존재한다. 무는 항상 존재를 매개하고 또 매개된다. 절대는 상대와 함께 있으며, 상대에 직면함으로써 드러난다.

상대의 자각은 절대의 행위적인 믿음과 깨달음에서만 존재한다. 비록 상대적 존재의 내용은 절대무에 의해서 매개되고, 영원한 현재에서 "무작위의 작위"로서 실천되지만, 상대적 존재는 시간적으로 구성된 매개를 잃어버리고 직접적인 무매개의 결점을 짊어진 어떤 것으로 되어버린다. 즉 우리의 현존재는 과거의 피투성 안에 운명지어진 존재로 퇴락(頹落)해버리고 마는 것이다. 그러므로 미래를 향한 자유로운 기투에 의해서 "무작위의 작위"인 무의 매개행을 실천하고, 무의 현성으로서의 존재를 깨닫는다고 하지만, 거기에 머물러서 안주(安住)하는 것 또한 허락되지 않는다. 실천 속에서 자신이 무의 현성임을 깨달은 존재는 이미 과거적인 기성존재이기 때문이다. 그러므로 다시금 새롭게 매개되어야 한다. 그러한 기성 사실 중에, 무의 매개에 의한 미래적 행위의 가능성은 지시되고 예정되어 있다. 이렇게 해서 미래는 과거에 의해서 매개되며, 과거는 미래에 의해서 매개된다고 하는 순환이 이루어진다. 그러나 절대매개의 원리인 무는 영원한 현재를 축으로 해서 작용하며, 부단히 현전하는 가운데 시간을 전환시키고 발전시킨다.

무는 행위의 자각을 통해서 믿고 깨달을 것을 우리에게 요구한다. 구한다고 해서 얻어지는 것이 아니고, 구하지 않아도 이미 얻어진 것이다. 무로서의 절대는 이러한 절대매개의 원리로서 항상 우리에게 내재하면서 또 우리를 초월한다. 무는 도달될 수 없다는 자각 속에서 이미 도달되었음을 깨닫고, 이미 도달되었다고 하는 기성의 과거적 사실성은, 여전히 도달되지 못한 것으로서 부단히 새로워지지 않으면 안 된다. 절대무에 근거해서 이러한 순환적 발전을 자각하는 것이 역사이다. 우리가 절대 비판의 절대 분열에서 행위를 통해서 자각하게 되는 절대는 이러한 역사에서만 믿고 깨달을 수 있다.

이성 비판의 귀결로서의 절대 비판은 필연적으로 우리를 분열의 궁지로 인도하여서 그러한 궁지의 바닥에서 죽게 하며, 타력행에 의해서 우리들을 부활로 인도한다. 이러한 일은 결코 한 번의 일로 끝나지 않는다. 예를 들면, 이론 이성의 범위에서 자연인식의 성과로서 추출된 이론은 현실의 비합리성과 우연성과 대립하면서 절대적인 분열에 빠져든다. 이론은 이것도 아니고 저것도 아니라고 하는 궁지에 몰려서 과거에 머물 수도 없고 미래로 나갈 수도 없는 막다른 골목에 봉착하는 것이다. 그러한 모순의 극한에 이르러서 자기가 죽으면, 자기가 존재하고 있던 동안에는 볼 수도 없고 나타나지도 않았던 "길 없는 길"이 나타난다. 여기에서 수동적이고 순종적으로 새로운 실험을 행할 때, 만약 위기를 돌파해서 진전할 수 있다면 참회를 통한 절대 비판의 "죽음 곧 부활"이라는 전환을 통해서 자기가 돌파된다.

비록 이런 일이 일어난다고 하더라도, 그것은 첫 번째 시도에 불과한 것이기 때문에 일거에 이론이 궁극적으로 완성되는 것은 아니다. 현실적 역사성 속에 숨어 있는 우연적 비합리성과 시간성 때문에 그러한 일은 불가능하다. 이론에 도달하기 위한 매개로서의 실험 행위는 현실을 변화시키며, 따라서 이론을 갱신하도록 요구한다. 이러한 역사의 순환성이 자연과학적 인식의 한계로서 제거된다고 하더라도, 그러한 제거의 이론 자체가 다시 역사성과 관계되므로, 이러한 역사성을 완전히 제거하는 것은 현실의 구조상 불가능하다. 따라서 역사의 순환성은 이론을 구함에 있어서 불가피한 제약이 되지 않을 수 없다. 우리는 역사의 상대성과 순환성으로부터 벗어날 수 있는 길을 갖고 있지 못하다. 우리들은 역사의 상대성과 순환성을 긍정하고, 오히려 그것을 매개로 해서 절대성과 영구성을 행위를 통해서 깨달을 수밖에 없다.

과학 이론과 과학 비판, 그리고 과학의 역사는 따로 따로 존재하지 않으며, 따라서 외적으로 결합될 수 있는 것이 아니다. 이들은 서로가 서로를 매개하기 때문에 실험 행위를 바탕으로 한 실천적 행위를 통해서 전환적으로 통일된다. 이론이 현실적으로 존재한다고 전제하고, 사실의 우연적 성립이야말로 불변하는 이론을 위한 예비적 전제라고 생각하는 이성 비판은, 역사와 실험 행위에 의해서 매개되지 않은 추상에 지나지 않는다. 이처럼 일방적으로 근거를 마련하려는 논리는 폐기되고 절대 비판의 순환적 역사성에 이르지 않으면 안 된다.

따라서 우리가 자연에 대한 인식으로부터 역사에 대한 인식으로 나아가고, 계속해서 실천 이성의 영역으로까지 나아간다면, 이성 비판이 필연적으로 절대 비판으로 전환됨을 알 수 있다. 그리하여 "죽음 곧 부활"의 절대무가 현성하는 시간으로서의 현재는 초월적 무에 의해서 통일되어 끝없는 전환과 회전의 축이 된다. 영원은 이러한 축으로부터 제외된 절대 존재가 아니다. 영원은 절대로써 상대를 초월하고, 무로써 존재의 매개를 통해서만 현성한다. 따라서 영원의 자리는 상대적 존재의 발전 속에 내재해 있다. 역사는 이러한 내재적 초월로서의 절대매개의 원리인 무에 의해서 통일된다. 비록 역사가 과거를 정착시키는 일에 속한다는 의미에서 절대를 매개한다고 하더라도, 역사는 미래를 행한 본래적 행위에 속한다는 의미에서 절대에 의해서 매개된다.

신은 절대이다. 그러나 신은 무의 절대매개를 떠나서는 원리상 존재할 수 없다. 역사적 매개로부터 떠난 어떤 절대, 즉 상대를 초월하면서 상대를 포괄하는 절대를 상상한다고 한다면, 범신론적인 악평등에 의해서 자립적 개체가 매몰되어 버리든지, 유신론적인 무매개적이며 자의적인 신의 뜻[神意]에 지배될 수밖에 없다. 어느 쪽이 되든지 간에 모두 개체의 인격적 자유는 불가능하게 된다.

그런데 이러한 두 가지 경향성이 헤겔에게 있다는 사실을 부인할 수 없다. 전자, 곧 범신론적 악평등은 그가 높게 평가하는 스피노자주의에 지극히 가깝다는 사실에서 나타나고, 후자, 곧 유신론적인 신의 뜻의 강조는 정통적 신앙과 타협해서 무매개적으로 신의 절대 존재를 긍정한다는 사실에서 드러난다. 이러한 것은 그의 변증법적 매개라는 입장과 모순된다. 따라서 국가가 "상대 즉 절대"라는 매개 존재와 양립하지 않게 됨으로써 종교와 국가의 관계에 대한 여러 가지 설명이 어긋나버린다. 헤겔에게 이러한 문제가 생긴 근본 원인은 무매개인 절대 존재를 변증법적 무의 초월적 통일 위에 두었으며, 절대 존재를 자기 동일적인 존재라고 보아서 행위적 무의 밖에서 찾으려고 했기 때문이다. 이는 사실 이교적(異敎的)인 실체의 논리에 다름 아니다.

복음에 대한 그리스 철학적 해석이라는 중세 신학의 유물이 헤겔 철학에 남아 있어서 변증법적 역사주의를 행위적으로 철저하게 수행하지 못하도록 방해하였던 것이다. 헤겔에게 있어서 무매개적이고 자의적이며 절대적인 의지의 주체로서의 신이라는 초월적 존재는, 종교를 행위적 역사성으로부터 분리시키고, 영원이 전락해서 시간으로 들어온다고 하는 세속적인 시간 이해를 벗어나지 못했던 것이다. 이는 하이데거가 비판한 그대로이다(*Sein u. Zeit*, S.428-435). 헤겔은 『정신현상학』에서 칸트의 도덕적 세계관이 그 비판성을 잃고 독단적으로 되면서 스스로를 정당화하였고, 타자를 인정하지 않고 부정하는 이른바 "아름다운 영혼"(die schöne Seele)의 독선주의에 빠져 있다고 비판하였다. 헤겔에게 있어서 이러한 자기 정당화는 정신의 자기 소외를 빚어낸다. 그러나 여기에는 현실로부터 도피하는 악에 대한 반성이 포괄되므로, 고난과 불안의 고뇌를 통하여서 자기의 뿌리깊은 죄악성을 자각시키고, 행위의 어쩔 수 없는 죄악성 속에서 참회도를 가지고 자기를 방기하고 타자를 용서하는 입장을 전개한다. 그렇게 함으로써 정신은 상호적인 승인과 협력하는 정신 속에서 절대 정신의 종교로 전입한다.

헤겔 철학이 지닌 이러한 점들은 철저한 이성 비판을 통해서 절대 비판에까지 이르러 참회도를 행한 나에게는 감탄을 금할 수 없는 바이다. 그 사상이 직접 간접으로 나를 이끈 바가 컸음은 두말할 나위도 없다.

그가 말한 것처럼, 종교의 입장에 이르러 정신은 상대성을 잃어버리고 절대를 획득하듯이, 시간의 전환도 영원을 자각함으로써 그러한 전환의 통일을 이룬다. 종교의 절대매개의 입장으로부터 우리는 이러한 매개의 상대적 자각의 각 단계가 절대의 현성이라는 의미를 지니면서 절대에 참여한다는 사실을 이해할 수 있다. 종교가 역사의 상대성을 절대화하는 것이다. 따라서 절대의 매개가 되는 상대 존재가 스스로를 절대의 매개라고 역사적으로 자각하는 정도에 따라서 종교도 역사적인 것이 되며, 역사적 종교로서 구체화된다. 그처럼 종교가 발전한 결과 최정상에 프로테스탄트 교회의 의식이 있고, 거기에서 신인(神人)으로서의 그리스도의 "죽음 곧 부활"이 보편적 진리로서 자각됨으로써 개인의 의식은 무가 되어서 자타(自他) 공동의 보편적 자기의식의 근저로 돌아간다. 즉 종교의 절대매개성이 완전하게 전개됨으로써 절대 정신이 완전하게 드러난다. 이것이야말로 절대매개가 나타나면서 순환을 완성한 것이다. 다만 종교의 입장은 직접적이고 표상적이기 때문에, 이러한 진실이 신조(信條)의 형태로 고정되지 않을 수 없다. 이렇게 되면 절대매개의 진리 자체가 매개를 잃어버린다고 하는 모순에 빠진다. 이러한 모순을 지양해서 절대매개의 진리를 상대적 현실과 매개하도록 움직이는 것이 철학의 개념적 사유이고 절대지이다. 절대지는 종교의 절대 정신이 역사와 매개됨으로써 "상대 즉 절대"라는 매개 운동을 자각하는 방식이다. 따라서 절대지는 자신의 목표에 도달하기 위해서 정신의 역사적 제단계의 조직을 상기(Erinnerung)함으로써 내화(內化 Er-Innerung)하고 개념화하는 역사의 길을 간다.

요약하자면 절대지란 역사적으로 매개되는 종교적인 절대 정신의 본성에 대한 자각이다. 그러나 앞에서 하이데거가 헤겔의 시간론을 비판했던 것처럼, 헤겔의 시간론은 세속적 시간 관념을 벗어나지 못하였다. 거기에는 구체적인 역사성의 구조에 대한 자각이 결여되어 있다. 그 결과 그가 생각했던 절대지는 관념의 운동을 매개하는 역사성을 잃어버리고, 자연과 유한한 정신의 창조에 앞선 영원하고 신적인 실체의 논리적 발전으로 변하게 된다. 이렇게 된 까닭은 영원이 시간 속으로 전락한다고 보는 세속적인 시간 이해에 의존하였기 때문이었다. 영원은 시간을 매개로 한다고 하는 시간성과 역사성에 대한 올바른 이해가 결여되어 있기 때문에, 절대지의 역사적 매개라고 하는 본질적 규정이 외적인 것이 되어서 내면적 근거를 잃고 자기 소외에 빠지는 것이다. 절대지는 역사적 상대성에 매개됨으로써 진정한 절대성을 지닐 수 있다. 그럼에도 불구하고 이러한 매개를 떠나서 스스로를 소외시키고 추상적인 무매개성에서 절대성을 추구한 결과, 오히려 절대성을 잃고 상대로 전락하며, 타자의 상대로 치환되어서 역사적인 상대성에 노출되는 것이다.

역사의 발전은 근대의 프로테스탄트 교회 의식에서 끝난 것이 아니며, 그에 대한 자각으로서의 헤겔 철학에서 정신의 운동이 끝난 것도 아니다. 그러나 헤겔의 절대지는 마치 정신의 역사가 거기서 완결된 것처럼 보았다. 앞에서도 지적했던 것처럼, 영원이 어디까지나 시간을 매개로 해서 시간과 상즉하는 절대매개의 행위적, 주체적 통일에 대한 자각에 그치지 않고, 영원을 고대 철학의 무역사적이고 초시간적인 본질인 실체로서 사유하여 그것이 역사성과 시간성으로 전락하기 이전의 순수 본질을 가지고 논리학의 내용을 구성하였기 때문이다. 이렇게 되면 절대지는 논리학이 됨과 동시에 존재론이 된다. 행위를 통해서 달성된 자각 대신에 사변적 이성의 입장이 등장하는 것이다.

한편으로 보면, 순환성의 다양한 영역은 —순환성의 무한한 순환적 운동이 역사의 상대성을 매개한다— 역사의 다양한 단계를 만들어 낸다. 다른 한편에서 보면, 역사의 다양한 단계는 초월적 무의 통일을 실현한다. 그럴 경우 절대지의 절대성은 역사적 매개성 속에 보존된다고 하는 진리가 망각되고, 직접적으로 국가의 절대성을 주장하게 된다. 이렇게 되면 역사적인 매개에 의해서 절대성이 확보된다고 하는 진실은 가려지고, 무매개적인 절대성을 주장하게 되어서 오히려 역사적인 상대성으로 전락하며, 절대성의 주장이 자신의 원래 의도와는 정반대의 사상에 희생되고 만다. 이러한 과정에서 절대지는 스스로 절대매개의 변증법의 진리를 증언한다. 이렇게 하여 헤겔의 절대지는 절대 비판의 진리를 상실하고 이성의 직접적 자기 긍정으로 귀착된 결과, 이성 비판의 정신마저 잃어버리고 독단적 구성이라는 낙인이 찍히기에 이르렀던 것이다. 이것은 참회도를 철저하게 수행하지 못한 결과이며, 키에르케고르가 비판했던 바대로 종교적인 행위적 믿음이 결여되었기 때문이었다.

이와는 달리 참회도의 논리로서의 절대 비판은 필연적으로 역사성을 동반한다. 시간성과 역사성의 구조가 절대 비판의 절대전환성을 요구하는 것처럼, 역으로 절대 비판에서 일어나는 전환은 절대무로서 상대적 존재를 필연적으로 요구하며, 역사의 순환적인 통일에서 절대적인 영구성을 실현한다. 그러므로 참회도의 철학의 내용은 필연적으로 행위적 역사 철학이며, 그 중심에 종교적 신앙을 포함한다. 그것은 참으로 행위와 믿음에 대한 자각적인 깨달음이다.

우리들 어리석은 범부에게 철학의 주된 내용인 종교철학적 역사철학이 자기의 행위와 믿음과 깨달음에 의해서 주체화되고 실존철학적 자각에 의해서 매개되는 길은, 참회도 밖에 다른 길이 없다. 이러한 사실이 이제는 분명해졌으리라 여겨진다. 하이데거의 실존철학은 키에르케고르의 영향을 받았다는 점에서 기독교적이며, 따라서 참회도와 상통하는 바가 있다. 다른 한편으로 그것은 니체로부터의 영향을 받았다는 점에서 참회도와 정반대의 길인 현지(賢智), 즉 초인의 길이다. 사실 성격면에서 보자면 니체도 키에르케고르처럼 아성(我性)이 강하고 극도의 감수성을 지닌 다감한 신경질적 인물이었다. 하지만 종교성의 측면에서 본다면 니체는 키에르케고르와는 달리 반기독교적이고 자기 긍정적이었다. 이 점은 뚜렷한 대조를 이룬다. 그러나 니체 사상의 진리는 나처럼 어리석은 범부에게는 오직 참회도로서만 이해된다. 니체가 말하는 바에 오랫동안 내가 접근할 수 없었던 것도 매우 당연한 일이었다. 이제 그것을 참회도라는 열쇠를 가지고 열어 보는 것도 무익하지만은 않을 것이다. 하이데거와 관련해서 논해보려는 소이도 여기에 있다.

니체가 말하는 "권력에의 의지"는 말할 필요도 없이 생명에 대한 절대 긍정이다. 그것은 이성의 절대부정과는 정반대이며, 따라서 그것은 일견 참회도와는 정반대의 입장에 서 있는 것처럼 보인다. 그러나 니체가 말한 "운명에 대한 사랑"이라는 개념에서도 분명히 알 수 있는 것처럼, 그의 사고의 핵심을 이루는 것은 오히려 절대부정의 정신이라고 할 수 있다. 모든 필연인 것, 특히 몰락이나 파멸이나 죽음의 운명도 회피하지 않고 기쁨으로 맞아들이고, 의지를 가지고 이들을 선택해서 받아들인다는 절대 긍정은, 실은 필연적인 것 속에서 자기를 죽이는 절대부정을 매개로 한다.

이는 괴테가 말하는 "체념"을 적극적이고 능동적인 것으로 이해한 것이라고도 여겨진다. 물론 형식적으로 말하면 절대부정과 절대 긍정은 정반대여서, 이것을 동일시하는 것은 단순한 혼란에 지나지 않는다고 할지도 모른다. 그러나 절대부정은 부정의 부정이므로, 아무리 그것을 부정한다고 하더라도 부정되지 않는 한 절대 긍정이라고 할 수 있다. 그러나 이 경우의 절대 긍정이란, 절대부정의 경우처럼 그 성립 과정에 대해서 말하고 있다기보다는 그러한 절대 긍정이 성립된 결과를 말하는 것에 지나지 않는다. 절대부정 밖에 절대 긍정이라는 것이 별도로 존재하는 것은 아니다. 왜냐하면 부정의 부정이라는 매개를 포함하지 않는 직접적인 긍정은, 아무리 그것을 절대적이라고 규정한다고 해도 부정에 대한 상대적인 대립을 피할 길이 없기 때문이다. 일반적으로 긍정이나 존재란 오직 부정 혹은 무와 대립함으로써만 직접적으로 존재한다. 따라서 긍정이나 존재는 어디까지나 상대성을 벗어나지 못한다. 절대적이라고 불릴 수 있는 것은 무도 부정도 또한 부정해서 "절대부정 즉 긍정"인 매개태(媒介態)일 수밖에는 없기 때문이다. 니체가 말하는 절대 긍정은 그 본질적 구조에서 절대부정이라고 하지 않으면 안 된다.

『비극의 탄생』의 "서문"은 본문이 쓰여지고 난 뒤 16년이 지난 후에 스스로를 비판하면서 쓴 글이다. 이 "서문"에서 니체는 디오니소스가 생의 과잉으로부터 생에 대한 부정과 고뇌를 추구하는 바, 그러한 염세적 인생관이 오히려 생에 대한 자신과 풍요를 증가시킨다는 변증법을 분명하게 천명하고 있다. 『권력에의 의지』에서 그가 허무론을 표방하면서 무를 말한 것도 이러한 사실을 말해준다. 물론 니체의 허무론은 기존의 최고 가치의 전락을 불가피하게 의미하는 역사 비판을 함의하고 있으며, 그가 말하는 무란 주로 무의미와 무가치를 의미한다는 사실은 부정할 수 없다. 그러나 이러한 가치의 전도가 불가피함을 주장하는 허무론은, 그 형식적 구조면에서 본다면, 일체의 직접적 존재의 파멸성과 불안성의 폭로를 본질로 한다. 파멸성과 소멸성까지도 포함하는 모든 변동과 전환을 기꺼이 받아들이고, 파멸성과 소멸성을 긍정함으로써 이들을 자기가 의지하는 대로 바꾸는 절대 긍정은 절대부정과 동일한 것은 아닌가?

능동적 허무론의 절대적 긍정, 즉 단순히 부정을 억지로 인내하려는 수동적 허무론의 소극적 권태와 대립하는 절대적 긍정은 이러한 부정적 매개의 긍정성에서 성립한다. 니체는 불교가 단순한 수동적 허무론의 전형이라고 생각하였다. 하지만 그의 이러한 판단은 소승불교에는 해당될지 몰라도, 이타(利他)의 정신을 적극적으로 주장하는 대승불교에는 해당되지 않는다. 왜냐하면 대승불교는 부정과 고난을 인내하는 것이 적극적인 부정의 부정, 즉 긍정이라는 능동성을 포함하고 있으므로, 결코 단순한 수동을 말하는 것은 아니기 때문이다. 이른바 "수동적인 인내의 허무주의"는 부정의 부정을 포함하고, "무작의 작"과 "무위의 위"로서의 공유(空有)를 포함하는 경우에만 허무주의가 될 수 있다. "타력 즉 자력"으로서의 환상행은 "수동 즉 능동"인 한에서 무라고 할 수 있다. 허무론은 "절대부정 즉 긍정"으로서 절대 긍정의 입장이며, 이 밖에 달리 절대 긍정의 입장이란 있을 수 없다. 니체 자신이 "비극의 탄생"에서 소포

클레스의 오이디푸스를 다루면서, 순수한 수동적 태도가 생명 그 자체를 끝없이 초월하는 최고의 능동성에 이른다고 말한 것도 바로 이 때문이다.

그럼에도 불구하고 니체는 부정이라는 개념을 탐탁히 여기지 않았고 그 매개력을 충분히 인정하지 않았다. 이는 그가 당시의 사상을 날카롭게 비판하는 데 주력을 기울였기 때문이다. 그의 철학이 목표했던 바는 유럽 정신사의 흐름을 거슬러 올라가서 유럽을 당시의 퇴락 상태로부터 구출하는데 있었던 것이다. 그는 부정이란 도덕의 규범적 당위가 자연의 힘과 생명의 활동에 가하는 이성의 제한을 의미한다고 보았다. 니체는 이러한 이성의 제한, 이른바 아폴로적인 것이 그리스의 소크라테스와 플라톤 이래 널리 받아들여지고, 기독교는 민중 신앙의 입장에서 이에 호응한 결과 유럽의 정신사를 지배하기에 이르렀다고 보았다. 그 결과 인류는 생명의 원시적 힘과 그러한 힘의 핵심을 이루는 권력에의 의지를 잃어버리고, 본래 도덕을 발생시켰던 원동력인 질투와 원한, 즉 약자가 강자에 대해서, 괴로워하는 자가 행복한 사람에 대해서, 그리고 평범한 사람이 출중한 사람에 대해서 품는 질투와 원한은 점차 그 자연적 생명력이 약화되었다. 그 결과 강한 자의 지배가 아니라 약자에 대한 동정을 도덕적인 것으로 판단하게 되어 인류의 힘은 점점 약해지고 퇴폐 상태를 초래하게 되었다. 니체가 권력에의 의지와 능동적 허무론을 주창했던 것은 이러한 배경 하에서 나온 것이었다.

고대 그리스의 비극적 정신으로 돌아가서 발견하게 되는 죽음의 파멸도 기쁘게 맞이하며, 운명이 불러일으키는 일체의 변화를 수긍하고 사랑하는 강한 생명력. 니체는 이러한 디오니소스적인 것, 즉 그 무엇에도 지배되어 노예화되지 않고, 모든 것을 지배하고, 모든 것을 자기의 적극적 의지 내용으로 바꾸어 자유롭게 이것을 사용할 수 있는 군주 도덕으로 돌아가는 외에는 달리 길이 없다고 생각하였다. 이것에 의해서 인류는 천한 대중의 퇴폐로부터 벗어나 고귀한 인간이 되고, 결국 인류 자체를 초월한 "초인"(超人)이라는 새로운 종을 낳기에 이를 것이다. 이러한 희망을 품고서 니체는 생명 자연주의를 주장하고, 이성과 도덕을 격렬하게 매도하였던 것이다.

따라서 니체는 부정의 개념에 대해서는 일체의 이해나 동정을 표시하지 않았던 것이다. 그는 철학의 이성을 철학자의 편집(偏執)이라고 폄하하였고, 철학자들이란 변화를 꺼리고 역사감을 결여한 나머지 모든 존재를 개념의 미이라로 추락시키면서 불변의 존재라는 개념의 우상을 섬긴다고 철저하게 매도하였다. 따라서 니체는 개념의 추상적 일반을 근원적 존재라고 보는 반유명론(反唯名論)을 배척하였다. 니체에 의하면 이는 언어의 실체화에 지나지 않는다. 그는 이러한 언어형이상학을 이성(Vernunft)이라고 불렀으며, 이성이 대상으로 여기는 물자체(Ding an sich)의 실재를 부정하였다. 다만 현상계의 감각적 경험 내용만이 실재이지만, 이들은 무한히 다양하게 변화하기 때문에 "존재한다"라고 부르기조차 불가능하다고 보았다(『우상의 황혼』).

니체의 철학은 존재론이 아니고 전화와 생성[轉化生成]을 말하는 생의 철학이다. 이렇게 변화하는 현실 밖에 영원불변의 세계를 이성의 대상으로서 상정한다면, 그것은 우리의 생명을 비방하고 모욕하고 중상하는 것이다. 그는 두 세계론을 퇴폐의 징조라고 보았다. 감각적 전화(轉化)의 세계를 생명의 내용으로 동화해서 이것을 자유롭게 지배하는 절대적인 힘이 바로 디오니소스이다. 니체는 이것을 인류 초월이라는 희망에 연결시켜서, 선악의 피안에서 초인의 출현을 대망하였던 것이다. 이러한 니체가 부정이나 매개를 생각할 수 없었던 것도 어쩌면 당연한 일이었다고도 하겠다.

니체의 사색이 시인적인 정열로 뒷받침되고 있었다는 것은 새삼스레 말할 필요도 없다. 그의 철학을 논리적으로 구성해서 이성적으로 이해하려는 시도는 잘못된 시도일 것이다. 그럼에도 불구하고 그의 사상은 어디까지나 철학이다. 단지 감각의 내용이 아니라 생명 체험에 대한 깊은 해석이다. 나는 그의 시적인 사상이나 예언자적 천재성을 이해할 능력은 없지만, 다만 그의 성실함에는 감복하지 않을 수 없다. 거기로부터 유래하는 그의 처절한 외로움에는 동정을 금할 수 없다.

　현대의 지식 청년층에서 가장 많이 사랑받는 철학자가 니체이지만, 나는 그를 충분히 이해할 수 없다고 고백하지 않을 수 없다. 그의 사상과 나의 생각은 정반대이다 보니, 어찌보면 당연하다고도 할 수 있을 것이다. 하지만 나 자신이 참회도의 길을 걸어가게 되면서, 이상하게도 나 나름대로는 니체를 이전보다는 더 이해하게 된 듯한 느낌이 들어서 그의 사상에 고개를 끄덕이는 일이 늘어나게 되었다. 이런 사사로운 일을 일일이 늘어놓는 것은 부끄러운 일이라고 할 수도 있겠으나, 그럼에도 불구하고 감히 몇 마디 하고자 한다. 니체 사상의 근저를 이루는 것은 절대무와 관계되어 있으며, 그가 이성을 배제하고 생명의 입장으로부터 주창한 디오니스소의 절대 전화생성은 내가 절대전환을 생명의 연속으로 본 것과 일치하는 바가 있다. 또 그가 이성이라고 불렀던 것은 동일성 논리의 오성이었으므로, 자기 돌파를 자신의 본질로서 여기는 이성과는 다른 것이었다. 이러한 후자적인 의미에서의 이성의 부정적 초월은 니체가 "생"이라고 불렀던 것의 부정적이고 매개적인 구조를 자각한 것이다. 따라서 나는 니체의 사색의 길이 나의 길과 서로 통한다는 것을 명확하게 하고 싶다.

　니체가 비극의 정신을 올바르게 이해하고 있었는가에 대해서는 별도로 논의하지 않으면 안 될 중요하고도 어려운 문제이다. 그러나 니체가 몰락조차도 기쁘게 받아들여서 이것을 자기의 의지 내용으로 바꾸는 절대 긍정의 정신이야말로 비극의 핵심이라고 보았던 것은 핵심을 찌르고 있다. 그는 비극의 정신을 곧바로 디오니소스라고 보지 않았고, 생명의 원시적 근원성이 아폴로의 정화력과 매개되어서 서로 협조하는 한에서 비극의 예술성이 성립한다고 이해하였는데, 이는 정말로 옳은 견해였다. 디오니소스는 아폴로의 부정성을 매개로 함으로써만 세계의 근저를 상징적 형상으로 드러내고, 영원성을 자각 실현할 수 있기 때문이다.

여기에 바로 니체 사상의 핵심이 있다. 그러므로 그의 사색은 절대 비판에서 자기를 돌파하는 이성의 매개적 입장—즉사적(卽事的)인 입장—과 다르지 않다. 그는 이러한 자신의 사상에 자신의 시대에 대한 비판이라는 옷을 입혔던 것이다. 그의 시대 비판에는 그의 성정(性情)이 격한 감정의 언어로 표현되어 있으며, 시인다운 정열을 가지고 디오니소스(酒神) 송가의 광기 어린 곡조를 지어냈었다. 따라서 일견 모순되는 듯한 주장이나 제안이 복잡하게 얽혀 있다.

니체는 권력 의지의 군주적 지배를 강조하면서 도덕주의의 노예적인 억제를 분쇄하고자 하였다. 그래서 선악의 피안에 초월적으로 성립하는 "무작위의 작위"라는 절대적 환상행(還相行)을 선악의 대립 이전의 생으로 동화시켰고, 반도덕주의와 자연주의를 혼동하고 말았다. 그의 사상에 대한 오해와 왜곡은 주로 여기에서 비롯된다고 여겨진다. 니체는 이성과 도덕을 절대부정적으로 돌파하여 종교의 "사 즉 리"(事卽理)라고 하는 초월적 입장으로 환상하는 무의 전환을 생명의 연속적인 생성 전화로 대치시켰던 것이다. 하지만 무와 부정이 결여된 곳에 단절이나 초월은 있을 수 없으며, 모든 것은 직접적인 연속의 내재성에 불과하다. 니체의 사상과 나의 주장이 그 동기와 구조면에서 공통적인 점이 있음에도 불구하고, 니체의 길이 내가 가고자 하는 참회도의 길과는 정반대의 방향을 향하고 있는 이유가 여기에 있다.

니체가 분석논리적 이성의 추상성을 지적하면서 이것을 초탈하고자 하였던 것은 정당한 일이었다. 이러한 일은 이미 칸트의 선험논리가 등장한 이래 철학자들의 일반적 과제가 되어왔다. 칸트는 이성의 자율에 집착한 나머지 이성의 자율을 철저하게 추구하지 못하였고, 이율배반에 빠지지 않기 위해서 이성의 사용을 제한하였다. 이러한 칸트의 생각은 언뜻 보면 이성의 자율을 구하기 위해서 이성 스스로를 자제(自制)한 것처럼 보이지만, 여전히 이성의 용기가 부족했다고 하지 않을 수 없다.

이성은 "죽음 즉 부활"의 능력으로서 "자력 즉 타력"에 속하며, 절대타력에 대한 순종으로 변환되어 절대타력의 매개로서 성립하며, 절대무의 현성에 도달한다. 이성에서 자기는 이성(理)의 모순에 몸을 던지고 절대적인 분열의 위기에 자기를 버림으로써 절대무로 변한다. 이(理)의 긍정과 부정 사이의 이율배반, 보편적 이(理)와 개별적 사(事) 사이에 잠복하는 불가피한 이율배반에 부딪쳐 자기를 분쇄하며, 자신의 시체를 태운 재 속에서 부활되는 것이 이성이다.

이처럼 이성은 이성을 뛰어넘는 것으로 전환되는 매개성을 통해서만 존재한다. 지(知)가 행위와 믿음의 깨달음이 되는 까닭이 여기에 있다. 이 "죽음 즉 부활"의 절대전환을 이성의 원리로 하지 않는다면, 이성은 어디까지나 생의 원리로서 자기 동일성을 유지하지 않으면 안 된다. 이 경우 이성은 이율배반의 모순을 회피하여 순환태를 꺼리게 된다. 스스로를 유지하려고 한 결과 용기를 잃어버리고, 자기를 돌파하지 못하며, 결국 추상적인 형식주의와 도덕주의로 전락하고 만다.

니체는 이성이 동일성적 통일을 좋아하고 자신에게 주어진 제한을 인정하지 않으려 한다고 전제하였다. 그래서 니체는 "죽음 즉 부활"의 순환적 발전이 한층 구체적인 것으로 이해된 생의 본질에 속한다고 보왔고, 존재를 뛰어넘는 생성전화의 주체인 생으로서 이성을 대체하였으며, 절대적 무 대신에 절대적 존재를 철학의 원리로 하였던 것이다. 그는 칸트로 대표되는 이성의 관념주의적 입장을 생의 사적(事的) 입장으로 바꾸었고, 절대무의 현성으로서의 이성의 참회적 부정을 생의 절대긍정으로 대치하였으며, 모든 것을 자기의 지배 아래 두려는 권력의지를 생의 본질이라고 여겼다.

그가 이성에 대해서 주장하였던 감각론적 경험론도 실증적 정신의 발로라는 점에서 납득할 수 있으며, 종교적 우상의 진상을 폭로해 과학의 성실성을 철저히 하고자 했던 것에 대해서도 경의를 표하지 않으면 안 된다. 하지만 니체는—칸트의 실험적 방법에 대한 이해에서 드러나듯이— 자연과학의 법칙적 인식이 경험과 경험에 앞서서 구상된 이성의 개념적 구성과 협력함으로써 비로소 성립한다는 사실을 헤아리지 못하였으며, 그 결과 낡은 경험론적 감각론의 독단을 벗어날 수 없었다. 이것은 니체가 지녔던 편견이라고 하지 않을 수 없다. 그 스스로 문헌학자로서 현실 세계의 역사적 사실이 해석에 의해서 비로소 성립하는 것을 인정하면서도(권력의지론은 역사 해석론임을 표방한다), 자연 인식에 감각론을 사용하는 것은 모순이며 철저하지 못한 일이었다. 더욱이 그는 이성이 추상화하고 형식화하는 능력에 불과하다고 비판하였지만, 생의 원시적 경험에서도 이성적 사유 없이는 인식이 성립되지 않는다는 사실을 지칠 줄 모르는 왕성한 사유자인 그는 어떻게 해석할 것인가? 그가 경시하고 배척했던 사유와 언어 없이는 생명을 깊이 있게 해석하여 천명(闡明)할 수 없는 것은 아닌가?

인식은 직접적인 생이 아니다. 단순한 생의 본능은 강력하기는 해도 밝은 눈을 갖고 있지 못하다. 생은 생의 직접적인 양태를 부정하는 사유의 추상을 매개로 해서만 명료하게 인식될 수 있다. 사유가 추상으로 끝난다면 그것은 사유 본래의 사명을 다하지 못한 것이다. 사유는 추상을 위해서 추상하는 것이 아니다. 사유의 목적은 생명을 부정하는 것도 아니다. 추상은 재구성을 위한 매개가 된다. 일단 추상적으로 세워진 개념은 그 추상성으로 말미암아 포함된 모순(그것은 개념과 현실의 괴리로부터 비롯되는 개념 내부의 분열에서 나타난다)을 움직여서 변증법적 운동을 이루고, 그 종합의 각 단계에서 생명의 전체를 재구성하고 또 자각한다. 생을 자각하는 것은 다름 아니라 추상과 부정이다. 니체는 이러한 사실을 망각하고 이들을 배격하였던 것이다.

이는 베르그송의 경우에 비견될 수 있다. 과학의 결과를 존중하고 그것을 이용하는 데 탁월한 통찰력을 지녔던 베르그송이었지만, 그는 생의 직관, 유동(流動)의 체험, 이질(異質)의 의식 내용 등을 중요시한 나머지, 개념에 의한 과학의 고정화와 단일화를 지나치게 비판하고 말았다. 그 결과, 생명의 직관과 실재의 체험에 입각하는 자신의 형이상학이 과학적 개념의 부정성을 매개로 해서 비로소 재구성되고 자각된 인식이 될 수 있다는 사실을 무시하였다. 그 결과 현저하게 모순된 입장을 지니게 되었던 것이다.

니체 역시 본능을 위해서 이성을 배제하고, 자연을 위해서 도덕을 배척하는 데에 지나치게 열중한 나머지, 새로운 도덕이 도덕을 초월하기 위해서는 이성의 절대부정이 없어서는 안 된다는 사실을 망각하였던 것이다. 이 점에서 니체도 베르그송과 같은 모순을 범하였다고 할 수밖에 없다. 단지 이성을 부정하고 추상적 개념을 물리치는 것은 철학 그 자체의 부정에 다름 아니다. 그는 전환(Wechsel)이라는 말을 일반적으로 전화생성(轉化生成Werden)과 동의어로서 사용한다(*Götzendämmerung. Die „Vernunft" in der Philosophie*, 5). 그러나 일반적으로 생성 내지 변화(Veränderung)와 전화는 개념상 구별됨에 틀림없다. 생성적 전화란

완전히 무매개적으로 생의 연속이 전화하고 생성하는 것을 말하는 데 반해서, 변화는 실체라고 하는 불변의 존재가 그 상태를 바꾸는 것을 의미한다. 이와는 달리 순수한 전화는 자립적인 주체가 또 다른 자립적 주체로 대체되는 것을 의미한다. 내가 "전환"이라고 부르는 것은 이러한 주체의 전환을 의미한다.

전환은 비연속적이고 단절적이며, 전환의 매개를 위해서 필요한 것은 초존재적 존재라고 해야 할 연속적 존재[連續有]가 아니라 절대무이다. 나의 존재는 무의 매개로서 방편적 존재이다. 나아가 교호 전환의 평등성에 의해서 보살의 자비행과 이타행을 실현하는 인간의 실존적 자기 존재는 이러한 전환의 주체이기 때문에 무의 매개가 아니면 안 된다. 그의 본질적 구조는 니체가 생각했던 것처럼 생성이나 전환이 아니다. "생"이 이러한 개념에 의해서 서술된다면, 그것은 결코 주체성을 획득할 수 없다. 니체에게 자기는 대자적으로, 따라서 대타적으로 바로 "생"과 동일시되었고, "생"의 본능적 자기주장인 권력 의지로서 주체화되었다. 이것은 주체라고는 하지만, 다른 주체를 인정하지 않는 아성(我性) 그 자체에 지나지 않는다. 그러나 권력에의 의지가 이처럼 완전히 무매개적으로 타자를 지배하고, 타자를 자립적이고 자신과 동등한 것으로 인정하지 않으면서 아성의 자기 긍정에 그친다면, 자기는 성립될 수 없다. 자기는 오직 타자를 매개로 함으로써만 대자적으로 성립하기 때문이다.

이처럼 자기를 문제 삼지 않는다면 자기의 절대화를 초래한다. 신을 부정한 니체의 무신론은 자기를 신화(神化)하여 인간을 초월하는 초인의 탄생을 요청하기에 이르렀는데, 방금 말한 의미에서 본다면 이것은 극히 자연스러운 일이었다. 그러나 이러한 초인의 세계에서 각자가 타자를 지배하려고 한다면, 그 결과는 어떻게 되는가? 그것은 초인류의 파멸밖에 없을 것이다. 발생과 소멸의 주기적 순환을 의미하는 이른바 영겁회귀(永劫回歸)의 주장을 예로 들어보자. 초인의 탄생에 이르는 생의 진화 향상이 이러한 목표에 이르는 것과 동시에 반전되어 몰락한다는 생각도 불합리하지는 않을 것이다. 그러나 영겁회귀라는 개념은 정신을 통해서 매개됨으로써 심화되는 과정을 무시한 자연과학적인 추상화의 산물에 불과하다. 더욱이 영겁회귀라는 추론의 설정은 시간과 공간의 무한성을 모두 인정한다는 사실을 잊어버린 잘못된 전제에 서 있다(야스퍼스). 초인의 탄생이라는 발상 자체가 생물 진화론이 말하는 도태(淘汰)에 의한 신종 발생설에 근거한 것인바, 이는 과학주의의 남용이라고 할 수밖에 없다.

물론 영겁회귀는 인간의 약함과 왜소함, 추함과 악함이 무한히 반복되어도 여전히 이를 긍정하고 수용하려는 권력 의지에 대한 부정적 매개로서 중요한 의미를 가진다. 초인의 본성은 이러한 매개의 절대부정성을 통해서 규정된다. "예토 즉 정토"라는 전환을 성립시키는 니체의 무신론이 새로운 종교로서 제기하는 사상은 『짜라투스트라는 이렇게 말하였다』 제3부의 "일곱 개의 봉인"에서 잘 나타난다.

우선 니체의 묘사는 매우 기괴하여 혼돈을 불러일으키기 쉽다. 더욱이 내가 앞에서 말했던 것처럼, 이러한 묘사의 배경이 되는 과학사상은 잘못된 전제에 서 있다. 그러나 니체 스스로도 설명하고 있듯이, 영겁회귀의 핵심은 과거를 영원히 바꿀 수 없다든지, 과거는 무한히 앞서 있다는 사실에 있다(『짜라투스트라는 이렇게 말하였다』의 "해탈에 대해서", "병치유자"). 이것을 권력에의 의지가 초극하는 것이 과거의 해탈 극복이며("낡은 서판과 새로운 서판에 대하여"), 오늘(현재)의 획득("위대한 동경에 대하여")이라고 한다면, 이는 우리 인간 존재의 진실을 꿰뚫어본 사상에 틀림없다.

과거의 과거됨은 그것이 이미 지나가 버려서 우리가 어떻게 손을 쓸 수 없음에도 불구하고 부단히 현재로 돌아와서 현재를 빼앗고 압박한다는 사실에 있다. 이것이야말로 니체의 영겁회귀가 지니는 의미는 아닌가? 불교의 업(業)처럼 무한의 과거로부터 정해져 있으므로 벗어날 수 없으며, 모든 현재는 현재에 규정되어 있는 과거의 업인(業因)이라는 사실에 영겁회귀의 핵심이 있다고 한다면, 영겁회귀는 대단히 넓은 의미를 가지게 된다. 그러나 이러한 과거를 긍정하고, 그렇게 긍정함으로써 자기를 부정하고, 자기를 돌파함으로써 오히려 과거 자체가 돌파되어서 자기의 자유로운 내용으로 전환되는 것이 권력에의 의지라는 사상이다.

권력 의지에 의해서 현재가 과거를 초극하여 자재(自在)할 수 있는 까닭이 여기에 있다. 그것이 운명에 대한 사랑이다. 영겁회귀라는 과거의 중압이 무거우면 무거울수록 자재의 기쁨은 그만큼 더 크다. 그 중압이 가중되는 극한점에서 시간은 진행을 멈추고 더 이상 전환하지 않는다. 생이 응고하여 질식되는 것이다. 그 절체절명의 극한, 생이 생 스스로를 기꺼이 포기하고 죽음을 긍정하면, 정지된 시간으로서의 현재는 무한한 무게를 지닌 충실한 찰나로 변한다. 이것이야말로 생사를 뛰어넘는 영원의 현성이다. 우리의 현재는 이렇게 과거로부터의 해탈이 주는 환희와 미래를 향한 창조의 희망에 충족되며, 환희와 희망의 충일은 어떠한 과거의 중압도 오히려 긴장의 방편으로 긍정하여 받아들인다. 영겁회귀는 과거의 중압으로 말미암아 인간이 무한히 작고 추한 존재임을 확인시키지만, 그것은 동시에 인간이 무한히 위대하고 고상한 존재임을 천명한다("춤에 부친 또 다른 노래"). 이것이야말로 영원한 현재가 의미하는 바이다.

이처럼 움직일 수 없는 현재의 업(業)이 별을 낳는 창조로 전환되어서 영원한 약동이 되는 것은 분명 종교적 깨달음의 핵심이다. 하지만 그러한 사실은 현명한 사람의 의지에 속한다. 어리석은 범부에게는 불가능하다는 사실도 또 부정할 수 없다. 어리석은 범부인 나 같은 사람은 단지 타력의 힘에 의해서 참회를 행함으로써 이러한 성자의 해탈을 구제의 은혜로서 나누어 가질 수 있을 뿐이다. 그런 한에서만 영겁회귀의 중압과 해방이라는 "부정 즉 긍정"의 전환을 이해할 수 있다.

니체는 철저하게 성실한 자세를 통해서 이러한 전환의 비밀스러운 구조에 접할 수 있었다. 무신론을 주장하고 반도덕주의를 주장하는 그의 언어의 배후에는 보기 드물 정도의 고귀하고도 순결하며 청정한 마음이 있었다. 그의 고난은 그를 성자에 가깝게 만든다. 그의 사상의 본질은 선악의 피안인 종교적 사상이다. 그는 성자를 가치라는 견지에서 보는 것에 반대해서 초인을 가치의 대립 이전에서 찾았다. 초인의 초월적 구조는 실은 절대부정적으로만 이해된다. 그것의 본질적 규정인 디오니소스의 정신은 이성의 자기 돌파를 생 자체로서 파악한 것이다. 니체가 이웃이나 친구들에게 악한 척하는 성자로서 여겨졌다는 것은 그 여동생도 쓰고 있는 바이지만(E. Fösrster-Nietzsche, *Der einsame Nietzsche, Vorwort*), 악마의 위장을 벗겨내면 생의 디오니소스적 정신이 자기 돌파와 자기 초월의 절대무적 이성이라는 참된 모습을 드러낼 것이다. 권력에의 의지는 직접적으로 타자를 지배하려는 아성(我性)이 아니고, 부정적으로 타자로부터 한정되는 자기를 지배하고, 그것을 철저히 부정함으로서 부정되는 것의 부정을 통해서 부정 그 자체를 불가능하게 만든다는 사실을 의미한다.

즉 부정적으로 매개되고 자기 지배를 부정적으로 매개하여 타자의 지배를 없애는 자유 의지가 권력 의지의 참된 모습이다. 그것은 당연히 초월적 의지라고 해야 한다. 이런 점에서 불교에서 말하는 유연심(柔軟心)이야말로 참된 권력 의지일 것이다.7 그것의 표면을 덮고 있는 직접

---

7 도겐(道元)의 『보경기』(寶慶記)에 "화상(和尙)이 말씀하시기를, 여러 부처님들과 조사님들의 신심탈락(신심탈락)을 분명히 긍정하는[辨肯] 것이 유연한 마음이다"고 쓰여 있

적 아성은 실은 위장에 지나지 않는다. 후자를 악마라고 한다면 전자는 성자이다. 여기에 니체가 말하는 디오니소스의 비밀이 있다. 그것은 겉으로는 악마의 종교조차도 두려워하지 않는 강한 영웅적 모습을 드러내지만, 그러한 외장(外裝) 밑에는 한없는 사랑을 나타내는 성자의 영혼이 존재한다. 그렇기 때문에 초인의 세계는 악마의 세계처럼 투쟁과 몰락의 세계를 의미하는 것이 아니라, 성자[聖子]가 함께 사랑하는 정토를 의미한다("은퇴자").

서로 싸우면서 서로를 파멸시키고 몰락하는 세계는 진정한 초인의 세계가 아니다. 권력 의지란 무매개적으로 타자를 지배하려는 것이 아니고, 오히려 절대 긍정의 매개로서 타자로부터의 한정을 필연적인 것으로서 스스로 선택하는 자기 부정성을 지닌다. 그렇다면 스스로 타자와 함께 절대부정의 매개인 교호적인 "부정 즉 긍정"의 기반에서 서로 다투지 않고 평등한 공존을 보증하는 사랑의 세계야말로 초인의 세계일 것이다.

원래 니체의 사상을 전달하는 짜라투스트라의 본질은 초인의 탄생을 고지하고, 초인의 선구자로서 몰락의 운명을 감수하며, 초인을 위해서 희생한다. 이런 점에서 짜라투스트라는 불교의 보살처럼 "자리(自利) 즉 타리(他利)"의 사람은 아닐까? 『짜라투스트라는 이렇게 말하였다』 전체의 분위기가 이러한 사실을 분명히 드러낸다. 초인의 설교자로서의 짜라투스트라는 인류의 약함과 보잘것없음, 추함과 더러움을 미워한다. 하지만 초인은 이러한 인간의 모든 약함을 버리는 대신 이것들을 높이 들어올려서 초인 탄생을 위한 매개로 삼는다.

니체 자신은 소크라테스에 비견될 수 있을 정도로 본디부터 교사로

다. 스즈키 다이세쯔(鈴木大拙)도 『무심이라는 것』(無心と言うこと)(1939년)에서 도겐의 "유연심"에 대해서 언급하고 있다.

서의 품격을 지녔다고 한다(버트램).[8] 나는 니체가 인간을 약하게 만드는 동정을 배제하고 인간을 강하게 만드는 고난초극의 복음을 전했던 성도(聖徒)였다고 생각한다. 이러한 성인됨은 어리석은 범부에게는 미치지 못하는 예외이므로, 니체라고 해도 완전하게 이것을 실현할 수 없었음은 말할 필요도 없다. 짜라투스트라도 중간자에 그치며, 초인은 미래에 가서야 대망될 수 있다. 아니, 니체는 본질에서는 성자였지만 현실적인 인간으로서는 어쩔 수 없이 언제나 성자로부터 떨어져 있는 불완전한 유한자였다. 그는 현실적으로 성자였던 것은 아니고, 단지 성자가 될 가능태에 그쳤던 것이다. 자기의 불성(佛性)을 사람들에게 깨닫게 하려는 선불교는 자력 의지를 가르치는데, 이는 짜라투스트라의 사상과 가깝다.

따라서 특출한 사람이었다고 할 수 있는 니체가 참회도를 전개하지 않았던 것은 당연하다고 하겠다. 잘 알려져 있는 것처럼, 니체가 기독교를 자기 혐오와 자기 학대의 종교로서 고발하였던 것은 "르쌍티망"(ressentiment)이라는 그의 사상으로 말미암은 것이었다. 참회도는 일견 초인 사상과는 정반대되는 것처럼 보인다. 그가 『짜라투스트라는 이렇게 말하였다』의 "숭고한 사람" 장에서 말한 참회는 명백하게 자력적인 윤리적 엄숙함에 그치고 말아서, 여전히 자기방기의 타력적 전환에 도달할 수 없었다. 참회에 대한 니체의 동정과 불만족에는 그 나름대로의 이유가 있다고 하겠지만, 그 이유는 그가 종교적 참회의 전환점에 도달할 수 없었기 때문이었다.

이와는 달리 어리석은 범부에 불과한 나 같은 사람에게는 참회도의 길을 걸어갈 수밖에 달리 길이 없다. 나는 나에게 필요한 참회도에서 과거의 초극을 행위를 통해서 믿고 깨달음으로써 과거로부터의 해탈과 영

---

8 Ernst Bertram, *Nietzsche: Versuch einer Mythologie* (Berlin: Bondi, 1918) 참조.

원한 현재 그리고 미래적인 창조의 사상을 깨닫는 외에 달리 길이 없다. 더욱이 니체와의 대결을 통해서 볼 때, 그와 나 사이에는 절대부정의 구조라는 공통점이 있는 동시에, 니체와 내가 서로 대립하는 차이점이 뚜렷해지는 것도 사실이다. 그리고 역설적이게도, 바로 이러한 차이를 통해서 참회도의 주체적 진리가 간접적으로 증명된다. 니체 자신도 (예를 들어서 바그너 같은) 시인의 망상적 허위와 짜라투스트라의 진실을 대결시켰으니, 이는 참회의 순간만이 순수하게 진실하고 청정하다는 사실을 인정한 것은 아니었던가?("마술사"). 하지만 자신처럼 예외자가 아닌 사람들에게는 영적 참회가 영구성을 매개해준다는 사실을 그 자신도 알고 있었을 것이다. 여기에서 나는 참회도가 그의 사상에 의해서 간접적으로 증명된다고 믿는 바이다.

나의 입장에서 본다면, 하이데거나 니체, 아니 칸트도 역시 북유럽 정신의 자주 자립성으로 말미암아 철저하게 인간적 자기를 부정하고 돌파할 수 없었고, 그 결과 자기 중심주의적인 귀족주의에 집착하게 되었으며, 따라서 고귀한 자기를 버리고 절대무의 자유 자재함으로 전환할 수 없었다. 물론 나는 이러한 인간의 고귀한 존엄성을 우러러 존경한다. 그러나 천성이 저열하고 보잘것없는 나의 어리석음을 생각해 보면, 나는 도저히 이것을 실현할 수 있다고 자신(自信)할 수 없고, 지혜로운 현자의 자력적 신념에 참여할 수 없다. 나는 타력의 행위와 믿음과 깨달음을 참회도에서 찾을 수밖에 달리 길이 없다. 그러나 바로 이러한 입장에 서게 될 때, 이들 지혜로운 현자의 가르침에 대해서, 특히 인간의 괴로움을 철저하게 추구하여 "종교 아닌 종교"에 이르렀던 니체에 대해서, 한없는 깊은 존경심과 사랑을 느끼게 된다.

이렇게 하여서 니체의 사상은 나에게 환상(還相)의 가르침이 되었다. 오래 전부터 그의 사상에 접하면서도 그것을 가깝게 이해할 수 없었지만, 이제는 『짜라투스트라는 이렇게 말하였다』가 나에게는 가장 친밀한 서적의 하나가 되었다. 그것은 이상하게도 참회도를 통해서였다. 나는 나의 사상과 일견 정반대인 것처럼 보이는 초인의 가르침에서 참회도의 증언을 읽어내고서는 기쁨을 감출 수 없었다. 현명한 청년들은 늙고 어리석은[老愚] 나의 니체 해석이 잘못된 것이라고 폄하할지도 모른다. 하지만 이는 본래부터 내가 각오하고 있던 바이다. 특히 하이데거가 말하고 있듯이, 역사 기술에 대하여 세 가지 서술 방식—기념적 서술, 상고적(尙古的) 서술, 비판적 서술—을 구별한 그의 역사관은 현존재의 역사성에 올바로 대응하는 깊은 사상이다(Nietzsche, *Vom Nutzen und Nachteil der Historie für das Leben.* Vgl. Heidegger, *S.u.Z.,* S.396-397). 이는 역사주의를 뛰어넘어서 현대라는 시대에 대한 비판이기도 하다. 니체가 절대 비판의 무와 유사한 것을 자신의 비판의 근거로 삼았다는 사실은 그가 허무주의와 참회도를 자력과 타력이라는 서로 반대되는 방향에서 서로 통하게 한 것이라고도 할 수 있다.

그것은 정말로 "죽음 즉 부활"의 지반으로서의 영원의 시간에 접하는 점으로서, 키에르케고르가 말하는 "순간"의 근저와도 상통한다. 따라서 하이데거의 "현재" 개념이 니체와 키에르케고르가 서로 통하는 점에 서면서도 키에르케고르의 영원에 대한 신앙보다 니체의 무에 대한 자유로운 자각적 실존에 입각하였던 것은, 독일 민족의 현자와 영웅에 대한 숭배를 드러낸 것이라고 하겠다. 그리고 이는 다시금 그의 성격이 당시 시대와 교섭해서 생긴 결과였다. 이와는 달리 나의 참회도는 키에르케고르의 신앙과 일치하는바, 이 또한 어리석은 범부의 입장에서는 달리 어쩔 수가 없는 것임과 동시에, 내가 사는 시대와 나의 성격에 의해서 이루어진 것이기도 하다. 그러나 참회도가 정반대의 방향에서 니체를 이해하도록 길을 열어준 것도 절대전환의 입장에서 보면 당연한 것이며, 조금도 이상할 것이 없다. 이것이 역설의 변증법을 우리들에게 보여 준다. 늙고 어리석은 내가 참회도로 말미암아 니체로부터 가르침을 받는 길이 열렸다고 해도 억지스러운 말은 아닐 듯하다.

제4장

참회도와 자유론의 비교

자유가 역사의 원리라고 말하는 것은 역사에 관한 문제를 해결한다
기 보다는 오히려 문제를 제기한다. 그만큼 자유는 많은 문제를 포함한
다. 예부터 윤리, 종교, 철학에서 이 개념만큼 많은 학설과 사상을 낳은
것도 별로 없었을 것이다.

　고대 그리스에서 자유는 그다지 중요한 문제가 아니었다. 철학은 우
선 자연에 대해서 존재의 원리와 의미 구조를 주로 다루는 자연철학과
형이상학으로서 발생하였으며, 그 다음에 인간을 문제로서 다루었다.
하지만 철학이 관심을 가졌던 것은 오로지 도시 국가에 있어서의 인간
존재였으며, 개체로서의 인간, 즉 자유로운 주체로서의 인간 존재에 대
해서는 별로 관심을 기울이지 않았다. 철학이 인간의 자유와 해방을 주
요한 고찰의 대상으로 삼았던 말기의 고대 철학에서도, 자유라는 개념
자체는 오히려 깊이 있게 규명되지 못하였다. 이 점은 그리스에서 역사
철학이 발달하지 못했다는 사실과 밀접하게 연관된다. 존재는 변하지
않는다는 관점에서 고찰되었다. 즉 자연으로서의 존재는 변화하면서 움
직이지만 그 본질이나 목적, 그리고 질서는 변하지 않는다고 보았다. 따
라서 부단히 새로워지는 창조적 발전으로서의 역사라는 사상은 고대 그
리스에서는 충분히 발달될 수 없었다. 역사의 주체적 원리로서의 자유
가 그리스 철학의 중요한 문제가 될 수 없었던 것은 지극히 당연한 일이
었다.

　자유가 철학적 사유의 전면에 떠오르게 된 것은 인간의 자유에 의한

타락, 심판, 예수 그리스도의 속죄의 죽음에 의한 용서, 그로 말미암은 신과의 화해, 구원의 과정으로서의 역사 등등에 대한 종교적 신앙을 핵심으로 하는 기독교에 있어서였다. 기독교 신앙에 의해서 제기된 자유론과 역사 철학은 그리스적 정신 전통을 철저하게 바꾸어 놓았다. 특히 중세의 권위 사상이 근세의 자유 사상으로 대체되고, 인간의 본질이 자유라고 여겨짐으로서 자유론은 중세 말기의 존재론적 견지로부터 주체적이고 실존주의적인 입장으로 옮겨지면서 철학의 중심적 위치를 차지하기에 이르렀다. 이렇게 해서 자유의 본질을 밝히는 것은 근세 철학의 중심 과제가 되었다.

그런데 앞에서도 말했던 것처럼, 자유의 유래에 대한 논증은 불가능하다. 그 문제는 연역적 추론에 의해서 대답될 수 없다. 본래 인식은 존재와 관계된다. 지식은 유와 관계되는 것이다. 그러나 자유는, 앞에서 우연과 연관해서 말하였듯이, 기존의 존재와 관계된 것이 아니라, 미래를 향한 무로부터의 창조에서 성립하고, 무로부터의 발전으로서 절대 자발적인 행위에서 비로소 존재하는 것이다. 그러한 자유로운 행위의 예측[豫料]과 기획, 결단으로서의 의지는 지식과는 달리 존재[有]와 관계하는 것이 아니라 무와 관계한다. 형식적으로 말해 본다면, 자유는 무에 의해서 매개되는 인간 의지의 자발성이고, 무에 순종하는 자기의 자발적 결단이며, 절대에 순종해서 절대의 매개가 되는 상대의 자발성이며, 신을 따르는 인간의 자기 결단이다. 신과 절대는 유가 아니고 무이다. 따라서 신과 무에 순종하는 일은 그 무엇에도 제한되지 않으며 자발적인 자기 결단인 것이다. 인간은 신의 매개에 의해서 자유를 얻고, 신은 인간의 자유를 매개해서 스스로를 계시하고 현성한다. 자유는 이러한 절대의 매개에서 성립한다. 아우구스티누스 이래 구체적인 자유론은 모두 이 무의 매개를 핵심적인 요소로서 포함한다.

유가 아니고 무야말로 자유를 위한 지반이다. 여기에서 의지가 성립한다. 이 점에서 자유론은 다루기 어려운 문제가 된다. 무는 직접적인 체험에 호소해서 지시할 수 있는 어떤 것이 아니기 때문이다. 직접적으로 체험되는 것, 즉 사상(事象)의 형태로서 직관되는 것은 존재이지 무는 아니다. 자유를 직관한다면 자유는 존재가 된다. 즉 자유의 본질인 무를 잃어버리는 것이다.

칸트의 자유론은 이러한 경향으로부터 벗어나지 못하였다. 셸링이 칸트의 자유론을 발전시켰던 이유도 여기에 있다. 칸트의 존재적 체험의 입장을 셸링은 플라톤적 변증법을 가지고 무에 의해서 매개되는 것으로서 해석하였던 것이다. 그것은 재론의 여지가 없을 정도로 서양 철학에 등장했던 탁월한 자유론이다. 그러나 셸링의 자유론이 지나치게 사변적이고, 체험에서 나타나는 주체적 자각으로부터 멀어진다는 사실도 부인할 수 없다. 그 결과 셸링의 자유론에서는 무의 변증법이 약화되었으며, 존재 및 존재론에 입각해서 무를 이해하려는 입장이 주류를 이루게 되었다.

셸링은 자신의 입장을 설명하기 위해서 변증법의 매개를 무시한 채 신화적 비유나 시적 상징에 지나치게 많이 의존하였다. 그러나 무에 대한 철학적 사색을 위해서는 변증법 이외에 다른 방법이 없다. 변증법적 매개가 동일성의 원리에 근거한 객관적 사유의 부정을 포함하는 입장인 한, 변증법에 고유한 모순을 피할 수는 없다. 다시 말해서 그것은 절대전환의 매개적 입장이기 때문에 모순과 이율배반에 의해서 분열된 자기가 무의 바닥으로부터 새롭게 부활하여 "죽은 사람으로서 부활된 것"처럼 되고, 그렇게 됨으로서 자기는 무의 본래적인 무로서 행위할 수 있다. 비록 자기를 무의 중재자로 전환시킴으로서 이러한 일을 가능하게 하는 것은 절대무의 힘이지만 말이다. 무를 "객관적으로" 안다거나, 무를 자각한다는 것은 그것이 무라고 불리는 어떤 것을 포함하거나 무를 지각하는 자기를 포함한다면 이는 잘못된 것이다. 변증법적 매개의 입장으로 본다면, 무에 대한 지식이나 자각의 경우, 알려지는 무도 없고, 무를 아는 주체도 없으며, 자각하는 주체나 자각되는 자기도 없는 것이다. 따라서 우리들이 행위를 알고 우리의 의지를 자각한다고 하더라도 본래적 행위와 참된 의지는 이른바 행위하는 자기가 부정되고 의지를 지닌 우리들의 일상적인 자기가 부정될 때에만 가능하다.

이러한 지식은 알지 못하면서 아는 것이며, 본래적 자각은 자기가 없는 자각이다. 그러나 종교적으로 의식된 자각은 "언제 어디서나 명백한지"[了了常知]라고 불린다. 알려지는 대상 없이 알고, 아는 주체 없이 아는 것 자체이며, 자각하는 자기가 없고 자각되는 자기도 없이 일체가 자각일 때, 그것이 바로 다름 아닌 요요상지이다. 그것이 가능한 것은 존재의 지가 아니라 무의 지이기 때문이다. 스스로 무가 되고 무가 될 수 있도록 함으로서 무의 행위를 자각한다.

무를 의지한다는 것은 무를 목적으로 의지하는 의지가 아니다. 그렇게 되면 존재의 의지이지 무의 의지가 아니다. 무의 의지는 스스로 의지해서 무를 추구하는 의지가 아니고, 스스로 추구하는 일 없이 일체의 직접적인 욕구를 버려서 스스로를 버리고, 무언가를 추구하는 바가 없는 의지여야 한다. 부처[佛]는 아무 것도 구하지 않는[無求] 사람이다. 부처는 작불(作佛)을 구하는 사람에게는 달성되지 않는 반대 방향에 있으며, 일체의 바라는 바와 바라는 주체가 없어지는 것을 순종적으로 긍정하며, 구하지 않으면서 구하고, 아무 것도 억지로 꾀하지 않으면서 자연스럽게 죽음을 긍정하며, 죽은 사람으로서 사는 사람이 되지 않으면 안 된다는 의미에서 무가 의지되며, 무를 의지하는 자기가 의지하는 것 없는 의지로서 자각된다.

이것이 참된 자유로부터 일어나는 의지이며, 그처럼 의지하는 주체야말로 참으로 자유롭다. 참된 자유는 존재에 속하는 것이 아니라 무에 속한다. 그것은 무의 행위이기 때문이다. 행위라고는 해도 앞에서 말했던 것처럼 무로 돌아가는 주체의 행위이므로 행위이면서 행위가 아니다. 그것은 자연법이(自然法爾)이고 "무작의 작"이다. 그처럼 참으로 자유로운 행위는 아무런 방해도 받지 않은 채 어디에서나 곧 바로 일어난다.

그러나 만약 자유가 이처럼 무의 활동이며, 활동의 주체가 없는 순수한 운동이라고 한다면, 그것은 피히테가 말하는 "순수 활동"처럼 활동의 주체가 없는 순수한 운동을 가리키는가? 그렇다면 자유로운 주체는 이른바 "순수아"(純粹我)처럼 구체적이고 개별성이 없는 추상적 보편으로 전락하는 것은 아닌가? 이것을 무의 주체로서 자각하는 것은 불가능하지 않은가? 그러나 이러한 의문이 일어나는 것은 여전히 무를 직접적으로 사유하며, 무의 주체를 직접적으로 체험하고 직관하려고 하기 때문이다. 피히테는 이러한 입장이었기 때문에, "순수아"라는 추상성을 벗어나지 못하였으며, 자유의 철학을 의도하면서도 자유를 문제시 할 수 없었던 것이다. 그가 말하는 자유로운 자아는 다만 지적 직관에 호소하면서 자유로운 자아를 스스로 자각하라고 요구할 수밖에 없었다. 게다가 이처럼 무매개적인 자유는 주관의 체험 속에 존재할 뿐이므로, 객관에 의한 부정을 매개로 할 수 없다. 따라서 현실적인 대립과 모순에 조우하면 결국 괴멸할 수밖에 없으며, 그래도 이것을 고집하고자 한다면, 참다운 자유와는 정반대인 부자유의 집착에 빠지지 않을 수 없다. 초기의 피히테는 이론적으로나 실천적으로도 이것을 벗어날 수 없었다. 이를 벗어날 수 있는 유일한 길은 참회도이다. 즉 실천적으로 근본악의 모순의 밑바닥에서 자아를 철저히 괴멸시키고, 참회 속에서 이러한 죽음을 자발적으로 선택하여야 한다. "죽음 즉 부활"의 전환을 실천함으로써, 혹은 실천하도록 인도됨으로써 무의 매개로서의 존재인 자기를 무의 주체로서 자각하여야 한다.

　이론적으로는 어디까지나 무를 절대매개로서 요구하고, 존재를 부정적 매개로서 요구하는 전환의 논리를 자각하는 길 밖에 달리 없다. 이러한 전환 매개에서 무는 지금 여기에 있는 존재의 중심에서 나타나고, 그리하여 이미 죽은 사람으로서 살고, 그처럼 삶을 받아서 사는 현재에서 부활한 자기가 실현된다. 무는 이러한 개별적 존재를 축으로 삼아서 부활하는 절대매개를 벗어나 별도로 있는 것이 아니다. 자각은 무이면서 존재이고, 보편이면서 개별이라는 역설에서만 성립한다. 그리고 이것은 동일성의 원리에 일치해서 개체를 보편적 존재에게로 넘겨주는 보편자의 포섭의 행위와는 관계가 없다. 요요상지란 그 어디에서나 현성하는 찰나적 미분태(微分態)이지, 적분(積分)적 포월은 아니다. 적분적 포월이란 무가 아니고 존재이다. 무는 어디까지나 개체적 존재의 전환에서 현성하기 때문에, 개별적 존재를 매개체로서 동반한다. 존재의 협력 없이 무는 있을 수 없다. 따라서 무의 자각도 무이면서 존재이고, 그 어디에서나 "죽음 즉 부활"로서의 자기를 중심으로 성립한다. 이른바 명암쌍쌍(明暗雙雙)이란 이러한 존재와 무의 상즉상입(相卽相入)을 가리키는 말이다.

　따라서 무가 매개적 역할을 수행하기 위하여, 현실의 세계는 먼저 괴멸되어 이율배반의 심연으로 가라앉는다. 아는 자기에게서 일어나는 "죽음 즉 부활"에 대한 주체적 경험의 일부로서 회복된다. 아니, 자기는 자기를 한정하는 현실의 이율배반으로 말미암아 괴멸되고, 현실의 이율배반은 이것을 한정하는 요소로서의 자기의 자유로운 행위에서 비롯된다.

역사란 현실과 인간 주체가 얽히고설켜서 일으키는 갈등에서 형성되기에, 현실도 주체도 서로 괴멸됨으로서 무로 돌아간다. 동시에 그 무의 순환적 운동으로 말미암아 역사는 괴멸하였다가 부활한다. 역사를 가리켜 "갱신 즉 회복[溯源]"이라고 하는 이유가 여기에 있다. 현실과 자기는 어느 한쪽이 다른 한쪽을 일방적으로 괴멸시키는 것이 아니다. 만약 일방적으로 한 편만을 한정하는 것이 존재라면, 가령 다른 한편을 괴멸시킨다 해도 자기 자신은 괴멸되지 않는다. 또 스스로를 무화해서 괴멸된다면, 다른 한편을 괴멸시킬 수 없게 될 것이다.

오직 쌍방이 교호적으로 서로 부정해서 자기 자신과 함께 다른 한편을 동시에 괴멸시킬 때, 무는 이 대립 계기의 교호적 부정을 축으로 하면서 양쪽이 매개적으로 괴멸되도록 한다. 즉 "자기 괴멸 즉 타자 괴멸", "타자 괴멸 즉 자기 괴멸"로서 전면적으로 괴멸을 매개한다. 그러므로 무는 철저하게 존재에 매개된 존재의 "죽음 즉 부활" 내지 "방편공"(方便空)을 성립시킨다. 자기와 현실은 무를 원리로 삼아서 함께 자유롭고, 또 함께 공(Śūnyatā)이다. 무는 주체적으로는 자유로운 자기로서 자각되고, 객관적으로는 공으로서 상징화된다. 현실은 이러한 상징으로서 공화(空化)되어 자유의 매개로서 장엄(莊嚴)함을 드러내는 것이다.

불교적 지의 입장에서 말해 본다면, 이러한 사실이 어디까지나 자각적이므로 "즉심즉불"(卽心卽佛)이라고 한다. 그런 점에서 절대 관념론이 종교의 고유한 입장을 나타낸다는 사실은 부정할 수 없다. 그러므로 헤겔은 절대 지에 대한 자각으로서의 절대 관념론과 관계시켜서 종교를 정의하였던 것이다. 그러나 "즉심즉불"은 동시에 "비심비불"(非心非佛)이기도 하다. 절대 관념론은 "절대 이념"의 관점을 상징화한다. 따라서 자기가 곧 현실이고, 현실의 객관적 존재가 즉 마음이다. 이러한 동일성 밖에 마음과 의식이 존재하는 것은 아니다. 오히려 객관적 존재가 무의 상징인 공(空)으로 전환되기 때문에 주체의 핵심으로서 결정화되어 "무자기의 자기"의 내용을 나타내고 절대 관념의 자각으로 통일된다. 그러한 자각이 "비심의 심"이다. 이것은 무에 근거해 있다. 그러므로 "비불즉불"(非佛卽佛)인 것이다.

자유로운 자기는 현실에 의해서 한정되지만, 그러한 한정을 순종적으로 긍정함으로서 현실을 주체화하며, 이로서 객관적 현실은 무제한적인 자유의 영역이 된다. 이렇게 해서 현실은 무의 상징이 되고, 자유의 매개자로 전환된다. 다른 말로 하자면, 자기 밖에 자기와 대립하는 현실이 존재하는 한 자유로운 자기는 있을 수 없다.

자기가 현실에 대해서 죽고, 현실의 한정을 순종적으로 긍정하면, 그러한 순종은 오히려 자기 본래의 면목인 무일물(無一物)의 실현이 되고, 자기는 무에 순종함으로서 자연법이의 자유로운 존재로 전환된다. 이것이 본래적인 의미에 있어서의 자유이다. "현실 즉 자기"인 무를 자각하는 것이 다름 아닌 자유이다.

이 전환과 매개 밖에 자기 존재를 세우고, 그것이 자발적으로 현실을 일방적으로 한정해서 형성하는 한 자유는 영원히 이해할 수 없는 것이 되어버린다. 그 경우 자유란 역설에 그칠 뿐만 아니라 아예 불가능해진다. 예부터 자유를 논함에 있어서 어려운 점은 이러한 직접적이고 자발적인 한정을 자유라고 여긴 나머지, 무의 매개가 그 바탕에 있다는 사실을 이해하지 못했기 때문이다. 그렇다고 해서 여기서 주장되는 철학적 입장이 역설을 면할 수 있다는 말은 아니다. 왜냐하면 그러한 철학적 입장이란 것도 자기의 순종적인 "죽음 즉 부활"의 행위를 필요로 하기 때문이다. 오직 이러한 순종적인 행위를 통해서 자유가 믿어지고 깨달아진다. 그리고 오직 행위와 믿음과 깨달음이 우리 앞에 열릴 때 자유가 우리에게 나타나는 것이다.

그렇지만 뒤집어서 생각해 보면, 이러한 자유야말로 성현의 특유물이며, 지혜로운 자가 될 수 없는 나처럼 어리석은 존재에게는 그곳으로 나아갈 수 있는 길은 두절(杜絶)되어 있는 것은 아닌가? 현실에 대해서 죽고 현실과 함께 괴멸함으로서 무로 돌아가며, 공유로서 부활된 무의 주체는 참다운 자유를 누리지만, 이는 자기가 무로 돌아가고, 자기의 본래면목이 무일물임을 깨달을 수 있는 사람, 다시 말해서 견성(見性)할 수 있는 상근기(上根機)에게나 가능한 일일 것이다. 작불하여 절대무의 주체가 된 자기에게만 허락된 일일 것이다. 어리석은 범부로서 정념을 이어갈 수 없는 하근기(下根機)에게 이런 경지는 다만 생각으로만 바랄 뿐 현실은 될 수 없다.

선의 서적에 기록되어 있는 종사(宗師)들의 숭고한 언행을 우리들은 존경해마지 않는 바이나, 그것은 우리들이 배울 수 있는 영역 너머에 있다. 그렇게 말하는 것은 너의 믿음이 부족하기 때문이라고 질책을 받아도 어쩔 수가 없다. 그처럼 믿음이 부족한 것이 다름 아닌 범부의 특색이기 때문이다. 나 혼자 힘으로는 아무리 극복하고자 하여도 도저히 불가능하다. 여기에서 자력의 한계를 인정하지 않으면 안 된다. 물론 "한번 운문의 관을 통과한다면, 동서남북의 활로가 열리리라"(一回透得雲關了南北東西活路通)[1]라고 하는 자유의 경지에서 "그 어디에서나 주인이다"라는 자유자재함을 부정하는 것은 아니다. 자신이 우둔하다고 해서 현명한 사람들의 존재를 부정하려는 교만한 마음을 품는 것은 더더욱 아니다. 자신의 우둔함으로부터 도저히 벗어날 수 없어서 괴로워하고 참괴하는 마음이 있기 때문에 스스로는 도달하기 어려운 초월적 경지를 동경하고, 때로는 그와 비슷한 경지를 자신 안에서 체험할 때도 있다. 하지

---

[1] 다이토 국사가 다이오(大應)로부터 "운문의 관"이라는 공안을 받아 천신만고 끝에 이 공안을 투과했을 때 한 말.

만 그러한 상태는 바로 사라져버리고, 여전히 자기는 무언가에 집착하여 자유롭지 못한 추한 상태에 빠져서 나날을 번민하면서 보낼 수밖에 없는 것이다.

부끄럽게도 나에게는 무나 "본래무일물"(本來無一物)이라는 말이 한낱 개념에 그치고 만다. 이러한 참괴(慚愧)하는 마음의 극한에 이르러, 어리석은 나는 아무런 존재 자격도 없음을 통감하게 된다. 자유를 동경하면서도 부자유를 벗어날 수 없는 나 자신의 무가치함을 괴로워하며, 나에게는 아무런 변명도 허락되지 않음을 당연한 일로 여겨 깊이 긍정하면서 순종적 절망에 몸을 맡긴다. 바로 그 때, 여전히 참괴하지 않으면 안 되는 나이지만, 지금까지의 완전한 암흑 상태로부터 벗어나와 멀리서 희미한 빛[寂光]이 비쳐 오는 것을 체험하게 된다. 그리고 일단 이러한 경지에 이르게 되면, 앞에서 말했던 것처럼, "공식적으로는 바늘도 받아들일 수 없었던 문이 지금의 나에게는 마차도 다닐 수 있는 길이다"고 느끼게 되는 것이다. 성현과 지혜자가 자력의 믿음을 가지고 스스로 타개해나간 경지와 유사한 것이, 믿음이 부족하여 자력에는 의지할 수 없을 뿐만 아니라 오히려 이러한 자력을 모두 버리지 않으면 안 될 나에게도 열린다. 성현들이 직접 도달했던 바가 나에게는 부정이라는 우회로를 통해서 다가오는 것을 느낀다. 이것이 내가 말하는 참회이다.

내게도 열렸던 그 경지가 성현들의 견성오도(見性悟道)와 같은 것인지 아닌지를 나로서는 알 수 없다. 성현들의 경지를 알지 못하는 나로서는 비교해 볼 도리가 없기 때문이다. 다만 나 자신이 믿고 깨닫는 바에 의하면, 내가 보았던 경지도 성현들이 도달했던 세계와 비슷한 것이라는 사실을 의심치 않는다. 내가 보았던 세계란 그 활력이나 강력함에 있어서 성현들의 그것과는 비교도 안 될 정도로 미약한 것이겠으나, 적어도 구조면에서 본다면 양자는 비슷하다고 확신한다. 만약 나의 이러한 신념이 잘못된 것이라고 하더라도, 나는 계속해서 나의 입장에서 참회를 행하고, 참회에 의해서 열리는 바를 믿고 또 증거할 수 있다. 이러한 입장에서 나는 내심 불안하고 의심스럽다고 생각하면서도, 결국은 평안한 마음으로 성현들의 경지를 해석하여, 무 안에서의 자유의 존재를 분석하고 해명하고자 한다.

실존 사상의 소통은 결국 "존재의 유비"(*analogia entis*)로 귀착된다. 개체의 자각은 보편적 이성에 의해서 알려질 수 없으며, 철저하게 개별적인 것으로 남아 있다. 성현이라고 해도 다만 지음(知音)[2]들과 개별적으로 소통할 수 있을 뿐이다. 나아가 우리들은 상대자들 사이의 교호적 관계에 나타나는 "존재의 유비"와 절대와 상대 사이의 "존재의 유비"를 인정하지 않으면 안 된다. 그러므로 내가 성현의 자유로움을 무와 연결시켜서 해석한 것도 옳은 일일 것이다. 그러므로 앞에서 나는 나 자신이 직접적으로는 도달할 수 없는 경지를 참회라는 우회로를 통하고 부정의 매개를 거쳐 행하고 믿고 깨달았으며, 그러한 사실을 간접적으로 유비를 통해서 말하였던 것이다. 이러한 입장에서 계속해서 유비적으로 논하는 것이 허락된다면, 나는 나의 참회에서 행하고 믿고 깨달았던 바가 구조적인 면에서 성현들의 길과 유비적으로 일치한다고 하였는데, 견성오도(見性悟道)의 핵심도 이러한 방식으로 언급할 수 있다고 믿는다.

말할 필요도 없이 선(禪)은 명상과 집중[凝念內觀]의 길이다. 그것은 논리적으로 조직되고 학문적으로 전개된 불교의 경전을 배우는 점교(漸敎)와는 다르다. 선은 실천적으로 공부를 집중해서 불현듯[頓] 자기가 본래무일물임을 깨닫는다. 즉 견성하는 방법을 좌선에서 찾는다. 그러나 묵조선(默照禪)이 자기 자신이라는 귀신의 동굴[鬼窟裡]에 갇혀버리

---

2 "거문고 소리를 안다"는 뜻으로, 자기의 속마음을 알아주는 친구를 가리킨다. [역자주]

고 만 것과는 달리, 선은 공안 속에 포함된 모순을 사유[商量]하는 임제(臨濟) 계통에 이르러 그러한 동굴에서 빠져나올 수 있었다. 이런 점에서 보면, 묵조선에 속하는 조동종(曹洞宗) 출신인 일본의 도겐(道元)이 공안선(公案禪)에도 뛰어나 공안에 대해서 사유하였으며, 공안선 계통의 대표자라고 할 수 있는 대혜(大慧)는 공안의 보물창고라도 할 수 있는 벽암집(碧巖集)을 태워버렸지만, 도겐은 이를 필사(筆寫)해서 일본에 가지고 왔다는 점은 매우 주의해서 보아야 할 대목인 것이다.

선의 방법인 공안상량(公案商量)은 타좌(打坐)와 마찬가지로 중요하다. 후자가 신체적 행위라고 한다면, 전자는 마음을 열고 지적으로 깨닫기 위해서 불가결한 방법이다. 공안이 원래 "관청의 문서"를 의미한다는 사실로부터도 그 쓰임새를 미루어 짐작할 수 있다. 공안은 깨달음의 문을 여는 열쇠와 같다. 따라서 공안의 내용에는 존재를 무로 전환시키는 모순의 이율배반이 포함된다. 논리적으로 말하면 공안의 내용은 일반적으로 이율배반이다. 물론 공안 중에는 이율배반보다는 오히려 이율배반에 의해서 열린 무를 상징하는 내용도 포함되어 있다. 하지만 역시 공안의 용도는 모순과 역설에 의해서 무를 여는데 있다. 단순히 무를 시적(詩的)으로 그려낸 것이라고 한다면, 공안은 그 목적한 바를 이룰 수 없을 것이다. 공안은 역설과 이율배반을 가지고 우리들의 일상적인 지성을 빠져나가기 어려운 막다른 골목으로 몰아넣는다. 그렇게 함으로서 "크게 한 번 죽어서 다시 새롭게 태어나게"[大死一番 絶後蘇生] 한다. 까마득한 낭떠러지에서 나뭇가지를 잡았던 손을 놓은 후 다시금 소생하도록 하는 장치[機關]인 것이다. 물론 개념이나 명제적인 언어로는 나타낼 수 없는 행위나 실천도 공안으로서의 역할을 한다. 현성공안(現成公案)3이라고

---

3 "현상의 세계에 나타나 있는 것이 그대로 절대의 진리"라는 뜻. 도겐의 『정법안장』의 권1에 '현성공안'이 있다.

하듯이, 과거적 한정과 미래적 형성의 모순적 구조를 가지고 있는 모든 현실은 그대로 공안이 된다. 공안선은 현실에 깊이 뿌리내리고 있는 것이다. 이처럼 일체의 현실이 공안이 되기 때문에, 공안선이라는 방법에 의존하지 않고도 공안은 언제 어디서나 존재한다.

역사적 현실 속에서 처신하는 윤리적 실천은 반드시 공안에 봉착하고, 예리한 양심은 필연적으로 이율배반에 직면하며, 결국 그 극한에서 자기 자신을 버리는 참회에 도달할 수밖에 없다. 키에르케고르가 말했던 것처럼, 미학적 실존이 아름다움을 즐기는 것을 본질로 하는 것과는 달리, 윤리적 실존의 궁극적인 본질은 참회에 있다. 이런 의미에서 윤리는 자기의 근본악에 직면하고, 이율배반에 봉착하여, 마침내 참회에 이를 수밖에 없다. 그러나 참회에서 버렸던 자기가 부활되고, 윤리라고 하는 자력적 입장에서는 불가능하였던 행위가 타력에 의해서 "감사 속의 행위"로 가능하게 된다. 이율배반은 해결되지 못한 채 해결되고, 길 없이도 통할 수 있는 "무작의 작"이 나타난다. 이것은 이미 선악의 대립을 초월한 "자연법이"(自然法爾)이고, 자기의 자력으로는 통과할 수 없었던 관문이 타력에 의해서 통과할 수 있게 된다.

이에 대해서는 윤리적인 참회의 "죽음 즉 부활"이 종교적인 행위와 믿음과 깨달음이 되어서 환상(還相)하였다고 말할 수도 있겠다. 나는 일찍이 윤리는 논리적 필연성으로서 이율배반에 봉착한다고 말하였으며, 그처럼 이율배반에 의해서 분열되었던 자기가 종교적 환상(還相)을 통해서 부활되고 전환된다고 주장하였다. 당시에는 아직 참회라는 타력적 입장에 도달하지 못한 채 다만 논리의 전환을 생각했었다. 따라서 그 때의 부활은 실은 "죽은 사람으로서 산다"고 하는 의미에서의 완전한 부활이 아니라 정적이고 자기 동일적인 부활이라는 점에는 생각이 미치지 못하였었다.

현실이 피투성(被投性 Geworfenheit)과 기투성이라는 모순적 구조를 가지고 있으며, 현실과 자기가 교호적인 한정에 의해서 부정적으로 파괴되지만 이러한 현실 전체가 공안으로 변한다. 이러한 사실은 공안선이 지닌 깊은 현실성이라 해야 할 것으로서 주의할 만한 가치가 있다. 공안은 현실 중에서 특히 첨예한 모순과 역설을 드러내는 사태를 선택해서 선사의 상상력이 첨부되어 구상된 것이다. 예로부터 유명한 공안의 수가 그렇게 많지 않으며, 선을 행하는 자들이 같은 공안을 가지고 씨름하였다는 것은 주지하는 그대로이다. 그럼에도 불구하고, 나의 윤리적 참회도는 현실의 본질적 구조에서 유래하는 "전면적 공안"이라고 해야 한다. 이점에 대해서는 앞에서 말했던 바에 의해서 분명해졌으리라고 생각한다. 윤리와 참회란 성현뿐만 아니라 양심을 가지고 있는 사람이라면 누구나가 직면하는 공안이다. 어리석은 범부라고 해도 정직하여 스스로를 속이지 않는 한 언젠가는 반드시 공안에 빠져들게 된다. 그리고 그렇게 관문을 통과함으로서 부활한다.

비록 업장(業障)의 뿌리가 깊어 참회를 행하기 어렵고, 교만한 마음을 가진 자기가 걸림돌이 되어 참된 참회가 방해를 받는다고 하여도, 이러한 방해가 오히려 참회를 불러일으켜 우리들로 하여금 방해를 뚫고 나가게 만든다. 그런 의미에서 참회는 무한한 가능성을 지닌다. 우리들이 참회를 불완전하게 수행할 수밖에 없다는 사실을 두려워할 이유가 없다. 일단 우리들의 불완전함에 접한다면 참회가 그 불완전함을 뚫고 나간다. 방해라는 관문을 뚫고 나가는 것은 모든 이들에게 은혜를 베푸는 대비의 은총이다. 나는 이것을 몸으로 느끼면서 감사하지 않을 수 없다. 성현의 가르침에 비할 수는 없겠으나, 나와 같은 어리석은 범부들을 위해서 전환의 "대비 즉 대비"를 논하지 않을 수 없다. 이것이 참회도의 철학이 의미하는 바이다.

참회도의 대비의 타력을 믿고, 거기에 몸을 맡김으로써 현실의 제한을 철저하게 긍정하고 거기에 순종하는 행위와 믿음과 깨달음을 선배들의 말씀을 좇아 염불이라고 부를 수 있다. 이 길은 구조적인 측면에서 선에 비유될 수 있다. 따라서 참회도는 참회를 공안으로 하는 "염불선"(念佛禪)이라고 부를 수 있을 것이다. 염불선이라는 명칭은 역사적으로는 명청(明淸) 시대에 선종이 쇠퇴하던 무렵, 이미 견성의 기백을 잃어버리고 선을 수행할 용맹심을 잃어버린 선승이 자력에 타력을 섞은 불순물 같은 칭명염불(稱名念佛)로서 공안상량(公案商量)을 대신하고자 하였던 퇴폐의 산물을 가리킨다. 하지만 나는 참회로서의 타력염불은 공안과 같은 성격을 지니며, 선을 행하는 것에 유비된다고 생각하기 때문에 참회도는 본질적으로 염불선이라고 부를 수 있다고 믿는다. 여하튼 자기가 무라는 자각에서 성립하는 자유는 성현들만이 누리는 특권이 아니다. 어리석은 범부에게는 어리석은 범부인 채로 참회의 길이 열려 있다고 나는 믿는다. 일단 참회도의 길을 걸어가게 되면, 대비(大悲)에 의한 자유를 우리들은 누릴 수 있는 것이다.

자유의 본질을 이처럼 이해할 수 있다면, 자유가 주체적으로 관계하는 미래만이 아니라 미래에 매개된 과거, 그리고 과거와 미래의 결합으로서의 현재와의 관계도 이해할 수 있을 것이다. 앞에서도 기술하였던 것처럼, 작금의 실존철학은 피투성을 과거적인 계기로, 기투성을 미래적인 계기로 해석한다. 그러면서 이 양자가 "피투적 기투"(geworfener Entwurf)로서 결합된다고 말한다. 즉 미래를 향한 기투는 과거의 피투에 의해서 매개되고, "존재 가능성"(Seinkönnne)은 과거에 의해서 규정되므로 그 자체가 피투적으로 정해져 있다. 다른 말로 한다면, "존재 가능성"의 "선구"(Vorlaufen)가 미래의 기투를 구성하면서 과거의 피투성을 뛰어넘는데, 그러한 "선구"가 이미 피투성 내에 포함되어 있다는 말이다. "기투"란 한편으로는 과거의 기성적 피투를 짊어지고 있을 뿐만 아니라 자신의 고유한 가능성으로서의 자발적인 결단의 자유 또한 지니고 있다는 사실에 대한 자각이다. 이러한 매개를 떠나서 자유로운 가능성의 "선구"란 있을 수 없다. 이것이 다름 아니라 피투적 기투라는 개념의 의미이다.

그렇지만 서로 모순되는 기투와 피투를 이렇게 아무런 문제도 없는 것처럼 쉽게 결합할 수는 없다. "피투적 기투"라고 하면, 피투와 기투 사이의 모순과 대립이 없어지고, 동일성적으로 기투의 개념이 피투의 개념에—마치 종(種 species)이 속(屬genus)에 덧붙여지듯이— 덧붙여지는 것처럼 이해될지도 모르겠다. 하지만 그렇게 된다면, "피투적 기투"는 현존재의 퇴락태로서 본래성을 잃어버린 채 일상적 세계를 살아가는 "대중"(das Man)의 영역을 나타낼 뿐이다. 과거에 의해서 제한된다는 것을 제한으로서 자각하지 못하고, 과거에 의한 제한이 미래를 향한 자유와 함께 박탈된 곳에서 "기투"는 불가능하다. 본래적 실존의 실존적 측면, 즉 피투와 기투는 동일성적으로 결합되는 것이 아니라 상호 모순적으로 대립된다. "피투적 기투"는 변증법적 개념이다. 그러한 결합은 유(類)가 동일성적으로 종(種)이 되는 것처럼 존재의 한정으로 말미암은 것이 아니고, 무의 매개에 의한 부정적 전환의 통일이다.

하이데거도 이러한 변증법적 통일을 말하고 있다고 생각한다. 하지만 그의 해석학적 입장은 행위적 전환을 은폐하기 때문에 변증법은 뒤로 물러나고 만다. 적어도 그가 말하고 있는 바대로라면 부정적 전환은 명료하게 드러나지 않는다. 피투성이라는 제한을 주체적으로 긍정함으로써 오히려 자유로운 자기 존재(Selbstsein)의 가능성을 기투한다고 하는 의미가 하이데거에게서는 찾아보기 어렵다. 이 점에서만 본다면 그는 괴테가 말했던 "체념"에도 미치지 못한다. 그 결과 자기 존재의 기투가 참으로 자유로운 빛에 의해 밝혀진 상징적 내용이 되지 못하고, 음울하고도 엄숙한 죽음의 결단을 지향하는 자기 응시에 그치고 만 것은 아닌가? 불안(Angst)이 현존재에게 현저하게 개시되는 것도 당연한 일이다. 이것은 하이데거가 말하는 자각적 존재의 해석학이 행위적 믿음[行信]의 입장을 떠나있기 때문에 생겨난 현상으로 어쩌면 당연한 일이라고도 할 수 있다. 그러나 그로 말미암아 변증법의 근본인 무의 그림자가 흐릿해지고, 무는 다만 존재의 그림자에 걸려 있는 허무라고 하는 의미로 해석되며, 절대무의 전환의 적극성이 대부분 상실된다. 그렇게 되면 인간 존재의 자각이라는 것도 추상적인 것이 되어버리고 만다. 그와 동시에 무가 현성하는 현재가 지닌 초월적 무저성(無底性)의 의미가 상실되어 버리고, 단지 기분적 존재의 소연(所緣)(Sein bei)[4]으로서의 사실성에 머물고 마는데, 이는 시간의 구조에 대한 분석으로서는 중대한 결함이라고 하겠다.

아우구스티누스 이래로 현재라는 시간은 유한하면서도 무한하다고 하는 이중성, 곧 과거와 현재와 미래에 걸쳐서 현재의 영원성은 시간이 성립하기 위해서는 없어서는 안 될 근거라고 인정되어왔다. 하지만 그러한 변증법적 무의 매개성은 행위적 믿음의 입장에서만 깨달을 수 있을 뿐, 현상학적인 직관이나 해석을 가지고는 꿰뚫어볼 수 없다. 그러므로 이러한 사실을 무시한 채 시간의 구조는 이해될 수 없다.

그 어떤 사상서와도 비할 바 없이 예리하고 섬세한 작품이라고 할 수 있는『존재와 시간』의 시간론이 형이상학적 깊이를 지니고 있지 못함은 대단히 유감스러운 일이다. 하이데거는 인간의 자기 초월성에 대

---

4 하이데거는『존재와 시간』제41절에서 현존재의 사실적인 실존, 즉 "언제나 이미 배려된 세계 속에 매몰되어 있다"는 것을 "—의 밑에 퇴락적으로 존재하는 것"(verfalendes Sein bei)이라고 말하고 있다.

해서 말하고 있지만, 도대체 무라는 근저 없이 어디로 초월한단 말인가? 그 경우 초월의 지평은 개시될 수 있지만, 진정한 의미에서의 초월은 이루어지지 않는다. "존재 가능성"의 입장에서 개시되는 것은 존재에 속하며 참된 무가 될 수 없다. 해석의 입장에서는 행위와 믿음을 포괄할 수 없는 것이다. 행위와 믿음은 해석의 내재적 범위를 능가하는 초월적인 것이며, 존재가 아니라 무에서 비로소 성립하기 때문이다. 시간을 묶는 끈[紐帶]으로서의 영원은 무이며, 오직 행위와 믿음에 의해서 깨닫게 된다. 단지 기분적 존재로서의 현재의 사실성은 모순적으로 대립하는 과거와 미래를 매개하는 무로서의 영원일 수는 없다. 그러므로 과거와 미래의 결합도 변증법적이 아니라 해석학적 자기 동일성이 될 수밖에 없었던 것이다.

유감스럽게도, 실존 철학의 시간론은 현재라는 시간적 계기를 추상화함으로써 이 철학의 형이상학적 깊이를 손상시켰다. 이러한 일을 극복하려면 해석학의 입장을 떠나서 실천적인 행위와 믿음의 입장으로 나아가는 수밖에 없다. 참회도는 이것을 실현하는 것이다. 참회도의 입장에 서게 될 때 비로소 시간을 충분히 해명할 수 있으며, 따라서 시간에 의해서 성립하는 역사의 구조를 이해할 수 있다.

선불교가 말하는 "견성오도"(見性悟道)는 윤리를 가지고 종교적인 행위적 믿음의 매개로 삼지 않고, 철저하게 일상적인 생활로부터 자유롭게 빌려 온 공안을 매개로 삼는다. 따라서 이러한 공안에 매개된 오도의 내용은 윤리적인 것이 아니라 철저하게 일상적인 것이다. "평상심이 도이다"(平常心是道)라고 하듯이, 옷을 입고 차를 마시고 밥을 먹는[着衣喫飯] 일상생활에서 견성과 자각이 이루어진다. 하지만 객관적이고 공공적인 사회적 현실로서의 역사는 이것으로 이루어지지 않는다. 선은 일상적 존재가 공유(空有)이고 따라서 무라는 입장에서 현실을 이해하는 데, 여기에서 선은 역사적 객체가 방편 존재로서 가져야 하는 윤리적 엄숙성을 잃어버리고 있기 때문이다. 이러한 경향은 불교 일반이 지니고 있는 약점이겠으나, 특히 선에서 그 폐해가 현저하게 드러난다. 이와는 달리 참회도는 윤리를 현성공안으로 여기기 때문에, 윤리를 부정적으로 전환해서 되돌아오는 긍정의 입장은 세상으로 돌아와 보은하는 [還相報恩] 윤리적 세계이며, 그것이 역사를 건설한다. 참회도야말로 역사의 근저를 자각하고 있는 철학이다. 본래 참회도의 지반이 역사이기 때문에, 이는 당연한 일이라고 할 수 있다.

나는 앞에서 비판 철학의 길인 이성 비판이 궁극적으로 절대 비판에 도달하며, 그것이 역사의 구조상 그럴 수밖에 없음을 분명히 하였다. 또 역사의 절대 비판성, 즉 역사가 절대 위기적인 것으로서 그 안에 분열적 구조를 지니고 있다고 말하였다. 나아가 과거와 미래, 피투와 기투, 필연(우연적)과 자유가 절대모순적으로 대립함과 동시에, 이러한 절대모순이 철저해질 때 통일로 전환되어 절대무를 드러내고, 대비(大悲)의 부활적 행위와 믿음으로써 깨닫는다고 말하였다. 이 대비로서의 사랑에 의한 통일에서 영원이 순환적으로 전환되어 "영원한 지금"으로서의 절대적 현재가 나타난다. 여기서 말하는 통일이란, 아우구스티누스가 시간론에서 말하고 있는 현재의 현재처럼, 적분적으로 과거, 현재, 미래에 걸쳐서 이루어지는 존재로서의 통일이 아니고, 무로 전환되는 운동의 순환성이다. 아우구스티누스가 말하는 "영원한 지금"이 적분적이고 장소적인 명상이라고 한다면, 내가 말하는 전환적 현재는 미분적으로 순간에서 성립하고, 그 순간이 순환적으로 반복되는 무한적 순환성의 구조 속에서 영원성이 성립한다.

물론 여기서 말하는 순환이란 동일한 궤도를 반복하는 순환은 아니다. 반복은 하나의 원주 위에서 순환하는 것을 의미하지 않는다. 반복이란 하나의 새로운 움직임이 앞선 운동의 궤도를 일탈하며, 따라서 그들이 유비적으로는 동일하다고 하더라도 하나의 원은 절대 다른 원과 정확하게 일치하지 않는다. 모든 과정에서 통일되는 것은 정적인 동일성이 아니라 동적인 유비이다. 정확한 기하학의 유비를 빌려서 말하자면, 하나의 원 위에 그 원과 동심원인 또 하나의 원을 겹쳐서 그리는 것이 아니라, 두 개의 초점을 가진 타원이 끝없이 변화하는 이심율(離心率)에 따라서 분화하는 타원군에게 비교될 수 있다. 이 일은 모든 타원을 유적(類的)으로 감싸는 포락적(包絡的) 곡선이 적분적으로 결정되지 않는다는 점과 관련이 있으며, "영원한 현재"가 직관적인 것이 아니라 실천적인 것임을 의미한다. 즉 시간이 현재에서 통일되는 것은 자기 완결적이고 정적인 것이 아니라 내적 모순과 대립을 끌어안는 동적 개방에 의한 통일이다. 다시 말해서 "복귀 즉 출발"인 것이다.

여기에서 말한 변증법의 통일이란 통일이면서 대립적이며, 모순을 지양하는 종합이 아니고 모순을 모순대로 용인하는 통일이다. 변증법적 종합을 지양(止揚)이라든지 양기(揚棄)라는 개념으로 이해한다면, 정반(正反)의 대립을 버리고 멈춘다고 밖에는 이해될 수 없다. 그렇게 된다면 그것은 이성적 동일성에 불과하다. 그런데 이것은 사랑의 변증법이라든지, 대비(大悲)의 통일과는 다르다. 왜냐하면 이 경우 모순 대립은 언제까지나 사라지지 않고 남아 있지만, 모순의 밑바닥에서 주체가 죽음으로써 대립이 더 이상 대립이 아니라는 방식으로, 모순이 모순인 채로 양립하는 것이다.

악을 용서하는 사랑, 죄를 구원하는 자비의 경우에도 악과 죄가 없어지는 것이 아니다. 악은 어디까지나 악이며 죄는 어디까지나 죄이면서도 대립하는 힘을 잃어버리는 것이다. 만일 죄악이 부정되고 소멸된다면 죄악을 용서하고 구원하는 것도 불가능하게 된다. 사랑과 자비에서는 대립하는 일도 부정하는 일도 없다. 모든 것은 원래 있던 그대로 존재한다. 악과 죄가 사랑과 구원에 대해서 만들어 내는 대립은 대립인 채로 남아 있지만, 다만 악과 죄는 대립하는 힘을 잃는 것이다. 사랑과 대비가 악과 죄와 대립하는 것이라면, 대립 그 자체는 참된 의미에서 사라지지 않는다. 한쪽의 대립성이 없어지는 것이 다른 쪽의 대립성을 없애는 매개인 것이다. 종합이나 부정의 부정은 부정을 소멸시켜서 부정을 끌어안는 통일이 아니다. 이러한 통일은 존재의 통일이어서 이른바 포월(包越)에 불과하다. 무의 통일은 타자와의 대립을 없애는 것이 아니라 스스로 대립성으로부터 탈각되는 것이다.

종합에서 모순적인 것을 수용해서 감싸는 장소가 생기는 것은 아니다. 유일한 장소는 무이고 전환성 그 자체이다. 일체의 존재가 거기에서 전환된다. 그러므로 그 장소에서는 철저하게 대립적이고 고정적인 존재가 아니라 무의 현성인 공이 드러난다. 공은 존재를 직접적으로 부정하지 않고, 자신의 실존에서 무를 자각하여 존재를 매개하고 무화한다. 절대에 의해서 무의 매개자로 전환된 존재는 대립을 요구하는 존재성을 잃어버리고 무화된다. 이것이 공유이다. 변증법의 종합적 통일은 "이것도 아니고, 저것도 아니다"(Weder-noch)여서 "이것이기도 하고, 저것이기도 하다"(Sowohl-als-auch)는 식의 종합을 거절한다. 그것은 존재의 통일을 거부하는 무의 통일이다.

그러므로 자기를 무화하는 사랑이나 자비가 변증법의 통일적 측면을 제공해준다. 자기에 대해서 철저하게 죽는 것이 변증법적으로 사는 길이다. 변증법적 종합에서 대립은 직접적으로 소멸되지 않으며 다만 대립이 철저해진다. 그러한 대립의 극한에서 철저히 죽는 순종과 체념이 생의 방향으로 전환되면 대립은 극복된다. 이것이 절대적 전환이다. 이 전환은 자기 동일적인 것처럼 직관될 수 없다. 직관되는 것은 무가 아니고 존재이며, 전환이 아니라 정지이고, 행위가 아니고 명상이며, 죽음이 아니고 생이며, 상징이 아니고 표현이다. 대비의 행위와 믿음에 의해서 변증법적 통일을 깨닫고 자각하는 것은 무이다. 무의 자각이란 자각하는 자기의 존재를 직관하는 것이 아니고, 자기가 모순의 밑바닥에서 죽어서 무를 드러내는 대비의 행위와 믿음과 깨달음에 다름 아니다. "나의" 자기가 있음에 대한 자각이 아니라, "나의" 자기가 없다고 하는 것을 행위를 통해서 믿는 것이다.

이 점에서 본다면 자각이라고 하는 개념도 부적절하지만, 달리 더 적당한 개념도 없는 듯하여 자각이라는 개념을 그대로 쓸 수밖에 없다. 그러나 그 의미는 변증법적으로 자기라는 존재가 아니라 무라는 사실에 대한 행위적 깨달음이다. 의심의 여지없이, 사랑이나 체념은 자기가 없다는 사실에 대한 명료한 자각을 동반한다. 무에 대한 자각은 무라고 불리는 존재에서 자기의 존재를 자각하는 것이 아니고, 자기가 모순의 밑바닥에서 죽어서 무화된다는 사실에 대한 자각이다. "자각"이라는 개념은 자기의 전환에 대한 행위적 깨달음인데, 거기서 존재는 "무일물"로 돌아간다.

자유가 구체적으로 성립하는 현재의 전환적 매개성은 과거의 피투성과 미래의 기투가 ―그들이 다만 같은 유(類)로서 동일시된다는 사실을 버리고― 절대모순적이고 전환적이며 동적으로 통일되는 것이다. 거기에는 행위에 대한 믿음과 깨달음으로서 내적인 이원성(二元性)이 언제나 자리 잡고 있다. 이것은 자유라는 개념을 이해하는 데 본질적으로 중요한 의미를 가진다. 나는 이것을 타원의 두 초점의 중복과 비교하면서, 동심적인 두 원의 원주가 중복되는 것과는 달리 이심적(離心的)이고 일탈적인 순환이라고 말하였다. 셸링이 그의 『자유론』에서 독창적으로 주장했던 자유의 내적인 이원대립성이 바로 이것이다.

셸링은 자유를 논할 때 "근거의 의지"(Wille des Grundes)와 "사랑의 의지"(Wille der Liebe)를 구별하였다. 그리고 "사랑의 의지"에 의한 실존 (Existenz)과는 본질적으로 대립하는 "실존의 근거"(Grund der Existenz)가 "근거의 의지"에 속하기에, 양자는 빛과 어둠처럼 다르다고 보았다. 마치 빛이 어둠을 매개로 하면서 나타나고, 사랑이 미움에 반대해서 드러나는 것처럼, "근거의 의지"는 "사랑의 의지"를 매개로 하면서 존재한다고 보았다. 이러한 이중의 원리와 이중의 중심이 비로소 악의 자유까지도 포함하는 구체적 자유를 가능하게 한다고 보았다. 신은 서로 대립하는 빛과 어둠을 넘는 사랑의 영원한 통일로서의 영이다. 그러한 신의 계시에서는 실존의 근거로서 어둠의 원리가 요구되며, 이는 신 안에 있으면서도 신 자신이 되지 못하는 "신 안에 있는 자연"(Natur in Gott)이다. 이것이 악을 위한 자유가 가능해지는 근거이다. 본질상 신과 대립하면서 신을 부정하는 원리가 실존의 근거로서 신 안에 잠재해 있는 것이다. 이러한 "근거의 의지"를 가지고 신에게 반역하고, 스스로를 신이라고 여겨 신에게 불경을 행하는 것이 가능해진다. 악의 근원은 이처럼 어둠의 원리, 곧 "신 안에 있는 자연"에까지 소급된다. 이것은 결코 이성의 빛으로 해소될 수 없다. 왜냐하면 이 원리는 빛 자체가 존재하기 위한 영원한 근거가 되기 때문이다.

빛과 어둠의 원리는 타원의 초점처럼 둘로 나뉘어 있어서 원의 중심처럼 하나가 될 수 없다. 두 개의 동심원은 직경이 같아서 서로 겹친다. 하지만 타원의 경우는 그럴 수 없다. 비록 지름의 길이가 긴 쪽과 짧은 쪽이 서로 같은 경우라고 하더라도, 이심율에 의한 초점의 위상의 상호 관계에 의해서 서로 겹치지 않는다. 게다가 그것들은 유비적으로 유사한 집합을 만든다. 이와 유사하게, 역사에서 현재의 종합은 하나의 중심을 갖는 원들의 중복이 아니다. 왜냐하면 과거와 미래의 일치는 유비적인 유사성이며, 따라서 부분적으로 유사한 순환성 전체를 낳을 뿐이다. 이 때 두 중심과 두 본질이 대립을 없애지 않고 서로 대립인 채로 통일되는 것이 자유의 내적인 이원적 구조이며, 그 통일은 이성에 의한 동일성적 종합이 아니고 사랑에 의한 인격적 통일이다. 셸링은 이러한 생각으로 자신의 사상을 동일성적 이성 철학과 대립시켰는데, 바로 거기에 그의 사상이 지닌 장점이 있다.

이러한 사상의 발전을 이해하기 위해서는, 셸링의 『자유론』이 헤겔의 『정신현상학』보다 나중에 나온 것이며, 전기(前期) 셸링의 동일성 철학이 말하는 추상적 통일에 대해 헤겔이 『정신현상학』의 서문에서 "모든 소가 검게 되는 밤"이라는 짓궂은 말로 공격한 것에 대한 응답이었음을 기억해야 할 것이다. 셸링은 헤겔의 이와 같은 공격에 대한 응답으로서 헤겔이 공격한 대상이었던 동일성 철학 자체를 폐기해서 공격을 무력화하고자 하였다. 셸링이 이러한 방법을 채용했던 것은 그의 사상이 발전했다는 의미일 것이다.

셸링의 자유론이 직, 간접적으로 뵈메(Jakob Boehme)의 사상에 빚지고 있음은 잘 알려진 비밀이다. 서양 철학의 중심을 이루는 셸링의 『자유론』이 한 시대의 획을 긋는 뛰어난 학설이었음은 부정할 수 없다. 내가 그의 사상으로부터 배운 것이 적지 않음은 물론이다. 그의 부정 매개의 사상이 지닌 구체성으로 말미암아 셸링은 헤겔보다 적어도 머리 하나 만큼은 더 뛰어났다고 하지 않을 수 없다. "사랑의 의지"는 "근거의 의지"를 부정하지 않는다.(이것을 부정하는 것은 스스로의 계시의 존재(Existenz)를 부정하는 것에 다름 아니다.) 오히려 "사랑의 의지"는 "근거의 의지"를 허용하고 보존해서 스스로 독립적으로 일하도록 만든다. 이처럼 무로서의 사랑에 의한 통일은 이성에 의한 존재의 통일과 구분된다. 사랑은 "근거의 의지"에 대항해서 이것을 부정하지 않고, 오히려 스스로를 부정함으로써 이러한 자기 부정적 매개는 근거의 의지에 포함되어 있는 대립의 힘을 무화시킨다. 그것은 근거를 넘는 무근거이고 "무저"(無底, Ungrund)이다. 시간적 현재에서 영원은 미래에 대한 과거의 대립을 부정하지 않고 보존한다. 그것도 사랑에 의한 "무저"의 통일이다.

그러나 사랑의 통일에 의해서 "근저의 의지"가 허용되고 보존되기 위해서는 단지 "신 안에 있는 자연"을 독립적인 것으로 인정하는 것만으로는 충분치 않다. "근저의 의지"는 그 자신의 기능을 더욱 적극적으로 발휘해서 자신의 아성(我性)을 주장하고, 스스로를 신과 닮은 신의 복사체라고 주장하여 신의 자리에 자신을 놓지 않으면 안 된다. 이것이야말로 신에 대항하고 반역해서 자신의 아성을 주장하려는 인간의 근본악이다. 본질상 신에 속하면서도 신 자신이 아니며, 신과 분리된 것으로서 신에게 대립하는 이른바 "신 안에 있는 자연"이 악의 가능적 근거(potential ground)인 반면, 근본악은 악의 현실적 근거(actual ground)이다. 전자는 자연에 속하지만 후자는 영에 속한다. 사랑에 대항하는 의지라고 하는 내적인 이원성의 대립은 단지 정적으로 병존하는 데 그치지 않고, 자기에게 대립하는 것을 자기 세력의 매개로 바꾸기 위해서 고차적인 동적인 대립으로 발전한다. 거기에 인격적인 자유에 근거한 사랑 안에서의 통일이 있다. 이것은 자연의 직접적 동일성을 능가하는 영의 사랑이다. 여기에서 역사는 비로소 진정한 역사가 된다. 역사는 단지 자연에 속하는 어떤 것이 아니고, 인간의 자유로 인한 타락 및 참회와 속죄를 통한 화해와 구원이라는 두 방향에 의해서 구성된다.

신으로부터 원심적(遠心的)으로 떨어져 나오려는 방향과 신에게로 돌아가려는 구심적 방향이 역사의 두 측면을 구성한다. 이를 셸링은 "철학과 종교"(1804년) 역사의 제2부에서 일리아드와 오딧세이에 비유해서 설명한다. 일리아드는 과거에 속하고 오딧세이는 미래에, 더 자세하게 말하자면, 현재로부터 미래에 걸쳐 있는 시기에 속한다. 유대교 이래 기독교의 특유물로서 그리스 철학에는 없던 역사 철학의 원리와 근거가 되었던 종말사상, 이는 셸링에게도 역사의 시대를 구분하는 원리가 되었다. 하지만 그 핵심은 역사의 내적인 이중성이다. 셸링은 이 이중성을 밝히면서 악의 가능성이 아니라 악의 현실성의 근거를 부각시켰다. 그는 칸트의 종교론에서 중심적인 위치를 차지하고 있는 근본악의 개념을 심화하여, 근본악을 자연을 능가하는 적극적인 부정의 원리로 인정하였다. 나아가 셸링은 근본악이 사랑이 존재할 수 있는 근거라고 보았고, 영적 현실을 매개한다고 보았다. 사랑의 자기 부정은 근본악이 존재할 수 있는 틈을 내어준다. 하지만 이것은 근본악을 신적인 사랑으로 변화시키기 위함이다. 그렇게 함으로써 근본악을 그 자신의 가능성을 능가하는 현실성의 원인으로 만드는 것이다.

이것은 참으로 심오한 사상이다. 이 사상에 의하면 현실의 근저에는 신과 독립해 있으면서 신으로부터 허용된 아성(ego)의 기능으로서 예지적 본성에 따르는 자기의 예지적 행위가 숨어 있다. 금생보다 본질적으로 앞선 전생의 업(karma)처럼, 아성의 예지적 행위는 악으로 기울어진 경향성으로 인해서 자극을 받는다. 자기의 위치를 스스로 정하는 자아의 행위는 자아의 오만한 자기주장을 낳는다. 자아의 자기중심성은 자연의 창조에서 뿌리가 깊다. 이미 자연의 힘들은 창조 때부터 서로를 분별하면서도 여러 종(種)들의 형태로 결합되어 있다. 개체적 자기의 등장은 자연의 힘들이 모이는 특별한 지점을 형성하면서 자연의 여러 힘들 사이의 결합을 깨어버렸다. 그러므로 개체적 자기의 등장과 함께 자연에 있는 통일의 원초적 중심은 자리를 옮겼다. 중심이 이동되어 버리고 난 중심의 자리에 자아의 자기중심성이 자리 잡았다. 따라서 금생에 앞선 인간의 각자의 성격은 예정되었다고는 해도, 그것은 결코 직접 신으로부터 결정된 것이 아니고, 어디까지나 자기의 예지적 행위에 의해서 결정된 것이며, 따라서 자기가 자유롭게 선택한 것이다. 즉 인간의 삶은 그의 예지적 행위로 말미암아 시간에 속하지 않고 영원에 속한다. 인간은 스스로의 자유로운 선택을 통해서 자신이 영원한 창조의 출발점임을 발견한다. 인간 주체는 "영원한 지금"에서 부단히 영원으로 출입한다. 사랑의 무저가 영원에 다름 아니다.

　이렇게 생각함으로써 셸링은 신에 의한 필연적 결정과 인간의 자유가 어떻게 조화될 수 있는가라는 예로부터의 난제가 풀렸다고 보았다. 스피노자의 합리적 이성주의는 셸링에게 개체적 양태들이 실체로부터 향유하는 상대적 독립성의 불가해성을 해결해주는 듯하였다. 즉 셸링은 상대적 존재의 악과 허위의 기원을 모순 없이 해결하는 문제뿐만 아니라, 지적인 해방에 내재하는 신비(즉 실체의 절대적 통일에 의존해 있는 상대적 존재의 자각이 어떻게 실체 안에서 자기 자신을 결정하는 자유의 실현으로 바뀌는가 하는 신비)를 해결하고자 하였던 것이다. 이 두 문제는 스피노자의 체계에서는 해결될 수 없는 아포리아였던 것이다.

　이러한 사상은 모두 철저한 매개, 즉 절대매개를 원리로 하는 것이며, 그러한 사유가 정당하다는 것은 부정할 수 없다. 아직도 추상적인 채 머물러 있어서 오류가 남아 있다고 한다면 그것도 철저히 비판하지 않으면 안 된다. 헤겔의 이성주의는 부정적 매개를 철저히 행하지 못하고 도중에 변증법을 동일성화하여 절대매개에 이르지 못하였는데, 셸링은 이 문제를 날카롭게 지적하였다. 하지만 키에르케고르가 공개적으로 비판하였던 것처럼, 셸링의 자유론에도 여전히 매개가 불철저한 형태로 머물러 있었다. 이는 비판을 받아도 어쩔 수 없는 사상의 약점일 것이다.

　헤겔의 역사철학은 이성주의의 동일성적 경향을 띰으로써 유물론으로 전락하였다. 오늘날 헤겔의 역사 철학이 다시 되살아나고 있으나, 이

점은 수정되지 않으면 안 된다. 실천 행위의 초이성적 매개라는 입장은 그러한 요구에 의해서 출현한 것임을 생각해 볼 때, 셸링의 역사 철학은 그러한 요구에 응할 수 있는 체계로서 중요시되어 그 가치가 재검토되고 있다. 셸링의 역사철학의 주축으로서의 『인간자유론』(Schelling, *Philosophische Untersuchungen über das Wesen der menschlichen Freiheit*, 1809)은 타의 추종을 불허할 정도로 뛰어난 저작이라고 할 수 있다.

셸링은 자신의 『자유론』을 가지고 윤리와 종교의 관계에 대해서 칸트가 말하였던 바를 새로운 방향으로 발전시켰다. 칸트가 종교보다 윤리를 우선시하였던 것과는 달리, 셸링은 윤리보다 종교를 우선시하였다. 그러한 반전은 근본악에 대한 칸트의 개념에 이미 암시되어 있었다. 그러나 칸트는 이성을 지극히 신봉한 나머지 자신의 종교론에서 윤리와 종교의 관계를 철저하게 반전시킬 수 없었다. 셸링에 의하면 선 그 자체는 이성의 자율만으로는 성립하지 않는다. 선은 악이 될 경향성을 포함하는 의지의 자유가 사랑으로 통일되어 신성한 필연성과 하나가 됨으로써 성취된다. 악의 오만함은 경건한 믿음의 영적 통일로 전환되는 것이다.

이러한 입장을 취함으로써 셸링은 자유를 파괴하는 타율로 빠져서 윤리를 상실하지 않을 수 없었다. 그렇다고 해서 자율의 자유에 사로잡혀서 근본악의 한계를 무시하는 일도 범하지 않았다. 그의 철학의 특징을 이루는 전환이라는 관념이 종교의 초월적 통일 안에서 윤리의 독립성을 보전한다. 동시에 이성의 자율이 철저해짐에 의해서 윤리의 한계역시 절대 비판적으로 자각되고, 이러한 자각 안에서 양심은 단순한 감격이 아니라 엄숙한 사실이 된다. 그리고 종국에 가서는 자기를 초월하는 신적 사랑에 순종하도록 전환된다. 그러므로 이성의 자력이 아니고 사랑의 타력에서 윤리가 환상적(還相的)으로 성립한다. 이러한 전환의 논리야말로 내가 위에서 참회도로서 전개했던 바와 일치한다. 나는 셸링의 위와 같은 사상에 진정으로 동의하는 바이다.

그렇다면 셸링의 자유론은 나의 참회도와 완전히 일치하는 것일까? 이미 자유론과 참회도라는 서로 다른 개념을 가지고 각자의 철학이 불리고 있으므로 양자 사이에는 일치하기 어려운 각각의 특색이 있음도 무시해서는 안 된다. 그리고 양자를 비교하여 서로의 특색을 분명히 함으로써, 각각의 입장이 지닌 사상의 구조를 밝힐 수 있다.

그렇다면 자유론과 참회도의 근본적 차이는 어디에 있을까? 자유와 참회라는 두 개념은 어떻게 구별될 수 있을까? 말할 필요도 없이, 전자는 자기의 주장을 긍정하며, 후자는 자기를 버리고 부정하기에, 두 개념은 정반대의 성격을 지니고 있다. 자유란 무언가를 의지하고 행위하는 자기가 타자에 의해서 구속되거나 제한되지 않으며, 스스로가 스스로의 존재 방식을 결단한다는 의미이기 때문에, 그것은 명백하게 자기를 주장하고 긍정하는 것이다. 하지만 참회란, 처음에 말했던 대로, 자기에게는 존재할 자격이 없다고 여겨서 그것을 버리고 부정하는 것이다.

참회의 행위는 자기의 행위이면서도 자기가 존재할 자격이 없음이 승인되는 행위이다. 그것은 자기로부터 비롯되는 행위이면서도 타력으로 말미암아 이루어지는 순종의 행위이다. 그러므로 자력으로 비롯되는 행위(行爲)를 타력에서 비롯되는 행(行)으로부터 구별할 수 있다면, 참회는 행위라기보다는 행이라고 해야 한다. 행이란 자기의 자각의 내용을 자기 스스로 결정하는 것이 아니다. 행이란 그러한 결정을 타력에 맡기고, 타력을 신뢰하면서 자기는 그의 매개가 되는 것이다. 이 타력으로 말미암아 타력에 순종하는 행위적 믿음[行信]을 깨닫는[證] 내용이 참회이다. 앞에서도 말했듯이, 참회는 죽음으로부터 삶으로, 방기로부터 부활로 전환하는 것, 즉 일반적으로 말해서 부정으로부터 긍정으로 전환되는 것이다. 이것이 참회의 행위와 믿음과 깨달음[行信證]이다. 이는 철저하게 매개의 입장에서 성립한다.

이와는 달리 자유는, 적어도 그 개념이 직접 의미하는 바에 의하면, 자기를 무매개적으로 긍정하는 것임은 의심의 여지가 없다. 우리들이 셸링의 이론에서 살펴보았던 자유라는 개념은 이렇게 규정된다. 그런데 자기는 환경 세계에 마주하고 있으며, 또 환경세계를 매개로 하면서 타자의 자기와 마주하고 있다. 그러므로 자기가 직접적이고 무매개적으로 존재한다고 자기를 주장하고 긍정하면 환경과 충돌하게 되며, 나아가서는 타자의 자기와 투쟁하게 된다. 그 결과는 자기의 몰락이고 파멸이다. 혹은 일반적으로 말하자면, 무매개적인 자기의 소멸이다. 자기를 세계의 밑바닥에서 부정하고, 이를 통해서 자신과 타자의 자기가 특수로부터 보편으로 돌아가 상호 연대를 통해서 상대를 승인하고 상대를 존재토록 하는 곳에서 참된 자유가 획득된다. 구체적으로 말하면 개인이 자유를 얻는 것은 국가 안에서이다. 이 말은 자유가 철저히 부정적으로 매개된 것으로서만 성립한다는 말이다. 이렇게 자유는 부정을 매개로 한 전환에서 성립한다.

셸링의 『자유론』에서 전개되는 내용은 다름 아니라 자유의 변증법적 구조였다. 헤겔이 『정신현상학』에서 전개한 변증법에서 드러난 자기 부정적 매개를 보다 치밀하게 전개하였다고 보아도 무방할 것이다. 헤겔은 『정신현상학』에서 의식이 종교로 발전할 때에만 의식은 정신의 자기 부정적 매개에 구체성을 부여할 수 있다고 주장하였다. 이와 유사한 방식으로 셸링도 자신의 『자유론』에서 의식이 자신의 근본악에 대한 참회를 수행하고, 타자의 자기를 서로 승인하고 용서함으로써 자유의 본질이 실현된다고 보았다. 이와 같은 보다 철저한 자기 부정적 매개를 통해서만 그의 자유론은 전환이라는 개념을 완전하게 전개할 수 있다.

한 마디로 말해서, 즉자적이고 대자적인 자기의 부정적 전환은 참회를 통해서 가능해진다. 자유가 자작적으로 자기 부정을 통해서 매개되는 만큼, 자유는 본래적 긍정으로 전환된다. '자유는 직접적 자기 긍정으로서의 자유가 아닌 한에서 참된 자유이다'라는 변증법이 성립한다는 말이다. 다른 말로 한다면, 참회에서 자유의 진실태가 드러나는 것이다. 이것이 자유와 참회의 관계이다. 그러므로 자유에 비해서 참회가 더욱 구체적임에 틀림없다. 셸링의 자유론에 크게 공감하면서도 그의 자유론을 그대로 참회도로 바꿀 수 없는 이유가 여기에 있다. 참회도는 자유론보다 한층 구체적인 철학으로서 독자적인 입장이다. 자유론은 자유론으로 머무는 한에서는 오히려 자유론의 목적을 완수할 수 없다. 자유론은 참회도의 입장에 서서 참회도를 그 내용으로 함으로써 비로소 그 본연의 임무를 완수할 수 있다.

이렇게 볼 때, 자유는 철학의 근본 입장을 나타내는 개념으로서는 부족하다고 해야 한다. 자유보다는 참회라는 개념이 필요하다. 마치 헤겔의 이성이 자기 동일적인 것임에 대해서 셸링의 자유론은 부정적 매개를 더 철저히 했던 것으로 이해하였던 것처럼, 참회도는 셸링의 자유론을 한층 철저히 한 것이라고 볼 수 있다. 나는 이렇게 말하고 싶다. 절대 비판의 논리적이고 역사적인 전개로서의 헤겔의 『정신현상학』이 셸링의 『자유론』에 의해서 부정적 전환의 방향으로 철저해지고, 그것이 더욱 철저해져서 궁극적인 귀결점까지 도달한 것이 참회도 철학이라고 말이다.

만약 이처럼 생각할 수 있다면, 참회도와 자유론은 그 구조면에서 지극히 가깝다고는 하여도, 참회도의 입장에서 본다면 자유론은 여전히 추상성을 탈각하지 못했다고 지적할 수 있다. 첫째, 무저의 사랑은 자유가 성립하는 보편적 근거이지만, 이것이 참회도에서 말하는 무의 대비(大悲)와 유사하다는 것은 누가 보더라도 분명하다. 하지만 한 걸음 나아가 깊게 생각해 보면, 양자는 서 있는 자리가 전혀 다르다는 것도 어렵지 않게 알 수 있다. 왜냐하면 참회도는 자기를 방기하고 부정하는 자기 위에 서 있으며, 대비로 말미암아 참회의 주체인 자기가 행하는 참회이다. 따라서 자기는 대비에 순종하면서 절대에게 의탁함과 동시에 절대에 협력하여 절대의 매개가 되는 행위적 믿음의 입장에 서 있다. 이처럼 한 번 방기된 자기가 절대의 절대전환으로서 회복되며, 죽었던 자기가 다시 살아난다는 것을 스스로 깨닫는다. 절대를 대비라고 하지만, 이것도 부활과 회복의 은혜를 스스로 깨달음으로 말미암는 것이지, 결코 사랑의 자기 부정이라는 개념에 의해서 규정되는 것이 아니다.

그렇다고 해서 내가 셸링의 종교적 체험을 의심한다는 말은 아니다. 그는 선이 단지 윤리의 이성적 개념이 아니라 종교적인 경건과 겸허에 속한다고 보았는데, 그가 아무런 종교적 체험 없이 이렇게 말할 수는 없었을 것이다. 셸링의 윤리적이고 종교적인 경험의 깊이는 그가 자유를 악의 자유라고 정교하게 규정하고, 자유의 가능성과 현실성을 구분하였다는 사실에서 찾아볼 수 있다. 그가 말하는 사랑이 "신은 사랑이다"라는 복음의 신앙에 근거한 것임은 의심할 여지가 없다. 그럼에도 불구하고 셸링은 사랑을 말하면서도 자신이 신의 은총에 감사한다고 말하는 대신 신앙의 객관적 내용을 말하는 데 그치고 만다는 점도 부정할 수 없는 사실이 아닐까? 그것은 사랑의 형이상학이라고 할 수는 있겠지만, 사랑에 대한 믿음과 깨달음이라고 할 수는 없을 터이니, 이는 비단 셸링에 대한 나의 이해가 부족하기 때문만은 아닐 것이다.

여기에 셸링과 참회도의 구체적인 행위와 믿음과 깨달음 사이에 차이가 있다. 참회도가 증언하는 대비를 사랑이라는 말로 바꾼다고 하더라도, 그 경우의 사랑은 사랑의 형이상학이 만들어내는 개념이 아니라 자기 주체의 중심에서 자각되는 실존적 내용이어야 한다. 물론 신앙의 입장으로부터 "신은 사랑이다"라고 말하는 사람들의 실존적 상황은 대비의 믿음과 깨달음과 동일한 것이며, 셸링이 스스로의 신앙에 입각해서 말하는 한 이것과 다르지 않다. 그러나 자유론의 철학은 결코 실존철학은 아니다. 그것은 자각적 존재의 내용을 이해하는 데 그치기 때문이다.

더욱이 셸링은 사변적인 동일성의 원리를 가지고 동일 내지는 무차별의 이념을 사유하면서 형이상학적 존재를 구성하였다. 셸링이 전기의 "동일" 개념을 버리고 "무차별"(Indifferenz)의 개념을 이용한 것에 주의해야 한다. 셸링은 헤겔의 비판에 자극을 받았기 때문만이 아니라, 자기의 사상적 귀결로서 "동일"이라는 개념을 버렸다. 이는 이성의 동일성적 입장을 넘어서 인격의 초이성적 의지의 입장으로 나아간 것이라고 할 수 있다. "무차별"이라는 개념은, 선과 악의 대립을 넘어서, 무차별적으로 무저(Urgrund)의 바닥으로부터 통일을 가져오는 사랑의 절대성을 의미한다.

그러나 셸링이 여기에 만족하지 않고 "동일"이나 "무차별"을 모두 넘어서는 것으로서 무저를 사유하였던 것은 "무차별"이 여전히 추상적이라고 여겼기 때문이다. 사실 무차별도 행위와 믿음으로 깨닫는 것이 아니라 다만 차별을 부정하는 사변에서 비롯된 결과에 지나지 않기 때문에, 사랑의 구체성을 나타내기에는 충분치 않다. 그것은 "동일"과 다른 단계에 속하지만, 이것을 개념적으로 사유하는 한 같은 이성의 동일성에 의거할 수밖에 없다. 이 점에서 보면 셸링이 절대라고 규정하였던 무저도 여전히 추상성을 면하지 못한다. 그는 신 안에 신이 아닌 대립의 원리를 인정하고 이것을 실재의 근거라는 의미에서 근거(Grund)라고 불렀다. 따라서 이러한 근거를 초월하는 것, 곧 근거의 근거라고 해야할 원근거(Urgrund)를 근거의 절대부정으로서 무근거(Ungrund), 즉 무저라고 불렀던 것이다.

그러나 무저가 무 자체는 아니다. 무는 직접적이고 무매개적으로는 도저히 사유될 수 없다. 직접적이고 무매개적으로 사유된 것은 무가 아니다. 무는 반드시 존재의 매개를 필요로 한다. 매개는 부정되거나 소멸될 수 없다. 오히려 매개는 부정됨으로써 보존되고, 부정됨으로써 부활된다. 그렇기 때문에 매개의 역할을 완수할 수 있는 것이다. 그러므로 무는 반드시 자신의 매개로서 존재를 동반하고, 존재에 즉해서 현성한다. 이른바 공유(空有)이다. 우리의 한정된 자기도 무의 매개인 한에서 공유로서 존재하고, 적극적으로 무의 대비에 협력하는 보살 존재로서 환상적 존재가 된다. 또 환상적 존재로서 보사행(報謝行)을 행함으로써 무의 대비에 대해서 감사하는 것이다. 이렇게 무는 대비에 대한 감사의 응답으로서 행위적으로 깨달아지고, 자기의 중심에서 자각된다.

　　셸링이 말하는 무저(無底, Ungrund)는 사랑의 무기적(無記的)적이고 무차별인 개념이다. 무저란 근거의 부정 내지 초월을 의미하기 때문에, 왕상(往相)의 일반성으로 돌아가는 것을 가리킬 뿐이다. 대비가 주체적인 행위적 믿음을 통해서 깨달아진 것임에 반해서, 셸링이 말하는 사랑이란 본래적인 주체의 자각을 갖지 못한 추상적 보편에 불과하다. 사랑의 특징인 무저는 다만 근거의 부정 내지 초월을 의미할 뿐이기 때문에, 적극적이고 자유로운 무의 성질을 지니지 못하며, 존재의 자유로운 매개를 가질 수 없다. 셸링이 말하는 무저는 사실상 근거가 없다고 하는 결여의 상태에 불과한 것이 아니라고 반대할 수도 있을 것이다. 이와는 반대로 무저란 무처럼 근거의 역전 전환을 의미한다고 볼 수 있다는 말이다. 그러나 무저는 주체의 자각을 결여한 추상적 일반 개념에 불과하다. 무저(Ungrund)는 근거(Grund)로부터 유래하지만, 무저라는 말은 실존론적이 아니라 일반 존재론에 속하는 개념이기에 주체성을 결여하고 있기 때문이다. 역으로 무도 그 기원으로 거슬러 올라가면 단지 존재와 대립되는 무로서 일반 존재론에 속하는 개념이었고, 지금도 여전히 그런 의미에서 이용되고 있다, 하지만 현재 우리가 사용하는 무라는 개념의 경우에는 자기 부정의 행위의 근저로서 실존적이고, 주체적이며, 자각적이다. 그런 의미에서 셸링의 무저가 왕상에 그치고 말아서 단지 일반적으로 부정적임에 반해서, 무는 환상의 적극성을 그 내용으로 한다. 즉 전자는 사변적 존재론의 개념이고, 후자는 실존철학의 근본 개념이다. 이 점에서 양자는 차이를 가진다.

사랑과 대비의 구별도 이와 유사하다. 물론 사랑의 개념이 발생한 시초로 거슬러 올라가 보면, 사랑은 주체적이고 실존적인 내용을 지니고 있으며, 이런 점에서 대비와 같은 의미라고도 할 수 있다. 그러나 모든 개념의 역사적 발생에 대해서도 그렇게 말할 수 있겠으나, 우리들은 어떤 용어의 의미를 시초로까지 거슬러 올라가서 찾아보려는 것은 아니다. 나는 다만 그러한 개념이 오늘날 일반적으로 함의하는 참회도적인 내용을 가지고 무와 대비, 자유론에 속하는 개념인 사랑과 무저를 비교해보는 데 만족하고자 한다. 이렇게 보면 무와 대비는 행위적 깨달음을 가리키는 주체적이고 실존적인 것이다. 이와는 달리 사랑과 무저는 추상적인 개념이다. 그러므로 나는, 비록 셸링의 자유론이 언뜻 보아 내가 말하는 참회도와 유사한 면을 지니고 있다고 하더라도, 결국은 셸링의 자유론과는 결별하고자 한다.

위와 같은 구별에 입각해서 보면, 셸링의 특유한 개념인 근거, 근거의 의지, 근거의 본질이라는 개념에 대해서도 문제를 제기하지 않을 수 없다. 이러한 개념들은 무저라는 개념과 함께 직접적으로는 뵈메로부터 유래한 것이라고 여겨진다(Boehme, *Six Theosophic Points. The First Point*, I.12; 15). 이러한 개념들이 중요한 의미를 가진다는 것은 부정하기 어렵다. 동일성적 이성 철학으로부터 의지의 현실적 입장을 준별하고, 단순한 가능 존재의 형식적 본질과 다른 실존의 근거를 분명히 해주기 때문이다.

셸링은 실존의 근거에는 부정성이 있으며, 존재는 직접 긍정적으로 존재하는 것이 아니라 존재를 부정하는 원리를 매개로 하면서 존재한다고 보았다. 존재는 언제나 자신에 대한 반대를 통해서 스스로를 실현한다. 이것이 셸링의 변증법이 부정의 논리라는 형식으로 존재의 논리가 되는 이유이다. 수학과는 다른 역학의 구체성으로부터 시작하여, 이성과는 다른 의지의 구체성에 이르기까지, 셸링의 변증법적 방법은 반대 대립을 매개로 하고 그를 통해서 부정이 긍정으로 전환됨으로써 존재가 현실이 된다고 보았다. 이러한 매개를 통해서 가능성으로부터 현실성을 구별하지 못하는 동일성적 이성의 한계가 드러난다. 같은 이유에서 이성을 넘는 의지나 인격이 존재의 구체적 요소가 된다. 자유도 이러한 현실의 원리이며, 역사는 이것에 의해서 성립한다. 셸링이 근거라고 불렀던 것은 자기 부정적 자유의 원리로서, 그것은 자유가 성립하기 위한 불가결의 매개이다. 자유는 그 근거로서 무저의 사랑이 필요하다. 그리고 자기 자신을 부정함으로써 무저로 초월하는 근거는 "신 안에 있는 자연", 곧 신 안에 있으면서도 그 자신은 신이 아닌 것이다. 뵈메까지 거슬러 올라가는 "신 안에 있는 자연"이라는 개념은 셸링의 자유론의 중심을 이루는 것으로서 무저와 함께 중요하다.

그런데 위에서 말한 무저의 사랑과 마찬가지로, "신 안에 있는 자연"이라는 개념 역시 분명히 비주체적이고 비실존적인 사변적인 것이다. 아니, 사랑의 개념과는 달리 근거라는 개념은 본래 추상적 사변에 속한다. 원래 근거란 존재가 거기에 의해서 존재할 수 있는 어떤 것을 의미하기 때문에, 그것이 우리들에게는 결과적으로 인식된다고 하더라도 그 자체로서는 존재에 앞선다. 이러한 근거가 요구되고 실제로 존재하는 것의 근거로서 긍정된다는 사실은, 비록 그것이 우리들 앞에 있지는 않더라도, 실제로 그것이 지적으로 구성된 것이어서 행위적 믿음으로 말미암아 깨달아지는 것은 아님을 의미한다. 여기에 주체적인 행위와 믿음과 깨달음과는 정반대인 질서의 존재가 있다. 이러한 점은 그러한 개념이 유래된 뵈메의 신지학(神智學)을 생각해 보면 어쩌면 당연하다고도 할 수 있다. 뵈메의 신지학은 종교적 체험을 인간의 입장으로부터 신의 입장으로 옮겨가고, 신의 지혜에 의해서 종교적 체험의 근본을 영원한 존재에 기초해서 설명하고자 했던 사변의 산물이었기 때문이다. 우리들 실존은 거기에 다가갈 수 없다. 그것은 실존으로서는 자각될 수 없는 긍정에 다름 아니다. 이성적 사변이 실존의 질서를 전도하면서 실존적 자각을 넘는 어떤 것을 구성한다는 사실은 매우 특징적인 것이다. 이것은 사변적 입장에 내재하는 독단론의 긍정에 지나지 않는다.

참회도의 철학이 비판주의를 철저히 수행하는 것과는 달리, 셸링의 자유론의 철학은 비판주의를 도중에 포기하여 독단론을 부활시킨다. 이는 철학에 있어서 중대한 사태이며, 내가 안이하게 셸링의 "근거"라는 개념을 받아들일 수 없는 이유이기도 하다. 사실 근거는 우리들보다 앞선 어떤 것이 아니라 그 자체의 본성상 존재에 앞서는 것이어야 하는데, 과연 이러한 것을 세워야 할 이유를 우리들은 충분히 가지고 있는가? 만일 그렇지 않다면, 그러한 개념을 수용하는 것은 개념을 존재화하는 본체론적 사고의 독단으로 빠지고 말 것이다. 지적인 필연성을 존재의 자리에 놓은 독단론에 불과하다. 아리스토텔레스가 구별하였던 "우리들에 대해서 앞선다"($\pi\rho\acute{o}\varsigma$ $\acute{u}\mu\acute{a}\varsigma$ $\pi\rho\acute{o}\tau\epsilon\rho\sigma\nu$)와 "그 자체로서 앞선다"($\varphi\acute{u}\sigma\epsilon\iota$ $\pi\rho\acute{o}\tau\epsilon\rho\sigma\nu$)라는 두 개념을 가지고 말한다면, 후자가 전자로부터 분리된 채 인식되고, 이 두 개념이 서로 매개하는 바 없이 독립적으로 유지된다는 전제 위에 서 있다. 이와는 달리 본래적 주체성의 실존주의적 입장은 행위적 믿음이라는 우리들의 매개적 행위를 통해서 "그 자체로서 앞선다"는 것이 "우리들에 대해서 앞선다"와 동일시된다는 —비록 이 둘은 서로 대립된 채 남아 있지만— 사실을 깨달음으로써 성립한다. 둘 사이의 대립이 대립인 채로 머무는 것을 허락하는 것은 —절대와의 매개를 박탈당한 채 자신을 절대로부터 분리된 어떤 것으로 여기는— 나쁜 존재의 한 예로 볼 필요가 있다. 실존철학이 비본래적 실존, 혹은 존재로부터의 "퇴락"(頹落)이라고 불렀던 것이 이것이다. 본래적인 존재 혹은 선한 존재에서는, "그 자체에 있어서 앞선다"는 것이 "우리들에 대해서 앞선다"는 것으로서 자각되어야 한다. 예를 들면 절대의 대비는 이와 같은 것이다.

따라서 셸링의 자유론에서 근거는 악의 근거이고, 비본래적 존재로서 존재의 퇴락태이지만, 악은 신보다 후에 온다. 악은 본래적 실존과는 반대로 비본래적 실존으로 여겨지며, 악의 근거는 "신 안에 있는 자연"이다. 나아가 악은 신보다 앞선 것이 아니라 신보다 뒤에 온다는 바로 그 이유로 말미암아, 우리들이 절대의 매개로서 봉사하도록 포섭되는 한 우리들보다 뒤에 오는 것이다. 그러므로 우리들의 근거로서 "신 안에 있는 자연"이 본래적 인간 실존에 대해서 앞선다고는 할 수 없다. 즉 악은 본체론적으로 존재의 근거가 아니라 비본래적 존재의 근거, 혹은 악의 근거라고 해석되는 것이다. 이것이 다름 아닌 근본악이다. 그것은 존재의 근거로서 적극적으로 주장되지 못하며, 존재의 부정의 매개로서 소극적으로 승인될 뿐이다. 셸링이 말하는 바는 근본적으로 이러한 내용을 벗어나지 않는다. 그러나 그가 실재의 근거로서 근거라는 개념을 적극적으로 주장하고, 그것을 거의 무매개적으로 신으로부터 독립된 것으로 긍정하기 때문에, 신과 함께 존재하면서도 아직 신 자신은 아닌 것으로서 정히 피매개적으로 규정된 것과는 서로 용납할 수 없다는 경향을 띤다.

이것은 실존의 비밀에 속하는 신비라고 생각함으로써 문제를 비껴가려는 유혹을 받을 수도 있다. 그러나 행위적 믿음의 입장에서 그러한 신비는 단순한 사변적 개념인 채로 방치될 수 없다. 그것은 주체에게 이르는 통로가 필요하며, 신비를 행위적 믿음을 통해서 깨달음으로써 신비는 존재의 영역으로부터 행위로 전환된다. 이렇게 해서 신비는 존재로부터 자기 안으로 들어온다. 즉 자기가 존재의 핵심에 참여하여 무의 중심으로 전환되는 곳에 신비가 있는 것이다. 여기에서 신비는 신비인 채로 자기에게 가까운 것이 되고, 행위적 믿음에서 깨달아짐으로써 신비를 천상으로부터 지상으로 끌어내리게 된다. 신비는 행위와 믿음과 깨달음에서 자각되기 때문에 신비에 대해서 의심할 것은 아무 것도 없게 된다.

여기에서 참회도가 셸링의 자유론과 다른 특색이 드러난다. 근거라는 개념은 자유론에 어울리는 것이지 참회도에게는 타당치 않다. 근거의 본질이나 근거의 의지라는 개념은 비본래적 존재의 매개적 기능에 지나지 않는다. 따라서 그것은 차라리 본질의 부정이며 의지의 부정이라고 하는 것이 타당하다. 즉 그것은 존재의 변증법에 고유한 부정적 매개를 의미하는 데 불과한 것이어서, 본래적으로 독립하여 무매개적 상태로 존재할 수는 없는 것이다. 그렇게 주장하는 것은 모두 부적절하다. 자유론에 이처럼 사변적 성격이 강하다는 것은 부정할 수 없다. 헤겔의 『정신현상학』이 지금 여기에 있는 감각에 대한 비판으로부터 시작해서 의식의 절대 비판을 궁극적 목표로 하고 있다면, 셸링의 자유론은 순수한 사변이라는 방향으로 기울고 따라서 비판정신이 반대하는 독단론이 될 경향을 지니고 있다.

나는 셸링의 『자유론』에 대해서 이러한 부정적 인상을 지님과 동시

에 다른 한편으로는 그것을 중요한 철학적 작품이라고 인정하지 않을
수 없다. 나는 셸링의 이 글이 무엇과도 견줄 수 없는 저작임을 인정하기
에, 그 작품이 사변적 구성으로 시종하였음을 아쉽게 여기는 것이다. 그
것에 참회도 철학을 대결시킨 이유도 자유론의 정신이라고 할 수 있는
변증법적 매개를 철저히 하기 위함이었다. 그러나 위와 같은 점에서 나
는 참회도가 자유론을 능가하는 바가 있다고 믿는다.

나는 이제 마지막으로 하이데거의 해석학적 실존철학을 셸링의 자
유론과 비교하면서 양자에 대해서 참회도가 갖는 위치를 명확히 해 두
고 싶다. 이렇게 함으로써 하이데거의 해석학적 실존철학, 셸링의 자유
론 그리고 참회도 사이의 관계가 한층 분명해지리라 생각한다. 하이데
거는 주저인 『존재와 시간』(Sein und Zeit)에서 "…이 아니다"(非不
Nichtigkeit)의 존재론적 본질을 문제시하면서 악이 단순한 결여가 아니
라 양심이 짊어져야 할 책임과 각성에 즉해서 적극적으로 자각된다고
말한다(S. 286-287). 그러나 이러한 해석학적 입장이 근본악이 지닌 깊
은 뿌리를 드러낼 수 없음은 명백하다. 왜냐하면 근본악은 존재 그 자체
의 드러나지 않는 바닥이어서, 해석학이 뚫고 들어갈 수 없는 자기의 뿌
리 깊은 심부[奧底]이기 때문이다. 그것은 자력으로는 벗어날 수 없기 때
문에 근본악인 것이다. 자기가 존재하는 한 짊어질 수밖에 없는 초월적
인 부정의 계기이다. 내재적 초월의 자각으로는 무화할 수 없는 무저의
어둠이다.

바로 그렇기 때문에 칸트도 근본악을 초극하기 위해서는 신의 은총
이 필요하다고 인정했던 것이다. 그것은 도덕의 실천 이성으로는 넘을
수 없는 초월적 장애이기에, 다만 절대선의 원리인 신의 신성한 의지에
의지하는 것 외에 이것을 초탈할 길은 없다고 했던 것이다. 그러므로 신
에 대한 신앙은, 가령 그것이 이성 신앙으로서 계시 신앙과는 대립된다

고 하여도, 이성의 자기 부정에 의한 절대적 전환 매개에서 성립한다. 이른바 이성의 한계 내에 종교는 존재할 수 없다. 종교는 오직 이성의 절대부정에 의해서만 존재한다.

그러므로 죽음은 인간 존재의 전환이 "부정 즉 긍정"이라는 형태로 일어나는 전환의 축이 될 수 없다. 왜냐하면 자기는 오직 죽음의 차안(此岸)에 살아남는 어떤 것으로 여겨지기 때문이다. 그것이 존재의 구조를 밝히고자 하려고 하는 만큼, 그것은 어둠의 원리에 근거해서 근본악을 다루지 못한다. 악의 원리는 자기의 내부로부터 요청된 초월에 속하지 않는다. 그러한 한에서 근본악은 단지 "존재론적인" 용어로는 설명이 불가능하다.

칸트가 쓴 저작들 중에서 그의 종교론은 가장 깊은 사상을 다루고 있다. 하지만 종교론은 칸트의 비판 철학의 틀 내에는 설 자리가 없다는 점도 주의해서 살펴보지 않으면 안 된다. 이성 비판의 범위 내에 종교는 들어갈 수 없다. 종교는 이성의 절대 비판적 전환에서 성립하기 때문이다. 셸링의 자유론이 칸트의 종교론을 발전시킴으로써 전개되었던 것도 이러한 사정으로 말미암은 것이었다. 그러나 셸링의 종교론이 칸트의 이성 비판을 초탈해서 다시금 형이상학의 개념적 사변적 구성으로 빠지게 되었다는 사실도 부정할 수 없다. 하이데거의 말을 빌린다면, 셸링의 종교론은 "존재론적"(ontologisch)이 아니고 "존재적"(ontisch)이었다. 여기에 실존철학과 인간 자유론이 현저한 대조를 이룬다. 전자는 내재의 입장이며 후자는 초월의 입장이다. 그러나 앞에서도 언급하였듯이, 우리는 자유론이 심원한 사상임을 인정하면서도 이에 동의할 수는 없다. 참회도의 특징인 절대매개는 셸링이 이성 비판을 무시하고 사변적 개념 구성으로 일탈하였다는 점을 승인할 수 없기 때문이다.

하이데거가 이성 비판의 정신에 따라서 "존재론"(Ontik)을 배제하고

"자각존재론"(Ontologie)의 입장을 철저히 견지하였던 것은 존경하지 않으면 안 된다. 그러나 하이데거는 악의 문제를 깊이 있게 천착하지 못한 채 양심의 각성이나 책임의 자각에 머물렀고, 그 결과 종교적 신앙의 근저를 자각하지 못하였다. 따라서 그의 "자각존재론"은 불완전한 채 마감될 수밖에 없었던 것이다. 하이데거의 사상이 이처럼 제한적일 수밖에 없었던 이유는, 이미 언급했던 것처럼, 그가 해석학의 입장에 머물러 버린 결과 죽음의 심연에 몸을 던진 후 다시 부활하는 대행(大行)의 입장에 설 수 없었기 때문이다. 즉 이성 비판을 철저히 하여 절대 비판에까지 이르지 못하였기 때문이다. 다른 말로 한다면, 자기의 존재를 고집하여 철저하게 무가 되지 못했던 결과였다. 그곳에서 근본악을 올바로 문제시할 수는 없었을 것이다. 한마디로 하이데거의 입장은 악에 속박되어 있는 입장이었다.

이와는 달리 참회도의 절대무는, 이것이 무의 전환 매개가 되는 한 초월적 무의 자각이기 때문에, 결코 "존재론"(Ontik)에 빠질 염려가 없다. 참회도는 철저히 "실존존재론적" 자각을 떠나지 않는다. 게다가 "실존존재론"이 내재적 입장으로 시종한 결과 초월적이고 부정적인 근본악의 원리를 다룰 수 없었던 것과는 달리, 참회도는 무의 행위적인 믿음과 깨달음을 통해서 근본악을 매개적으로 자각할 수 있다. 그러므로 참회도는 셸링의 자유론을 사변적 구성의 수준으로부터 본래적 존재론, 혹은 자각으로 고양시킬 수 있다.

이렇게 해서 참회도는 실존철학과 셸링의 자유론과는 다르면서도 양자의 진리를 종합하는 중도적 위치에 선다는 사실이 인정될 것이다. 참회도는 절대 비판의 행위와 믿음과 깨달음 위에 서며, 그로 인해서 사상과 해석이 도달할 수 없는 종교의 핵심에 접근할 수 있다. 자력으로는 도달할 수 없는 곳이 타력에 의해서 분명해지기 때문이다. 이처럼 참회도는 단순한 초월도 단순한 내재도 아닌 "초월 즉 내재"의 절대매개적 입장인 것이다.

제5장

참회도의 절대매개성

앞에서 말했던 근거는 악의 근거로서 선이 본래적으로 존재한다는 것을 예상한 것이었다. 다시 말해서 선이라는 구체적인 근저에 서만 악은 선의 부정적인 근거로서 인정된다. 요약하면 비본래적 존재의 근거를 자각하는 것은 비본래적 존재 자신이 아니라 본래적 존재이며, 악의 구조를 자각하는 것은 악한 존재가 아니라 선한 주체인 것이다. 이러한 사상은 셸링의『자유론』에 대한 비판을 떠나서 일반적인 종교 비판에서 지극히 중요한 의미를 가진다.『자유론』비판의 핵심은 매개의 철저화라는데 있었다. 그러나 이러한 관점은 자칫하면 절대성을 요구하는 종교의 사상 개념에 무매개적인 평등과 부정 없는 초월을 무차별하게 끌어들이게 된다. 그 결과 왕상적으로 심원한 사변적 이성의 개념을 구성하지도 못하며, 또 환상적으로 우리들의 실존에 매개되어서 윤리적 실천과 역사적 현실로 돌아오지도 못하면서 종교의 타락을 불러일으키는 일도 종종 있었던 것이니, 참으로 경계하지 않으면 안 된다.

무엇보다도 나쁜 점은 이것이다. 종교 사상이 철저해져서 심원한 것이 되면 될 수록 종교 사상의 무매개적인 평등과 초월은 넓고 깊게 영향을 미치기 때문에, 비교적 천박하면서 한정된 범위밖에 미치지 못하는 종교 사상에 비해서 해독이 크고 타락이 심하다는 것이다. 불교에서 최고의 경지에 있다고 할 수 있는 선이나 염불에서 드러나는 승려들의 부끄러움을 모르는 행위는 이러한 사실을 말해주고도 남는다. 그로 말미암아 절대 종교의 평등 무차별의 사상이 본래의 입장을 잃어버리고 비본래적 입장으로 변하여 버리는 것이다.

구제받고 해탈한 사람에게는 모든 것이 허락된다. 모든 것은 그 자체로 좋은 것이다. 이른바 "싫어하는 것이 없는 법이다"(勿嫌底法). 생사의 어리석음은 사랑과 미움의 차별에서 유래한다. 『신심명』(信心銘)의 모두에 있는 "지극한 도는 어렵지 않다, 다만 간택을 싫어한다. 만일 미워하고 사랑하는 일이 없으면 통연하고 명백하다"(至道無難唯嫌揀擇 但莫憎愛洞然明白)라는 말은 이것을 단적으로 말해준다. 만약 차별하는 마음을 가지고 간택하여 미망을 미워하고 깨달음을 구하며, 수도에 의해서 무엇인가 새롭게 얻은 것이 있다고 한다면, 이는 진정한 깨달음이 아니다. 깨달음은 이른바 "다녀와 보니 별 것 아니었네. 노산에는 안개비가 내리고, 절강에는 파도가 이네"(到得還來無別事, 蘆山煙雨浙江潮)[1] 같은 것이다.

거기에서는 "산은 산이고, 물은 물이다"(山是山水是水). "배고프면 먹고, 피곤하면 잔다"(飢而喫困而眠). 그뿐이다. 그래서 "평상심이 곧 도이다"(平常心是道)라고 한다. 이 밖에 달리 길을 구해서 도달해야 하는 것이 아니다. 단지 자연 그대로 좋다는 것이다. 진종(眞宗)에서도 자연법이(自然法爾)를 중시한다. 다만 일체의 것을 타력에 맡기는 것이 신앙의 핵심이다. 이른바 "맡기는 것"(おまかせ)이 다름 아닌 구제의 길이다. 이 밖에 무엇인가 자력으로 덧붙이는 것은 모두 구제에 방해가 된다.

이러한 입장에서 보면 근본악이란 인간의 오만[增上慢]에 다름 아니다. 깨달은 사람이나 구제된 사람에게는 극복될 수 없는 근본악은 존재하지 않는다. 이것은 정말로 그러하다. 그러나 거기에는 한 가지 조건이 있다는 사실도 잊어서는 안 된다. 이러한 주장은 다만 깨달은 사람과 구제된 사람에게만 타당하다는 조건 말이다. 깨닫지 못하고 구제받지 못

---

[1] 중국 송나라의 대표적 시인이고 서도가였던 소동파의 시 〈관조〉(觀潮)의 1절. 노산은 중국 강서성에 있는 명산으로 그 안개비는 극히 신비적이라고 한다.

한 사람에게는 그러한 경지는 허락되지 않는다. 자력의 한계에 봉착하여 자기를 방기한 사람, 즉 구제된 사람에게는 근본악이 오히려 구제와 전환을 위한 매개가 된다. 악에 대한 자각이 없고 참회가 없는 곳에 구제는 있을 수 없다.

다만 이러한 주장은 자력에 의해서 스스로 깨닫고 스스로 구원하는 성현의 경우에만 타당하다. 하지만 보다 엄밀하게 말한다면, 성현이 신불(神佛)과 본성이 같다는 주장은 그들의 깨달음의 상태와 깨닫기 이전의 미오(迷悟)의 상태 사이에 아무런 구분도 없다는 뜻이다.

그러나 유한한 인간의 경지에서 보면 선악의 차별은 엄연히 존재한다. 이러한 차이를 무시하고 자연의 무차별로 바꾸려 한다면 인간 존재의 진실을 무시하는 처사라고 하지 않을 수 없다. 무차별의 차별은 차별의 긍정이지, 결코 차별을 단순히 부정하는 것이 아니다. 오히려 그것은 부정적으로 매개된 긍정이다. 이른바 "있는 그대로"(そのまま)라는 말은 일반적 의미에서 쓰는 "있는 그대로"가 아니다. 그것은 무매개적인 긍정이 아니고, 부정적으로 매개된, 아니, 절대부정을 통해서 일체의 것들이 전환되고 부활되는 것을 의미한다.

모든 것이 있는 그대로 허용된다는 것을 의미하는 "있는 그대로"라는 존재 방식은 피땀 흘린 수도(修道)의 결과이다. "있는 그대로"라는 존재방식이 얼마나 힘든 경지인가 하는 것은 이것을 목표로 추구해 본 사람만이 안다. "있는 그대로"란 처음부터 선을 구하거나 악을 피하려고도 하지 않으며, 윤리적 고투에 헌신해 본 적도 없는 사람이, 자신을 변호하고 안일함을 유지하기 위해서 내뱉는 말은 될 수 없다. 윤리를 뛰어넘는 절대무 안에서의 "있는 그대로"를 윤리보다 못한 단계의 "있는 그대로"라고 주장하는 후안무치야말로 종교가 끼치는 해악 중 가장 큰 해악일 것이다. "있는 그대로"는 주어진 현실이 아니고, 부정의 매개에 의해 도달되어야 할 목표이다.

"있는 그대로"가 "있는 그대로"가 아니고, "있는 그대로"가 아닌 것이 오히려 "있는 그대로"가 되는 것이야말로 변증법적이다. 직접 긍정된 존재는 자신의 상대성으로 말미암아 모순에 빠지고, 철저히 몰락한 밑바닥으로부터 무의 현성으로서 공화(空化)된다. 그리고 자신이 무라는 사실을 자각함으로써 타자와의 상호연대의 통일로서 부활된다. 이처럼 직접적이고 차별적인 존재는 부정된다. 더욱이 이러한 부정에 의해서는 왕상적으로 무차별의 경지에 들어갈 수 없다. 그렇게 되면 상대적인 존재는 무차별 속에서 사라져 버린다. 무의 현성을 위한 매개로서의 상대적 존재가 소멸해 버린다는 말이다. 상대적 존재는 자신이 절대무를 매개하는 한에서 독립성을 유지할 수 있다. 하지만 이러한 독립성은 절대의 전체에 대해서 자기의 자립고화(自立孤化)를 주장하게 됨으로써 악으로 빠져버리는 경향을 벗어나지 못한다. 이것이 근본악이다. 차별성은 근본악으로서 존재의 근원에까지 침투해 있다. 이것을 말살하는 것은 동시에 무의 현성을 잃어버리는 것, 즉 실존을 버리는 것을 의미한다.

어떤 이들은 서양의 종교가 윤리를 매개로 하는 것을 인정하면서도, 이것은 사랑의 신이면서 동시에 분노의 신인 유대교, 기독교가 우연히 지니게 된 특유한 현상에 불과하다고 생각할지도 모른다. 그래서 종교는 본래 윤리를 초월하는 것이므로 윤리의 차별관에 얽매이지 않는 불교는 이와 다르다고 주장할 것이다. 그러나 불교의 근본 모티브라고도 할 수 있는 "삶과 죽음의 수레바퀴를 벗어난다"는 것도, 진실을 깨달았는가, 아니면 여전히 그릇된 의견[謬見] 속에서 헤매는가 하는 미오(迷悟)의 차별로부터 비롯된 것이다. 미혹과 깨우침은 악과 선처럼 대립하는 것이어서, 전자를 물리치고 후자를 취해야 한다고 생각되는 이상, 그것은 결코 선악의 차별을 벗어난 것이 아니며 윤리를 매개로써 포함하지 않는다고는 할 수 없다. 이 역시 이성의 차별관을 매개로 하는 것이다.

선을 하는 사람[修禪者]의 수업(修業)에는 지극히 엄숙하게 자신을 다스리고 단련하기 위한 규정과 규율이 있어서 재가 중생의 윤리 생활을 위한 귀감이 된다. 이성을 철저하게 부리는 사람에게만 이성의 한계가 드러난다. 함부로 무차별을 입에 올리면서 자연 운운하는 것은 실은 구도를 향한 고매한 의지가 없다는 방증에 지나지 않는다.

자력을 다한 결과 자기 자신에 대해서 순종적 절망을 경험한 사람에게만 타력의 자연법이(自然法爾)는 성립한다. 자연법이가 윤리적인 선과 악의 구별을 무시한 자연계의 평등을 의미하는 것이 아님은 굳이 설명할 필요조차 없다. 신란은 『교행신증』의 제6권 〈화신토권〉(化身土卷)에서 "참괴참회"(慚愧懺悔)라는 말을 쓰고 있다. 참회는 자력이 약하다는 사실을 부끄러워하는 참괴를 동반한다. 자력을 다해 보지도 않은 채 부끄러운 줄도 모르고 자력은 무능하다고 말하면서 타력의 전능함을 노래하는 무리들을 타력대비는 그대로 구제하지 않는다. 왜냐하면 절대는 어디까지나 절대매개이며, 자력의 부정에 의하지 않고는 작용할 수 없기 때문이다. 절대타력은 자신에게 타자가 되는 자력을 매개로서 요구하고, 자력과 관계함으로써만 실현된다. 그러한 전환 매개가 다름 아닌 참회이다. 이 점으로부터도 참회도라는 개념은 추상적인 무차별을 배제하고, 전환적 매개라는 구체성을 지닌다. 철학의 입장에서 본다면, 참회도가 성립하기 위해서는 이성의 매개가 불가결의 요소가 되는 것이다.

하지만 그처럼 차별의 계기가 무의 평등을 위한 불가결의 매개이며, 종교의 행위적 믿음이 필연적으로 윤리의 내적인 이원성을 매개로 한다면, 깨달음과 구제가 가져다주는 통일은 불완전한 것이라고 해야 하지 않는가? 실은 앞에서 거론하였던 셸링의 무차별관도 이러한 문제를 해결하기 위해서 제시되었다고 여겨진다. 셸링은 그의 『자유론』에서 철저하게 인간의 자유를 주장하는 입장에 서 있었다. 하지만 인간의 자유는 "근거의 의지"와 "사랑의 의지"를 동일시하는 신적 자유와는 엄밀하게 구분된다. 그렇다면 "근거의 의지"는 내적 이원성의 근거가 되고 이로써 그 자신의 주장에 한계가 드러난다. 동일한 의미에서, 만일 본래적 신앙에서 우리들이 구원을 위한 신앙의 매개로서 근본악을 둘러싼 삶을 살아야 한다면, 이것은 신앙을 통해서 절대적인 통일을 구할 수 없다는 뜻은 아닌가? 사실 셸링도 인간이 상대적 존재로서 사는 한 절대성에는 이를 수 없으며, 신적 자유는 인간이 바랄 수 없는 바라고 생각하였다. 유한자로서의 인간의 비애는 벗어날 길이 없으며, 인간의 기쁨은 언제나 그 기쁨에 들러붙어 있는 고뇌에 의해서 정화되지 않으면 안 된다. 셸링이 도달했던 결론은 우리들 인간 존재는 다음 세상에서 완전해질 수 있다는 것이었다. 즉 인간은 죽은 후 육체를 떠난 영혼의 불멸의 상태에서만 완전함을 얻을 수 있다. 오직 죽음에 의해서만 신체와 물질의 속박을 벗어날 수 있다. 그렇게 될 때에만 "자기 내 존재"에 들러붙어 있는 아성(我性)을 넘어서 "자기 없는 존재"로 전환될 수 있다. 키에르케고르 역시 영원은 이 세상에서 도달할 수 없으며 미래의 희망일 뿐이라고 하였다.

이러한 사후의 삶에 대한 신앙은 동서의 종교에 공통적인 것이다. 불교의 경우도 최고의 단계인 정토진종(淨土眞宗)이 아미타여래의 서방정토를 믿으며, 중생이 서방정토로 왕생할 것을 희망한다. 나는 이러한 불교의 믿음을 특정 지역에서 유래된 신화라고 여겨야 한다고 생각한다. 그것은 법장보살(法藏菩薩)의 인위수업(因位修業)의 교설처럼 상징적으로 이해되어야 할 심오한 교설을 지니고 있는 것이 아니다.[2] 물론 현세에서 사는 한 열반이나 왕생은 완성될 수 없고, 단지 왕생할 것을 아미타여래가 약속해 주었다는 생각, 즉 정정취(正定聚)의 위(位)에서 열반의 분(分)으로 정해진 것이 인간이 금생에서 도달되는 최고의 구제라는 사상은 인간 존재의 중간자적 존재에 대한 깊은 통찰을 담고 있다.

나아가 사후에 완전하게 왕생할 정토를 석양이 환하게 비추는[光明赫奕] 서방으로 상정한 것은 대단히 상징적이어서 무의미한 것은 아니다. 그러나 과학을 중요시하는 나로서는 정토도 천국도 믿을 수 없는 것이고, 또 죽고 난 후 거기에서 신체 없는 영혼이 계속해서 존재한다는 말도 믿을 수 없다. 그러한 종교적 관념이 지니고 있는 상징적 의미는 인류의 연대성이 현실의 역사로 환상(還相)할 때 실현된다는 뜻이다. 사실 환상이라는 관념은 구제에 대한 증거로서 매우 중요한 의미를 지니고 있다고 나는 생각한다. 즉 정토의 완전한 열반에 들어 구제된 신자는 사후에 그의 믿음과 사상과 행동을 통해서 차례차례로 후대의 중생을 위한 교화의 기연(機緣)이 됨으로써 절대 대비의 매개가 된다는 것이다. 하지만 이러한 적극적 측면과 대조되는 소극적 방면도 잊어서는 안 된다. 다시 말해서 신체를 가지고 살아가는 현실의 인간 존재는 근본악의 어둠이라는 원리 때문에 지상에서 삶을 영위하는 한 아성(我性)을 벗어나지 못하며, 인간적 자유의 제한을 벗어나 신 안에서와 같은 절대적인 자유 자재함에는 이를 수 없다는 사실을 잊어서는 안 된다. 그러므로 우리들이 무분별의 통일에 도달했다고 하더라도, 우리들은 존재의 특수성(셸링이 말하는 근거Grund)을 벗어날 수는 없다. 왜냐하면 무분별의 통일은 역시 무의 통일이기 때문이다.

---

2 법장보살이 중생구도를 위해서 원을 세우고, 수행하고 있는 사이의 경지를 인위(因位)라고 하며, 이 원이 성취되고 부처가 된 경지를 과위(果位)라고 한다. 『교행신증』〈행권〉(行卷)의 마지막에 있는 『정신염불게』(正信念佛偈)에서 신란은 "법장보살은 인위의 때, 세자재왕불(世自在王佛)에게 가시어 … 무상수승(無上殊勝)의 원을 세우고, 희유한 대홍서원을 일으키셨다"고 쓰고 있다.

이러한 의문은 심각하게 다루어지지 않으면 안 된다. 왜냐하면 그러한 의문이야말로 역사의 의미를 분명히 해주고, 이른바 지상 천국이 어떻게 가능한가라는 문제를 풀기 위한 열쇠가 되기 때문이다. "살아 있으면서도 죽은 사람이 되어서 행위한다"든가, "한번 크게 죽고 그 후에 새롭게 태어난다"라든가, 혹은 "그리스도와 함께 십자가에서 죽고 부활한다"고 하는 신앙의 본질적인 면이 여기에서 성립한다. 내가 평상시 사용하는 "죽음 즉 부활"[死復活]이라는 개념은 다름 아니라 이러한 것을 가리킨다. 이는 괴테가 말했던 "죽어라, 그리고 되어라"(Stirb, und werde)라는 말과도 다르지 않다. 사실 '죽어서 산다'는 말은 많은 이들이 아무런 생각 없이 마구 쓰는 말이기도 하다. 하지만 그 말의 참뜻은 무엇인지, 어떻게 그러한 모순이 가능하고 또 어떤 의미에서 그 말이 진리가 되는가라고 묻는다면, 이에 대답하기가 쉽지 않다는 것도 금방 이해하게 된다. 이것은 실로 종교와 철학의 중심 문제이며, 개념이나 말에 의해서 해결될 수 없는 목숨을 건 문제이다. 그것은 종교 신앙과 철학 사상이 도달한 바를 측정하는 시금석이라고 해야 할 것이다. 참회도 역시 이러한 시험에서 면제될 수 없다.

그런데 문제를 명확하게 제시한다면 다음과 같이 말할 수 있을 것이다. 모든 직접적인 존재는 상대성으로 말미암아 서로가 서로를 부정하게 되고, 그 결과 그들의 존재를 잃어버리고 무로 돌아가게 된다. 무야말로 그 어떤 것에 의해서도 부정될 수 없는 절대이다. 그러나 무는 직접적으로는 존재하지 않는다. 직접 스스로를 긍정하는 것은 존재이지 무가 아니다. 존재는 지금 말한 대로 상대적인 것으로 서로가 서로를 부정한다. 존재의 부정에서 스스로를 매개적으로 현성하며, 이로써 스스로를 간접적으로 긍정하는 무만이 더 이상 부정을 허락하지 않는 절대이다. 그러나 절대무는 상대적 존재를 긍정함으로써 현실 속에서 실현되며,

자기 자신의 절대적 힘과 상대적 존재의 직접성을 부정하여 상대적 존재에게 삶을 부여한다. 다시 말해서 절대무는 상대적 존재가 다른 상대적 존재를 부정하는 형태로서 이루어지는 자기 부정을 통해서 무로서의 자신의 기능을 실현한다. 상대적 존재에 의한 자기 부정과 전환은 이렇게 해서 가능하다. 왜냐하면 상대적 존재는 절대무에 의해서 긍정되기 때문이다. 동시에 무의 자기 부정적 행위가 자신을 긍정하고 세상에서 자신을 실현한다. 이러한 절대적 전환이 진실로 절대무이고 동시에 절대매개이다. 이것이야말로 절대라고 할 수 있는 단 하나의 절대이다.

그런데 절대는 언제나 절대매개를 포함하기 때문에, 스스로의 무를 실현해야 할 매개인 상대적 존재가 없어서는 안 된다. 존재는 부정되어 무를 위한 매개가 됨으로써 "무 안에 있는 존재", 즉 공성(空性Śūnyatā)을 지닌다. 그러나 이러한 공유가 무의 매개인 한에서 무와는 독립된 존재성을 지니고 있기 때문에, 무의 매개라는 조건을 버리고 스스로의 존재성을 내세우려는 근본악을 지니고 있다. 왜냐하면, 만일 이처럼 자신의 존재성을 내세우려는 악의 경향성을 가지고 있지 않다면, 그것은 자신의 존재성을 잃어버려서 무의 매개가 될 수 없기 때문이다. 그러므로 존재는 절대적인 자립성을 갖고 있다고는 할 수 없다. 그것은 공유로서 다만 무의 매개가 될 뿐이다. 다른 말로 한다면, 존재는 절대무에 참여하는 한 존재한다. 이것이 선(善)의 주체인바, 선의 주체를 통해서 이러한 공유의 자각이 그들의 행위적 믿음을 통해서 증거된다.

여기서 우리들은 선의 주체에 참여하도록 허락된 것이 악을 행할 가능성을 불가피한 업으로 짊어진다는 모순에 부딪친다. 혹은 이와는 반대로 악을 자신의 예지적 행위로 짊어지는 자기가 이 업으로부터 벗어나 선으로 전환되는 한에서 존재를 용납 받는다고 하는 모순이라고 해도 좋다. 모순은 이렇게도 표현될 수 있다. 존재가 무가 되고 무가 존재가 되는 한 존재는 무이고 무는 존재이다. 어떤 이들은 본질적인 것과 현실적인 것을 구분함으로써 위의 모순을 피하고자 할지도 모른다. 즉 악은 본질상 있어서는 안 될 것임과 동시에 현실상 없으면 안 되는 것이며, 선은 본질상 있지 않으면 안 되는 것이면서, 현실상 없는 것이라는 식으로 말이다. 그러나 여전히 본질은 결코 현실로부터 분리될 수 없다는 모순으로부터 벗어날 길은 없다. 왜냐하면 본질은 현실의 본질이며, 현실은 본질의 현실화이기 때문이다. 그러므로 존재해야 할 것은 존재하지 않으며, 존재하지 말아야 할 것은 존재한다고 하는 모순은 어디에서나 현저하게 존재한다.

이러한 모순은 상대적 존재인 유한자를 얽어매는 속박일 뿐만 아니라, 절대자도 이러한 모순에서 벗어날 수 없다. 무한의 절대 역시 상대자와의 관계에서만 절대이며, 상대자를 매개로 해서만 절대적인 자각을 실현하기 때문이다. 절대는 다만 이 모순을 통해서 절대가 된다는 사실을 증거 하는 수밖에 없다. 우리들이 일체의 자기 동일성을 단념하고 배제하여, 무의 전환 매개를 행함으로써만 절대의 절대성을 믿고 깨닫는 것은 그 때문이다. 절대성 자체는 상대를 매개로 하고 상대에 상즉함으로써만 행위적으로 깨달을 수 있다. 따라서 당연히 절대 역시 모순의 밖에 성립하는 것이 아니다. 무가 절대이며 변증법이 무의 자각의 원리가 되는 소이가 여기에 있다. 죽음으로 살고, 죽은 사람이 되어서 삶 속에서 행한다는 모순이 바로 그것이다.

그렇다면 과연 모순이 모순인 채로 절대에 의해서 구제되는 일은 본질상 가능한가? 종교의 해탈과 구제가 바로 이러한 것을 의미한다면, 어떻게 그러한 일이 가능한가? 만약 그것이 불가능하다고 한다면, 종교는 미신이며 착각 이외에 아무 것도 아니다. 만일 종교가 미신이며 착각에 불과하다면, 인류의 정신사에서 종교가 수행해 왔던 저 위대한 업적은 착각이고 환영이었단 말인가? 그러한 신앙을 지키고 보호하기 위해서 많은 이들과 많은 민족이 피를 흘려왔는데, 그것도 미오의 결과였단 말인가? 본디 종교적 신앙은 어떻게 가능하며, 어떤 구조에 의해서 앞에서 말했던 모순을 모순인 채로 통일로 받아들일 수 있단 말인가?

왕생(往生)이나 부활(復活), 또는 작불(作佛)과 같은 신앙의 핵심적 문제를 밝히기 위해서는 이러한 물음에 대답하여야 한다. 나는 이 문제를 구체적이고 분명하게 파악하기 위해서, 몇몇 대표적인 개념을 편의상 사용할 생각이다. 우선 작불이라고 하는 개념부터 살펴보기로 하자.

작불이란 말할 것도 없이 자력문인 선에서 행하는 수도(修道)의 목표이다. 견성(見性)하여 깨닫는 것은 작불을 위한 것이다. 아니, 견성오도가 작불 그 자체이다. 이른바 살면서 죽은 사람이 되어 행하는 것이 부처의 경지이다. 문제는 '과연 이러한 모순적 존재 방식이 가능한지, 가능하다면 어떻게 가능한가'라는 점에 있다.

그런데 이에 대한 답은 이미 보통의 동일성적 분석논리의 입장에서는 제시될 수 없다는 사실은 분명하다. 왜냐하면 분석논리는 모순을 인정하고 보존하려는 입장이기 때문이다. 따라서 분석논리를 가지고 모순적 존재 방식을 논하는 것은 의미가 없다. 그보다는 모순적 존재 방식인 신앙의 입장에 서서, 이것을 반성하고 자각하는 길 외에 다른 방법이 없다. 신앙은 신앙 밖으로부터 논리적으로 분석될 수 없다. 신앙에는 초월적 모순성이 필연적으로 존재하기 때문이다. 신앙의 문제를 해명하기 위해서는 우선 신앙 자체가 있지 않으면 안 된다. 문제의 해결은 그 안에 있다.

그렇다면 "죽은 사람이 되어서 산다"고 하는 모순은 어떻게 해서 성립되는가? 거기에서 우선 중요한 것은 먼저 죽은 사람이 될 필요가 있다는 점이다. 선에서 구도자[學道者]에게 우선 한 번 죽고 나서 오라고 요구

하는 까닭이 여기에 있을 것이다. "크게 한번 죽는다"[大死一番]라는 것
도 바로 이러한 의미이다. 그렇다면 여기서 말하는 죽음이란 무슨 뜻인
가? 그것은 육체의 죽음인가? 그렇지 않으면 육체의 죽음과는 직접적으
로는 무관한 정신적 자기 부정, 즉 근원적 조건을 철저히 내려놓는 것인
가? 그러나 이처럼 문제를 분석하는 것도 어떤 의미에서는 모순의 입장
을 버리는 것이라고도 생각할 수 있다. 여기에서는 보다 구체적이고 매
개적인 사고방식이 필요하다.

도대체 철학적으로 죽음을 문제시한다는 것은 무슨 뜻인가? 만약 죽
음을 자기 밖에서 일어나는 사실로서 관찰한다면, 죽음은 단순한 자연
현상 내지 사회 현상에 불과할 뿐, 철학의 문제는 될 수 없다. 철학의
문제가 되는 것은 우선 자기의 죽음이 아니면 안 된다. 그런데 죽음이
자기의 소멸을 의미하는 이상, 죽음의 자각이라고 하는 것 자체가 모순
이다. 따라서 미래적으로 죽음을 각오한다는 것밖에는 될 수 없다. 하지
만 죽음은 단지 미래에 일어나는 사건으로서 예상될 수밖에 없는 것인
가? 그렇게 되면 그것은 죽음에 대한 예상일 뿐, 죽음에 대한 결단이라
고는 할 수 없으며, 나아가 죽음 자체에 대한 자각은 더더욱 될 수 없다.

죽음의 자각이라고 한다면, 그것은 다만 죽음이 미래에 예상된다는
데에 그치지 않고 이미 현재적인 것이 되어야 한다. 그런데 죽음이 이미
현재적인 것으로서 현재의 존재 방식을 규정하기 위해서는 단지 미래로
부터 현재로 들어올 뿐만 아니라, 과거의 기존의 내용으로서 현재를 규
정하여야 한다. 그러므로 죽음에 대한 자각은 죽음의 과거적 현재성을
요구한다. 그러나 다른 한편 생각해 보면, 과거로부터 현재에 걸쳐서 이
미 죽어 있는 자기라고 한다면 자각은 일어날래야 일어날 수 없다. 자각
하는 자기는 살아 있는 자기가 아니면 안 된다. 따라서 죽음에 대한 자각
은, 처음에 말했던 것처럼, 미래에 있어서의 죽음에 대한 결단으로서 일

어날 수밖에 없다. 동시에 죽음에 대한 자각은 단지 미래와 관계할 뿐만 아니라, 과거와 현재와도 관계한다. 왜냐하면 죽음은 이미 과거로부터 현재에 이르기까지 존재해왔기 때문이다.

자각은 일반적으로 영원이 현재와 만나는 곳에서 성립한다. 죽음에 대한 자각에도 이와 동일한 구조가 필요하다. 더욱이 우리들의 자기는 현재 생존해 있기 때문에, 죽음의 자각은 오로지 미래적인 결단의 형태 직접적인 매개로 해서 이루어진다. "한 번 죽고서 오라"거나 "크게 한번 죽는다"(大死一番)라는 명제는 명령법의 형태로 이루어져 있으므로, 이 들이 미래에 관한 것임은 명백하다. 하이데거의 실존철학에서 "죽음에 이르는 존재"로서 인간 존재의 전체적이고 극한적인 자각을 말하는 것 도, 일상의 비본래적인 존재 방식으로부터 본래적 실존으로 변하는 것 을 자기에게 부과하는 규정이고, 이것이 의도하는 바는 선에서와 같이 명령인 것이다.

그러나 죽음에 대한 결단은 죽음을 상상하거나 예상하는 것이 아니 다. 죽음은 자기 위에 생기는 무기(無記)의 현상으로 상상되거나 사실 로서 예상되는 것이 아니다. 죽음의 결단은 자기의 생존이 없어진다고 하는 극단적 사실을 긍정하고, 그러한 일이 일어나는 것을 방해하지 않 을 뿐 아니라, 오히려 그러한 일의 매개가 되어 이것에 협력하는 것을 의미한다. 그렇기 때문에 "한 번 죽고서 오라"는 명제도 의미를 가지게 된다. 이 명령은 죽음에 순종한다든지, 다가오는 자신의 죽음에 대해서 준비할 필요가 있음을 인정하는 것이라기보다는 적극적인 의미에서 자 신이 자진해서 죽음의 원인이 되도록 인격적으로 선택할 것을 요구한 다. 그러나 죽음의 동인이 된다는 말은 자살을 의미하는 것이 아니다. 자살은 죽음이 아니라 오히려 부분적으로는 삶에 대한 긍정이기 때문이 다. 죽음의 동인은 역시 죽음이 아니면 안 된다. 그러므로 "큰 죽음"[大

死]이라고 하는 것이다. 그것은 부분적 죽음으로서의 자살, 말하자면 작은 죽음[小死]과는 대조적인 것이다. 그것은 직접적인 죽음이 아니고 매개된 죽음이며, 전면적으로 죽음을 긍정하고 선택한다는 의미이다. 그러므로 그것은 실존적인 결단과 유사한 바가 있다. 나아가 죽음에 대한 결단은 죽음에 대한 수동적 순종이 아니라 자신의 환경에 따라서 본래적 죽음을 재촉하고 추진하는 동인이 되는 것을 의미한다.

능동이나 수동, 재촉과 추진이나 순종, 이 모든 것은 전환 매개를 나타내기 때문에 서로 다르면서도 서로 통하는 바가 있다. 악의 가능성이 악의 현실성으로 바뀌는 전환에도 이와 유사한 바가 있음을 우리들은 위에서 살펴보았다. 그러나 죽으면서 살고 살면서 죽는다고 하는 죽음에 대한 자각은 이러한 전환 속에서 가능하다. 미래적인 죽음에 대한 각오는 현재 살아 있는 자기가 행하지만, 그 자각은 이미 죽어 가고 있기 때문에 가능하다. 자신을 전혀 부정하지 않고, 자기 자신에 대해서 죽는다는 자각이 없는 사람에게 죽음에 대한 각오는 있을 수 없다.

우리는 태어남과 동시에 이미 죽어 가고 있다. 삶 속에서 우리들은 죽음에 접근하며, 점차 죽음에 깊이 들어간다. 이러한 의미에서 죽음은 과거로부터 있어 왔지만 현재라는 시점에서 자각된다. 더욱이 우리는 죽음을 무차별적으로 자각하는 것이 아니라(이와 같이 무기無記인 자각은 일반적으로 있을 수 없다), 우리들이 부정하고자 하는 것을 감히 긍정한다는 의미에서 긍정하는 것이다. 그러므로 우리들의 미래에서 우리들을 기다리는 죽음에 대해서 결단할 수 있을 뿐만 아니라, 스스로 죽음을 선택할 수도 있다. 이때 죽음에 대한 각오 내지 죽음을 죽는다는 것이 유의미한 일이 된다. 삶은 이처럼 죽음을 매개로 하면서 이루어지는 매개적인 것이기 때문에, 스스로 죽음을 각오하면서 죽는 것이 오히려 삶을 가능케 만든다. 죽음을 통하지 않고서는 진정한 의미에서 산다는 것은 불가능하다. 죽음에 있어서 살고, 죽은 사람이 되어 사는 것이 참으로 사는 길이다.

그러나 더 나아가 생각해 보면, 죽음을 각오한다고 해도 그와 같이 각오하는 자기는 죽은 것은 아니지 않은가, 죽은 사람이 되어서 산다고 하지만 그처럼 사는 자기는 여전히 존재하는 것은 아닌가라는 의문에 부딪히게 된다. 그렇게 되면 지금까지 전개해왔던 사상은 여전히 모순이라는 난관에 부딪치는 것처럼 보인다. 그렇다면 이러한 생각들은 모두 헛된 것이었을까? 아니, 반드시 그런 것만은 아니다. 왜냐하면 우리들은 이제 모순은 회피해야 할 것도, 회피할 수 있는 것도 아니라는 사실, 나아가서는 모순을 긍정하고 모순에 순종함으로써 오히려 모순에 방해를 받지 않고 모순을 매개로 하면서 산다는 사실을 자각하기 때문이다.

그렇다면 모순에 순종하고 모순을 긍정한다는 것은 과연 무엇인가? 그것이 만약 모순이 우리들에게 일어나는 것을 알면서 모순에 빠지는 것에 불과하다고 한다면, 그것은 모순을 긍정하는 것도, 모순에 순종하는 것도 아니고, 여전히 모순과 자기를 대립시키는 것이다. 즉 그곳에서 모순은 자기가 부정해야 할 것, 이것을 부정하지 않으면 오히려 자기가 그로 인해서 부정되는 어떤 것으로서 모순을 이해하는 것이다. 자기가 모순을 긍정해서 모순에 순종하는 것이 아니라, 모순과 대립하고 모순에 대항하는 것이다. 즉 자기와 모순이 모순하고 대립한다는 말이다. 그렇게 되면 모순은 해결될 수 없으며, 이와 동시에 자기는 자기를 초월할 수 없다.

"이것인가, 저것인가"(Entweder-oder)라는 전략, 그래서 모순과 자기 중에서 어느 것이 긍정되어야 하는가라는 전략은 적합하지 않다. 왜냐하면 그러한 생각은 한쪽만 긍정하거나 부정하기 때문인데, 한쪽만 긍정하면 부정으로 끝나며, 반대로 한쪽만 부정하면 긍정으로 끝나기 때문이다. 그렇다고 해서 양쪽이 동시에 "이것이기도 하고 저것이기도 하다"(Sowohl-als-auch)라는 식으로 다 긍정될 수는 없다. 그렇다면 이제 남아 있는 가능성은 "이것도 아니고 저것도 아니다"(Weder-noch)뿐이다. 이것은 자기를 모순에 대항시킨다거나, 모순을 부정되어야 할 어떤 것으로 여겨서 자기와 대립시키는 것이 아니다. 모순에 의해서 자기를 부정하며, 그러한 부정을 통해서 자기가 소멸함과 동시에 모순도 자기와 맞선 어떤 것으로서는 소멸된다. 그래서 양자는 "이것도 아니고 저것도 아니다"라는 관계로 전환된다. 자기와 모순은 이미 서로 모순적으로 대립하지 않는다. 살면서 죽고, 죽은 사람이 되어서 살라는 말은 삶과 죽음을 보편적인 자기 동일성 위에서 자각하면서 산다는 말이 아니다. 그 말은 "이것이기도 하고, 저것이기도 하다"(Sowohl-als-auch)는 뜻이 아니다. "이것도 아니고 저것도 아니다"(Weder-noch)라는 입장에서 삶도 아니고 죽음도 아니라는 말이다.

  "이것도 아니고 저것도 아니다"의 근저가 되는 무는 결코 자기 동일적인 무로서 직관될 수 없다. 믿음에 근거하고 타력에 순종해서 행위가 이루어짐으로써 우리들은 부활과 환상행을 깨닫고 무를 자각한다. 이것이 죽어서 살고, 살면서 죽은 사람이 되어 행한다는 말의 의미이다. 거기에서 무의 자각은 행위와 믿음과 깨달음[行信證]으로서 성립한다. 자기가 있어서 하는 자각이 아니고, 자기가 없어지면서 하는 자각이다. 죽으면서 사는 자기를 깨닫는 가운데 자각은 성립한다. 설령 자기가 부활되었다고 해도 그것은 동일성적 사유의 입장에서 생각하는 것처럼 죽음이 사라지고 삶이 죽음 대신 다시 오는 것이 아니다. 삶과 죽음의 변증법은 오히려 다음과 같은 것이다. 즉 죽음이 삶을 따라오는 것이 아니라 삶안에 이미 죽음이 있는 것처럼, 삶은 죽음과 더불어, 죽음에 의해서 매개되어서 부활한다. 삶과 죽음이 서로 전환하는 장소는 양자가 "이것이기도 하고, 저것이기도 하다"(Sowohl-als-auch)라는 관계로 포괄되는 보편적 장소가 아니다. 그 장소는 "이것도 아니고 저것도 아니다"(Weder-noch)라는 역동성, 즉 전환 그 자체이다.

"이것이기도 하고, 저것이기도 하다"가 적분(積分)적이라면 "이것도 아니고 저것도 아니다"는 미분(微分)적이다. 미분은 어떤 곡선에 대해서도 (바이어수트라우스 곡선[3]처럼 특이한 경우를 제외하고는) 일반적으로 접선의 방향을 정한다. 즉 함수는 일반적으로 도함수(導函數)를 가진다. 그러나 적분이 발견된 것은 특수한 함수에 제한되며 함수 일반의 성질은 아니다. 미분 방정식은 특수한 경우에만 풀 수 있다. 적분적 장소는 특수한 장면으로서만 실현되며, 일반적으로 시간은 공간적 장소에 포함되지 않는다. 연속의 요소로서의 데데킨트(Dedekind)의 절단(切斷)[4]은, 수의 완전한 연속을 서로 모순적인 방식으로 둘로 나눔으로 인해서 두 부분을 연결하는 전환의 역동적인 기능을 의미한다. 이러한 사실은 역으로 데데킨트의 절단이 자기 동일적인 장소로서의 공간이라는 이미지로 파악될 수 없다는 사실을 암시한다. 무리수의 연속이 무한집합(無限集合)[5]으로 환원되지 않는다는 사실은 역학의 가상변위(假想變位)가 기하학화되지 않는다는 사실에 상응한다. 철학적으로 이것은 위에서 거론했던 전환이 모두 행위적 자각이지, 장소적 직관이 아니라는 사실을 의미한다.

---

3 칼 바이어슈트라우스(Karl Weierstrauss 1815-1897)는 독일의 수학자. 리만 (Bernhard Riemann 1826-1866)과 함께 해석함수론의 기초를 놓은 것으로 유명함. 극소곡면의 이론으로 기하학의 영역에서도 업적을 남겼다.
4 유리수를 두 집합 A, B로 나누는데, 이 경우 집합 A의 모든 원소들이 집합B의 모든 원소보다 적도록 하고, 집합 A가 최대 원소를 포함하지 않는 방식으로 나누는 것. [역자주]
5 칸토르(Georg Cantor)는 〈무한집합론의 근거에 기여함〉(1895-1987년)에서 유한한 기수(基數 Kardinalzahl)을 가진 집합을 유한집합이라고 부르고, 그 이외의 집합을 무한집합(transfinite Menge)이라고 불렀다.

이처럼 행위적 자각은 과거적인 것이거나 이미 존재하는 어떤 것, 공간적인 구상을 통해서 일거에 직관되는 어떤 것으로부터 성립되지 않는다. 그것은 부활의 미래적 희망처럼 현재가 죽음을 통해서 전환되는 바에서 성립하는 자각, 즉 자기가 무가 되는 자각이다. 그것은 죽음에 대한 자각인 것이다.

여기서 말하는 무의 통일은 "이것이기도 하고, 저것이기도 하다"가 아니고 "이것도 아니고 저것도 아니다"라는 전환 그 자체이다. 그것은 행위하는 것, 실로 자기가 죽어서 타력에 순종하는 행위적 믿음을 지닌 사람에게만 부활의 깨달음으로서 성립한다. 무의 동일을 절대모순의 자기 동일로서 장소적으로 직관하는 바에서 부활이 이루어지고 행위가 성립하는 것이 아니다. 죽음을 행하고 자기가 타력의 매개로 소멸되며, 이렇게 됨으로써 자기가 타력의 매개로서 살아나 공유로서 세상으로 돌아온다[還相]는 자각에서 무는 현성한다. 스스로를 죽음에 내놓지 않는 사람에게는 무라고 하는 것도 빈 이름[空名]에 지나지 않는다. 그러므로 그들 자신의 행위적 직관을 그들의 행위를 위한 자기 동일적 근거라고 주장하는 것이다. 하지만 거기에는 행위의 전환은 없다. 죽음의 행위가 없기 때문이다. 이와는 반대로 죽음을 행하는 행위자에게 있어서만 무는 깨달아지고 자각될 수 있다.

"죽음 곧 부활"이 무를 증거한다. 행위적 믿음을 지닌 자만이 이를 깨달을 수 있다. 무를 깨닫는 것은 행위의 근거나 장소로서 무를 직관하는 것과는 다르다. 그러한 견해는 망상에 불과한데, 왜냐하면 그러한 견해는 무를 직관하는 것을 실은 존재와의 합일에 대한 표현이라고 보고, 행위를 ―자기가 죽고 무가 되도록 해주는― 타력의 행위라고 보는 대신 존재를 형성하는 자력적 삶의 기능이라고 이해하기 때문이다. 이러한 입장에는 행위도 없고 무도 없다. 설령 무라든지 행위라는 동일한 명칭을 사용한다고 하더라도, 그것들은 삶의 표현 작용으로서 존재를 형성하는 것에 불과할 뿐, 죽음의 행위에서 자각되는 무와는 정반대의 것에 지나지 않는다.

죽어서 산다든가, 살면서 죽은 사람이 된다든가 하는 것은 이러한 의미이다. 그렇다면 그것은 삶을 삶과 직접적으로 대립되는 죽음을 가지고 부정하는 것 이상을 의미한다. 또는 삶에 대해서 죽음을 직접적으로 긍정하는 것을 의미하는 것도 분명 아니다. 그것은 삶과 죽음을 대립시키고, 한쪽을 긍정하고 다른 쪽을 부정하는 Entweder-oder의 입장이 아니다. 어느 쪽에 서더라도 죽음을 피할 길이 없다. 또 거기에는 양자를 동시에 수용해서 공존시키고, 그렇게 함으로서 삶을 긍정하려는 Sowohl-als-auch의 입장도 없다. 그렇다면 결국 남는 것은 Weder-noch, 즉 삶도 아니고 죽음도 아니라고 하는 절대부정 이외에는 없다. 여기에서는 삶이 죽음에 의해서 부정되고 소멸하는 것만이 아니고, 죽음도 죽어서 사는 삶으로 전환되고, 삶과 대립되는 죽음으로서 존재하는 것은 사라진다.

그것은 "혜현에게는 이제 생사가 없다"(慧玄這裡無生死矣)[6]라는 관산혜현(關山慧玄)의 말 속에 드러난 절대무의 경지이다. 죽어서 살고, 살면서 죽는다는 것은 삶과 죽음이 대립하는 곳에서 그 Entweder-oder를 파괴하는 것이 아니다. 그렇다고 해서 양자의 대립을 넘어 양자를 포괄하는 Sowohl-als-auch를 벗어나는 것도 아니다. 아니, 그런 것이 결코 아니다. 다만 양자가 서로 대립하는 바가 없는 Weder-noch의 전환을 이룬다는 의미이다. 참으로 "이제 생사는 없다"는 말 그대로이다. 이러한 경지는 행위가 이루어지는 경지로서 직관되는 장소가 아니다. 행

---

6 관산혜현(1277-1360)은 임제종의 승려로 쿄토 묘신지(妙心寺)를 개산(開山)했다. "나에게는 생사가 없다"라는 말로 잘 알려져 있다.

위 밖에, 행위에 앞서서 무의 장소가 있다고 한다면 그것은 무라고 하더라도 존재이지 결코 무가 아니다. 무는 오직 행위에 의해서만 믿고 깨달을 수 있다. 행위에 즉해서 믿는다고 한다면, 이는 행위가 믿음을 전제로 해서 행해진다는 의미이다. 그러나 믿는다는 것은 믿는 자기가 무의 매개가 되고, 그런 의미에서 자기는 더 이상 존재하지 않음을 가리킨다. 믿는 자기를 직접적으로 긍정하면서 믿을 수는 없다. 믿음에서 믿는 자는 믿어지는 것에게 자신을 내려 놓아야한다. 그러므로 믿음 안에서 죽고 믿음 안에서 부활되는 것이다. 이와는 달리 직관이란 직관하는 사람과 직관되는 것이 하나가 되는 것이다. 즉 직관은 Sowohl-als-auch처럼 자기동일적인 것의 합일이다.

플로티노스의 신비주의는 이중적인 자기 초월(Ekstasis)을 말한다. 즉 영의 상승과 일자(一者)의 하강이 서로 교차한다고 말한다. 하지만 이 경우 우리들은 여전히 존재와 형성과 표현이라는 입장에 머물게 된다. 왜냐하면 그와 같은 신비주의는 직관에 근거해 있고, 부정을 매개로 하여 실천되는 행위에 근거한 것이 아니기 때문이다. 다른 말로 한다면, 무의 Weder-noch가 아니고 존재의 Sowohl-als-auch의 입장이다. 무라고 해도 그것은 이성에 대한 무에 불과하여, 모든 술어를 초월하는 어떤 것을 의미하는 것에 지나지 않는다.

플로티노스 이후 그의 영향을 받으면서 등장하였던 기독교 신비주의자들이 일반적으로 신성(Gottheit)이라고 불렀던 것에 대해서도 위와 유사하게 평가할 수 있다. 그것은 절대무가 아니라 반대로 절대 존재이다. 그러므로 세계는 그러한 존재성[有性]의 유출로서 존재한다고 여겨졌던 것이다. 현실은 공으로서 무의 매개로서의 존재이며, 따라서 존재도 아니고 무도 아니라고는 생각될 수 없었다. 그와는 달리 현실은 상대적이고 불완전한 존재라고 여겨졌고, 따라서 부분적으로는 존재이고 부분적으로는 무인 존재라고 인정되었던 것이다.

가령 플로티노스가 말하는 유출이 —일반적으로 이해되듯이— 일방적인 유출이 아니라 두 개의 서로 대립하는 방향이 상호적으로 매개하는 것이라고 생각해 보더라도, 그것은 무의 현성이나 "죽음 즉 부활"을 의미할 수 없다. 그 경우의 매개는 "자력 즉 타력", "타력 즉 자력"처럼 자력과 타력이 서로 교류하고 서로 협력하는 것을 의미하는 데에 불과하기 때문이다. 이것은 물론 일방적 유출이나 창조에서처럼 다(多)인 상대적 개체가 일(一)인 절대에 삼켜지고, 그 결과 "일다상즉"(一多相卽), "절대 즉 상대"의 매개성이 상실되어 일(一)로서의 절대도 불가능하게 되는 경우와 비교해 본다면 보다 구체적이고 진전된 상태이기는 하다. 하지만 그것은 부정을 매개로 하거나 죽음을 매개로 하는 것이 아니고, 상대적인 다를 악에 근거한 아성의 주체로서 인정하지 않기 때문에 결과적으로 악은 단순한 결핍상태라고 여겨질 뿐이다. 거기에서 선은 부정적 전환이 아니라 동일자에게 돌아감으로써 달성된다.

이러한 사고방식의 결과, 십자가의 죽음과 부활이 그 의미를 잃어버리고, 범신론의 미적 입장이 대신 등장하게 되었다. 오늘날 변증법적 위기의 신학이 믿음을 강조하는 것은 이러한 경향에 반대하고 있다. 참회도의 부정 매개는 변증법적 위기의 신학과 같이 믿음을 강조하는 입장이다. 그것은 Weder-noch를 철저화하며, 범신론이 주장하는 자기 동일적인 Sowohl-als-auch의 직관과 구별되어야 한다. 키에르케고르가 미적인 것과 종교적인 것을 구별하고 대립시킨 것도 그 때문이다. 종교적 신앙에서 절대무는 절대적인 모순과 분열, 즉 위기에서 드러난다. 절대무의 특징은 상대적 존재를 부활시키는 "대비 즉 대비"에서 찾을 수 있다. 이와는 달리 직관에는 대비(大悲)가 없다. 자기는 참회를 통해서 죽는 것이 아니라, 자신을 형성하면서 여전히 살아 있다. 따라서 거기에는 부활에 대한 감사는 찾아볼 수 없고, 미적 향수(享受)만이 있을 뿐이다. 한편은 죽음의 입장, 무의 입장이고, 다른 한편은 삶의 입장, 존재의 입장이다. 참회도는 전자의 입장이지 후자의 입장은 아니다.

이러한 견지에서 보았을 때, "크게 한번 죽는다"(大死一番)는 것을 표방하는 선의 자력문이 지니는 특색은 무엇인가? 그것은 과연 믿음의 부정적 전환을 철저히 하는 것일까? 오히려 선이 말하는 자력적 견성은 "대비 즉 대비"의 전환을 직관적인 합일로서 이해하는 것은 아닐까?

물론 선은 자력성도문 중에서도 다른 점교(漸敎)와는 다르다. 즉 선은 사변적인 존재론을 해탈의 길로 여기지 않으며, 존재의 일반적 존재방식이 아니라 자기의 실존을 해탈의 관건으로 여기면서 견성이라는 한 점에 작불의 모든 노력을 기울인다. 선은 실로 실존철학이 일반 존재론을 비판하였던 것처럼 구체적 입장에 서 있으며, 견성의 수단으로 공안을 사용하는 방법은 그 어떤 것과도 비교할 수 없을 정도로 독특하다. 우리들은 철학의 견지에서 선의 시도를 이해하기 위해 노력을 기울이지 않으면 안 된다.

앞에서도 언급하였던 것처럼, 선불교가 공안에 대해서 사유하는 바는 철학의 절대 비판과 유사한 절대부정의 길과 다르지 않다. 그 절체절명의 절대 비판을 통해서 "크게 한 번 죽음"이라는 난관에 부딪쳐서는 오히려 "낭떠러지에서 손을 놓아 죽은 후에 다시 살아난다"(懸崖撒手絶後再蘇). 즉 부활로 전환되는 것이다. 이것은 어떤 방식으로든 신앙의 핵심에 접해 본 사람이라면 즉시 알 수 있는 내용일 것이다.

선의 요체는 자기의 불성을 깨닫는 것이다. 이것을 견성이라고 한다. 중생도 본래 부처인 것이다. 깨달으면 바로 부처가 된다. 부처를 깨닫지 못한 자가 중생에 다름 아니다. 부처와 중생의 관계는 물과 얼음의 관계와 같다. 물과 얼음은 언뜻 정반대처럼 보이지만 사실은 같은 본성을 지녔다. 중생으로서 죽는 것이 그대로 부처로서 사는 것이다. 그 사이에 별도로 부활이라고 하는 것은 없다. 따라서 대비의 은혜에 감사한다고 할 것도 없다. 부처와 자기의 관계는 아미타여래의 경우처럼 인격적 관계가 아니다. 부처는 자기의 본래면목이다. 부처는 자기와 마주하는 것이 아니라 이미 자기 자체이다.

즉자(an sich)와 대자(für sich)라는 개념을 사용한다면, 부처는 중생에 대해 즉자적이고 동일성적이다. 그것은 대자적으로 부정 전환이라고 할 수 없다. 타력적인 대비의 신앙에서처럼 절대와 상대가 대립하고 전환하는 경우에는, 절대의 대자체라는 개념이 타당하지만, 자력 견성을 주장하는 선에는 이러한 개념보다 오히려 즉자태(即自態)라는 개념이 더 적합하다. 물론 선이 "무분별의 분별"을 말하는 이상은 선도 대자태(對自態)가 아니어서는 안 된다. 그러나 개념적인 차원에서 본다면, 선은 "분별의 무분별"을 더 선호하기 때문에 즉자태로 전환되어 동일성으로 기울기 쉽다.

즉자태는 대자태의 퇴락이며 추상화이다. 이는 대단히 자연스러운 일이다. 마치 천칭이 무거운 쪽으로 기우는 것이나 물이 낮은 곳으로 흐르는 것과 같은 이치이다. "중생이 본래 부처이다"(衆生本來佛)라고 하지만, 불성 안에는 중생으로 전락하려는 불가피한 경향이 있다. 이른바 근본악이 그것이다. 그런데도 선은 이처럼 전락할 수 있는 경향성을 강조하기보다는 반대로 중생이 본래 부처라고 하면서 즉자성에 중점을 둔다. 하지만 깨달아 모든 것을 꿰뚫어 보는 경지는 즉자적인 것이 아니라 대자적이다. 즉 깨달음은 "무분별의 분별"인 것이다. 선이 견성할 것을 권하고 깨달음의 길을 가라고 권하는 것은 이 길이 모든 이에게 열려 있고 또 접근 가능하다고 여겨지기 때문이다. 이렇게 함으로써 선은 동일성과 즉자성에 무게를 둔다.

어리석은 중생과 달리 현자나 지자에게 이는 당연한 일이다. 현자와 지자는 자기의 본래불인 즉자태를 자신의 존재 방식으로 삼기 때문이다. 따라서 현자 지자들에게 타력의 자비는 필요치 않을 것이며, 자력으로 자유롭게 본래의 자기 자신을 깨달아 자기 본래의 존재 방식으로 자유로운 상태에 안주할 수 있다. 그러므로 선은 "집에 돌아가서 조용히 앉아 쉰다"(歸家穩坐)라든지, "배고프면 먹고, 피곤하면 잔다"는 것을 가장 뛰어난 존재 방식이라고 한다. 이것이야말로 현자 지자의 특징일 것이다.

나처럼 어리석고 평범한 자가 이런 높은 영적인 상태를 부정한다는 것은 어불성설이며, 그저 우러러보면서 동경할 수밖에 없을 것이다. 현자나 지자가 나더러 자신의 불성에 대한 믿음이 없다[爲儞信不及]7고 꾸짖는다고 하더라도 나는 어쩔 도리가 없다. 그것이 범부의 특성이기 때문이다. 이치[理]상으로는 중생 본래의 면목이 부처라는 것을 알지만, 이것을 실제로[事]는 깨닫지 못한다. 자기의 어리석음을 한탄하고 무력함을 부끄러워하여 본들, 자기 본래의 면목을 꿰뚫어 볼 능력이 없다. 단지 이러한 현실을 긍정하여 자기의 무력을 부끄러워하면서 거기에 순종할 때, 이상하게도 나의 무력이 무력인 채 용서되고, 어리석음이 어리석음인 채 그대로 용납된다는 것을 믿고 또 깨닫는다. 이것이 다름 아닌 참회이다. 나는 참회에서 현자나 지자의 경지를 겨우 엿볼 수 있다고 느끼는 것이다.

참회에서는, 현자 지자의 깨달음에서와는 달리, 자기가 즉자적으로 절대 속으로 귀입되지 않는다. 참회에서는 대자적으로 대비 타력의 절대로 전환되며, 자기는 타력의 매개인 한에서 존재할 수 있다. 참회는

---

7 『임제록』〈상당〉에 "석존께서 말씀하시기를, 법은 문자를 떠나 있다. 인因에도 연緣에도 있지 않기 때문이다. 그대가 믿음이 부족하기 때문에 오늘 갈등한다"라고 쓰여 있다.

자기의 행위이면서 동시에 자기를 버리는 행위이다. 따라서 자기의 행위는 타력의 대비로부터 유래한다. 타력에 순종해서 참회하는 것은 여전히 자기이다. 따라서 참회는 자기의 행위가 아니면서 자기의 행위이며, 자기의 행위이면서 자기의 행위가 아니다. 참회는 절대무에 매개되어서 하는 행위, 즉 행위하는 자가 없는 행위이다. 거기에 절대의 대자태가 전개된다. 참회는 절대에 대한 행위적 자각이다. 그 안에서 상대의 행위와 믿음과 깨달음이 드러나는 것이다.

선은 "무분별의 분별"에 근거해 있으며, 따라서 대자적인 모습이다. 하지만 선은 즉자태로 되려는 경향을 불가피하게 지니는데, 이것은 선에 관계하는 상대적 존재가 지니는 제한으로 인한 것이다. 그러나 선에는 참회도로 통하는 길도 당연히 있다. 다만 현자 지자가 "즉심즉불"(卽心卽佛)을 말하면서 즉자적 동일성으로 기울기 때문에 선이 지닌 본래적인 대자성을 뚜렷하게 드러내지 못할 뿐이다. 그러나 "즉심즉불"이 즉시 "비심비불"(非心非佛)로 바뀌는 곳에 선의 진면목이 드러난다. 선은 관념론도, 범신론도 아니다. 선의 특징은 그것이 행위적 무의 자각이라는 점에 있다. 본래 중생 상호간의 계발(이른바 "실존의 협동"[8]이나 전달은 이것을 가리킨다)을 목표로 하는 타력적 환상의 종교뿐만 아니라 환상적인 철학은 선보다는 참회도에 더 가깝다. 선의 즉자적인 경향은 무매개적인 동일성으로 전락할 위험성을 다분히 가지고 있음을 부인하기 어렵다. "크게 한번 죽음"이 단지 구호로서 관념화되고, 행위가 윤리의 이성적 엄숙함이나 자력의 무력함 그리고 이들의 근본 바닥에 뙤리를 틀고 있는 뿌리 깊은 근본악에 매개되지 않기 때문에, 선은 "옷을 입고 밥을 먹는다"(着衣喫飯)라고 하는 일상성으로는 돌아간다고 하여도, 국가 사회의 윤

---

8 "실존의 협동"은 다나베가 『생의 존재학인가, 죽음의 변증법인가』 등에서 사용한 후기 다나베 철학의 중심 개념의 하나.

리로 환상(還相)하는 일은 매우 적은 것이 사실이다. "평상심이 곧 도이다"(平常心是道)라든가, "무언가를 구하지 않고 있는 그대로에 철저한 사람이야말로 고귀한 사람이다"(無事是貴人)라는 말은 무분별을 향한 왕상적인 일면에 치우쳐서, 분별의 환상면을 희박하게 하지 않을 수 없는 것이다. 만약 성현의 경지가 여기에 머물고 만다면, 도교(道敎)의 신선(神仙)의 경우처럼 미적 향수(享受)를 벗어나지 못한다. 현자나 신선은 모두 윤리 도덕을 초월하려고 하지만, 자연 상태에 머물고 말게 되어 윤리보다 못한 상태로 전락하는 것이다.

나는 공안이 일상의 잡다한 일이나 황당한 공상을 다룬다는 점에 그 독특성이 있다고는 생각하지 않는다. 공안은 오히려 이성과 윤리의 절대 비판적 한계에서 성립함으로써, 실로 현성공안(現成公案)의 의미를 완수하고, 역사적 사회적 환상의 구체성을 실현할 수 있다고 생각한다. 선이 이처럼 현실 속에서의 실천적 주체를 형성하기 위한 수행법이라고 한다면, 참회도 역시 수선(修禪)의 방법이라고 인정되어야 할 것이다. 적어도 나처럼 어리석은 범부에게는 성현이 가는 길을 갈 수 있는 능력은 없으므로, 참회도 외에는 달리 길이 없다. 그러나 참회도가 이처럼 선과 유사하다고는 하더라도, 참회도의 특징은 선과는 달리 대자성을 드러낸다는 사실에 있다.

타력 염불문에는 아미타불과 중생 사이에 인격적 관계가 설정되어 있다. 이는 대자태의 관계로서, 크게는 신화적인 내용으로 뒷받침되고 있어서, 이러한 믿음에서는 대자적인 매개에 근거한 자각은 불가능하다. 참회도는 타력신앙이 이렇게 되지 않도록 막아준다. 그것은 정말로 선과 염불, 즉자태와 대타성 사이에 존재하며, 그 어느 것도 아니면서 모두에게로 통하는 대자적 자각의 입장이다. 여기에 참회도의 특징이 있다.

참회도의 대자성은 종교적 신앙의 근저인 절대의 절대성을 자각시키는 길이다. 이는 특히 중요한 의미를 지닌다. 앞에서 말하였던 것처럼, 선이 주창하는 "크게 한번 죽음"도 "즉심즉불"의 즉자태에 치우쳐 버리고 만다면 관념적인 것이 되고, 선은 이때 이른바 구두선(口頭禪)으로 끝나버릴 위험을 지니게 된다. 선은 절대와 상대를 동일성적으로 합일시키려는 경향을 가지기 때문이다. 이렇게 되면 절대와 상대를 서로 격리시키는 죽음이 들어갈 여지가 생기게 된다. 하지만 대립과 전환은 말할 수 없게 되어 버린다.

　선이 즉자적 동일성으로 전락하려는 경향성이 있음은 부인하기 어렵다. 그래서 "살면서 철저히 죽은 사람이 되어서 마음먹은 대로 뭐든지 해도 좋다"라는 말은 스스로 본래적인 형태로 선을 실천한 사람만이 입에 올릴 수 있는 최상의 말임을 망각하고서, 그 말을 다만 "마음먹은 대로 뭐든지 한다"는 식으로 저열하게 해석하곤 하는 것이다. 이러한 후안무치의 행동이 사실 얼마나 많이 있는가? 이것은 "죽음 즉 부활"을 알지 못하고, 절대와 상대가 상즉하여 동일한 것으로 치부해 버린 결과, 양자 사이에 격리, 대립하는 바가 완전히 없어져 버렸기 때문이다. 여기에서는 상대가 절대와 융합한다고 생각하는 대신에 절대가 상대와 같은 것이 된다고 여긴 나머지, 상대를 매개로 하는 부정적 전환의 행위에서 절대를 믿고 깨달으며, 거기서 절대가 드러난다는 사실을 잊어버리게 된다. 본래의 행위나 이성의 절대 비판의 한계에서 나타나는 신앙에서 나타날 절대는 이 경우 상실되고 만다.

　나는 이성의 논리적인 이율배반성, 즉 보편과 개별 사이에서 불가피하게 일어나는 합일과 반발이 있음을 지적하면서, 오직 우리들의 대상적 사유[計較商量]를 초월하는 곳에서 역사적 현실에 순종함으로써 이러한 이율배반을 벗어날 수 있다고 여러 차례 말하여 왔다. 그러나 이것

역시, 앞에서 말했던 선의 "크게 한번 죽는다"와 마찬가지로, 동일성적인 관념이 되어버려서 단순한 주관성의 요청에 그침으로 상대성에 머물수밖에 없음을 이제 알게 되었다. 상대이면서 상대성을 방기하여 절대에 몸을 맡긴다고 하여도, 그 절대는 어디까지나 상대로부터 사유된 절대에 그치고 말기에 단지 주관의 요청에 불과하다. 그것이 객관적으로 절대의 현성이라는 보증은 그 어디에도 없다. 일반적으로 상대로부터 요청되고 사유된 절대는 모두 이러한 제한을 벗어날 수 없다.

그렇지만 상대와 절대가 대자적으로 대립할 뿐이라면, 상대도 상대로서의 존재성을 획득할 수 없고, 절대도 절대성을 드러낼 수 없다. 여기에 제삼의 것, 즉 즉자도 아니며 대자도 아닌 대립의 입장이 있다. 하지만 인간이 상대 존재이며 절대자가 아닌 한, 이러한 입장이 절대의 입장이라는 보증은 어디에도 없다. 예로부터 신비주의자는 절대에로의 귀입과 절대와의 합일을 희구하였다. 에크하르트가 신성과 인간의 혼 사이의 관계를 통일(unitas)이 아니라 단일(unus)이라고 생각하였던 것은 그가 절대와 조금도 틈이 없는 합일을 희구한 결과였다. 탈자(脫自, Ekstasis)라는 개념이 "황홀"을 의미하였던 것도 마찬가지의 이유였다고 여겨진다. 그러나 아무리 강렬하게 신과의 합일을 희구한다고 하여도, 그러한 합일이 이루어졌다는 보증은 어디에도 없다.(몇몇 여성 신비주의자들이 비정상적인 육체적 흥분 상태에서 환각에 이르렀던 것과 같은 병리적 주체성은 예외로 해도 무방할 것이다.)

신과의 합일의 요구가 강해지면 강해질수록, 신의 초월성에 대한 주장, 즉 신은 무한히 높고 완전하여 상대성에는 결코 물들 수 없다는 주장은 더욱 강해진다. 이것이 신비주의의 특색이다. 즉자적 동일성에 대한 요구는 타자로부터 분리되려는 요구와 표리 관계를 이룬다. 신의 절대성과 무한성과 초월성을 주장하면서도, 신은 상대를 완벽하게 포용하고 조금의 틈도 없이 상대와 하나로 통합되어 상대와 전혀 대립하지 않는 다고 주장하는 곳에서 신비주의는 성립한다. 이처럼 완전히 정반대인 모순된 요구를 통일하는 경험이기 때문에 신비주의는 신비로 가득차게 되는 것이다.

플로티노스의 사상에서는 미적 직관과 이성적 사변이 변증법적으로 통일되어 혼연(渾然)하고 웅대한 체계를 이루고 있다. 그런데 플로티노스의 사상이 기독교로 수용된 후에는 변화가 일어났다. 플로티노스는 물질의 원리를 일자(一者) 이전의 다양성의 원리, 즉 비존재의 존재로서 받아들였다. 그런데 이것이 기독교에 의해서 인격적이고 저항적인 것, 즉 신을 거역하는 육체의 원리로 변해버렸다. 따라서 유한하고 상대적인 존재로서의 인간은 신의 절대성으로부터는 점점 멀어지고 점점 더 대립하는 존재가 되었다. 그리고 이와 동시에 신과 합일하려는 요구가 점점 더 맹렬하게 높아졌던 것이다.

그 결과 신비주의는 우리들이 참회도에서 발견하게 되는 것과 동일한 부정과 긍정 사이의 긴장을 지니기에 이르렀다. 그래서 많든 적든 참회는 종교적 신비주의의 역동적인 계기가 되었다. 예를 들어서 중세를 통해서 가장 깊고 견실한 체계를 구축하였던 에크하르트의 신비주의에도 분명히 참회는 존재한다. 오토는 그의 뛰어난 에크하르트 해석서 (Rudolf Otto, *Die West-östliche Mystik*)에서 에크하르트를 이해하기 위한 열쇠가 "신을 가짐"이라는 개념에 있다고 보았다. 왜냐하면 신을 가지고 신과 매우 가깝게 사귀는 것이야말로 인간의 본래적 생존의 의미이기 때문이다. 이처럼 신과 협동하고 하나가 되기 위한 출발점은 인간이 자신의 마음을 철저하게 신에게 집중하는 데 있고, 이에 응해서 신은 오직 신실한 자에게만 전환의 힘, 즉 참회의 힘을 더해주신다. 이러한 참회의 전환의 힘은 정화되고 집중되어 강력한 의지의 힘이 된다. 인간의 혼이

"제2의 신"이라고 불리는 것은 이 때문이다(S.170-180).

한편으로 참회는 철저하고 성실하며 엄숙한 영혼의 양심적 반성에서 시작한다. 이러한 철저한 엄숙성이 없는 자에게 참회는 회심과 구제의 전기(轉機)가 될 수 없다. 다른 한편 참회는 이러한 자력적 반성에 의해서만 성립하는 것은 아니다. 절대적 타력에 의해서 전환될 때에만 비로소 회심과 구제에 이르게 된다. 이에 대해서는 오토의 해석이 잘 말해 주고 있다. 참회는 단지 인간의 의식 내용의 과정이 아니고, 혼이 자력으로 야기된 관념의 생멸 변동이 아니다. 참회는 단순한 관념이 아니라, 혼의 존재 방식 그 자체가 그것에 의해서 방향을 바꾸는 것이다. 그래서 참회는 철저하게 실재적 계기를 포함하지 않으면 안 된다. 즉 그것은 타력에 의해서 결정된 내적 행위이다. 그러나 실제적 힘으로서의 타력은 단지 대타적으로 밖으로부터 작용하는 것은 아니다. 그렇게 된다면 참회는 내적 행위가 아니고 외적 운동으로 변해 버린다. 참회가 내적 행위라는 말은 타력에 의해서 결정되는 것이 자기가 결정한 것으로 자각되고, 밖으로부터 주어진 실제적 힘이 동시에 자각의 자발적이고 이상적인 요소를 구성하기 때문이다. 그러므로 참회는 "실제적이고 이상적인"(real-ideal) 것이 되어야 한다. 이것을 대자적이라고 하는 것이다. 자각적인 혼의 관념적 집중을 매개로 해서 절대의 절대적 전환은 이루어진다. 그리하여 상대적 존재는 자신의 자력을 매개로 해서 절대의 자기부정, 즉 절대의 대비적 행위의 매개가 된다. 이러한 방식으로 타력의 실제적 존재는 자각의 이상적 행위로 변환된다.

이 모든 것은 참회가 한편으로는 상대적 존재의 자각인 동시에 다른 한편으로는 절대의 전환하는 힘, 즉 타력회향(他力廻向)으로부터 비롯된다는 것을 설명해 준다. 참회에서는 상대와 절대의 부동불이(不同不異), 불일불이(不一不二)의 대립과 매개의 관계가 양자의 전환적 행위에서 성립한다. 에크하르트의 행위적 신비주의는 Weder-noch의 특색을 지닌다는 점에서 플로티노스 등의 관상적 신비주의가 갖고 있는 Sowohl-als-auch와 다른데, 이 점에서 에크하르트의 신비주의가 참회도와 유사성을 지닌다. 하지만 그것이 관상적 경향을 완전하게는 탈각하지 못한 신비주의였다는 점에서 참회도와는 구별된다. 이점은 오토도 지적하는 바이다(S.177). 즉 에크하르트의 신비주의는 죄악 관념의 결여로 말미암아 철저하게 참회도에 이르지 못하였고, 그 결과 타력 염불문보다는 선의 자력문에 더 가깝다고 해야 하지 않을까? 로젠베르크(Alfons Rosenberg, 1902-1985) 등이 지적한 대로, 로마가톨릭교회의 신비주의가 비적(秘蹟)의 신비주의임에 반해, 북방적-게르만적 신비주의는 변증법적 신비주의라는 특색을 지닌다. 에크하르트가 자유롭고 고귀한 인간성을 강조한다는 로젠베르크의 주장을 따른다면, 역시 에크하르트는 타력보다 자력으로 기울어 있으며, 어리석은 범부를 위한 참회도보다는 현자 지자가 스스로 깨달음에 이르는 길에 더 가까운 것은 당연할 것이다.

에크하르트는 신성과 혼이 합일한다고 말한다. 하지만 그의 진심은 결코 단순한 동일성을 주장하려는 것이라기보다는 신성과 혼 사이의 불일불이(不一不異)적인 상즉(相卽)의 긴장 관계를 말하는 데 있다. 그가 강조하였던 "하나됨"은 분리를 전제로 하는 통일이라는 개념과 상충된다. 그가 말하는 "하나됨"은 동일성적인 일치를 의미하는 것이 아니고, 분리와 소외의 위기, 동적인 긴장 관계 속에 있는 하나됨이었을 것이다.

이러한 사실은 오토가 에크하르트를 해석하면서 바울의 빌립보서의 한 구절을 함께 인용한 것에서 잘 드러난다. 그러므로 나는 참회와 구제가 서로 매개의 대자적 구조를 지닌다는 사실을 한층 명료하게 하기 위해서, 우선 오트가 인용한 바울의 말을 인용하려고 한다.

바울은 빌립보서 제2장의 12절-13절에서 다음과 같이 말하고 있다. "너희들은 항상 복종하여 두렵고 떨림으로 너희 구원을 이루라. 너희 안에서 행하시는 이는 하나님이시니 자기의 기쁘신 뜻을 위하여 너희로 소원을 두고 행하게 하시니라." 오토는 이 말은 일상적인 논리로 보면 전적으로 모순이라고 본다. 왜냐하면 신이 —바울이 생각하는 것처럼— 자신의 뜻대로, 즉 세계적 시간에 앞서 모든 것을 움직이며, 스스로는 움직이지 않으며 그 무엇에 의해서도 영향을 받지 않으며 변경될 수 없는 신 자신의 예정에 따라서 구제인가 파멸인가를 결정하며, 따라서 스스로의 의지를 가지고 일체 모든 것을 행하는 존재라고 한다면, 도대체 무엇 때문에 두렵고 떨리는 마음으로 자신의 구원을 이루라고 권면할 필요가 있단 말인가? 이 권면은 우리들이 자기의 모든 의지력과 용기를 최후까지 발휘할 것을 요구하고 있다. 하지만 구원이 신의 자발적인 의지에 의해서 예정된 것이라면, 이러한 자력의 긴장은 전혀 불필요하지 않은가?

그러나 오토가 이해하는 바에 따르면, 바울의 진의는 다음과 같이 해석된다. 우리들은 신 안에서 영원히 운명적으로 정해진 것이 아니어서는 안 된다. 그래서 우리들이 선택하기에 앞서서 우리들은 영원 전부터 신에 의해서 예정되고, 선택되고, 불림을 받았으며, 의롭게 되었다는 사실은 정확하게 우리들이 스스로 선택하는 바가 된다(Otto, op. cit., S.290-281). 바울에게는 영원 전부터 예정되고 의롭게 되었다는 사실은 단순히 신 안에서 이루어진 순수하고도 추상적인 관념이 아니라, 이 세상으로부터는 감추어져 있는 실제적 현실이다. 이러한 기묘한 논리에 의하면, 신 안에서 영원한 사실이며 신의 결단으로 인해서 영원 전부터 결정된 것은—바울도 의심할 바 없이 그것이 신의 영원하고도 불변한 본질이라고 믿는다— 우리들 자신의 결단과 행위를 가지고 성취하는 것이다. 그러므로 바울은 우리들에게 두렵고 떨리는 마음으로 행동하라고 권면한다. 그 이유는 만일 우리들이 그렇게 하지 않는다면, 우리들은 우리들의 실패에 대한 모든 책임을 져야 하기 때문이다. 영원 전부터 구제되어 있어서 악마도 이것을 신의 손으로부터 빼앗을 수 없는 사람이란, 참으로 무력하여 구원의 은총이 필요한 죄인이다(S. 282). 오토는 명백히 모순적인 바울의 사상을 수용함으로써 에크하르트가 말하는 고귀한 혼의 자유와 고귀한 혼이 신과 완전히 합일한다는 사상을─두 개의 모순되는 요소를 긴장과 위기 속에서 간직하는─ 변증법적 논리로서 설명하고자 하였다. 이 점에서 오토의 에크하르트 해석은 참회와 구제 사이의 상호 부정적 매개 관계를 이해하는 관건이 된다고 하겠다.

오토가 에크하르트의 신비사상의 핵심을 이처럼 사람들을 참회로 이끄는 힘으로서의 신성의 전환력에서 찾아낸 것은 탁견이었다고 하겠다. 나는 그의 해석으로부터 배우면서, 에크하르트의 신비사상과 참회도는 대자적 구조라는 점에서 일치한다고 생각한다. 그렇다고 해서 에크하르트의 신비주의와 참회도가 완전하게 일치한다거나, 완전하게 병행관계를 이룬다는 말은 아니다. 이미 앞에서도 언급하였듯이, 에크하르트의 사상은 신비주의라는 점에서 직관 관상의 직접적 즉자성으로 인해서 동일성적이다. 따라서 에크하르트의 이른바 "고귀한 인간"의 귀족주의는 현자 지자의 자력적 자유를 의미하고, 어리석은 범부의 타력 참회도와는 정반대의 경향을 가지는 것은 부인할 수 없다. 그의 사상을 참회도로서 해석할 수 있다면, 그것은 이러한 제한을 염두에 두고서 하는 말이다.

이러한 제한까지도 뛰어넘어서 양자를 완전하게 동일한 것으로 여길 수는 없다. 반대로 에크하르트의 사상을 참회도와는 아무런 관계도 없는 자유의 철학이라고 간주할 수도 있을 것이다. 실제로 오토의 책

(1929년 출판)보다 나중에 나온 올트만스의 『마이스터 에크하르트』(Käte Oltmanns, *Meister Eckhart*, 1935)는, 오토의 저서에 비해서 전혀 손색이 없는 뛰어난 에크하르트 해석서이다. 여기서 올트만스는 오토와는 달리 에크하르트에게는 참회도와 같은 것은 발견할 수 없다고 보면서 하이데거의 실존철학의 입장에서 에크하르트를 해석한다. 그는 하이데거 철학을 내세우기 위해서 에크하르트를 해설하는 듯한 느낌마저 풍기고 있다. 그러므로 에크하르트의 사상을 신을 절대 현실이라고 보는 자력적이고 자유로운 인간에 대한 존재론으로 이해하는 것도 어찌 보면 당연하다고 하겠다. 올트만스의 저작은 타력적 참회도와 정반대되는 에크하르트의 자력적 실존철학을 전개한 것으로서, 그것은 오토의 책과는 성격을 달리한다. 이러한 사실은 에크하르트의 사상이 다양한 방향에서 해석될 수 있음을 보여주는 예이기도 하다. 다시 말해 두지만, 에크하르트의 사상이 참회도 철학과 일치한다는 말은 일정한 범위 내에서 그렇다는 말이다. 이러한 유사성을 넘어서 양자 사이에는 확연히 이질적 요소가 있다. 어쨌든 이러한 일치점과 차이점을 살펴보는 것은 대단히 중요한 문제임에 틀림없다.

나는 지금까지 에크하르트가 참회도의 타력의 절대매개성과 대략적으로 일치한다는 방향에서 논의를 전개해왔다. 하지만 지금부터는 반대로 에크하르트의 신비주의가 참회도와 다른 측면을 밝히고자 하는데, 이것은 매우 중요한 과제이다. 왜냐하면 이렇게 함으로써 참회도가 신비주의적 행관(行觀, action-intuition)과는 다르다는 사실이 드러나게 되고, 현자 지자가 자력적인 신인합일의 직관을 통해서 자유로움을 얻는다는 사상에 대해서 어리석은 범부를 위한 타력적 전환 구제가 지니는 특징, 즉 참회의 위기와 긴장을 동반한 순환적 운동이 분명해지기 때문이다. 나아가 신비주의의 철학적 특징이 일상적인 삶 속에서 절대적 진리를 경험하는 즉자적인 행관에 있다고 한다면, 참회도는 혁신적인 실천을 통해서 실현하는 대자적인 매개적 행위가 필요하다고 주장한다. 이 문제는 철학의 사활이 걸린 중대한 문제라고 해도 과언은 아닐 것이다. 참회도의 철학은 대자적이고 위기적이며, 혁신적이고 순환적인 철학임이 밝혀질 것이다.

나는 앞에서 에크하르트의 사상이 구제와 전환의 매개로서의 참회력을 신적인 것으로 인정하는 한 참회도 철학과 일치한다고 말하였다. 그와 더불어 에크하르트의 신비주의가 자력적 고귀성의 자유자재함을 해탈의 경지로 보고, 나아가 이것을 "신의 아들의 탄생"이라고 하는 신인합일로서 이해한다면, 그것은 타력적 구제의 매개로서 참회를 요구하는 참회도와는 정반대의 방향을 향한다는 사실, 즉 참회도 철학과는 다른 자력과 자유의 입장이라고 말하였다. 두 사상이 일정한 범위 내에서 일치하는 점과 대립되는 점이 각각 있다고 함으로써 마치 양자가 뚜렷이 구별되는 범위가 정해져 있는 것처럼 여길지도 모르겠다. 하지만 에크하르트의 사상이 참회도와 일치하는 방향과 대립되는 방향을 가지고 있다는 말은 실은 에크하르트의 사상 자체 내에 두 개의 상반되는 계기가 있다는 말이기도 하다. 이 두 계기로 인해서 에크하르트의 사상이 둘로 나누어진다기보다는, 이 두 방향이 에크하르트의 사상 안에서 서로 관련되고 동적인 긴장 상태를 이루면서 변증법적 통일을 지향한다. 그러므로 에크하르트의 사상 속에 포함된 전환적 계기와 자주적 계기는 각각 초월적 계기와 내재적 계기로서 서로 대립하면서도, 서로 분리된다기보다는 서로 연관된다. 원래 참회 전환에 자발성이 없다면 참회는 일어나지 못한다. 참회가 구제를 위한 전환의 매개라는 사실은 참회의 자발성에서부터 비롯되며, 이러한 자발성이 없다면 참회의 전환적 매개성은 성립할 수 없다. 그와 동시에 자발성이 처음부터 끝까지 자력으로 일관하는 자유로움에 그친다면, 그것은 신과 인간 사이의 교류, 즉 영혼의 자기방기와 신의 자기 생산 사이의 상호적 전환을 성립시킬 수 없다.

에크하르트의 해탈론은 단순히 관념론적 자각에 머물지 않고, "신의 아들의 탄생"이라는 표현 밑에서 존재론적 실재론과 자각적 관념론의 매개종합이 이루어지는 것을 보면, 자력의 자유가 오히려 자력의 자유를 제한하는 매개로서의 타력적 전환과 "상즉상입"한다. 이 점에서 그의 사상은 독일 관념론의 중요한 출발점임에도 불구하고 관념론의 부정적 매개로서의 실재론을 분명히 포함한다. 다시 말해서 에크하르트의 사상은 윤리와 구제론뿐만 아니라 이 두 가지를 매개하는 존재론을 지니고 있다.

이러한 사실은 에크하르트의 사상을 칸트의 종교론과 비교해 보면 더 분명해진다. 칸트는 근본악이 선으로 바뀌는 것은 인간의 자력으로는 불가능하고 인간의 "마음가짐"(Gesinnung)을 바꾸도록 도와주는 신적인 타력에 의해서만 가능하다고 보았다. 그리하여 새로운 사람으로 부활됨으로써 선을 향한 소질이 회복된다고 칸트는 주장하였다. 즉 칸트는 "우리가 측정할 수 없는 고차적인 도움"으로서의 타력이 작용함으로써 자력에게는 당위를 실현할 수 있는 능력이 부활되고, "마음가짐"의 혁명을 거쳐서 점차적인 개선을 이룰 수 있다고 생각하였던 것이다.

이 점에서 타력과 자력, 혁명과 개선의 이중적 통일이 인정되지만, 그러한 통일에 부정적 변증법이라는 성격은 미미하고, 혁명도 "마음가짐"의 혁명이 되어 관념론적인 것에 머물 뿐, 존재론적 실재성이 결여되어 있다. 동시에 실재적 타력의 도움이라는 것도 자발적인 자각으로서의 자유로 전환 매개되지 않는다. 칸트의 종교론에는 관념론으로 시종하려는 비판 철학의 요구와, 그럼에도 불구하고 종교의 초월성이 요구하는 실재론과 존재론이 아직도 충분히 변증법적 매개에 도달하지 못한 채 애매하게 결합되어 있다고 해야 할 것이다. "마음가짐의 혁명"은 단순한 "마음가짐"이 아니라 존재에 그 근거가 있다. 따라서 그 존재적 근거가 자발적 자각의 자유에 매개되어 주체화되지 않으면 안 된다. 주체의 전환이 존재와 자각의 상호적 매개로서 "내적 행위"(innere Handlung)라고 불리는 까닭이 여기에 있다. 칸트의 "마음가짐의 혁명"은 "내적 행위"로서 "존재 즉 자각"을 매개로 성립하여야 한다. 그런데 이 변증법적 매개는 관념론과 실재론으로 분리되려는 경향을 잉태하고 있어서, "내적 행위"의 입장으로부터 부정적 매개로까지 자각되지는 못하였던 것이다. 이 점이야말로 칸트의 종교론이 비판 철학에 속한다는 사실로부터 비롯된 문제점이 아닐까? 이러한 문제점은 오늘날의 칸트주의적 종교철학에도 그대로 남아 있다.

이러한 문제점을 해결하는 것이 이중적 매개의 변증법이다. 셸링의 자유론은 다름 아니라 이러한 작업을 완성한 것이다. 이 점에서 셸링의 자유론은 칸트의 종교철학의 발전이며 귀결이라고 할 수 있다. 하지만 여전히 문제점은 남아 있다. 셸링에게는 고대 존재론의 사변적 구성이 우세하고, 자각 존재론이 말하는 믿음과 깨달음에서의 "내적 행위"가 희박하다. 그 사변적 성격은 실존철학의 자각적 성격과 대립을 이룬다.

우리가 이미 살펴보았듯이, 에크하르트의 입장은 후자에 가깝다. 따라서 그것이 존재와 자각의 전환적 매개를 핵심으로 하는 변증법에서 성립하는 것은 당연한 일이다. 에크하르트에게는 존재론적 타력 전환의 작용과 자력적 자유의 자각이 서로 관련되면서 서로 부정적으로 대립하기에, 양자는 불가분리의 관계를 이룬다. 만일 전자를 참회적 전환의 계기로, 후자를 자유로운 자각적 계기로 볼 수 있다면, 이 두 계기가 부정적으로 매개되는 곳에 에크하르트의 사상은 성립한다. 그 어느 한편만으로는 변증법적 구조가 성립하지 않기 때문이다. 에크하르트의 사상을 참회적 전환을 중심으로 이해하려는 오토의 해석과, 자유로운 자각을 핵심이라고 보는 올트만스의 실존론적 해석은 사실상 변증법적으로 서로 매개되는 것으로서 어느 한편만을 가지고 에크하르트를 다 이해했다고는 말할 수 없다. 하지만 오토도 올트만스도 아직 이러한 변증법적 관계를 충분히 자각하고 있지는 못한 것처럼 보인다.

오토가 참회와 전환의 매개를 에크하르트 사상의 중심이라고 보았던 것은 옳은 일이었다. 하지만 오토는 이 매개를 앞에서 인용하였던 바울의 이중적 신앙에 근거하여 철저하게 위기적 변증법으로 이해하지는 못하였다. 그는 오히려 이것을 이중적 직관의 신비주의로 일원화하고, 긴장을 비합리적 내관으로 주관화하였으며, 오토 자신의 종교 이해의 핵심인 "누미노제 감정"으로 귀결시켰다. 이렇게 함으로써 오토는 에크하르트의 존재론을 간과하고 변증법을 내면화하였으며, 에크하르트 사상의 출발점이 지닌 특색으로서의 참회 전환의 타력적 실재적 매개를 놓쳐버림으로써 그와는 정반대인 관념론적 내관이라고 이해하였던 것이다.

이와는 달리 올트만스의 실존주의는 철저히 변증법을 유지한다는 점에서 선명한 특색을 지니며, 그렇게 함으로써 자각 존재론으로 일관되게 해석함으로써 전체적으로 훌륭하게 통일되어 있다. 하지만 올트만스는 신을 현실과 동일시하고, 신의 초월적 전환력을 자각 존재의 타력적 매개로 삼는 참회적 계기를 무시하면서 자력과 자유의 입장으로 일관하였다. 그럼으로써 자각 존재의 존재성을 잃어버리고, 이것을 단지 관념론적 자각이라고 시종일관되게 이해할 수밖에 없었던 것이다. 변증법은 관념론화 되면 변증법의 특성이 희박해진다. 부인할 수 없는 사실은 올트만스의 에크하르트 해석이 니체나 하이데거의 무신론적 실존주의에 의존한 나머지 너무도 비기독교적이고 선종적(禪宗的)인 자력주의로 기울게 되었고, 구제 전환의 희망을 지니지 못하는 "불행한 의식"[9]을 에크하르트에게 부여하고 말았다는 점이다(Vgl. S.213). 신과 영혼의 관계를 존재의 유비로서 해석하는 것을 과연 변증법적이라고 할 수 있을까? 이것은 일견 상대적 존재의 자주성을 인정하는 것 같으나 실은 초월적 일자와 상대적 실존을 유비적으로 동일화하는 관념론의 요청이 아닌가?

변증법의 부정적 매개나 상입적(相入的) 전환의 관계는 존재의 유비와는 다르다. 왜냐하면 변증법적 무의 절대전환은 단지 술어적으로 존재의 "본질"(Sosein)[10]을 뛰어넘는 초월적 존재이기 때문이다. 상대적 한정을 지닌 지성에 대해서 무라는 말이 아니고, 상대적 존재를 부정적으로 매개하는 절대전환의 절대부정적 무이다. 절대무와 상대 존재는 서로 부정적으로 대립하는 매개의 양항(兩項)이며, 방향이 서로 반대인 관계항이다. 아리스토텔레스의 존재로서의 신 관념이 플로티노스의 일자처럼 철저하게 초월적으로 이해된다고 하더라도, 그것은 아직 에크하르트의 신은 될 수 없다. 왜냐하면 에크하르트의 신은 단지 초월자일 뿐만 아니라, 절대전환으로서 상대적 존재를 매개하는 "자각 즉 생산"으로서의 계시자이기 때문이다. 신의 자각은 신의 관념의 바닥을 돌파해서 만물을 자기에게 대립시키며 생산한다. 신이 스스로를 보는 자각의 눈은 만물을 봄으로써 창조하는 신의 눈과 같은 눈이다. 만물을 봄으로써

---

9 헤겔의 『정신현상학』 제4장 "자기의식"에서 논해진 "자기의식의 자유"의 한 형태. 불변하는 것과 가변적인 것 사이에서 동요하는 기독교의 의식이 그 서술의 배경에 있다.

10 "본질"(Sosein)은 "현존재"(Dasein)에 대해서 사용된다. 각각 라틴어의 essentia, existentia에 대응한다. 니콜라스 하르트만은 "무엇"(Was)과 "사실"(Dass)이라는 말로 양자의 차이를 설명한다. 마이농게는 "대상론에 대하여"(1904년)에서 사유 작용을 정립 작용과 종합 작용으로 나누고, 전자가 대상의 "존재"(Sein)를 파악하는 것임에 대해서 후자는 대상의 "본질"(Sosein)을 파악한다고 보았다.

만물을 생산하는 행위 외에 신의 자기 생산적 생명은 없다. 이것이 계시이다. 계시에 있어서 신은 신적인 대자성을 완성한다. 그것은 "나가는 것이 곧 들어오는 것"(*egressus est regressus*)이며, 움직임이 곧 머묾이다. 즉 시간과 영원의 합일이다.

시간을 영원의 그림자로 여기고, 움직임보다 머묾을 더 중요시하는 고대의 이교적인 존재론과는 다른 매개적인 기독교의 계시 사상이 여기에서 성립한다. 이러한 점을 무시한 채 에크하르트를 존재론화해서는 안 된다. 어디까지나 철저하게 전환 매개의 관계를 유지하고, 신이 인간과 함께 괴로워하는 부정성의 매개 없이는 구원의 복음도 있을 수 없다. 부정은 절대무와 상대적 존재가 상호적으로 자기를 부정하는 전환이다. 따라서 그것은 존재의 유비와는 정반대이다. 관계되는 두 항, 즉 절대와 상대가 끊임없이 상대를 부정하기 때문이다.

절대무는 단지 존재의 상승적 초월을 의미할 뿐인 초월자와 동일시될 수 없다. 절대무는 무이고, 따라서 자신 안에 존재의 부정을 포함하기 때문이다. 존재의 한정을 무 자신의 자기 부정으로 자각하지 못한다면, 무는 무로서 현성할 수 없다. 신은 만물의, 특히 인간의 유한성 안에서 스스로를 부정함으로써 스스로를 계시하고, 이로써 스스로를 자각한다. 이와 동시에 신의 계시로서의 영혼은 철저하게 자신의 근저에서 신을 보지 않으면 안 된다. 신이 인간을 보는 눈이 바로 인간의 영혼이 신을 보는 눈이 아니어서는 안 된다. 신의 자각과 영혼의 자각은 스스로를 자각함으로써 자신과 마주하는 타자를 본다. 이러한 자각의 교호적 전환에 의해서 타자를 보는 눈은 둘이 아니라 서로 상즉한다[不二相卽]. 그러므로 신의 눈은 이중의 눈이라고 하는 것이다. 존재의 부정으로서의 무가 존재들의 존재라고 생각될 수는 없다. 존재의 유비는 이 점에서 잘못된 것이다. 올트만스의 변증법은 실존과 대립하는 타력적 전환력의 매개를 지니지 못하고 있기 때문에 결국 존재의 유비가 되어버리고 말았는데, 이것이야말로 실존주의의 일반적인 한계를 드러내는 것은 아닐까?

먼저 지극히 일반적으로 말한다면, 서양 철학의 존재론은 절대를 존재(가령 초월자라고 해도)로 생각함으로써 철저하게 변증법적으로 발전할 수 없었다. 오직 대승 불교의 공관(空觀)에 이르러서 절대는 철저하게 변증법적으로 사유되었다. 즉 절대무의 부정적 매개를 논할 수 있었던 것이다. 절대무의 공에 대한 매개로서의 상대 존재는 존재의 직접적인 정적(靜寂)에 안주해서는 안 된다. 상대적 존재는 스스로를 가(假)로서 보아 부정하여야 한다. 상대적 존재가 부정의 부정에 의해서 절대로의 매개로 부활될 때에만, 그들은 진공묘유(眞空妙有)의 중도(中道)에서 자기를 발견해 낼 수 있다. 이러한 공에 의한 매개에서 절대무와 상대 존재가 서로 반대방향으로 향하면서 서로에 의해서 전환됨으로써 서로가 서로에게 상입하는 변증법적 동적 긴장을 지니게 된다. 그것은 존재의 유비가 아니라 무의 유비라고 해야 할 것이다. 공관은 무의 유비이기 때문에 변증법을 철저하게 수행할 수 있다. 존재의 유비는 무의 유비와는 정반대의 성격을 지닌다. 존재의 유비가 결국 변증법을 부정한다는 사실은 올트만스의 에크하르트 해석이 여실히 보여주는 바이다.

뿐만 아니라 일반 존재론을 떠나서 자각 존재론인 실존주의의 입장에 대해서 고찰해 보면, 실존주의에 의존한 올트만스의 해석이 어떠한 한계를 드러내는지 알 수 있다. 그것은 동시에 무신론적 자력주의가 주장하는 해탈론의 한계를 드러내는 것이기도 하다. 앞에서 서술하였던 칸트의 종교론은 관념론 체계를 깨면서도 여전히 관념론의 한계를 노정하고 있다. 칸트는 인간의 근본악이 선으로 향하려는 인간의 성향을 파괴하고 악으로 나아가려는 경향을 본래적인 것으로 정립하기 때문에 도저히 자력으로는 이것을 바꾸지 못한다고 보았다. 다만 우리에게 측량할 수 없는 고차의 힘이 "마음가짐의 혁명"을 일으킴으로써 그러한 전환이 가능하다고 보았다. 타력의 도움 없이 자력의 자유는 실현될 수 없는 것이다. 그러나 이러한 일은 동일성 논리를 가지고는 이해할 수 없다. 타력의 실재적인 도움은 자력의 자유 자발성을 매개로 해서만 일어나며, 이와 동시에 자력의 자유 능력은 타력의 도움에 의해서 실현될 수 있음을 자각하는 상호 매개의 변증법, 즉 "자력 즉 타력", "타력 즉 자력"이라는 변증법을 통해서 이러한 일은 이해될 수 있다.

칸트의 종교론은 이러한 매개의 변증법이라는 문제에 부딪쳤으며, 그러한 변증법의 가치를 거의 인정하기에 이르렀다고 할 수 있다. 그러나 변증법을 적극적인 형태로 발전시킬 수 있는 힘이 부족하였으므로, 다만 소극적으로 자신의 한계를 승인할 수밖에 없었던 것이다. 이러한 문제를 변증법적으로 돌파하는 길은 "타력적 도움 즉 자력적 실현"이라는 전환적 매개를 스스로 행하고, 스스로 그것을 깨닫는 길밖에 없다. 실존주의는 이러한 경지에까지 거의 이르렀으므로 그런 점에서 보면 실존주의에는 변증법적 구조가 내포되어 있다. 하지만 실존주의는 그러한 사실을 인식하는데 그칠 뿐, 변증법적 구조를 철저히 자각하지 못하였고, 자기의 입장이 전환 매개적인 사상임을 스스로 부인함으로 말미암아 변증법적 구조를 자각할 수 없었던 것이다. 실존주의는 시종 자력주의로 일관하면서 타력의 전환 매개를 대자적으로 자각하지 못하였고, 자력의 자발성을 자각하는 데 그치고 말았기 때문이다.

올트만스의 실존철학적인 에크하르트 해석이 철저하게 일관성을 지니는 점에는 감탄을 금하지 못한다. 하지만 그녀의 해석이 한쪽으로 편향되어 있다는 사실은 그녀의 입장이 결국 추상적이었음을 말해준다고 하지 않을 수 없다. 최근의 에크하르트 연구에 크게 공헌한 오토와 올트만스의 탁월한 해석이 에크하르트에게서 참회도와 자유론이 교차하고 있음을 밝혀낸 것은 매우 주목할 만한 일이다. 그렇게 됨으로써 일반적으로 참회도와 자유론 사이의 유사점과 대립점을 분명히 할 수 있는 유력한 단서가 주어진다고 믿기 때문이다. 이러한 이유로 나는 에크하르트의 사상 자체를 상세하게 논구하는 대신, 양자의 유사성과 차이점을 밝히는 것에 만족하였던 것이다.

오토가 이해하고 있듯이, 에크하르트의 구원론은 참회도와 구조적으로 유사하지만 그는 참회도로 나가지 않았다. 그는 신비주의의 이중직관(신이 자기를 보는 눈과 만물을 보는 눈)의 본질적 단일성을 강조함으로써 인간에게서 신의 아들이 탄생함으로써 신과 만물이 합일한다고 말하였다. 즉 신과 자연의 융합은 신의 구원이 은총이 아니라 자연의 필연에 속한다고 생각하였다. 이 같은 그의 생각이 이단적일 수 있다는 사실은 분명하다. 에크하르트에게서는 참회도적 계기가 충분히 전개되지 못하였고, 타력적 사랑에 의한 구원은 자력적인 자유 해방으로 바뀌었다. 그러므로 앞에서 언급했던 올트만스의 실존철학적 해석은 확실히 절반의 진실을 파악하고 있었던 것이다. 들라크루아의 유명한 저서(H. Delacroix, *Essai sur le mysticism specularif en Allemagne au quatorzieme siècle*, 1900)[11]는 공평하면서도 간명하며 매우 요령있게 에크하르트의 사상을 해설해주고 있다. 이 책의 평판이 좋은 것은 에크하르트 안에 있는 대립적인 경향을 분명하게 인정하였을 뿐만 아니라, 그러한 신비주의가 말하는 융합을 옳게 파악했기 때문이다. 들라크루아에 의하면, 고귀한 인간의 영혼은 부드러운 바람 앞에서 미동도 없이 서 있는 큰 산과 같으며, 영혼은 자기 방하와 자기 이탈 속에서 허망한 사물에 대한 집착을 떨쳐

---

11 앙리 들라크루아 『14세기 독일의 사변적 신비주의에 대하여』.

버림으로써 자기의 내면 깊은 곳에 다다르며, 그러한 극한에서 자각의 밑바닥인 영원의 본질로 돌파해 들어가서 신성의 빛을 거기에 비춘다. 이러한 과정은 선이 주창하는 견성에 매우 가깝다고 여겨진다(p.210-218).

나는 중세 독일어를 잘 모르므로 에크하르트의 원문은 뷔트너가 현대 독일어로 변역한 두 권을 읽은 것이 전부였다. 하지만 "신을 직시하는 것과 지복(至福)에 대하여"(Vom Schauen Gottes und von Seligkeit)나 "신의 나라에 대하여: 설교"(Vom Gottesreich. Ein Sermon)에서 드러나는 에크하르트의 깊고도 풍부한 사상에 대해서 경탄할 수밖에 없었다. 특히 두 번째의 설교에서 말하는 "영혼의 영원한 본질로의 돌파"는 "두 번째 죽음"이고, 이는 "첫 번째 죽음"인 자기와 세계에 대한 죽음처럼 자력의 내적 행위가 요구된다. 그러나 "두 번째 죽음"에서 영혼이 신성의 빛을 받기 위해서는 자력 이외의 또 다른 힘이 필요하다. 즉 초월적 타자가 필요한 것이다(Büttner, *Meister Eckharts Schriften und Predigten, II. Bd.*, S.166). 그것은 들라크루아가 지적했던 것처럼(p. 216) 행위와 관상의 일치이며, 행위의 전환과 관상의 합일이 일치된 것이다. 여기에 선이 말하는 행위적 매개와 관상적 합일에 대응하는 것이 있음에 틀림없다. 고귀한 인간의 영혼 속에서 일어나는 "주(主) 안에서의 죽음"은 그 자체로서 자유이고 벗어남이다. 그러나 이 "두 번째의 죽음"보다 앞서서 자기 방하라고 하는 "첫 번째의 죽음"이 있어야만 한다. 이 "첫 번째 죽음"에 의해서 신과 영혼을 갈라놓는 피조물의 장벽이 사라지며, 영혼은 아성을 돌파하여 자연스럽게 신성으로 돌아가서 신 안에서 "두 번째 죽음"을 경험한다. 역으로 영혼에 대립되는 신이 동시에 자기를 돌파해서 신성으로 돌아가서 영혼을 부활시킨다. "첫 번째의 죽음"은 영혼이 피조물에 대해서 죽는 것이고, "두 번째의 죽음"은 영혼이 신에 대해서 죽는 것이다. 이 "두 번째의 죽음"에서 영혼은 신과의 대립을 잃어버리기 때문에 영혼은 신성의 불꽃 속에서 부활하여 자발적으로 자신의 신성을 발휘한다. 이것이 벗어남이다. 그것은 "한번 크게 죽어서"(대사일번) 자기도 잊고 자기가 추구하는 부처도 잊어버려서 부처도 없는 경지에 이르러, 무의 현성으로서 자기가 곧 부처가 된다는 선불교의 소식과 유사하다.

도겐(道元)은 대위(大潙)의 "모든 중생은 불성을 지니고 있지 않다"(一切衆生無佛性)[12]는 설법이 "일체 중생은 불성을 지닌다"(一切衆生有佛性)는 설법보다 낫다고 여겼다. 중생도 불성도 없다는 뜻이었다. 그는 다음과 같이 말하고 있다. "중생도 원래 불성을 갖고 있지 않으니, 불성을 갖고자 하여도 불성은 그때 비로소 갖게 되는 바의 것이 아니다." 도겐은 중생이 불성을 깨닫고 불성은 자신 안에서 중생이—불성이 무라는 것을 깨달음으로써— 자신의 무를 깨닫는다고 함으로써 중생과 불성이 서로 묘하게 전환됨을 주장하였던 것이다(『正法眼藏佛性』).

신성과 영혼도 무에서 하나가 된다. 에크하르트는 신이 영혼에서 자기 자신을 소멸시키며(Büttner, I, S. 202), 영혼은 자신을 비움으로써 신으로 돌아간다고 한다. 신의 의도는 영혼이 일체를 잃어버려서 자기의 신도 상실함에 있다는 말이다(II, S. 165). 이것은 도겐의 사상에 매우 가깝다. 에크하르트도 도겐도 모두 신을 잊고 부처를 잊는 경지를 구제와 해탈이라고 생각하였던 것이다. 이렇게 해서 에크하르트가 말하는 신성은 신이 인간에 대한 대립 존재라고 여겨지는 일체의 존재성을 넘어서 절대무에 가까워진다. 동시에 영혼의 자유는 신을 잊고, 신에게조차 마음이 걸리는 바가 없게 된다. 무작의 작이 성취되는 것이다.

에크하르트의 신비주의는 신비주의가 일반적으로 지닌다고 여겨지

---

12 대위는 당 나라의 선승 위산영우(潙山靈祐 771-853)를 가리킨다. 『정법안장』〈불성〉에 "석존이 설하신 법은 일체중생실유불성이다. 대위가 설한 법은 일체중생무불성이다. 있고 없다는 말, 매우 큰 차이가 있다… 일체중생무불성만이 불도이다"라고 되어 있다.

는 환상성(幻想性)과 감상성(感傷性)을 완전히 벗어나 있다. 그것은 고귀한 인간의 영혼의 자유를 자각시키는 엄격하고도 실질적인 주장이라는 점에서 깨달음을 주장하는 선과 궤를 같이한다. 에크하르트도 선도 현자와 영웅을 위한 자력적 행위의 길이다. 한 가지 뚜렷한 차이가 있다고 한다면, 서양 철학의 전통에 속하는 에크하르트의 사상은 철학으로서 더할 나위 없는 강건하고 완벽한 체계를 이루는 데에 반해서, 선은 실제 생활에서의 행위와 실천, 공부와 훈련을 위한 독특한 실행 방법을 구성하였다는 점이다. 그럼에도 불구하고 양자는 그 근본 정신에 있어서 대단히 가깝다. 서양의 신비주의가 면면히 흐르는 전통을 만들어 내면서 수많은 사상가를 낳았지만, 그 중에서도 에크하르트의 사상이 특히 행위와 직관의 일치를 주장함으로써 선과 특히 유사하다. 이 점에서 에크하르트의 신비주의는 서양의 여타의 신비주의와는 차이점을 지닌다. 에크하르트와 선은 자유의 해탈론이라는 점에서 근본 성격이 일치한다고 말해도 무방하다. 하지만 바로 이 점에서 앞에서부터 문제시하였던 선의 자력주의의 한계가 에크하르트에게도 있다고 하지 않으면 안 된다. 내가 주목하고자 했던 점은 실은 여기에 있다.

선에서 말하는 "한번 크게 죽는다"는 현자나 지자를 위한 해탈의 방법이지만, 현자 지자이기 때문에 "한번 크게 죽는" 것이 가능하다. 다른 말로 한다면, 그들은 이미 부처이기 때문에 자기의 무를 깨달을 수 있다는 순환이 여기에는 있는 것이다. 타력 신앙의 경우에는 대비의 회향으로서의 전환이 격절(隔絶)적이고 비연속적인 대자태(對自態)이지만, 선은 연속적이고 동일성적인 즉자태(卽自態)를 특색으로 한다. 그러므로 나는 자각이 단지 주관적이고 내재적인 것에 그칠 수 있는 위험을 벗어날 수 없다고 말했던 것이다.

자력의 자유가 곧 절대의 자유와 합일한다고 현자와 영웅은 스스로 믿고 있고, 또 이는 당사자에게는 움직일 수 없는 명백한 사실일 것이다. 하지만 그것이 객관적으로 보증될 수는 없다. 범부들은 이성의 사려분별을 끊고, 자기를 버리고 현실이 스스로 그러한 바에 순종함으로써 자신들이 객관적인 진리에 참여한다고 믿을 수도 있다. 하지만 이것은 아무런 객관적인 보증이 없는 주관적 신념임을 벗어날 수 없다.

실천 이성의 경우에도 사정은 마찬가지이다. 자기 자신에 대해서 죽음으로써 자기의 특수성이라는 속박을 벗어난다고 해도, 우리가 죽음으로써 오히려 자기의 특수성이 유지되는 것은 아닌가 하는 의문을 떨쳐버릴 수 없다. 우리가 어떤 이념을 위해서 자기의 생명을 희생한다고 할 경우에도 그것은 그러한 이념에 사로잡힌 자기를 지키기 위해서가 아닌가? 도를 위해서, 신념을 위해서, 순교자적으로 목숨을 버린다고 하지만, 도나 신념에 집착해 있는 자기는 죽지 않고 그대로 남아있지 않은가? 이런 의문은 사라지지 않고 계속 남는다. 신을 위하고 부처를 위해서 죽는다고 하더라도 그것이—앞에서 말한 것처럼— 진정으로 신을 위해서 죽고 부처의 이름으로 자기를 버린다는 증거는 없다. 바로 여기에 여하한 직접적인 의지도 벗어나기 어려운 아성(我性)이 얽혀 있다. 이른바 근본악이 그것이다. 이것을 벗어나는 것이 견성이며 자각이지만, 그렇게 벗어날 수 없기 때문에 그것을 근본악이라고 하는 것이다. 만일 자력으로 근본악을 벗어날 수 있다면, 이러한 자력이란 처음부터 해탈한 상태에 있는 자유로운 신적 이성임에 틀림없다.

문제를 좀 더 좁혀서 죽음에 집중해서 생각해보자. 결사대의 용사들이 죽음이 기다리는 임무를 수행하기 위해서 담담히 전장으로 출발할 때의 심경은, "나에게는 삶도 죽음도 없다"(我這裡無生死)라는 해탈자의 그것과 다르지 않은 것처럼 보인다. 흔히들 "삶과 죽음은 한 가지다"(生死一如)라는 말로써 이러한 심경을 표현하곤 하지만, 그것은 죽음과 생을 비교해 보고나서, 양자는 같은 유에 속하기 때문에 무차별이고 동일하다라고 하는 것은 아니다. 삶도 없고 죽음도 없는 무의 경지, 모든 것에 대해서 철저히 죽어서 "본래 아무 것도 없다"(本來無一物)라는 경지에서 삶과 죽음이 서로 융통함을 말하는 것이라고 생각한다. 그것은 정말로 신이 되고 부처가 된 사람의 경지일 것이다. 나는 이러한 현자와 영웅에 대해서는 경의를 가지고 우러러볼 수밖에 없다. 한없이 부끄러운 일이지만, 나에게는 그것이 불가능하기 때문이다. 나에게는 불가능하다고 하였지만, 그러나 죽음의 각오가 나에게는 전혀 불가능하다는 것은 아니다. 죽음을 각오하고 나서야 비로소 할 수 있는 행동을 감히 해 본 적이 없는 것은 아니다. 그러나 나는 이것으로 내가 "나에게는 삶도 죽음도 없다"라는 경지에 도달했다고는 도저히 생각할 수 없다. 자력의 노력으로 도달할 수 있는 이러한 윤리의 입장은, 어차피 이른바 "올바른 생각이 계속되는 상태"(正念相續)[13]는 아니다. 간헐적으로 비상시에 나타나는 특별한 일일 뿐이다.

그러한 일이 일어난 순간의 전후, 아니 그 순간조차, 근본악은 결코 단멸(斷滅)되어 있지 않다. 다만 참회에 의해서 어둠이 사라지고, 미분적으로 뚫고 들어오는 대비의 광명으로 말미암아 어둠 자체가 빛나는 불꽃의 매개점이 될 때, 윤리의 자력에 대응해서 행위적 믿음의 타력대비를 깨닫게 되는 것이다. 선에서는 "차별 즉 무차별"의 경지를 가리켜서 "밝음과 어둠은 나란히 있다"(明暗雙雙底)라고 하지만, 대비의 광명은 오히려 빛나는 어둠이며, 순간적인 윤리적 행위는 섬광이다. 이런 의미에서 "밝음과 어둠은 나란히 있다"는 말에 반대 부호를 붙여서 이해하여야 할 것이다. 전자는 현자의 자유이고, 후자는 어리석은 자의 참회이다.

---

13 마음의 올바른 상태, 깨달음의 경지에 머무는 것.

왜냐하면 "올바른 생각이 계속되지 않는 상태"(正念不相續)로서 각 순간마다 어둠의 근본악을 지니는 자력의 윤리는, 키에르케고르가 제시했던 것처럼, 끝없는 회한(悔恨)과 참회가 없어서는 안 되기 때문이고, 이러한 부단한 참회에서 적분적 상속도 아니고 단순한 단절도 아닌 미분적 전환으로서 "밝음과 어둠은 나란히 있다"는 말이 성립하기 때문이다. 그러므로 나는 참회가 대비(大悲)의 행위적 믿음의 환상(還相)으로서의 윤리를 가능하게 하는 지반이라고 말하였던 것이다.

여기에서는 불가능하였던 자력적 죽음이 무한한 참회를 통해서 대비에 의해서 매개되고, 대비의 부르심에 응답함으로서 자발적인 가능성으로 변한다. 자력으로서는 불가능하였던 것이 가능하게 되는 이유는 참회를 통한 자기방기에 의해서 유발된 대비의 은총이 환귀(還歸)적이고 순환적으로 지지해주기 때문이다. 이렇게 해서 절대와 상대의 교호 매개가 철저히 이루어지며, 교호적이고 전환적으로, 즉 순환 환귀적으로 성취된다. 다만 성취한다고 하더라도 그것은 완전히 종결된다는 의미가 아니다. 완결되는 것이 곧 다시 출발하는 것이고, 앞으로 나아가는 것이 곧 근원으로 돌아가는 것이라는 의미이다. 이러한 상호적인 전환적 매개가 맴도는 축이 다름 아니라 참회이다. 참회는 윤리나 종교에 대해서 우연히 파생된 부차적 현상이 아니다. 키에르케고르가 분명히 말했던 것처럼, 참회는 원죄와 근본악의 속박을 벗어날 수 없는 유한한 피조물로서의 인간에게 고유한 윤리의 근본 성격이다. 참회 자체가 윤리의 유한성에 대한 상징이다.

이처럼 윤리는 근본적으로 참회적인 성격을 지닌다. 그러므로 윤리는 참회와 통한을 통해서 자신의 힘으로는 자립할 수 없다는 무력함을 고백하는 것이다. 그러나 절대 변증법에서 유한성은 무한성의 매개가 된다. 스스로의 유한함과 무력함을 참회하고 고백하는 상대적인 윤리적 존재는 절대의 매개로서 종교의 절대무가 현성하는 인연이 된다. 종교는 참회를 통해서 스스로를 윤리에 매개하고, 이로써 "절대 즉 상대"의 절대매개를 실현한다. 참회는 윤리가 종교로 들어가는 관문이며, 동시에 종교가 윤리로 바뀌는 축이다.

참회야말로 윤리와 종교가 변증법적으로 전환되는 매개이며, 양자를 관통하는 공안이다. 윤리의 주체로서의 유한적 상대자인 범부와 중생이 절대에 매개되고, 어리석은 범부인 채로 신과 부처의 작용 안으로 받아들여져서 신과 부처의 협력자로서 되살아나는 길은 참회 말고는 없다. 참회에서 우리들 유한한 상대자가 무한한 절대자와 동일화된다고 하는 불가능한 요구를 버리게 된다. 자신이 유한하고 상대적이라는 사실을 자각해서 자력적인 존재로서의 주장을 포기함으로써 번뇌를 끊고 열반에 들어간다. 그러므로 유한한 주관성이나 자력의 속박에 더 이상 마음을 끓일 필요가 없다. 참회는 이러한 모든 한계를 무한이 현성하는 매개로 바꾸는 것이다. 아니, 설령 참회가 불순하고 불철저한 것이었다고 하더라도, 참회를 통해서 불순하고 불철저한 참회조차도 절대현성의 매개로 바뀌는 것이다. 참회에 의해서 어리석은 범부도 현자 영웅에 참가하고 협력하게 된다. 참회자는 부끄러움을 알고 겸허를 지키면서 안심을 얻는다.

나의 자력으로는 "나에게 삶도 죽음도 없다"는 경지에 들어갈 수 없다. 그러한 나도 나의 이 무력함을 참괴하고 뉘우치는 참회를 통해서 "살아 있을 때는 살고, 죽을 때에는 죽는다"라고 하는 절대 순종에 이르게 된다. 그것은 참회의 고통을 떠난 것이 아니다. 고뇌의 한복판에 있으면서 얻는 안심이며, 환희이며, 감사인 것이다. 근본악이 있는 그대로 절대의 타력대비가 근본악을 전환시킴으로써 악의 독과 고뇌의 가시가 제거된다. "불 속의 연꽃"(火中蓮)이나 "진흙 속의 꽃"(淤泥華)이라는 표현이 이를 잘 말해준다.

그러나 이 전환 매개는 철저하게 전환적이고 매개적이기 때문에 행위에서 성립하는 것이지 직관을 통해서 이루어지는 것이 아니다. 그것은 동일성으로의 경향을 포함한 즉자태가 아니라, 대립을 매개하고 스스로 대립을 낳으면서 그 사이를 전환(轉還)시키는 대자태이다. 전환 매개의 대자적 행위를 뒷받침하는 의식은 상승과 하강의 결합인 "믿음과 깨달음"이다. "믿음과 깨달음"은 즉자적인 직관의 직접성과는 다르다. 그것은 비약하고 진출하는 것이 곧 부동(不動)의 근원으로 돌아가는 것을 의미하는 동적 순환이다. "행위와 믿음과 깨달음"[행신증]이 바로 이것을 의미한다.

선이 믿음과 깨달음을 강조한다면, 그것은 행위와 정관의 일치라고 하는 자신의 입장을 단순히 정적인 명상과 구분하기 위한 것이다. 믿음은 초월적인 것에 대해서 자기 자신을 맡기는 신뢰의 태도를 말함이고, 깨달음이란 자기 자신에 대해서 초월적인 것이 자신 안에 내재한다는 의식을 가리킨다. 그러나 선은 직접성과 동일성이라는 입장에서 믿음과 깨달음을 실천과 가르침의 양면으로서 동일시한다. 선에서는 행위와 믿음과 깨달음이 하나이다. 그것은 대자태에서의 전환 매개가 아니라 즉자태에서의 합일이다. 그러므로 이것을 행도(行道)라고 하건, 믿음이라고 하건, 또는 깨달음이라고 하건, 결국은 모두 같은 것이다. 어느 하나를 가지고도 다른 둘을 다 포함할 수 있기 때문이다. 그러나 참회의 대자태에서는 위의 세 가지 계기는 서로가 서로를 매개하면서 삼위일체적[三一的]으로 통일된다. 하나가 필연적으로 다른 둘을 포함하는 것이지 서로가 합일한다고는 할 수 없다. 서로가 구별한 뒤에야 비로소 서로의 관계를 규정할 수 있다.

여기에 즉자태와 대자태의 차이가 있고, 동일성적 일치와 전환적 매개의 차이가 드러난다. 선은 절대무의 행위적 전환이라는 점에서 참회와 상통하지만, 즉자적 합일성에 있어서 신비주의로 기울지 않을 수 없다. 선은 자유론의 자력주의와 일치한다는 점에서 참회도가 말하는 타력 전환과는 다르다. 현자 영웅의 입장과 어리석은 범부의 입장의 차이는 무시해서는 안 되는 것이다.

나는 철저하게 어리석은 범부의 입장을 대변하는 신란의 삼원전입(三願轉入)[14]을 말하기 전에, 우선 파스칼의 『팡세』(Pascal, *Pensees*, 1969)에 나타난 구원의 문제를 논함으로써 신란의 사상으로 들어가는 입문으로 삼고자 한다.

---

14 정토삼부경의 하나인 『무량수경』에서 설해진 법장보살의 중생구제를 위한 원, 즉 48대원의 제19원, 20원, 18원에서 말해진 종교적 경지를, 자력에 집착한 추상적인 단계로부터 본래의 타력적인 종교적 의식으로의 발전의 과정으로 이해하는 입장으로서 이 신앙의 단계적인 깊이를 나타내는 개념.

제6장

신란의 삼원전입설(三願轉入說)과 참회도의 절대적 환상관

현대의 종교철학에 대해서 가장 큰 영향을 미치고 있는 사상가로서 우리는 키에르케고르와 함께 파스칼을 들 수 있다. 신앙의 초이성적 성격을 분명히 하고, 인간 이성의 한계에서 자비와 은총을 통한 회심의 체험이 비로소 인간을 신에 대한 신앙으로 인도한다는 점을 파스칼만큼 날카롭게 꿰뚫어 본 사람은 드물기 때문이다. 파스칼의『팡세』에 나타나 있는 참회도적인 요소를 지적하기란 결코 어렵지 않다. 그가 회심에 이르는 과정에서 참회가 유력한 계기가 되고, 파스칼 자신이 이것을 분명히 의식하고 있었음은 말할 필요도 없다. 회심 이후 그가 죽음에 가까워지면서도 그의 삶을 움직여 온 성자적인 순수성의 깊이가 점차로 깊어져 갔지만, 그의 기도와 참회는 언제나 하나의 주제를 맴돌고 있었다. 그것은 이 세상에 대한 그의 속박이었다. 이 주제는 수학에 대한 애착으로까지 좁혀 들어갔지만, 진리에 대한 열정은 그를 타자와의 격렬한 논쟁으로 이끌어갔다. 이것은 파스칼에게 끝없는 양심의 자책을 가져다주었다.

그와 가까운 사람이 쓴 전기를 보아도 기도와 참회가 그의 종교적 삶의 중요한 요소였음은 분명히 알 수 있다. 예를 들어서 파스칼은『팡세』(Brunschvicg판) 497페이지에서 다음과 같이 말하고 있다. "신이 자비롭지 않다면 우리들은 선을 행하려고 모든 노력을 기울여야 한다고 말해서는 안 된다. 그와는 반대로, 신은 자비로우시므로 우리들은 선을 행하기 위해서 모든 노력을 기울여야 한다고 말해야 한다."

이것은 내가 앞에서 말해 온 바와 정확하게 일치한다. 그렇다면 파스칼의 『팡세』는 참회도라고 해야 하는가? 나는 아니라고 대답하지 않을 수 없다. 물론 그의 신앙을 의심한다거나, 그의 사상이 깊지 않다고 비난하려는 의미는 아니다. 그렇게 하는 것은 본래 참회도의 방식과는 무연하다. 파스칼은 청정하고 고매하였기에 참회도로까지 나아갈 필요가 없었고, 따라서 참회도와는 인연이 없다고 할 수 있다. 왜냐하면 참회도는 청정한 성자(聖者)나 고매한 현자의 길이 아니고, 어리석은 범부의 길이기 때문이다. 성현의 길은 말할 필요도 없이 자력의 길이다. 그와는 달리 어리석은 범부의 길은 타력의 길이다. 참회도가 후자인 것은 지금 다시 말할 필요도 없다. 파스칼의 『팡세』가 전자인 자력의 입장을 벗어나지 않기에, 『팡세』를 참회도와 구별한다고 하지 않으면 안 된다.

사상의 전체적인 성격으로부터 본다면, 스피노자도 파스칼처럼 데카르트로부터 출발하였지만 데카르트를 넘어서 마음의 순수함과 고매함을 얻으려는 방향으로 나아갔다. 물론 파스칼의 유신론과 스피노자의 범신론 사이에는 엄연한 차이가 있으며, 또한 스피노자는 파스칼이 폄하하는 기하학적 방법을 철학의 방법으로 인정한 점에서 파스칼과는 대척점에 서 있었다. 파스칼과는 달리 스피노자는 데카르트를 따라서 지성 인식의 완성에 의해서 해탈에 이를 수 있다고 여겼다. 따라서 그는 참회를 이중의 무력이라고 여겨서 배척하였던 것이다(Spinoza, *Ethica* IV, Prop. LIV). 여기서 우리들은 스피노자가 철저히 현자 지자의 입장에서 지성이나 사상을 다루고 있으며, 이는 참회도와는 정반대의 것임을 부인할 수 없다. 파스칼의 유명한 "내기론"(233)은 타력에 의한 전환으로서의 믿음 안에서 이루어지는 회개의 핵심과 대단히 유사하면서도, 역시 자력에 의한 결단의 성격을 띠고 있다. 파스칼의 독창적인 확률 이론(908)도 자력에 대한 증거가 된다.

무엇보다 앞에서 인용하였던 사상의 측면에서뿐만 아니라 파스칼의 종교사상에는 타력적인 요소가 지배적이라는 흔적이 분명히 남아 있다. 『팡세』 248에서 그는 신앙이 신으로부터 부여되는 것임을 명확히 하였으며, 472에서는 자기를 버리면 만족을 얻을 수 있다고 말한다. 그리고 이렇게 자기를 미워하고 신을 사랑하는 것이 신으로부터 비롯된 것이라고 본다(248). 그러나 그가 "무지의 지"를 인간이 얻을 수 있는 지식의 극치로 보고, 이러한 자각이 인간의 위대성을 이룬다고 반복해서 말하는 것을 보면(327, 339, 346 그 외), 파스칼은 자력적이 되려는 경향을 지니고 있다. 파스칼의 『팡세』가 호교적(護敎的)인 내용을 담으려는 대작(大作)의 자료였다는 사실은 그의 『팡세』가 참회도와는 다르다는 사실을 결정적으로 말해준다. 왜냐하면 호교란 종교적 진리를 적극적으로 변명하고 옹호하는 것이므로, 자기부정적이고 순종적인 참회와는 정반대의 방식을 취하기 때문이다. 물론 호교론으로서의 『팡세』 안에도 참회적 요소를 포함한 것이 있다. 그러나 전체적으로 보아서 호교가 참회를 통해서 이루어진다고는 생각하기 어렵다. 이는 직접적인 긍정이라는 적극적인 태도와 부정하고 순종한다는 소극적인 태도가 본래 서로 어울릴 수 없는 반대의 것이기 때문이다. 이처럼 일반적이고 형식적인 면에서 『팡세』를 규정해 본다면, 파스칼을 참회도를 자각한 인물로 여기는 것은 곤란하다는 사실을 우선 지적할 수 있겠다.

　보다 구체적으로 내용면에서 『팡세』의 사상을 검토해 볼 때, 일견 참회도에 가까운 것처럼 보이면서도 그것과는 매우 다른 점이 있음도 부인할 수 없다. 원래 그의 주된 사상이 인간학이라는 것은 일반적으로 승인되는 바이기에 지금 새삼스럽게 논할 필요는 없을 것이다. 그의 인간학은 "신 없는 인간의 비참함"과 "신을 가진 인간의 위대함" 사이의 대립 위에 서서 종교에 대한 변명과 옹호의 역할을 함으로써 호교의 수단이 된다. 나아가 그는 인간학의 입장으로부터 인간 존재의 단계를 나누었고, 각 단계에 특색을 붙여서 아래로부터 위를 향해서 오르는 사다리를 제시하였다. 이렇게 되면, 설령 그 단계의 높고 낮음이 신과의 관계에 근거해서 종교적으로 규정된다고 하더라도, 신이 하강하여 타력적으로 인간 존재 속으로 잠입하며, 인간 존재의 단계를 행위를 통해서 전환적으로 역전적으로 매개한다는 것을 믿고 깨달을 수는 없을 것이다. 파스칼에게는 신이 인간 존재의 내재적 계기라고 하는 방향으로 관상적으로 사유되는 데 그칠 뿐이다. 신을 행위적 믿음을 통해서 인간 존재 자체에 대한 초월적 전환력으로서 깨닫는 것은 아니기 때문이다. 파스칼의 인간학은 신과 합일하는 성현들의 입장으로부터 신을 가진 인간 존재를 신 없는 인간 존재와 대립시키면서 "신 없는 인간의 비참함"으로부터 "신을 가진 인간의 위대함"으로 이행시킨다. 따라서 인간학은 구제론으로까지 구체화되지 못하였다. 이는 참회도가 철저하게 구체적인 주체의 자각을 다루는 것과는 다른 입장이다.

이제 간단하게나마 파스칼의 인간학이 지닌 요점을 나열해보자. 그의 초기 사상에서는 오로지 인식 능력의 문제가 다루어졌다. 그는 "기하학적 정신"(l'esprit de géométrie)과 "섬세의 정신"(l'esprit de finesse)을 구별하면서 전자가 논증적인 이성의 일반적 진리임에 대해서, 후자는 가치적인 것으로서 내재적 요해(了解) 대상이 된다고 구분하였다. 하지만 후기에 이르러서는 인간존재를 3단계로 구분하였다. 즉 첫째로는 앞에서 말하였던 "기하학적 정신"의 대상이면서 지성의 질서에 속하는 물질적이고 신체적 존재가 있다. 둘째로는 가슴의 질서인데, 이는 "섬세의 정신"에 의해서 이해되는 개체적 가치와 목적론이다.(이 단계는 다시금 아래로부터 위에 이르는 3단계에 걸쳐서 나누어진다). 세 번째로는 가슴의 질서 위에 자비(은총)의 질서가 있으니, 신적 섭리가 이에 해당된다(460). 종교적인 입장에서 본다면, 파스칼이 종교의 초월성과 독립성을 강조하면서 은총의 질서를 목적론적 영역보다 우위에 둔 것은 합당한 일이었다고 할 수 있다. 목적론은 여전히 자연의 질서에 속하는데, 그 까닭은 그것은 "섬세의 정신" 혹은 "가슴"의 대상이기 때문이다. 혹은 칸트적인 용어로 말한다면, 목적론은 감정의 "반성적 판단"의 대상이다. 이렇게 파스칼은 섭리를 모든 목적론의 근거로서 정립시켰던 것이다.

파스칼은 섭리를 믿을 수 있는 능력으로서의 "배면 사상"(pensee de derriere)을 인정하였다. 그에 의하면 이것은 자연의 목적론적 질서의 입장을 넘어서 있으므로 목적론적 입장에서는 그 이유를 알 수 없다. 그것은 목적론적 입장보다 더 안쪽에 잠재하는 "효과의 이유"(raison des ef-fets)를 파악하는 능력이다. 그러므로 슈바리에가 이 점을 거론하면서 "파스칼적 변증법"이라고 부른 것도 합당한 일이었다. 어떤 존재하는 사실이 왜 존재하는지에 대해서 직접적이고도 긍정적인 방법으로 충분한 이유를 댈 수는 없지만, 그러나 존재한다는 그 사실을 부정한다면 오히려 목적론에 반하는 결과를 낳으므로 효과라는 관점에서 간접적으로 그 존재 이유를 댈 수 있는 경우, "효과의 이유"가 존재한다고 말한다. 그것은 정면으로부터 파악되지 않고 배면으로부터 파악될 수 있다는 점에서 "배면 사상"이라고 불리었다. 이것은 섭리에 대응하고, 목적론보다 고차원적인 은총의 질서에 속한다. 이것은 목적론처럼 직접적으로 정면으로부터 믿는 것이 아니라 배면으로부터 부정을 통해서 간접적으로 믿는 것인바, 은총의 질서에 대응한다. 그러므로 이것을 변증법적이라 볼 충분한 이유가 있는 것이다. 파스칼은 인간이 무지를 알고 불행을 아는 것이 인간의 위대함을 의미하며(327), 이러한 역전이 "효과의 이유"이며(328), 신의 섭리에 속하며(338), 이것을 아는 "배면 사상"(336)이 인간의 위대함을 이룬다(403)고 하였는데, 이것이 변증법적이라고 여겨지기 때문이다. 그런데 신을 믿고 그 은총의 질서에서 세계를 관상하는 자는 신 없는 인간의 비참함을 신을 가진 인간의 위대함으로 전환하는 데 영향을 미칠 수 있다. 그 전이의 매개가 『팡세』이다. 인구에 회자하는 이른바 "생각하는 갈대"라는 관념은, 이 비참함을 사고해서 자각하는 "생각"(팡세)에 의해서 인간이 갈대처럼 약하면서도 위대함으로 변화한다는 의미이다(347).

그렇다면 "생각"은 과연 인간 존재를 전환시킬 힘을 가지고 있는가? 이처럼 힘 있는 "생각"을 지니고 있는 것은 지자 현자이지, 어리석은 범부일 수는 없지 않은가? 틀림없이 후자에 속하는 나는, 자기의 약함과 비참함을 단지 "생각"으로 자각하는 것만으로 위대한 존재로 바뀔 수는 없다. 이것은 어리석은 나의 증언이며, 내가 철학할 수 있는 자격을 지닌 존재라는 생각을 감히 버리지 않을 수 없었던 이유이기도 하다. 아무리 그것을 참회하고 고백하는 일이 부끄럽고 괴로운 일이라고 하더라도, 그것은 나로서는 피할 수 없는 일이었다. 지자 현자가 아닌 나에게는 "생각"이 앞에서 말한 것 같은 전환력을 가진다는 발상 자체가 지자 현자의 이념에서 비롯된 당위적 사상에 그치고 말 뿐, 현실은 되지 못한다. 그것은 자력의 당위이지 타력의 현성은 아니다. 이른바 "생각하는 갈대"가 누리는 영광은 지자 현자에게나 가능한 일이지, 어리석은 범부인 나 같은 자에게는 불가능하다. 순수하여 성자에게 비견되고, 고매하여 현자 지자라고 해야할 희대의 천재 파스칼에게 "생각"이 이런 광휘를 발하는 것은 당연한 일이며, 그것이야말로 그가 현자 지자라는 증좌(證左)일 것이다. 이와는 달리 생각이 부족하고 불신과 의혹을 벗어나지 못하는 것이 어리석은 범부의 특징이다.

여기에 "생각"이 인간 존재에게 있어서 전환의 매개라고 보는 파스칼의 생각과, 참회를 절대전환의 매개라고 하는 나의 주장 사이에 차이가 드러난다. 참회는 결코 단순한 "생각"이 아니라 행위이다. 더욱이 자력의 행위가 아니고, 행위와 믿음과 깨달음의 삼위일체적 통일의 계기로서의 타력행이다. 그것은 자력이 아니고, 자력과 타력의 전환 매개에서 성립하는 초월적 절대무의 현성이다. 그렇기 때문에 그것은 절대타력으로서의 자연법이(自然法爾)가 실재적으로 전환하는 계기로서 행위되고, 믿어지며, 깨달아지는 것이다.

　파스칼의 사상적 자각처럼 자아가 전환의 전후를 통해서 동일한 자아로서 계속 살아간다는 자각이 아니다. 반대로 자아는 방기되고 부정된다. 더욱이 죽음이 부활로 바뀌면서 자력이 포기되고 타력이 드러나는 전환에서 성립하는 "죽음 즉 부활"(死復活)의 활동이다. 그러한 전환의 매개로서의 참회는 타력이 나타나는 데 필요한 자력의 발로이다. 그것에 의해서 절대는 참회의 매개적 주체인 상대와 함께 번민하고, 함께 공감하고, 함께 도우면서 구제를 이룬다. 구제의 매개가 된다는 점으로부터 보면, 참회의 대상인 죄악도 단순한 악이 아니라 오히려 은총의 매개를 위한 계기이다. "복된 죄"(felix culpa)라고 하고, "죄의 은혜"[1]라고 하는 소이가 여기에 있다. 신란이 "관무량수경"에서 설하는 왕사성(王舍城) 비극[2]에 대하여 말하기를 "데바닷타와 아사세는 널리 인자(仁慈)를 베풀고 아미타불과 석가모니는 깊이 속생각을 나타내시니"[3]라고 한 것도 같은 의미라고 생각한다. 악도 매개가 되어 선으로 전환된다. 그러므로 번뇌를 끊지 않고 열반에 들어간다고 하는 것이다.

　이렇게 해서 파스칼에게서 전환이나 회개가 어떻게 "… 에도 불구하

---

1 예를 들어서 로마서 5장 20절에 "죄가 더한 곳에 은혜가 더욱 넘쳐난다."
2 왕사성은 다음에서 말하는 아자세(阿闍世)가 살던 고대 인도 마가다국의 왕궁. 아자세는 데바다타의 부추김으로 부왕을 살해한다.
3 신란의 『정토문류취초』에 있는 표현.

고"의 관계를 지니는가가 드러난다. 파스칼은 인간이 신 없이는 비참한 존재임"에도 불구하고" 신을 가지게 되면 위대한 존재라고 말하는 것에 지나지 않는다. 이와는 달리 참회의 전환에서는 "… 때문에"라는 관계가 성립한다. 예를 들면 인간은 그 비참함 "때문에" 신 안에서 위대하다. 파스칼은 "효과의 이유"를 "배면 사상"을 통해서 섭리로서 파악할 수 있다고 생각했지만, 그것은 죄가 부정적 매개의 요소로서의 의미를 지닌다는 뜻은 아니었다. "배면 사상"의 변증법은 대자적인 것이 아니고, 다만 우리들의 반성에서 즉자적으로 변증법적일 뿐이다. 그러나 이런 즉자적 반성의 입장이 실은 아직 철저한 변증법은 아니라는 의미에서, 그것이 비변증법적이라는 사실도 부정될 수 없다.

이와는 달리 "… 때문에"라는 참회의 부정적 매개야말로 변증법적이라는 사실에 대해서는 많은 말이 필요 없다. 그것은 절대무의 현성으로서 부정을 매개로 하는 절대매개이기 때문이다. 여기에 파스칼의 『팡세』적 전환과 참회의 행위적 전환 사이의 차이가 있다. 파스칼은 진정한 신은 "숨어계신 신"(Deus absconditus)이라고 보고(242), 그러한 신은 알려지면서 알려지지 않으며, 알려지지 않으면서 알려진다고 보았다(586). 또한 그는 인간 본성의 이중성(417), 불행과 자비의 상관성(497, 527), 참된 종교와 거짓 종교의 병존(817, 818), 인간의 지복은 자기의 안에 있으면서 동시에 자기의 밖에 있다(465, 485)고 주장함으로써 마치 본래적인 변증법에 속하는 것처럼 보인다. 그러나 타력적인 행위적 깨달음과는 여전히 거리가 있다. 이는 파스칼의 『팡세』적 자각이나 그 섭리적 "배면사상"을 참회의 타력적 전환과 동일시할 수 없는 소이이다.

그러나 위와 같은 견지로부터 보면, 파스칼이 인간 존재의 최고 단계라고 보았던 "은총의 질서"도 실은 섭리의 관념에 속하는 사상이며, 참회를 매개로 하는 타력적이고 초월적인 것의 현성과는 동일시될 수 없다. 그가 말하는 은총은, 앞으로 우리들이 살펴보게 되듯이, 불교에서 말하는 자력염불처럼 모순된 개념이다. 왜냐하면 은총과 염불은 자기의 부정과 자력의 부정을 의미하는 개념이기 때문이다. 따라서 만일 그것이 초월적인 타자의 전환에 의해서 매개되는 공적(空的) 자기가 아니라 자기 동일적인 "생각"에 머물고 만다면, 자기의 자력을 자력으로 부정한다는 모순에 빠진다. 일반적으로 객관적 존재의 비매개적 모순은 본래적 주체의 자각에 의해서 행해진 매개 행위의 모순이 아니다. 따라서 그것은 개념으로서 통일을 상실한다. 따라서 이러한 모순에 얽히든 개념은 자기 부정의 변증법적 운동을 포함하며, 스스로 변증법적인 것을 부정하는 계기가 된다. 다시 말해서, 자력이라는 관념은 초월적인 타력의 본래적 염불, 즉 타력에 응해서 나타난 매개적 행위의 표현으로서의 염불을 매개하는 요소로서만 이해되고 만다. 자력성도문의 종교인 『광세』는 타력 정토문의 행위와 믿음과 깨달음의 입장에서 본다면 이렇게 보인다. 즉 성도문은 정토문을 부정하는 계기로서 추상적인 관념에 불과한 것으로 비치는 것이다.

나아가 타력의 참된 입장이 참회의 행위적 매개를 행하지 못하며, 참회의 고통으로부터 단순히 안일한 사상 관념으로 변해버림으로써 스스로의 본래성을 잃어버릴 위험에 처하게 된다. 자력은 타력을 부정하는 선을 그으면서 언제나 타력의 뒤에 존재한다. 어리석은 범부도 언제나 스스로를 지자와 현자라고 망상하는 위험에 노출되어 있다. 이것이야말로 아성인 근본악의 발현이다. 여기에 종교적인 "생각"과 관념의 소외성이 있다. 그 자체로서 가치 있는 것처럼 보이는 진, 선, 미가 구제의 매개가 되는 계기로서의 의미를 잃어버리고, 절대무의 매개로서의 상대적 자립성이 무매개의 절대적 자립성이라고 참칭(僭稱)하게 되면, 거짓되고 추한 죄가 되는 까닭이 여기에 있다. 파스칼의 『광세』는 이러한 사실을 분명히 자각하고 있다는 점에서 거의 참회도에 일치하지만, 그러나 역시 "생각"의 위대함을 찬미하는 태도를 견지함으로써 자력염불의 모순을 완전하게는 벗어나지 못하였다. 『광세』의 변증법은 절대무의 전환적 행위에서 성립하는 것이 아니라 사상의 귀일(歸一)에서 성립한다 (684).

신란이 『교행신증』에서 주장한 삼원전입(三願轉入)의 교설도 이것을 말하는 것이 아니었던가? 신란 자신의 긴 고투를 거쳐서 도달할 수 있었던 타력 신심의 입장으로부터 시작하여, 신란은 그가 뚫고 나왔던 자력 사상의 추상적 단계를 반성하고 해부하여 그것의 위치를 정하려 하였다. 이것은 동시에 그의 주위에서 횡행하던 자력에 대한 집착을 비판하는 것이었다. 『교행신증』의 말미에 있는 〈방편화신토권〉(方便化身土卷)은 이러한 내용을 지니고 있는데, 그 중심에 있는 것이 삼원전입의 교설이다. 그것은 시대 비판인 동시에 스스로 참회르 독려하는 것[自督懺悔]이다. 그 책은 참으로 참회도의 전거라고 해야 할 것이다. 종교와 상통하는 철학에 있어서 중요한 의미를 가지는 것은 말할 필요도 없다. 이에 대해서 좀더 살펴보고자 한다.

"방편화신토"란 아미타불이 중생 제도의 방책편의(方策便宜)를 위한 가(假)로서 나타낸 현실 세계에 대해서 말한다. 『교행신증』의 전편(前編)을 이루는 다섯 권의 책에서 신란은 타력 구제를 성취하는 진불토(眞佛土)인 진실 정토에 대해서 자세하게 설명하였다. 모든 중생이 그들의 다양한 근기에 따른 구제의 방편이 되게 하기 위해서, 정토에 대한 매개로서의 상대적인 현상계에 부처는 스스로를 나타낸 것이다. "방편화신토"에서는 구제의 완성에 이르는 전단계가 분류되고 계속적인 전환의 과정에 따라서 자리 매김된다. 이러한 과정은 참된 신앙의 세계로 인도하는 반성적 단계로 구성되면서 동시대에 대한 비판을 포함한다.

그 배경에는 불교의 역사 철학에 의거한 역사의 시대구분이 전제되어 있다는 사실에 우선 주의하여야 한다. 이른바 정상말(正像末) 삼시(三時)가 그것이다. 정법(正法)은 불 재세 5백년간 근기(根機)가 뛰어난 시대를 의미하기 때문에, 그것은 참으로 성자 현자의 시대라고 볼 수 있다. 상법(像法)은 그 후의 천 년간으로서, 이미 정법은 사라지고 다만 불법과 유사한 형상[似像]이 행해지는 시대이다. 그 후 말법(末法) 시대에 이르러 1만 년 동안은 불법(佛法)이 멸하고 악에 물든 시대가 계속된다. 상말법멸(像末法滅)의 때에 성자 현자는 이미 존재하지 않지만, 성자 현자의 교법인 자력성도의 법문에 따라서 수행하기 때문에, 그것은 시대에 적응하지 못하고 혼란을 일으킨다. 오직 타력 염불의 법문만이 이 시대에 구체적으로 대응할 수 있다. 그를 위한 매개로서의 추상적인 단계도 방편으로서의 의의를 발휘할 수 있을 뿐이다.

『대무량수경』(大無量壽經)에는 아미타여래가 세운 구제의 48서원이 기록되어 있는데, 이 가운데에 제19원과 제20원이 이 추상적 단계에 해당한다. 이들은 가장 구체적인 제18원이 말하는 타력 정토문에 대한 매개로서 고유한 의미를 지닌다. 그러나 그들이 매개로서의 의미를 넘어서 독립적으로 자주적인 의미를 지니고자 한다면 중생은 악으로 탁해지고 시대가 혼란에 빠지게 된다. 이러한 현상은 특히 제19원에서 분명해진다. 19원은 "지심발원지원"(至心發願之願)이나 "수제공덕지원"(修諸功德之願)이라고 불린다. "만약 제가 부처가 될 적에, 시방세계 중생들이 보리심을 일으켜서 모든 공덕을 닦고 지극한 마음으로 나의 나라에 태어나고자 발원하였으나, 그들의 임종 시에 내가 대중들과 함께 그 사람 앞에 나타나지 못한다면, 저는 차라리 부처가 되지 않겠습니다."[4] 이는

---

4 보광 역, 『정토삼부경』 38면. [역자주]

중생보리심(衆生菩提心)을 발하여 여러 공덕을 수련해서 부처의 나라[佛國]에 태어나고자 바란다면, 목숨이 끝날 때에 즈음하여 부처가 반드시 대중과 함께 그 사람의 앞에 나타난다고 맹세하는 서원이다.

이것은 중생이 자력으로 윤리적인 공덕을 쌓아 절대선의 청정에 도달하고자 애쓰는 자력 노력의 입장이다.

만약 본래부터 근본악에 속박되지 않은 성자라면, 발원과 함께 행하는 공덕이 여러 부처의 나라에 왕생하는 인이 되고, 마음이 바라는 대로 도덕적 원리와 일치하는 청정심에는 "윤리 즉 해탈"의 자유가 확보되어 있다. 그러한 한에서 정법(正法)의 성자에게는 이 서원의 내용이 저절로 해당될 것이다. 성자는 자연 그대로이기 때문에 마음이 가는 대로 맡길 뿐 반성할 필요가 없을 것이며, 사상조차 불필요하다고 일컬어진다.

그러나 성자라고 해도 육신을 가지고 현세에서 사는 동안은 이러한 자연적인 청정함에도 속박이 전혀 없다고는 할 수 없다. 그러므로 발심이 필요한 것이며, 임종 시에 왕생할 때까지 기다리지 않으면 안 된다. 따라서 성자라고 해도 그들도 인간인 이상, 구체적으로는 오히려 "현자"라고 부르는 것이 보다 적당할 것이다. 현자에게는 개개의 선업과 공덕이 그대로 정토왕생의 인(因)이 아니고, 모든 선과 공덕의 본원(本源)으로서의 절대에 대한 자각이 필요하다. 이것이 "제20원"의 서원이다. "만약 제가 부처가 될 적에, 시방세계 중생들이 저의 이름을 듣고 저의 국토를 생각하여 모든 공덕의 근본을 심고 지극한 마음으로 회향하여 저의 나라에 태어나고자 하지만, 이를 성취하지 못한다면, 저는 차라리 부처가 되지 않겠습니다." 만약 그렇게 이루도록 하지 못한다면 부처 스스로도 정각을 얻지 않겠다는 서원이므로, 과수지원(果遂之願)이라고도 하고 불과수지원(不果遂之願)이라고도 하며, 또 "지심회향지원(至心廻向之願) 식제덕본지원(植諸德本之願)"이라고 한다.

그런데 자력으로 이러한 사상을 가지고 제덕의 근본인 여래를 생각하고 명호를 부르는 한, 그것은 한낱 사상 관념에 그치고 만다. 현자라면 물론 이것을 실현할 수 있는 능력이 있을 것이다. 그러나 오늘날의 상말탁악의 세상에는 그러한 현자는 이미 존재하지 않는다. 이러한 사실을 모른 채 스스로 현자라고 참칭하는 것이야말로 자력에 집착하는 것이며, 올바른 것과 그릇된 것을 구분하지 못하는 것이다.

이러한 탁한 세계에서 중생을 구하려는 아미타불의 대비가 칭명염불의 타력행으로 중생을 전향시키는 것이 "제18원"의 서원이다. 이것을 본문대로 옮기면 다음과 같다. "만약 제가 부처가 될 적에, 시방세계 중생들이 지극한 마음으로 믿고 좋아해서 나의 나라에 태어나고자 하여 십념(十念) 정도를 하였음에도 불구하고 태어나지 못하는 사람이 있다면, 저는 차라리 부처가 되지 않겠습니다. 다만 오역죄를 지었거나 정법을 비방한 자는 제외하겠습니다."

신란은 이것을 "지심신요지원"(至心信樂之願), "염불왕생지원"(念佛往生之願)이라고 부른다. 이렇게 "제19원"이 "제20원"으로 전입되는 것처럼, "제20원"은 "제18원"으로 전입한다. 이것이 다름 아닌 "삼원전입"이다.

신란은 『관무량수경』이 "제19원"에, "아미타경"이 "제20원"에 해당되는 것으로 보고, 『대무량수경』을 "제18원"에 배치하였다. 『대무량수경』이 정토진종의 소의경전(所依經典)인 이유가 여기에 있다. 『교행신증』 전편의 5권은 "제18원"이 성립하는 요소를 밝힌다. "교"는 『대무량수경』이고, "행"은 염불이며, "신"은 "지극한 마음으로 믿고 좋아하는" [至心信樂]이고, "증"은 왕상환상의 회향을 성취하는 것으로서 무량광명, 무량수명의 진불토를 개현한 것이다. 전편의 5권과는 달리 "제19원"과 "제20원"의 내용이 "제18원"으로 각각 전입해야 할 매개적 계기임을 밝힌 것이 다름 아닌 〈화신토권〉이다.

원래 삼원은 "제19원"에서 시작된다. 이는 자력으로 선(善)을 닦는 이들에게 임종 시에 왕생하는 원을 세운 것이니, 그들의 왕생이 보증되기 위해서는 이 세상을 떠날 때까지 기다려야 한다는 것이다. 여러 가지 선업(善業)을 회향하여 정토에 왕생하려고 발원하지만, 그것만으로는 자력 왕생은 단순한 요청에 지나지 않는다. 칸트의 이른바 "완전한 선"(bonum consummatum)의 이율배반에서 벗어날 수 없다는 말이다. 중생이 아무리 공덕과 선을 닦아도 자력을 뽐내고 자기를 직접적으로 긍정하고 내세운다면, 절대무의 매개로서만 성립해야 할 부정적 존재, 즉 공유로서의 왕생의 인은 될 수 없다. 다만 임종에 이르러 더 이상 자력으로 인한 업이 불가능함을 자각하여 자기를 버리는 자기 부정성을 계기로 하여서만 왕생은 약속된다. 신란이 이를 가리켜 "임종현전"(臨終現前)의 서원이라고 했던 이유도 여기에 있다. 임종의 때에 중생이 성자의 반열에 들어간다고 이해하여도 무방할 것이다. 그것은 자력으로 인한 여러 선업이 왕생의 인이 될 수 없으며, 오직 염불만이 왕생의 인이 됨을 깨달음으로써 "제20원"에 전입한다.

"제19원"의 내용은 여러 가지 선과 공덕(善功德業)을 회향하여 정토 왕생을 발원하는 중생과 관계되므로, 다음 장에서 말할 삼심(三心) 중의 "회향발원심"(回向發願心)에 해당된다. 이는 종교적 믿음의 미래와 관계되어 있다. 만일 서원 성취의 조건인 선과 공덕이 무력하다고 하는 사실을 자각하는 참회가 염불을 모든 선본덕본(善本德本[5]으로서 생각하는 소극적인 관념의 차원에 머문다면, "제20원"의 "식제덕본지원"(植諸德本之願)이나 "과수지원" 이상으로 나갈 수 없다. 참회를 철저히 하여 자력염

---

5 훌륭한 결과, 특히 왕생의 원인이 되는 선근과 공덕을 가리킴.

불이 지닌 모순을 철저히 자각할 때에만, 뿌리 깊은 망념으로부터 해방되고 아미타부처의 마음이 될 수 있다. 이것이야말로 "제18원"의 신심으로 전입하여 삼원전입을 성취한다는 징표이다.

이렇게 "제19원"의 임종왕생의 서원은 자신이 극악무도한 죄인이라는 사실을 깨달은 사람들의 참회를 통해서 매개될 필요가 있다. "제19원"이 자력이 무력함을 자각한 순종적 절망으로 매개될 때에만 "제20원"의 자력염불의 "생각"을 넘어서 "제18원"에 이르고, 자력은 타력으로 변하고, 자기 부정은 긍정으로 전환부활되어, 임종 때에 왕생이 약속된다는 진리는 참회하는 매 순간 성취된다. 이것을 정정취(正定聚)의 불퇴전이라고 한다.6 이처럼 모든 것은 절대의 매개를 통해서 이루어지므로, 이러한 상태에서는 참회에 매개된 새로운 삶으로 부활(왕상회향)되고, 다른 한편으로는 "무작의 작"인 자연법이(自然法爾)의 행(환상회향)이 가능해 진다. 이 두 가지는 "깨달음"[證]에서 조화롭게 일치되어 "제18원"의 "지심신요욕생"(至心信樂欲生)과 "난사의왕생"(難思議往生)7의 원을 성취케 한다.

"제20원"에 해당하는 상태는 "제18원"에 이르는 길을 매개하는 부정을 나타내기 때문에, 이 두 서원은 서로 분리될 수 없다. 그때 자력으로 쌓아 올린 과거의 여러 가지 선과 공덕이 왕생의 인이나 구제의 매개가 될 수 없음을 자각하고, 그러한 자각을 스스로의 규범으로 삼는 동시에 타인을 교회(敎誨)시키기 위한 사상으로 만든다면, 여러 가지 선과 공덕의 근본으로서 염불은 왕생의 인이라는 추상적 관념이 된다. 염불이 이

---

6 예를 들어서 신란의 『유신초문의』(唯信鈔文意)에 "왕생이란 불퇴전에 머무는 것을 말한다. 불퇴전에 머문다는 것은 즉 정정취의 위에 정해진 것이다"고 되어 있다.

7 "제18원". 아미타불의 본원은 인간의 지식[思議]을 넘는 것이기 때문에 이렇게 불린다. 이에 대해서 "제20원"은 난사왕생(難思往生)의 원이라고 불린다.

렇게 관념이 된다면, 염불은 명호의 절대전환력인 본원에 매개된 "무작의 작", 즉 "불회향의 회향"인 절대타력의 행이 될 수 없다.

관념화된 염불을 극락왕생의 인이라고 여긴다면, 우리들은 여전히 행위하는 자기의 행위에 매여 있으며, 따라서 염불도 자력의 염불이 된다. 그러므로 내적으로 모순적인 자신의 노력이 무력하다고 고백하기까지 자각을 깊게 할 필요가 있다. 이렇게 해서 참회가 이루어진다면, 자신의 염불은 절대타력으로 변하여 왕생이 결정된다. 이러한 전환을 조건으로서 왕생성취를 서원하는 것이 "제20원"의 "난사왕생지원"이고 "과수지원"이다. "제20원"은 "제18원"의 염불왕생의 원의 매개로서 "제18원"이 성취되도록 보증한다. "제20원"에 포함된 "지심회향"이라는 조건은 과거의 참회에 의한 절대타력의 "불회향의 회향"에 이르러 비로소 성취된다.

그러나 앞에서도 말했던 것처럼, 일단 참회회심(懺悔廻心)에 의해서 새로운 삶으로 전환되고 부활된다고 하더라도, 거기에는 언제나 사상 관념적 전환(이라고 하기 보다는 실은 연속)에 안주하려는 유혹이 달라붙는다. 언제나 우리들은 안이한 섭리 방편 사상에 빠질 위험에 노출되어 있는 것이다. 구체적인 타력염불의 뒷면에는 추상적인 자력염불이 도사리고 있다. 단지 부단한 참회에 의해서 후자가 전자로 바뀌는 한 왕생의 성취가 보증된다. 이것이 "제20원"의 내용이다.

앞에서는 "제20원"을 현자와 현자의 자력염불에 대한 "생각"에 연관시켰다. 현자는 "생각"을 가지고 어리석은 자가 참회에 의해서 도달할 수 있는 경지에 이미 들어서 있기 때문에, 그들에게는 "제20원"이 독립해서 존재한다고 생각할 수도 있다. 그러나 상말탁악(像末濁惡)의 시대에는 실제로 현자가 존재하지 않는다. 어리석은 범부이면서도 스스로를 현자라고 여기는 것은 자력에 집착하는 마음이고 교만이어서, 결국은 구원으로부터 멀어지게 된다. 오직 참회에 의해서 자력이 타력으로 전환될 때, "생각"도 방편으로서의 의미를 부여받을 수 있다. "제20원"이 "제18원"으로 전입해야 할 이유가 여기에 있을 것이다.

"제20원"은 논리적 발전의 순서상 "제19원"으로부터 "제18원"에 이르는 중간에 있다. "제20원"은 "제19원"의 자력수선에 의한 왕생의 모순을 넘으면서도 "제18원"의 염불왕생의 타력행적 매개에는 도달하지 못한다. 그 결과 단지 관념적인 사상의 전환에 머물기 때문에 여전히 중간성을 탈각하지 못한다. 즉 "제20원"은 본래적인 믿음으로 전환함에 있어서 부정적인 매개의 요소로서 기능할 뿐만 아니라―이것은 "제18원"에 대응한다― 실제로는 "제18원"을 "제19원"으로 역방향적으로 전환시킨다. 본래적 전환이 소외되는 것이다. 이러한 소외는 절대타력의 초월적 행위에 매개로서의 비통한 참회를 회피하고 안이한 염불 사상에 안주한 결과, 전자로부터 후자로 전락하는 상태를 의미한다. 이런 의미에서 "제20원"의 내용은 실로 자기 모순적이며, 부정적 변증법적이다. 그러한 변증법적 운동은 "제18원"의 구체성에까지 도달할 때까지 멈추지 않는다. 그러나 이러한 구체성에는 언제나 자기 소외라는 추상성이 따라붙는다. 따라서 부단한 참회가 행적 전환의 매개로서 이것을 바꾸지 않는다면, 언제든지 "제20원"의 자력염불이라는 자기 모순적인 사상으로 전락한다. 더욱이 그러한 전락은 단지 "제20원"의 내부에서 멈추지 않고, "제19원"으로까지 전도되고 떨어지지 않을 수 없게 된다. 왜냐하면 가령 염불의 행이라고 해도, 그것이 자력에서 나온다면 실은 절대무의 전환이라는 의미를 가지지 못하고, 상대의 자기 긍정이 되고 말아 자연법이인 "불회향의 회향"이 아니라 자력회향이 되기 때문이다.

철학이나 신학도 참회의 매개 없는 직접적인 사상에 그치고 만다면, 일반적으로 문화 교양이 이성의 자기만족에 그치는 것처럼, 개인적 자아의 자력회향의 범주를 넘어서지 못한다. 이것이야말로 "제20원"이 "제19원"으로 전락하는 것이 아니고 무엇이랴? 성도문은 어리석은 범부를 유혹하여 이곳으로 빠뜨리는 것이다. 자력염불이라는 사상은 그 당위적 이념으로써 사유한 "선본덕본의 진문(眞門)"[8]으로서의 염불이라는 계기를 사실상 실현할 수 없는 것으로서 부정해버린다. 그리하여 단지 일상적으로 행하는 현실적인 자력수선의 계기로까지 역전적으로 전락해버린다. 그러한 전락을 피할 수 있는 유일한 길은 부단한 참회뿐이다. 참회에서는 타력행에 의해서 전환매개가 실현되기 때문이다.

다음 장에서는 삼심석(三心釋)에 대해서 언급하게 될 것이나, 그때 선도(善導)의 당위적 이념이 신란에 의해서 참회의 비통자독(悲痛自督)으로 변하게 됨을 언급할 것이다. 동일한 관계가 "제20원"의 당위적 사상과 "제18원"의 참회적 전환 사이에 존재하지 않으면 안 된다.

이처럼 "제20원"은 "제19원"과 "제18원"을 참회를 통해서 매개한다. 이때 "제20원"의 염불은 "제18원"의 염불로 고양시킬 뿐만 아니라 "제20원"의 염불이 "제19원"의 염불로 전락하여 "제18원"의 수준으로 올라가는 순환운동을 매개한다. 이러한 상승과 하강의 순환 운동에서 "제20원"은 중간에 위치한다. "제20원"은 이처럼 변증법적 성격을 지니므로, 그것을 단지 정적이고 동일성적으로 해석해서는 안 된다. "제20원"은 철저하게 자기 부정적이고, "부정 즉 긍정"이라는 이중성을 유지한다. 따라서 그것은 동적인 순환성을 박탈하는 방향으로 이해해서는 안 되는 것이다. 여기에 "제20원"을 넘어서 가는 것이 어려운 이유가 있다. "제20원"을 넘어갈 수 있는 유일한 길은 스스로 참회의 행위적 전환을 끝없이 실천하는 길뿐이다. 참회를 통해서 자력을 타력으로 매개하며, 자력

---

8 "제20원"의 입장을 가리킴. 『교행신증』〈화신토권〉에 "선본덕본의 진문을 개시하여, 자리(自利)의 일심을 장려하고, 난사의 왕생을 권함"이라고 되어 있다.

을 버림으로써 자력을 타력으로 변환시키는 길이다. 그래서 타력염불의 숙원을 행위하고 믿고 깨닫는 길 이외에는 달리 길이 없다.

　"제18원"을 행위하고 믿고 깨닫는 끝없는 참회의 요소를 통해서 "제20원"의 관념적 전환은 초월적 타력의 힘으로 말미암아 구체적인 형태를 띠게 되고, 염불이 본래적인 전환적 행위로서 현실화된다. 이것이 자연법이에서 작용하는 절대적인 타력이다. "제20원"의 종교적 내용을 만족시키기 위한 선결조건인 "지심회향"은 참회를 통해서 과거의 마음을 정화함으로써 현재에는 깨끗한 마음으로 현실화된다. 그러므로 "제20원"이 "과수지원"이라고 불리는 것이다. "제20원"이 "제18원"으로 전환될 수 있다는 보증은 "지심회향"에 포함된 참회의 청정화라는 기능에 있다. "지심회향"은 "제20원"을 전환시키는 데 작용하는 타력염불의 부정적 회심이다. 이러한 작용에 의해서 "제20원"은 "지심신요" 안에서 "불회향의 회향"으로서 수용될 수 있다. 이 모든 것은 우리들이 "제19원"에서 발견한 것과 유사하다.

　하지만 "제20원"과 "제19원"은 다르다. "제20원"에서는, "제19원"의 경우와는 달리, 임종과 같은 자연적 기연에 의해서 밖으로부터 부정 전환이 일어나지 않고, 사상적 매개의 자기 모순적 관념에 내재하는 부정적 변증법에 의해서 안으로부터 일어난다. 즉 자력염불이 염불의 행위와 믿음과 깨달음의 내용으로 구체화되면서 염불의 타력성을 철저히 하는 가운데 "제18원"으로 전입할 수 있다. 한 마디로 이것은 대비의 원력에 의한 것이다. 신란이 "과수지원"이 대비의 원해(願海)에서 성립하는 것으로 보고 고백했던 그대로이다. "그러므로 어리석은 까까머리[愚禿]인 나 신란은… 오래전에 여러 행위와 선을 닦는 방편의 문을 나와서 영원히 쌍수림 밑에서의 왕생9으로부터 떠나, 자력염불을 닦는 방편의 진문에 들어가, 오로지 난사왕생(難思往生)10을 원하는 마음을 일으켰다. 그러나 지금, 그 방편의 진문으로부터도 나와서 선택본원의 대해로 들어갈 수 있게 되었다. 지체 없이 난사왕생을 원하는 자력의 마음을 떠나서 난사왕생을 이루게 된 것이다."

신란이 삼원전입의 취지문에서 "그러나 지금"이라고 한 것은 자력염불이 지니는 모순에 부딪쳐서 무력감에 절망하여 참회의 매개를 행하는 자력이 움직이기 시작한 것을 의미한다. 그것은 본원의 타력에 의해서 촉발된 자발적 행위이기 때문에 "그러나 지금"이라고 했을 것이다. "제20원"으로부터 "제18원"으로의 전입도 참회의 행위에 의해서 매개된 것이다. 그러므로 삼원전입은 전체적으로 볼 때 참회도를 통해서 성립한다고 해도 과언이 아니다. 참회도 없이는 이해될 수 없는 일이다. 이는 신란의 입각지가 참회도이기 때문이다.

그렇지만 만일 "제20원"의 내용이 단지 "제18원"의 내용이 추상화된 것으로서 "제18원"의 자기 소외에 불과하고, 상승과 하강의 순환운동의 중간에 있는 것에 불과하다면, "제20원"은 단순히 변증법적 운동의 한 계기로서 부정되고 폐기되어야 한다. 그 경우 "제20원"은 인간존재의 자립적인 단계를 나타내지 못하므로 반드시 존재해야 할 적극적인 의미가 없어지기 때문이다. 실제로 왕상회향의 입장에서 보면 이러한 결론은 오히려 당연하다. 『무량수경』은 바로 이러한 입장에 서 있다. 그런데 『무량수경』이 진실방편의 원을 초월적으로 세운 것임에 대해서, 『관무량수경』은 방편진실의 가르침을 현창(顯彰)한다.

따라서 절대전환이나 구제 자체로 본다면, 『무량수경』은 『관무량수경』이 설하는 진리를 암시적 방식[隱彰]으로 드러내고, 『대무량수경』은 명시적 방식[顯義]으로 나타낸다.[11] 하지만 두 경전은 서로 다른 의미를

---

9 "제19원"에서 말하는 자력수선에 의해서 진실된 정토가 아니라 화신토에 왕생하는 것.
10 "제18원"의 홍원서원에 의한 진실정토로 왕생하는 것.

294 | 참회도(懺悔道)의 철학

지니게 된다. 『무량수경』에서 상대 존재는 절대무의 부정 계기로서 인정될 뿐이다. 그러므로 진실방편이라고 한다. 아마도 왕상의 입장으로부터 말하자면 상대는 부정적 매개 존재이고, 그러한 매개성을 방편이라고 한다. 진실방편이란 상대적 존재를 절대무의 매개로서의 공유라고 이해한다는 의미이다. 신앙은 자기의 구제를 떠나서는 성립하지 않으므로, 이러한 왕상이 주로 종교의 문제가 되는 것은 당연하다.

그렇지만 여래 대비의 서원이 법장보살 인위(因位)의 수업(修業)에 매개된다고 하는 정토교의 사상 자체는 이미 전체적으로 여래회향의 환상성(還相性)에 근거해 있다. 따라서 여래 자신 안에서의 "환상 즉 왕상"의 순환성이, 중생의 구제의 "왕상 즉 환상"이라는 사태를 성립시키는 것이다.

이것은 대승불교 본래의 특색인 보살 사상을 대자적으로 전개한 것으로서 정토교의 구체성을 나타내고 있다. 회향이란 "회는 전환이고, 향은 나아간다"(廻者轉也, 向者趣也)라고 풀이되므로, 일반적으로 왕생을 위해서 공덕을 적용한다는 뜻이다. 자력문에서는 물론 자기가 쌓는 바의 공덕(행위, 생각)을 왕생의 인으로 하며 "제19원"과 "제20원"의 내용도 이를 벗어나지 않는다. 그러나 타력문에 있어서는 자기의 행위하는 바나 생각(관념)하는 바가 모두 방향이 바뀌어 여래로부터 중생에게로 향한다. 이 같은 내용이 "제18원"의 믿음의 대상이 되고, 자기의 행위나 생각도 믿음에 의해서 전환하는 타력의 매개적 요소에 대한 믿음으로 전환된다.

---

11 현(顯)은 문자에 나타난 표면상의 의미이고, 은(隱)은 문자에 감춰진 진실의 의미를 가리킴. 『관무량수경』은 겉으로는 방편의 가르침을 설하고 있지만, 거기에는 여래의 원심(願心)이 감춰져 있으므로, 비밀스럽게 나타낸다고 말한다. 이와는 달리 『무량수경』은 진실의 가르침이고, 현과 은의 구별은 없다고 한다.

이처럼 회향은 여래 대비의 공덕은총이 중생구제를 향하는 것을 의미한다. 중생은 이것을 믿고 받아들여서 자신의 행위와 사상을 "불회향의 회향", 즉 단지 믿음의 매개가 되게 하지 않으면 안 된다. 그처럼 "불회향의 회향"으로서 회향하는 것이 자기의 정토왕생을 위한 것이라는 사실을 왕상회향이라고 하고, 정토로부터 다시금 현세로 돌아와서 다른 중생을 위해서 교화제도(敎化濟度)하는 것을 가리켜서 환상회향이라고 한다. 이것이 두 종류의 회향[二種廻向]이다. 하지만 두 가지 모두 여래의 타력으로부터 유래하며 신심에서 성립한다는 데에는 차이가 없다.

그런데 아미타여래의 절대성이 인위(因位)의 법장보살이 다섯 겁에 걸친 수업(修業)에 매개된 과위(果位)라는 말은 "왕상 즉 환상"이 자기 안에서 전환되는 것, 즉 순환성을 의미하는 것은 아닌가? 법장보살이란 절대전환으로서의 아미타여래의 부정적 매개, 곧 상대 존재로서의 중생을 상징한다. 여래의 절대매개성은 절대환상성이다. 그러므로 여래는 현세의 중생계로 돌아오고, 중생의 행위와 믿음을 매개로 해서 왕상회향을 성립시킨다. 그 "왕상 즉 환상"의 순환인 여래가 자기 안에서 전환한다는 것이 법장보살의 인위의 수행이라는 상징이다. 그러나 수업이란 과거를 미래로 전환하고, 미래의 창조발전을 과거의 부정적 전환으로 매개하는 것을 의미하는 것이니, 그 행위적 구조에서는 참회에 통한다. 사실상 참회 없이 수업은 있을 수 없다. 법장보살도 수업에서는 부단한 참회를 하지 않으면 안 된다. 수업이란 우리들 중생의 참회에 대한 절대적 상징에 다름 아니다.

이와 동시에 법장보살의 수업(修業)은 "상승 즉 하강", "진출 즉 환귀"의 순환을 지닌 여래 대비의 절대환상이기에 수업의 성취, 즉 참회의 구제적 전환을 의미한다. 법장보살의 인위의 수업이 중생의 참회를 위한 초월적 근거라고 이해되는 소이가 여기에 있다. 도겐이 말한 것처럼, 보살은 자기가 구제되기 전에 타인을 구제한다. 이것은 시간의 선후로 본다면 불가능하겠지만 본질적이고 논리적으로 보면 올바른 말이다. 원래 자기의 제도(濟度)가 자기의 부정을 의미하고, 자기의 부정은 타인을 위해서 자신을 바치는 대자적 행위 없이는 있을 수 없다. 그러므로 타인을 구제하는 일 없이 자기가 구제받기란 불가능하다는 의미에서, 전자가 후자에 앞선다고도 할 수 있다. 이것은 보살 정신을 단적으로 나타내는 말로서 대단히 중요한 사상이다. 대승불교 중에서—선불교처럼 생각을 물리치는 입장이나 생각을 강조하는 성도문적 불교를 포함해서— 정토교만큼 환상관계를 대자적으로 발전시킨 종문은 달리 없을 것이다. 이 점에서 볼 때 "이종회향"(二種廻向)을 처음으로 주창했던 담란(曇鸞, 476-542)의 착안점은 실로 존중해야 할 것이다. 신란이 그를 흠모하였음은 물론이다.

환상회향의 입장에서 본다면, 『관무량수경』이 『무량수경』과는 달리 방편진실을 말했는데, 여기에는 실로 중요한 의미가 있다. 이는 논리가 존재론을 역사철학 내지 정신현상학에 매개한다고 하는 의미를 지니기 때문이다. 존재의 변증법은 스스로를 부정적으로 현실에 매개시킨다. 이것이 구체적인 논리이다. 그것은 역사에 있어서 존재의 역전 전환에 원리를 부여한다. 방편진실이란 절대무가 역사적 현실에 매개되는 한 절대현실로서 현상한다는 사실을 가리킨다.

『무량수경』과 『관무량수경』은, 그들이 서로를 매개한다는 점에서 동일하지만, 이러한 동일성은 단지 암시적이다. 명시적으로 이 두 경전은 반대 방향으로 움직인다. 상대적 존재의 매개적 의미는 두 가지 의미로 이해될 수 있다. 첫째, 상대는 절대에 대해서 매개로서만 존재하고 그 의미를 지닌다(왕상). 둘째, 이러한 기능은 스스로가 다른 상대에 대해서 구제의 매개가 됨으로써 비로소 대자적으로 성취된다(환상). 이처럼 절대의 절대환상성도 상대를 매개로 하면서 실현된다.

아미타여래의 대비적 절대환상성은 직접적으로는 작용하지 않고, 석가여래와 그 외 제불의 환상회향을 매개로 해서 실현된다. 아니, 보다 더 철저하게 말하자면, 아미타여래도 단지 여래로서 절대무에 그치는 것이 아니라, 특정한 존재로서의 아미타불을 매개로 해서 나타난 부처이며, 그런 한에서 실은 여러 부처 중의 하나일 뿐이다. 아미타여래가 나타나는 것은 역사적 인연에 의한 환상이다. 그 존재는 방편진실에 그치고 상징적인 것에 지나지 않는다. 법장보살의 인위의 수행이라는 비유도 이러한 입장에서 이해될 수 있다. 만약 이러한 철학적 해석을 벗어나 아미타여래의 절대성을 직접적이고 무매개적으로 긍정하고, 그의 구제 활동을 중생의 상대적 존재라는 매개를 필요로 하지 않는 일방적인 능동성이라고 이해한다면, 정토진종은 기독교와 꼭 같은 유신론이 되어서 신화의 속박을 벗어날 수 없다. 그렇게 된다면 정토진종은 이미 종교의 절대적 진리를 잃어버리고 말 것이다.

절대는 절대타력이며 절대매개이다. 그러나 역사적 현실이란 상대와 상대의 매개 운동이 절대를 나타내고 실현하는 것이다. 즉 "왕상 즉 환상"이 역사의 구조이다. 절대무로서의 절대는 전환과 매개 자체임을 의미하는바, 이는 불교의 독특성을 나타내는 지극히 중요한 사상이다. 이것이 정토진종의 환상방편이라는 사상에서 역사철학화 내지 헤겔적 의미에서 정신현상학화 되었다. 이러한 사실은 정토진종이라는 종문을 불교 내에서 독자적인 위치에 세우는 것으로서, 철학적으로 가장 구체적인 불교사상을 대표한다. 이러한 사상이 만일 위에서처럼 절대매개성을 상실하고 유신론화된다면, 이미 그 독특한 의의는 소멸될 수밖에 없다. 여기에 진종의 타력구제문이 지니는 위험성이 잠복하고 있다고 해야 할 것이다.

서양사상에서처럼 절대가 존재 내지 초존재로서의 존재[有]라면, 상대는 단지 불완전한 존재에 불과하므로, 절대에 대해서 상대의 고유한 자립성을 적극적으로 보장하고 확립하기는 어렵다. 거기에서는 부정적 매개가 절대매개로까지 철저해지지 못하기 때문이다. 이 경우 상대의 대자적 존재성은 보증될 길이 없다. 본래 상대와 절대의 관계를 이원론이나 상대론에 빠지지 않으면서, 또 이원론과 일원론을 신비주의로 통일하지도 않으면서 구체적인 매개의 관계로서 파악하려고 한다면, 철저한 부정적 매개로서의 절대 변증법에 의하는 길밖에 없다. 절대 변증법에 입각한다면, 절대는 절대매개로서 스스로의 매개인 상대의 자립성과 대자성을 인정하고, 상대로 하여금 상대와 상대의 대자적 관계에서 매개로서의 자립성을 발휘하도록 해준다. 그렇게 함으로써만 절대는 자신의 행으로서의 대비(大非)가 대비(大悲)로 전환되는 자신의 행위를 성취할 수 있다.

상대가 상대에 대한 환상행을 매개하지 않는다면, 절대가 상대를 구제하는 왕상적 행위는 불가능하다. 물론 환상에서 상대가 상대를 대한다고 하여도, 그것은 단순히 상대가 다른 상대를 대한다는 의미는 아니다. 이러한 방식으로는 구제제도(救濟濟度)의 문제를 해결할 수 없다. 상대가 상대를 대하는 것은 어디까지나 절대의 매개에 의하지 않으면 안된다. 스스로 절대의 매개로서 절대에 봉사하는 매개 존재로서의 자연법이(自然法爾)의 행이 절대의 유일한 작용인 구제의 절대전환에 매개가 되는 방편이 되고, 무작의 작으로서 절대에 봉사하고, 이로써 다른 상대에 대한 절대의 구제 작용을 위해서 스스로 매개가 되는 것이다. 이러한 상대의 협력과 참가 없이 절대가 상대를 구제할 수는 없다.

법장보살로 상징되는 자기 내 매개성이 대자화된 것이 환상회향이다. 환상회향은 대비본원 자체의 절대전환성이 구체적으로 전개된 것이다. 이것이 상대적 자립성을 지닌 피매개적 가현적 절대라고 하는 의미에서 방편진실이라고 불리는 소이이다. "제19원"의 가문(假門)이 단지 가문에 불과하고, 모든 공덕이 임종이라는 절대부정을 떠나서 존재한다고 생각된다면, 그것은 구제의 매개가 될 수 없다. 이러한 존재는 아직도 방편이라고 하는 의미를 갖지 못한다. 그것이 방편이 되기 위해서는 몇 가지 조건이 충족되어야 한다. 첫째, 존재는 절대무에 매개되어야 한다. 역으로 말하면, 존재는 절대무의 매개인 공유로 전환되어야 한다. 둘째, 반성적인 차원에서 본다면, 이러한 과정은 행위적 전환에 대비되는 추상적 계기로서의 사상적 전환으로 넘어가야 한다. 셋째, 본래적인 통일적 원리로서의 생각의 전환과 더불어 자력염불이라는 관념이 "선본덕본"으로서 이념화되고, 다른 중생을 제도하기 위한 교화적 유도자가 된다. 그리고 마침내 염불이 절대타력의 전환적 행위가 되는 한, 그것은 "과수지원"으로서의 "제20원"으로 전환되어 방편의 의미를 획득하게 된다. 방편은 가문이 아니고 진문(眞門)이다. 이는 가문에서처럼 존재가 부정되는 것이 아니고, 오히려 절대부정에 의해서 존재가 공유로서 회복되어 무의 매개로서의 상대적 자립성이 인정되기 때문이다. 다만 "제18원"의 염불왕생의 왕상이 절대 진실임에 반해서, 그것은 방편 진실이다. 절대는 절대전환이며 절대매개인 이상, 그것은 이러한 환상적 매개에 의하지 않고는 "대비 즉 대비"를 행할 수 없다. 그런 의미에서 왕상의 절대 진실은 환상의 방편 진실에 의해서 오히려 구체화되고 현실화된다고 할 수 있다.

여래는 본래 무시(無始) 이래의 과거에서 법장보살의 인위의 수행을 매개로 하면서 중생을 제도한다. 이것이 이미 기술하였던 여래 자신의 절대환상성이다. 구체적으로 말한다면, 여래는 불불상승교찬(佛佛相承交讚)의 협동태 자체를 매개로써 현실화된다. 아니, 여래는 오히려 이른바 유불여불(唯佛與佛)12의 교호 매개태(媒介態) 자체라고 해야 할 것이다. "불성은 곧 여래이다"13라는 신란의 말은 구체적으로 이러한 의미에서 이해될 수 있다. 그것은 여래가 단지 부처의 추상적 일반성을 의미한다는 뜻은 물론 아니다. 또는 제불의 교호 매개태 이외에 여래가 별도로 있는 것도 아니다. 그렇다면 "불성은 곧 여래이다"라고 할 수 없다. 부처와 여래는 따로 따로 존재하지 않는다. 부처와 부처 사이의 평등한 교호적 관계, 즉 여래는 제불의 협동태로서의 대자적 불성에 대한 자각에 다름 아니다. 일즉다, 다즉일이라고 하는 절대매개의 구체적 관계는 부처의 구조에서도 발견된다.

제불의 협동을 떠나서 여래는 존재하지 않으며, 아미타불 안에서의 여래의 일여통일(一如統一)을 제외하고 유불여불의 협동태는 성립하지 않는다. 그러므로 여래의 명호가 칭명염불로서 전개되는 것이다. 신란이 "제17원"에 대해서 설명하듯이, 제불이 서로를 찬양하는 것은 본원 염불의 하나이다(諸佛咨嗟之願).14 중생이 제도되고 왕생하여 성불한다면, 절대로서의 여래와 제불(그들의 믿음을 통해서 새롭게 태어난 중생들)이 서로 상즉하며, 그리하여 여기에서 절대와 상대의 상즉매개(相即媒介)는 완전하게 구체화된다. "왕상 즉 환상", "환상 즉 왕상"도 왕상적인 의미에서가 아니라 환상적인 의미에서 그렇다는 말이다. 여래의 입장에서 보면 자기 안에서 전개한 것이지만, 중생의 입장에서 보면 그것이 자신을 위한 구제가 된다. 그리고 중생이 여래에 대해서 지니는 매개성이 중

---

12 『법화경』〈방편품〉에 "오직 부처만이 모든 실상의 법을 다 아신다"라고 기록되어 있다. 『정법안장』에도 "유불여불"이라는 제목의 장이 있다.

13 신란의 『유신초문의』에 있는 표현.

14 법장보살의 "제17원"인 "만약 제가 부처가 될 적에, 시방세계의 무량한 제불이 저의 이름을 칭찬하지 않는다면, 저는 차라리 부처가 되지 않겠습니다"고 한다. 차차(咨嗟)는 칭찬하는 것을 의미한다.

생들 사이의 평등적 교호성에 의해서 실현되는 것이 여래의 대자적 현성이다. 이러한 이중의 교호성이 여래의 절대매개를 성립시킨다. 그 구조가 "왕상 즉 환상", "환상 즉 왕상"인 것이다.

진종의 본래적 교의에 의하면, 아미타여래는 제불 중에서 가장 뛰어난 부처로서 예배되며, 왕상을 환상과 떼어 놓아 환상보다 우선적인 것이라고 여긴다. 이것이야말로 구제교(救濟敎)의 본뜻이며, 이것을 단순히 논리를 가지고 매개하려는 것은 이안심(異安心)15으로서 허락되지 않는다. 그러나 여래와 중생의 인격적 관계로까지 구체화된 정토교가 부처들이 서로 칭찬하는 관계를 중생의 방편적 매개성으로까지 환상시키며, 중생제도의 즉자태(卽自態)로서의 왕상을 대자태(對自態)를 통해서 매개되는 환상에 상즉시키는 것은 필연적인 일이 아닌가?

이는 인격 관계가 사회관계로까지 구체화되는 것과 같은 이치이다. 인격이 구체적으로는 사회 공동체에서만 성립하는 것과 마찬가지로, 중생의 왕생성불은 여래의 전환에 매개된 제불과 중생의 영적 공동체로서만 가능하다. 전환은 전환의 두 항을 떠나서 성립할 수 없다. 절대전환으로서의 절대무는 상대적인 존재의 전환을 떠나서 존재하는 것이 아니다. 만약 그렇다고 한다면, 그것은 무도 아니고 절대도 아니며 스스로 상대적 존재가 되지 않으면 안 되기 때문이다. 상대적 존재는 그의 상대성 때문에 절대무에 매개되어 그 자체가 무로 바뀌지 않으면 안 되는 동시에, 절대는 전환적 무이기 때문에 상대의 교호적 매개 자체에 매개된다. 그래서 상대적 존재를 전환축으로서 자립시키면서 그것을 "자립 즉 의타(依他)"로서 교호평등이 되도록 전환시킨다. 그러므로 전환축을 무로 전환시키지 않으면 안 되는 것이다. 이러한 상대의 교호적 매개가 대

---

15 정통의 신앙과 경지와는 다른 이단의 입장.

자적으로 절대를 매개하는 것이 환상이다.

환상의 매개적 방편진실은 왕상의 진실방편의 즉자태에 대한 대자태로서 자립적이고 구체적인 의미를 지닌다. 『관무량수경』은 『무량수경』의 방편적 예설(例說)인 것처럼 여겨지지만, 거기서의 실례(實例)는 단순한 실례가 아니다. 그것은 석가모니가 가르침을 베풀기 위한 방편으로서 역사적 관련성을 가지고 있다. 그러므로 그 실례들은 『무량수경』의 존재론을 역사로 매개하는 『정신현상학』에 상응한다고 보아야 한다. 그러나 이 경우의 『정신현상학』이란 헤겔이 말했던 의미에서 의식에 현상하는 정신의 현상학이라는 의미가 아니라, 역사 사회에 현성(現成)하는 행적 주체의 자각으로서의 현상학이란 뜻이다. 그것이 방편이 된다는 말은 자립성 없는 이른바 수단이라는 의미에서 한 말은 아니다. 절대무의 매개로서 무의 전환축인 상대적 존재의 자립성이 "자립 즉 의타"로서 무의 현성이 된다는 의미이다. 그 구체적 전개가 환상에 있어서의 방편의 교호 평등성이다. 삼원전입(三願轉入)에서 "제20원"에 나타나는 상대의 방편적 매개성은 왕상에 있어서의 단순한 부정적 매개성과는 명확히 구별되어야 한다. 그것은 전환축의 대타적 적극적 자립성을 가지기 때문이다.

마치 변증법적 부정이 소멸과 보전의 상즉상입(相卽相入)을 의미하고, 그러면서도 현실에서 어느 계기가 나타나고 어느 계기가 감추어지는가는 그때그때의 경우에 따라 다른 것과 유사하다. 방편진실이 진실방편과 대립되는 까닭이 여기에 있다. 다음 장에서 살펴볼 "삼심석"의 경우에는, 세 마음의 세 가지 양상의 시간적 순서—과거, 현재, 미래—가 삼원전입의 경우와는 반대 방향이 된다. 왜냐하면 왕상은 과거의 기존성으로 돌아가는 것을 중시하지만, 환상은 미래적인 발전을 강조하기 때문이다. 삼심석의 삼심이 과거, 현재, 미래라는 순서로 배열되는데 반해서, 삼원전입은 미래, 과거, 현재라는 방식으로 미래에 중심을 둔다. 나아가 미래에 태어나기를 바라는 마음[欲生]이 과거에 대한 참회에 매개됨으로써 지심(至心)을 통해 현재의 신심으로 바뀐다. 여기에서는 미래와 과거가 전환상입(轉換相入)하기 때문에, 과거의 참회 없이 미래의 왕생은 성취되지 않는다. 끝없는 참회가 왕생을 이루는 적극적 요소이다. 그러한 의미에서 "과수지원"은 환상방편의 매개적 전개라고 하여도 무방하다.

삼원전입이 『관무량수경』에 의거해서 설해지고, 『방편화신토권』이 이것을 추축으로 하는 것은 방편의 적극성을 의미한다고 할 수 있다. 그것은 절대무의 대자화로서 상대의 대타적 자립성에서 성립한다. 이러한 견지로부터 "제19원"의 자력의 모든 공덕행(自力諸功德行)도 참회에 매개된 "제18원"의 신심에 포함되어서 자연법이의 행위로 전환되는 한, 여래의 절대환상의 내용이 된다. 모든 선과 공덕(諸善功德業)의 본원(本源)은 염불에 있으며 결코 모든 공덕 그 자체에 있을 수 없다는 사상이 형성된다. 이렇게 사상으로 전환되면 그것은 자력염불이라는 개념적 모순을 자체 안에 지니게 된다. 그럼에도 불구하고 그러한 사상은 염불왕생의 "제18원"의 행적 전환의 추상적 계기로서 참회의 행으로 매개되는 것처럼, 다른 중생의 교화를 촉진하는 이타의 작용을 한다면 "제20원"의 방편진문을 형성하기에 이른다.

염불이 자력에 속한다면, 아무리 선본덕본이라고 해도 여전히 자력업에 그칠 뿐 "제19원"의 입장을 벗어나지 못한다. 그것이 타력염불로 전환하는 것은 "제20원"에서 직접 일어나는 것이 아니라 "제19원"을 매개로 해서 자력왕생의 행위사상을 전반적으로 참회함으로써 가능하다. 상대적 자립성이 끝없는 참회의 무한성을 성립시키는 것이다.

이렇게 해서 "제19원"을 매개로 하는 "제20원"의 내용이 환상방편으로서 상대적 적극성을 지니게 된다. 삼원전입이 삼원을 아래로부터 위로 올라가는 순서로 배열하면서 연속적인 전입에 대해서 말하는 것이다. 그러나 그것은 왕상의 절대전환에 매개되며, 진실방편에서 방편이 되는 매개성으로 전환되는 한에 있어서만 상대적 자립성이 인정됨을 의미할 뿐이다.

그러므로 왕상은 환상에 앞선다. 상대적인 존재는 무에 있어서의 존재로서만 존재이다. 상대적 존재는 공적(空的) 자립존재인 것이다. 요약하자면, 제행도 사상도 그대로 직접적으로 절대무로 전환되지 않는다. 단지 참회에 의해서만 절대무로 전환된다. "제18원"의 신심에 매개되어서 "무작의 작"이 되어 자연법이(自然法爾)가 됨으로써 환상행의 내용이 되는 것이다. 중생은 무로서의 절대전환이 축이 되어서 다른 중생에 대해 상대적 자립성을 인정받고, 그런 의미에서 다른 중생을 위한 구제의 방편으로서 환상한다. 이렇게 중생이 자신은 철저히 상대적인 존재임을 자각하고, 자기의 선택된 우월성을 내세워 자신이 절대적으로 자립적인 존재라고 고집하지 않아야 한다. 그리하여 자신은 다른 어떤 존재와도 상대적으로 평등한 존재이며, 그렇게 됨으로써 오히려 타자에 의해서 전환될 수 있다는 완전한 교호성을 자각하여야 한다. 이것은 무의 축이 동시에 스스로 무가 되는 유일한 길이며, 다름 아닌 "자립 즉 의타"를 의미한다. 이처럼 왕상은 환상의 조건이다.

왕상은 이사무애(理事無碍)에 해당하고, 환상은 사사무애(事事無碍)에 해당한다. 그러나 절대매개는 후자의 중중무진(重重無盡)에서 비로소 완전해진다. 사(事)의 교호매개의 평등 이외에 달리 이(理)가 있는 것이 아니다. 이렇게 환상의 이타행에서 방편적 존재가 평등의 전환매개로 진입하여 대자적인 무를 드러냄으로써, 자리(自利)를 위한 왕상은 즉자태로부터 대자태로 반복된다. 이러한 반복에 앞서서 무매개적으로 왕상이 있는 것이 아니다. 그런 의미에서 오히려 환상이 왕상을 매개한다. 이러한 매개의 완전한 교호성이 절대매개인 것이다.

보다 구체적으로 말하자면, 제불이 서로를 칭찬하는 것은 여래의 일여(一如)한 통일을 위한 매개가 된다. 그리고 거기에 도달하는 도정으로서의 중생제도의 교화가 교호적으로 존재한다. 즉 "환상 즉 왕상"이며, "왕상 즉 환상"이다. 이러한 환상을 위한 매개가 참회의 왕상적 전환이다. 참회의 자기 전환행에 의해서 제공덕행이 잡수(雜修)의 만심(慢心)으로부터 타력의 신심으로 바뀌며, 참회에 의해서 자력염불의 사상이 욕생(欲生)이라는 욕념(欲念)의 입장으로부터 타력의 신심으로 전환된다. "제19원"의 모든 선과 공덕을 회향해서 미래의 왕생을 발원하는 회향발원심(廻向發願心)은 임종에 있어서 과거를 참회하는 일을 매개로 해서 "제18원"이 말하는 현재의 심신[深信]으로 전환된다. 역시 참회를 매개로 하여 "제19원"에 대한 사상적 부정으로서의 "제20원"의 자력염불은 과거청정화(過去淸淨化)의 지극한 마음을 통해서 현재의 신심으로 바뀌며, "미래과수의 원"이 현재에 보증되는 것이다.

이렇게 삼원은 미래에 태어나려는 희망[欲生]을 과거의 참회에 의해서 지심의 무구무작(無求無作)으로 전환시킨다. 현재의 신심은 과거와 미래를 전환 매개하는 축이 되고, 아래로부터 위를 향한 수직적 방향은 절대적 전환을 통해서 수평인 방향과 통일된다. 그 결과 오히려 전입의 순서도 역전되어 삼원이 서로서로 매개한다. "제19원"도 단순한 가문(假門)이 아니며, "제20원"을 매개로 하는 한에서 방편진문(方便眞門)이다. 앞에서 보았던 것처럼, 미래와 과거가 전환 상통하기 때문이다. 이렇게 해서 가현(假現)이 방편이 되면서 진실로 전환된다.

그 전체를 관철하는 전환 매개가 참회의 행에 의해서 이루어진다는 것은 이제 명백해 졌으니, 그 뜻을 의심할 여지가 없을 것이다. 칸트는

"실천이성비판"에서 상대적인 여러 선한 행위의 본원으로서의 절대적
선의지는 정언명법(定言命法)이라는 의무의 관념에 근거한다고 보았다.
그런데 절대적 선의지는 근본악의 이율배반으로 전환된다. 칸트의 "종
교론"은 타력에 의한 구원에 이르는 과정을 기술하는데, 이는 행위와 관
념(사상)과 신앙이 서로 전입(轉入)하는 것이다. 이것은 삼원전입과 비교
할 수 있다. 하지만 칸트의 "종교론"에서는 삼원전입의 환상관에 해당하
는 구제의 사회성이 고작 악의 항구적 극복을 위한 지상천국건설의 제
창에 그치고 말기 때문에, 환상의 매개적 구체적 논리에 비견될 만한 것
은 찾아볼 수 없다(제8장 참조). 우리들은 참회도를 철저화함으로써 환상
관념의 중요성을 생각하지 않으면 안 된다. 이처럼 참회도와 칸트의 입
장 사이에는 분명한 차이가 있다고 할 것이다.

참회도는 반드시 정토불교의 고유한 형식이나 전통에 따르는 것은
아니다. 그것은 참회의 고유지반으로서 윤리를 요구하는 점에서 이성적
이고, 이런 점에서는 오히려 기독교의 신앙 사상과 상통한다. 그러나 정
토진종의 『교행신증』은 그 동기나 지반에 있어서 참회도적이다. 나의
사상은 그것에 이끌린 것이다. 나의 참회도는 이러한 것들로부터 크게
계발되면서도, 그러나 그 어느 것과도 다른 독자적인 성격을 지닌다. 그
것은 나의 체험과 사색에서 비롯되었기에 나의 성격과 무관하다고는 결
코 할 수 없다. 이 점을 나는 뉘우칠 뿐이다. 나는 참회도 철학에서 스스
로 참회할 수밖에 없다. 여러 가지를 나열하면서 논해왔지만, 여전히 말
만 가지고는 충분히 표현해 낼 수 없으며, 중요한 핵심을 벗어나 주변을
빙빙 돌고 말 수밖에 없음은 지극히 부끄러운 일이다. 지극히 어리석은
나에게는 이것이 앞으로도 향상의 길을 걸어가야 할 단계로서 부과된
업일 것이다. 참회도는 선(禪)과 염불을 매개하는 염불선(念佛禪)이라고
도 할 수 있다. 또한 참회도는 행위적 전환에 의한 믿음과 깨달음의 종합

이라고 여겨질 수 있다. 이 점에서 참회도는 기독교를 신비주의와는 대립되는 목표를 지닌 윤리적 종교라고 이해하는 변증법적 위기 신학과 결합될 수 있다. 참회가 믿음과 깨달음을 새롭게 종합한 것이라고 이해될 수 있다면, 나는 일견 나 자신의 특수한 "행위와 믿음과 깨달음"에서 비롯된 것처럼 보이는 것이 사실은 구체적이고 보편적인 종합을 가져올 수 있다고 확신한다. 참회도의 절대매개성이 이와 유사한 사상에서 이루어진 것보다 더욱 철저히 이루어지기를 나는 다만 바랄 뿐이다.

제7장

신란의 『교행신증』 삼심석에서의 참회도

지금까지 나는 참회도의 철학의 유래를 말하였고, 거기에 도달할 때까지 나의 사상에 현저한 영향을 미쳤던 서양 철학의 여러 사상과 참회도를 대결시킴으로써 참회도의 철학이 지닌 특색을 명확히 하고자 하였다. 그것은 물론 참회도를 가지고 서양 철학 전체를 다시 해석하려는 의도는 아니었다. 참회도는 그러한 사상으로부터 영향을 받았으므로 그들과 유사성을 가지는 바가 많이 있으므로, 오히려 그것들과의 차이를 명확하게 하는 것이 참회도의 특색을 밝히는 데 도움이 된다고 믿었기 때문이다. 참회도와 유사한 면을 지니는 철학 사상이 아직 많이 남아 있음도 부인할 수 없지만, 그렇다고 해서 지금 여기서 그 모든 것을 다 거론할 수도 없을 것이다.

　　그런데 서양 철학을 배우면서 형성된 나의 철학 사상은 더 이상 앞으로 나가지 못하고 막다른 골목에 봉착하게 되었다. 그와 동시에 참회도의 새로운 길이 내 앞에 열리는 불가사의한 경험을 하였다. 신란의 타력 염불문에 대해서는 이전에도 『탄이초』(歎異鈔) 등을 통해서 다소 접한 바가 있었으나, 『탄이초』의 사상에 깊이 들어가는 길은 막혀 있었다. 그러던 것이 이번에는 신란의 타력 염불문의 법문이 내 앞에 열렸다. 나는 거기에 접근하여 많은 교화와 지도를 받음으로써 참회도의 철학을 추진할 수 있게 되었다. 물론 신란의 다른 주석으로부터도 적지 않은 계몽과 자극을 받았다. 나로 하여금 『교행신증』의 핵심에 다가가도록 해주었던 것이 참회도였다. 이는 나로서는 전혀 예상할 수 없었던 은혜여서, 아무리 감사를 드려도 모자랄 것이다. 신란은 나의 참회도에 환상(還相)해서 나를 교화하고 지도하면서 나를 앞으로 나갈 수 있도록 해주었던 것이다.

참회도는 실로 정토진종의 염불문에 비견될 수 있는 타력의 철학이다. 이는 마치 신란이 석가모니의 가르침이라고 해석된 『대무량수경』을 석가모니의 환상회향의 표현이라고 생각했던 것과 같다. 원래 남도와 히에이잔[1]의 불교가 궁정 귀족의 기원도피(祈願逃避)의 전용물로 변해갈 즈음에, 선(禪)이 주로 무사 계급의 안심의 도로서 발흥했던 것에 반해서, 일반 서민에게도 안심의 도를 연 것이 타력 염불문이다.

서양 철학에서도 위와 같은 현상을 발견할 수 있다. 헤겔 철학에서 완성된 독일관념론은 철학을 전문으로 하는 이들만이 안주하는 상아탑으로 변해버렸고, 과학자나 실천가들에게는 아무런 의미도 지니지 못하게 되었으며, 천박한 실증주의와 자연주의가 그들을 지배하게 되었다. 이때 니체의 사상이 그러한 경향에서 출발하면서도 이것을 뛰어넘어 가치를 전도시켰고, 현대의 하이데거가 신칸트학파나 현상학파의 단조로운 이상주의로부터 벗어나 깊은 자각 존재의 실존주의를 발전시켰다. 이러한 현상들은 선의 자력행도에 비견될 수 있을 것이다. 이것은 현자, 지자의 철학으로서 존경하지 않으면 안 된다. 그러나 그러한 정신적 귀족주의는 아무래도 일반 민중의 철학일 수는 없다. 나는 나와 같은 어리석은 범부를 위한 철학으로서 결국 참회도에 이르렀지만, 참회도가 절대 비판적인 행위적 믿음의 길이라는 점에서는 키에르케고르와 유사한 바가 많으며, 같은 경향을 가진 작금의 바르트(Karl Barth)의 위기신학에도 공명되는 바가 적지 않다. 그러나 물론 바르트의 신학은 신학이지 종

---

[1] 교토 동북부의 천태종 총본산 있는 산. [역자주]

교는 아니다.

오늘날 특권 계급을 위한 전쟁에 내몰려서 생활의 길을 모두 잃어버린 무고한 민중에게 안심을 주는 종교가 과연 있는가? 신란의 타력 법문은 완전히 서민의 종교로 발생하였음에도 불구하고, 오늘날은 가장 특권적인 명리주의(名利主義)가 판치는 종문으로 변해서 단지 그 형해(形骸)를 남기고 있는데 지나지 않음은 실제로 우리가 보고 있는바 그대로이다. 나는 일찍이 선이 종문으로부터 해방될 필요가 있다고 주장하여서 종문 사람들의 분노를 산 적이 있다.[2] 지금 나는 염불문에도 그와 똑같은 해방이 필요하다고 믿는다. 특히 진종 교의에 대한 자유로운 연구가 이안심(異安心)이라는 장벽에 의해서 방해받고 있음은 귀중한 신란의 사상을 철저히 해석하는 데 커다란 장애가 되고 있다. 신란의 사상은 철저하게 구명되고 종교적 요구에 따라서 새롭게 해석됨으로써 민중의 신앙이 되어야 할 사상적 근거를 명확히 하여야 한다. 그렇게 하는 것이야말로 신란의 사상이 지식인에게 요구하는 바에 호응하는 것이다. 신란의 사상이 국민, 아니 나아가 인류의 신앙이 되기에 충분한 깊고도 넓은 진리를 갖추고 있다는 사실로 인해서 우리들은 오늘날 그것을 돌아보아야 하는 것이다. 의심할 바 없이, 여러 불교 종파 중에서도 특히 정토교는 기독교 세계에 접근하기 쉽다. 정토교가 가지고 있는 신화적 요소도 비교적 쉽게 상징으로 이해될 수 있다. 더욱이 정토교는 과학 사상과 모순되는 기적 같은 것을 전혀 말하지 않는다. 만약 정토교의 핵심이 내가 이제부터 주장하려는 것처럼 참회도라고 한다면, 위에서 기술한 것처럼 절대 비판의 길에서 과학과도 내면적으로 연관될 것이다. 이는 유신론으로서의 기독교의 경우보다 한층 더 근대적이라고도 할 수 있을

---

2 다나베는 1939년에 간행한 『정법안장의 철학사관』에서 이러한 취지로 말하고 있다(〈다나베 하지메 전집〉 제5권 493면).

지 모른다.

나는 신란의 신앙과 사상의 핵심이 참회도라고 믿는다. 참회는 신란에게 하나의 계기에 불과한 것이 아니라 그 사상의 배경과 지반을 모두이루고 있기 때문에, 별도로 참회를 말하지 않아도 신란 안에는 전체적으로 참회도의 정신이 충만하다고 나는 믿는다. 이러한 사실을 『교행신증』의 중심이라고 할 수 있는 삼심석(三心釋)을 통해서 제시함으로써, 참회도를 위한 지침으로 삼고자 한다. 삼심석이 『교행신증』의 중심이라는 것은 종문의 학자들이 일반적으로 인정하는 바이다. 왜냐하면 삼심석은 신앙적 자각의 변증법으로 전개되고, 진종의 종교철학에 길을 열어주기 때문이다. 나는 그것이 참회도라는 것을 이제부터 제시할 생각이지만, 만약 다행히 나의 주장이 심하게 핵심을 벗어나지 않는다면, 나는 그것이 오늘날 문제가 되어 있는 종교철학의 방법론에도 새로운 빛을 던질 수 있다고 믿는다. 나아가 그것은 철학 그 자체의 방법론에도 공헌할 수 있을 것이다.

종교와는 달리 철학은 역사적 신앙에 입각해 있지 않다. 철학은 이성의 학문적 요구로부터 출발한다. 하지만 철학의 본성은 궁극적으로 절대지를 요구하기 때문에, 철학은 필연적으로 종교와도 상통하는 경지로 진입한다. 동시에 종교는 위에서 말했던 환상적 교화가 필요하기 때문에, 사상을 가지고 신앙을 해석해서 체계화하고, 이로써 신학을 전개하는 것이 불가피하다. 특히 종교철학에서 철학의 방법이 지닌 문제가 가장 두드러지게 나타난다. 왜냐하면 종교철학에서는 초월과 내재, 절대와 상대의 대립적 통일이 긴박할 정도로 변증법적 매개를 요구하기 때문이다. 철학도 학문인 이상 과학과 마찬가지로 분석 논리의 동일성적 체계를 조직할 필요가 있다. 철학이 체계적 통일을 위해서 절대성과 무제약성을 요구한다면, 이미 칸트의 이성 비판이 제시한 대로 이율배반을 피할 수 없다. 그러므로 이성 비판은 이성에 대한 절대 비판에 이르지 않을 수 없다.

오늘날 칸트의 비판철학이 지니는 추상적이고 무역사적인 관점을 전제로 한다든지, 과학을 일체의 비판으로부터 벗어나 있는 부동의 사실로서 전제한다든지 하는 것은 더 이상 불가능하다. 이와는 정반대로, 과학에 대한 비판과 역사적 관점이 서로 매개하여 순환적으로 발전한다. 따라서 변증론은 칸트가 요구하는 것처럼 가상의 논리로서 회피할 수 없으며, 변증법으로써 적극적으로 방법화되지 않으면 안 된다. 이러한 입장에서 절대와 상대가 상즉하고, 초월과 내재가 전입 매개되며, 철학 자체에 종교적 계기가 전개된다. 철학은 한편으로는 과학으로 들어감과 동시에, 다른 한편으로는 스스로의 내부에 종교적 신앙이 들어와 있음을 알고 있다. 그것에 의해서 철학은 과학과 종교를 매개하는 위치에 선다. 칸트는 『종교론』을 이성의 한계 내에서 전개하려고 했지만, 그것이 비판 철학의 틀을 깨는 자기모순이라는 것은 위에서 지적한 대로이다. 종교철학은 종교의 본성상 초월과 관계되고 절대에 접하지 않을 수 없다. 그러한 한에서 종교철학이 이미 종교적 신앙을 포함하는 것이다. 즉 종교철학은 철학과 종교가 변증법적으로 매개되는 것을 요구한다. 종교철학이 단지 내재적 입장에 머무는 한 종교의 본질은 상실될 수밖에 없다. 이른바 종교현상학도 이성의 한계 내에서의 『종교론』과 동일한 모순을 범하고 있다. 이는, 앞에서도 말했던 것처럼, 헤겔의 『정신현상학』조차도 피할 수 없었던 바였다.

오늘날의 선험현상학3이 종교철학의 방법이 될 수 없음은 당연한 일이다. 행위적 신앙으로 깨닫는 "초월 즉 내재"의 매개적 입장이 거기에

---

3 후설의 현상학을 가리킴. 후설에 의하면 현상학은 순수 심리학이라는 성격을 가지지만, 초월론적 환원을 거친 후의 현상학은 초월론적(선험적) 현상학이라고 불린다.

는 필요하다. 이것이 다름 아니라 참회도이다. 이러한 신앙 의식으로서의 참회심이 지니는 왕상적-향상적 측면과 환상적-하강적 측면이 행위를 통해서 매개된다. 왕상은 절대적 환상에 매개됨으로써 가능하다. 뿐만 아니라 절대적 환상은 상대적 환상에 대해서 스스로를 대자화함으로써 환상회향으로 전개되지 않으면 안 된다. 이러한 절대매개의 구체적 모습이 삼심석에서 불교의 입장으로부터 면밀하게 분석되고 천명되었으며, 더할 나위 없이 깊이 있게 해석되었다. 번뇌를 끊지 않은 채 열반을 얻게 하는 정토 신앙의 핵심이 여기에서 드러난다. 그와 더불어 과거, 현재, 미래의 삼상(三相)에 걸친 믿음 의식의 초월적 구조가 드러나는 것이다. 삼위일체론이 기독교 신학의 중심에 있는 것처럼, 삼심석은 정토진종의 중심에 있는 사상이다.

참회에서는 초월적인 아미타여래의 본원(本願)이 중생의 의식 속으로 내재적으로 들어가서 중생을 절대적 왕상의 길로 전환시키고 구제함으로써 직접적으로 활동한다. 삼심은 매개하는 활동으로서의 참회 의식의 구조를 말해준다. 그것은 현상학을 넘어서 행위와 믿음과 깨달음의 입장에서 종교철학의 길을 여는 참회도의 불교적 전개이다. 삼심에 의해서 참회도의 철학은 내용적으로 크게 가르침을 받는 동시에, 삼심석의 배경과 지반이 되는 참회의 요소를 개시함으로써 철학적으로 이해될 수 있게 된다. 나는 이러한 삼심석에 대한 참회도적 이해를 지금부터 시도하고자 한다. 나는 원래 진종의 교의를 잘 알지 못하고 종교학의 소양을 지니지 못한 자이므로 나의 해석은 천박하고 미숙함을 면치 못할 것이다. 더욱이 나에게 타력 신앙이 약하다는 사실은 보다 더 중대한 결함이므로 삼심에 대한 나의 이해는 잘못된 것이 될 수도 있을 터이니, 나의 두려움은 실로 크다고 하지 않을 수 없다. 그러나 나는 그것도 참회를 통해서 용서받을 수 있으리라고 믿는다.

소가 료오신(曾我量深)[4]은 삼심석을 훌륭하게 이해하여 삼심의 시간적 구조를 명확하게 읽어냈다. 나는 그분에게 빚진 바가 적지 않다. 소가의 진종 교의에 대한 해석은 참으로 깊다. 나는 그분께 경의와 감사를 드리는 바이다. 내가 보는 바, 소가의 해석에도 참회가 중심적인 위치를 차지한다. 소가 같은 종교학의 권위자도 나의 참회도적 해석을 지지해주는 듯하여 마음이 든든하다.

『교행신증』전6권 중에서 가장 중심적인 내용에 해당되는 것이 신권(信卷)의 삼심석에 있다는 것은 단지 나만의 의견은 아니다. 선도(善導, 613-681)[5]의 삼심석이 정토교의 역사에서 획기적 의의를 가진다는 것은 종문 사가가 일반적으로 인정하는 바이다. 선도는 삼심석을『관무량수경』을 바탕으로 하면서 이해하였지만, 신란은『대무량수경』의 염불 왕생의 본원을 중심으로 하여 삼심석을 새롭게 해석하였고, 이로써 삼심석에 대한 자신만의 새로운 이해를 낳았다. 신란은 선도의 문장을 자신만의 방식으로 오독(誤讀)하기를 주저하지 않으면서 삼심을 자기만의 방식으로 독특하게 이해하였다. 그 이유는 신란이 참회를 중심으로 삼심을 해석하였기 때문이다. 신란이 타력에 대한 가장 심오한 신앙으로 돌아갔다는 객관적인 증거로서 이보다 분명한 것은 없을 터이다.

더욱이 삼심석은 서양에서 아우구스티누스로부터 시작되어 오늘날의 실존철학에서 정상에 도달한 시간의 구조에 대한 현상학적이고 자각 존재론적인 분석에 대응하면서도, 이를 한층 심도 있게 변증법으로 전개했다는 점에서 철학적으로도 매우 중요하다. 아니, 단지 시간론의 문제뿐만 아니라 일반적으로 서양의 변증법 사상이 삼위일체론에 의해서

---

4 다나베는 소가 료오신의『전승과 기증』(傳承と己證) (1938년)을 따르면서 삼심을 해석한다.
5 중국 당나라 시대의 승려로 정토종의 대성자.

구체화되었고, 고대의 존재론을 현상학으로 변화시켰으며, 이로써 주체적 방향을 취하기에 이르렀다. 삼심석은 삼위일체론과 동일한 문제를 취급하면서도 그 내용은 삼위일체론보다 더 깊은 변증법적 구조를 전개한다.

서구에서는 이러한 "보다 깊은" 변증법의 양태에 대한 추구는 헛된 것이었다. 서구에서 변증법은 자각 존재론의 자력주의로 시종할 것인가, 혹은 신비주의로 향할 것인가 하는 양자택일의 방법밖에는 없었기 때문이다. 그러나 삼심석에 의하면 그러한 변증법은 타력의 전환적 기능에서 드러난다. 타력은 삼심석에 근본을 제공해 주었다. 따라서 앞에서도 살펴보았던 것처럼, 신란의 입장은 본질적으로 신앙의 해석 중 하나이며, 따라서 단지 참회의 잠재적 함의를 끝까지 전개하지 않으면서 자신의 배경으로서 참회도의 매개를 전제로 할 뿐이다. 우리가 이러한 문장의 표면을 뚫고 들어가서 거기에 잠재적으로 숨겨진 의미를 들을 때에만, 우리들은 참회도의 변증법적 양태를 인식할 수 있다. 신란은 『교행신증』의 마지막 권에서 "삼품참회"를 다루는 경우를 제외하고는 표면적인 주제로서 참회의 문제를 다루지 않는다("화신토권"). 참회라는 단어는 색인에서조차 찾아볼 수 없지만(예를 들면 야마베山辺, 아카누마赤沼의 공저 『교행신증강의敎行信證講義』), 내용적으로는 『교행신증』의 모든 책에 참회가 저류로서 흐르고 있음은 의심할 여지가 없다. 이러한 의미에서 삼심석은 참회도적 요소가 표면을 뚫고 나와서 텍스트 안으로 흘러 들어가는 지점이라고 할 수 있다. 따라서 삼심석을 『교행신증』의 핵심이라고 인정하는 것이 당연할 것이다.

삼심석에 대해서는 『관무량수경』에 다음과 같이 기록되어 있다. "극락에 태어나고자 하는 중생들이 세 가지 마음을 내면 바로 왕생할 수 있는 곳이니라. 무엇을 셋이라 하는가 하면, 첫째는 지극히 정성스러운 마음[至誠心]이고, 둘째는 깊이 믿는 마음[深心]이며, 셋째는 회향하여 발원하는 마음[回向發願心]이니라. 이 세 가지 마음을 갖춘 사람은 반드시 저 극락국토에 태어나게 되느니라."[6]

신란의 삼심석은 이 구절에 대한 선도의 해석에서 출발한다. 선도가 해석한 바의 취지는 소가의 『전승과 기증』의 부연설명에 따른다면 다음과 같다. 범부의 구제는 오직 여래의 대비 본원에 의해서 이루어진다. 이 본원력에 일심으로 귀명(歸命)하는 것이 신심이다. 첫째의 지성심은 과거의 자기가 신구의(身口意)의 삼업(三業)을 닦은 그 행위의 성실 청정성을 믿는 마음이다. 둘째로 현재의 자기가 마음에 귀의신빙(歸依信憑)하는 바의 여래의 구제력에 대한 두터운 믿음, 곧 심신(深信)이 있다. 그리고 세 번째로 미래의 자기가 바라는 왕생을 간절히 바라는 견실한 믿음으로서의 회향발원심(回向發願心)이 있다. 이 세 가지 믿음이 합해서 하나의 믿음을 형성하므로 "삼심 즉 일심"이며, 이 삼심이 왕생을 위한 올바른 원인[正因]이 된다.

지성심은 과거의 행위의 주체로서의 마음으로서 과거에 행해진 것에 대해서 책임을 진다. 심심은 아미타여래에게로 귀의하는 현재의 신뢰이며, 발원심은 미래의 왕생을 바라는 마음이다. 첫 번째 마음의 대상은 우리가 과거에 행한 행위이며, 그것을 실천하는 마음이 지성심이라고 불린다. 왜냐하면 그것은 성실하고 청정하기 때문이다. 두 번째 마음의 대상은 중생이 귀의하는 아미타여래이며, 이러한 귀의심을 포함하는 마음을 심심이라고 부른다. 깊은 믿음을 가지고 있기 때문이다. 세 번째 마음의 대상은 추구하는 목표이고, 그렇게 추구하는 마음이 원구부동(願求不動)의 믿음이기에 이를 회향발원심이라고 하는 것이다.

---

6 보광 역, 『정토삼부경』 149면. [역자주]

선도의 주석에 의하면, 지성심은 진실한 마음[眞實心]이라는 뜻이어서 거짓이나 헛된 것을 일으키지 않는다. 사람들이 몸과 입과 생각으로 행한 모든 것은 이 지성심에 의해서 일어난다. 안으로는 거짓으로 가득 차 있으면서도 밖으로는 지혜와 덕과 정진(精進)의 모습을 드러내는 것은 지성심과는 정반대의 것이다. 사람의 마음이 탐욕과 분노, 사악과 거짓으로 가득 차 있다면, 그래서 만일 사람이 자신의 사악한 내적 의도를 실현시키기 위해서 간계를 부린다면, 다시 말해서 만일 마음이 독사나 전갈의 굴 같다면, 그런 경우에 사람이 몸과 입과 생각으로 행하는 선도 독을 지닌 선이라고 불릴 것이며, 허위와 헛된 행이라고 불릴 것이고 진실된 행위라고는 불리지 못할 것이다. 선한 행위를 하려는 사람은 지성심으로 하지 않으면 안 된다. 그 행위는, 그것이 밝은 대낮에 이루어지든지, 어두운 밤에 이루어지든지 간에, 내적으로나 외적으로 순수하고 참되어야 한다.

심심[深心]이란 방금 말했던 바와 같이 심신[深信]이다. 이것에는 기(機)를 믿는 기의 심심과 법을 믿는 법의 심심이라는 두 종류의 심심이 구별된다.[7] 기를 믿는다는 것은, 자신은 죄악생사의 범부로서 삼계(三界)에 유전(流轉)하여 거기로부터 벗어날 수 없음을 믿고 아는 것이다. 법을 믿는다는 것에는 두 가지가 있는데, 하나는 사람에 대해서 믿는 것[就人立信]이고, 다른 하나는 행위에 대해서 믿는 것[就行立信]이다.[8] 전자는 아미타불 석가 및 제불에 대해서 믿음을 세운다는 뜻이고, 후자는 왕생의 행에 대해서 믿음을 세워 오종(五種)의 정행(正行)[9]이 정토왕생의

---

7 이른바 두 종류의 심심을 말함. 기의 심심은 자기가 죄악이 깊고, 구원받기 어려운 존재라는 것을 깊이 믿고 자각하는 것. 법의 심심은 이 죄 깊은 자기가 아미타여래의 본원의 힘에 의해서 반드시 구제된다는 것을 깊게 믿는 것. 이 두 종류의 심심은 별개의 것이 아니기 때문에 "이종일구"(二種一具)라고 일컬어진다.
8 선도의 『관무량수경경소』〈산선의〉(散善義)에 나오는 말.

행임을 깊게 믿는다는 뜻이다.

회향발원심이란 행하는 일체의 선근을 회향하여 왕생을 바라는 마음이 견실하여 금강[堅實金剛]과 같음을 말한다. 이 세 가지 믿음에 의해서 왕생은 비로소 성취된다. 그 중 하나가 부족해도 왕생은 불가능하게 된다.

선도는 정토교가 말세탁악(末世濁惡)의 범부인 우리를 위한 법문이라고 보았다. 여래는 우리들 중생이 번뇌를 구족하여 매일 죄악을 쌓아나가면서 생사의 큰 바다에 빠져가는 것을 차마 그대로 두고 볼 수 없어서 대서원을 세워 정토를 피안에 건립하고, 모든 이들을 구제하려는 커다란 서원의 배를 바다에 띄워서 이들을 건져낸다. 선도는 이 법에 의하지 않으면 우리들이 속세를 벗어나 해탈한다는 것은 바랄 수 없다고 보아서, 스스로 이를 깊이 믿고, 또 다른 이들에게도 이것을 선포했던 것이다. 선도는 자기 자신에 대해서는 지극히 준엄하였지만 다른 이에 대해서는 자애가 넘쳤다고 한다. 한편으로는 당시의 중국 불교계를 풍미하였던 말법사상에 깊은 영향을 받음과 동시에, 다른 한편으로는 자신이 죄악 생사의 범부이고 속세를 벗어날 인연이 없음을 통감하고 아미타불의 대비의 본원을 믿어 염불을 본원이라고 보았다.

선도의 사상은 다른 정토교 학자들의 이론을 나름대로 수정한 것으로서, 이는 정토교의 발달사에서 대단히 중요한 의미를 지닌다. 선도는 말세의 무지하고 죄악에 가득한 범부도 그들의 죄를 아미타여래에게 고백하고 아미타여래의 서원을 믿으면 왕생한다고 주장하였다. 일본 정토교의 개조인 호넨(法然)이 미타본원의 본의를 깨달아, 말대무지(末代無智)의 범부도 아미타불의 명호를 칭하면 저 부처의 본원에 따르므로 정

---

9 "정행"이란 바른 행위, 실천. 정토교에서는 왕생의 원인이 되는 바른 행위. 선도는 독송정행, 관찰정행, 예배정행, 칭명정행, 찬탄공양정행의 다섯 가지 정행을 들었다.

토왕생에 아무런 지장이 없다는 신념에 눈을 뜬 것은, 선도의 『관경소』(觀經疏)를 읽던 중 다음의 구절에 크게 깨침을 받은 결과였다고 전해온다. "가고 오며 앉고 눕는 매일 매일의 삶에서 시간과 장소에 구애됨이 없이 오직 아미타의 명호를 한 마음으로 부르는 것을 잊지 않는다면, 그것을 정정(正定)의 업이라 한다. 그들은 부처의 서원의 목적을 따르기 때문이다." 이러한 사실을 기억한다면 정토교 발달사에서 선도가 중요한 위치를 차지한다는 사실은 분명해진다.

그렇다면 선도의 삼심석은 지극히 명료하여 어떤 의문점도 불러일으키지 않는가? 결코 그렇지만은 않다. 조금 깊게 생각해 보면, 삼심의 사이에도, 또 각각의 마음의 내부에도—이것은 변증법적 사태의 당연한 결과로서, 대외적 모순은 동시에 내부적 모순과 동반상즉(同伴相卽)함에서 비롯된 것이다— 모순이 잠재해 있다는 것을 알 수 있다. 더욱이 이러한 모순은 단지 개념을 조정함으로써 수정되고 해소될 수 있는 모순이 아니다. 오히려 모순을 근저로부터 근저까지 파 들어가서 근저를 드러내고, 절대무에 의한 전환 매개를 통해서 변증법적 통일을 형성하는 곳까지 깊게 행위적으로 철저히 하는 수밖에 없다는 것을 알게 된다. 이것이 신란이 나아간 길이었다. 그렇게 함으로써 그는 선도의 삼심석을 변증법적으로 철저히 하여 행위적 믿음[行信]을 통해서 타개해 나갔던 것이다. 이처럼 삼심석을 행위적 믿음을 통해서 타개해 나갈 때 관건이 되는 것이 다름 아닌 참회이다.

선도에게도 이미 참회의 정신은 강하게 작용하고 있었지만, 여전히 표면적으로는 단지 엄숙한 양심의 자기반성에 그칠 뿐, 당위적 요구를 벗어나지 못하였다. 그러한 양심의 자기반성을 더욱 철저히 하여 그러한 요구에 견딜 능력이 없는 자기 존재의 모순, 즉 죄악의 핵심에까지 다다르며, 거기서 그 핵심이 깨어져 자기 존재 그 자체가 파괴되고 방기되는 자기 부정을 스스로 기꺼이 긍정하는 것이 신란의 참회도이다. 선도는 중생의 삼심에 대한 당위적 이념을 말하면서 그러한 당위를 동반하는 자기의 노력에 의해서 전제되는 모순을 포함하였다. 이와는 반대로 신란은 본원의 삼심을 말하였다. 즉 중생의 자기가 거기에 순종함으로써 왕생할 수 있는 타력으로서의 본원의 삼심에 대해 논구하였던 것이다. 그러므로 신란은 중생의 삼심이 아니라 법장보살의 삼심을 논한 것이다. 이는 여래가 자기 자신 안에서 일어나는 환상, 즉 절대환상의 왕상적 측면이다. 이로써 중생의 삼심은 절대적으로 전환되고, 중생은 절대무의 매개자가 된다. 그 결과 선도의 해석에서는 이율배반으로 남아 있던 것이 무에 있어서의 고차원적인 통일, 즉 "저것도 아니고 이것도 아니다"라는 통일에 도달하게 되었다.

이 무에 매개되기 위해서는 참회의 행위가 필요하다. 그러므로 본원의 타력적 전환력에 대한 신란의 해석은 자기의 참회를 매개로 한다. 외형상 참회도로서 전개되지는 않았지만, "법장보살인위수업"(法藏菩薩因位修業)이라는 사상은 참회도에 대한 종교적 상징에 다름 아니다. 중국의 담란의 인도를 받아 『관무량수경』으로부터 『무량수경』으로 거슬러 올라가고, 여래에 있어서의 왕상면인 "법장보살인위의수업"을 회향하여 참회도를 위한 초월적 근거로 삼은 것은 신란 스스로의 참회 체험에 의한 것이었다. 그러므로 "정신염불게"(正信念佛偈)[10]가 신란 신앙의 핵심이다. 신란은 호넨(法然)의 제자였으면서도 호넨을 넘어감으로써 정토교의 진종의(眞宗義)를 확립하였다. 그것은 신란이 "법장보살인위수업"의 매개적인 의미를 염불의 절대환상에 일치하는 참회도의 초월적 근거로서 파악하고, 그 안에서 『무량수경』이 말하는 본원의 대자적 전

---

10 『교행신증』〈행권〉의 마지막에 있는 게. 여래와 조사에게 귀의한다는 내용이 쓰여 있다.

개를 읽어냄으로써 가능한 일이었다. 신란의 『교행신증』의 신권(信卷)에 실려 있는 삼심석은 "염불정신게"를 통해서 "행권"(行卷)으로 매개되었는데, 이 삼심석은 중생의 마음에 포함된 모순에 의해서 참회도를 환기시켜줌과 동시에, 신란으로 하여금 참회도를 변증법적으로 전개하도록 만들어 주었다. 이처럼 전개된 내용이 완전히 신란의 참회가 전개된 양상이 된 것은 당연한 일이었다.

본래 선도가 해석한 삼심은 『관무량수경』이 설한 것이었다. 그러나 『관무량수경』의 입장은, 전장에서도 말하였듯이, 방편이라는 측면에서 매개적 존재의 구조를 명확히 한 것이어서, 『무량수경』처럼 진실보신(眞實報身)[11]의 자체적 절대전환의 구조를 본원의 지심신요욕생(至心信樂欲生)의 삼심으로 전개하지는 않았다. 따라서 관무량수경의 삼심은 변증법적으로 모순을 포함하고, 그 결과 자기 안에 운동을 일으키므로, 삼심이 절대에 매개된 종합에 이르는 것은 당연하다. 그러한 종합을 가능케 하는 근원적 원동력이 『무량수경』의 삼심이며, 이는 절대적 전환의 매개적 통일을 나타낸다.

『관무량수경』은 중생에게 현실화되어서 방편화신이 되어야 할 삼심의 대자적 구조를 나타내고, 『무량수경』은 법장보살의 삼심으로서 본원 그 자체의 즉자적이고 대자적인 자체적 구조를 제시한다. 전자는 상대와 상대와의 교호성 속에 절대무로서 나타난다는 의미에서 매개적이고, 무의 전환 축으로서 다른 상대적 존재에 대립하여 대자적 행의 주체가 되기 때문에, 자립적인 존재로서의 방편화신의 변증법적 구조를 제시한다. 이에 반해서 후자는, 전자에 대한 절대부정으로서의 진실보신이라

---

11 방편화신(方便化身)이 임시[假]의 불국토인 화신토에 화현하는 불신(佛身)임에 반해서 진실보신은 부처가 되기 위해서 수행을 쌓고, 그로 말미암아 완전한 공덕을 갖추어서 진실의 정토에 사는 불신.

는 의미에서 절대매개의 사변적 구조를 보여준다. 요약하자면 후자는 전자의 목적인인 동시에 동력인이다.

　『무량수경』은 법장보살의 인위수업을 통해서 스스로를 대자화하는 여래의 본원에 대해서 논하는데,『관무량수경』에서 말하는 중생의 왕생을 위한 타력은 거기에서 비롯된다. 물론 이 경우의 타력이란 강제적인 자연력이나 인격의 작용을 가리키는 것이 아니다. 여래와 중생 사이에는 인격적 관계라는 말로는 다할 수 없는 초월과 격절이 있다. 절대와 상대의 관계는 유신론에서처럼 "너와 나"라는 관계로서 이해될 수 없다. 무와 존재의 관계는 이러한 상대적 관계가 아니다. 중생이라는 상대 존재는 여래의 절대무에 의해서 전환되며, 따라서 타력을 매개할 수 있다. 타력의 작용이라고 하더라도, 여기서 작용하는 것은 무이고 절대전환이기 때문에, 타력에 의해서 전환되는 상대의 순수한 수동성에서 나타날 수 없을 뿐만 아니라, 타력과 상대가 나란히 병존할 수도 없다. 만약 절대가 상대와 나란히 병존한다고 한다면, 그것은 절대가 아니고 또 하나의 상대가 되어 버린다. 절대타력은 자타를 초월하는 "자연보이"(自然報爾)로서 이해되는 절대에 대한 순종을 의미한다. 따라서 자기가 타력의 매개가 된다고 할 때, 그것은 자기가 자기와 마주하는 타력에 협력한다는 의미가 아니다. 오히려 자기도 아니고 타자도 아닌 절대무로서의 타력의 영향을 받음으로써 자기가 자기를 잃어버리고 자연법이(自然法爾)로 돌아간다는 뜻이다. 타력은 자기의 전환으로 이해되는 행위이다. 이러한 행위를 통한 매개가 모든 매개된 관계에 있어서 가장 근본적인 행위이다. 상대 사이의 다른 모든 관계는 그에 대한 추상에 불과하다. 절대매개야말로 우리들이 체험할 수 있는 가장 구체적이고 독자적인 관계이다.

　법장보살의 인위에서의 수업이란 이러한 전환력을 상징한다. 그것에 의해서 중생의 참회적 매개가 일어나며, 동시에 그것을 실현한다. 본래 수업이란 과거를 부단히 새롭게 하여 미래로 매개하는 운동이며, 그렇게 함으로써 영원한 현재를 미래로 동화시키고 발전, 실현하는 것이기 때문이다. 중생의 참회에 초월적인 근거를 제공하는 것이 법장보살의 수업이라는 종교적 상징이다. 이 절대의 본원을 위한 매개가 바로 중생의 삼심이다. 이 초월적 근거는 삼심의 본원이고 실체이며, 동시에 삼심은 이 세계 안에서 본원의 대자적 매개를 상징한다. 여래가 법장보살로 한정되는 것, 즉 여래가 이 세상에 내려오는 것은 동시에 여래가 여래 자신으로 환귀향상(還歸向上)하는 것을 의미한다. 그러므로 "진출 즉 환귀", "하강 즉 향상"이라는 자기 내적인 순환 작용이 여래의 본원이며, 이것이 나무아미타불의 명호와 동일하다. 법장보살이란 여래의 입장에서 보는 여래의 자기 한정이다. 여래는 절대매개이기 때문에, 자기 한정 즉 타자 한정이다. 따라서 여래 안의 부정적 매개로서의 법장보살은 절대적 부정성의 힘이고, 이 힘으로 인해서 절대에 대해서 타자인 중생은 여래의 역동적 통일로 매개되기 때문에, 여래에 의해서 구제되어 왕생하는 것이다.

이러한 절대환상에 대응하는 왕상의 측면이 법장보살의 인위수업, 즉 법장보살이 깨달음을 얻기 이전의 수련이다. 그러나 법장보살의 인위수업을 통해서 여래는 스스로를 대자화한다. 여래는 상대적 존재인 중생들 사이의 교호적 환상성을 매개로 함으로써만 대비의 절대전환을 실현한다. 여래는 결코 포월적으로 상대 존재를 감싸는 무매개적인 초월 존재가 아니다. 여래는 상대를 매개로 하여, 상대와 함께 움직이고 상대와 함께 고뇌함으로써 "대비 즉 대비"를 행하는 절대매개이다.

무의 특성인 절대적 전환성은 그러한 무의 축으로서 방편적으로 자립하는 상대적 존재인 중생과의 상호적 평등편통(平等遍通)을 떠나서 존재하지 않는다. 모든 상대적 존재는 "자립 즉 의타"이며 스스로 무로 바뀌기 때문이다. 이로 말미암아 여래는 중생의 참회를 부정적으로 매개하면서 활동한다. 상대적 존재는 "자립 즉 의타"라는 평등적 상호성 속에서 다른 중생 제도를 위한 전환축으로서 대자화되고, 방편으로서 상대적 자립성을 지닌다. 이것이 이른바 방편화신이다. 그리고 상대적으로 자립적인 존재의 선과 후, 상대적 환상의 순서가 다름 아닌 시간적이고 역사적인 관계를 가리킨다. 절대적으로 부정하고 동시에 영원히 이러한 순서 전체를 긍정하는 것 자체가 법장보살의 진실보신이다. 중생의 구제에 관한 한, 전자가 환상적이라고 한다면 후자는 왕상적이다. 그러나 여래 자신에 관해서 말하자면, 법장보살의 인위수업에서 자기를 대자화하고 자기 안으로 발전, 귀환하는 왕상은 이미 절대환상이다. 왜냐하면 환상은 왕상에서 구제를 위한 절대타력의 전환력이기 때문이다. 그런 의미에서 왕상은 곧 환상이다. 그러나 구제에서의 환상회향은 절대환상을 매개로 해서 상대를 드러내고 대자화한다. 그러므로 환상은 곧 왕상이다. 상대는 상대와 마주하기 때문에 상대이지만, 상대는 상대를 매개로 해서만 절대를 마주할 수 있다. 그리고 절대는 상대를 매개로 하고 상대를 통해서만 상대에게 작용한다.

이 절대매개의 논리가 이종회향의 개념으로 나타나면서 구제의 구조를 구체적으로 보여준다. 법장보살과 중생심은 동일한 사태를 절대의 자체적 측면으로부터 보는가, 부정적 매개의 측면에서부터 보는가에 따라서 구별된다. 이들은 서로 다르면서도 동일한 사태를 대립적으로 규정한 것이라고 하는 점에서 보면 동일한 것이다. 『관무량수경』의 삼심과『무량수경』의 삼심은 다르면서도 같고(예를 들면『정토문류초淨土文類鈔』), 같으면서도 다르다(『유신초문의唯信鈔文意』). 그러므로 이 두 가르침은 문자적으로 나타난 바는 다르지만, 그 의미에서는 같다고 여겨진다(『교행신증』〈방편화신토권〉). 내외상즉의 자기 내 순환인 절대전환의 순수 매개는 회향의 개념으로서 매개의 기능을 한다.

신란에 의하면 중생의 왕생은 본원의 염불에 의해서 성취되고, 자기는 대비본원력에 의해서 절대무의 매개로 전환되는 한에 있어서만 공유(空有)로서 불퇴의 위치에 머물 수 있다. 그는 이런 입장에서 『교행신증』의 "교"를 『무량수경』이라고 선언하고, 염불왕생만이 진실보신을 얻게 한다고 보았던 것이다. 방편화신은 이러한 과정을 매개하면서도 거기에 도달할 수는 없기 때문에, 방편화신의 입장을 대변하는 『관무량수경』은 방편문에서 멈춘다고 보았다. 따라서 신란은 삼심석에 대해서 선도가 『관무량수경사첩소산선의』(觀無量壽經帖疏散善義)에서 해석한 것을 『무량수경』의 본원의 삼심석으로 바꾸면서 양자를 동일시하였다. 이렇게 전자에서 말하는 중생의 삼심이 구제에서 보여주는 이상적 구조가 후자의 법장보살의 본원의 대자적 구조를 통해서 초월적이고 타력적으로 매개되고, 직접 생과 사부활, 표현과 상징, 사상과 행위적 믿음, 유와 무 같은 관계를 통해서 절대로 전환된다. 이것이 선도가 『관무량수경소』에서 말했던 삼심을 『무량수경』의 본원의 입장에서 본 삼심으로 전환하였던 신란의 삼심석의 입장이다.

그러면 선도의 삼심석에 어떤 모순이 있기에 변증법적 전환이 일어날까? 원래 『관무량수경』의 삼심에 포함된 변증법적 사태는 어떤 것인가? 우선 지성심과 심심과의 관계를 보자. 앞에서도 말했던 것처럼 지성심이란 과거의 행위가 내외상응하고 진실청정하다는 자각이다. 그런데 심심은 자기가 "실제로 죄악생사의 범부이고, 따라서 속세를 벗어날 수 없다"[12]는 자각이다. 그렇다면 지성심과 심심은 서로 모순되어 양립할

---

12 선도의 『관무량수불경소』〈산선의〉에 "심심이란 즉 깊이 믿는 마음이다. 거기에는 두 종류가 있다. 하나는 결정해서 깊이, 자신은 현재 이 죄악생사의 범부로서 까마득한 과거로부

수 없음을 어렵지 않게 알 수 있다. 우리는 심심이 자신을 죄악심중의 존재라고 자각하는 것을 부정할 수 없는 실존적 사실로서 인정할 수밖에 없다. 따라서 지성심이란 단순한 도덕적 이상이 아니라 이러한 죄악의 범부에게는 실현 불가능한 당위적 본질이라고 생각할 수밖에 없다. 그러나 이러한 사실과 당위, 실존과 본질의 모순은 단지 이원적으로 대립되는 것은 아니다. 그렇다면 "삼심 즉 일심"이라고는 할 수 없을 것이다.

그렇다면 철저하게 서로 모순되는 것이 어떻게 통일될 수 있을까? 우리는 단지 실존적 사실에 철저하게 순종해서 당위적 본질에 대한 자기의 무력함과 불가능함을 참회하는 수밖에 없다. 참회에 의한 자기방기를 매개로 하는 절대전환이 신비한 힘에 의해서 우리를 자기 부정으로부터 다시 자기 긍정으로 변환시키며, 죽음으로부터 부활시키고, 절대타력의 "무작의 작"을 당위적 본질로 회향시킨다. 이렇게 참회는 죄악 깊은 범부의 심심을 지성심의 진실로 매개한다. 자력으로는 실현 불가능한 지성심이 단순한 당위적 본질의 관념에 그치지 않고, 타력의 전환력에 매개되어서 무작의 작인 보사회향(報謝回向)의 행으로 실현되는 것이다. 이 모든 것은 참회의 매개에 의한 절대전환의 불가사의한 본원력에 의해서 실현된다. 죄악 깊은 범부의 자력으로는 지성심을 얻을 수 없다고 하는 것이 참회인 바, 참회는 동시에 타력의 회향에 대한 순종보사[隨順報謝]에서 가능해지는 전환을 매개한다. 이 불가사의한 힘에 의해서 지성심과 심심이 변증법적으로 통일된다. 그리고 그러한 통일을 뒷받침하는 것이 다름 아니라 참회이다. 자력적으로는 불가능한 지성심이 참회에 의해 매개되면서 타력에 의해서 순종보사의 지성심으로 전환된다. 참회에 매개되는 절대전환의 본원력에 대한 순종 감사 보은의 행에

터 유전[已来流転]하여 속세를 벗어날 길이 없음을 믿는다"고 되어 있다.

의해서, 죄악 깊은 범부의 마음도 참회에 의해 매개되어 부단히 정화되기 때문에 진실청정을 유지할 수 있다. 과거의 소업에 대한 지성심은 직접 무매개적으로 청정한 것이 아니고, 부단한 참회에 의해서 맑아짐으로써만 청정해 질 수 있다.

선도의 지성심석(至誠心釋)에 있는 "밖으로는 지혜와 덕과 노력하는 모습을 드러내지 말고, 안으로는 거짓과 허위를 품어서는 안 된다"라는 당위적인 요구를 신란은 "밖으로는 지혜와 덕과 노력하는 모습을 드러내지 못하고, 안으로는 거짓과 허위를 품을 뿐이다"라는 참회의 고백으로 대담하게 바꾸어 읽었다. 신란이 참회에 대해서 얼마나 큰 의미를 부여하였는가를 여실히 보여주는 대목이다. 법장보살의 수업은 우리들 중생의 참회를 위한 본원의 원력으로서 작용한다. 이 본원력을 믿었던 신란은, 이 원력에 힘을 얻어서 참회하였고, 중생의 입장을 부정하는 방향에서 삼심의 이상적 구조를 밝히고자 하였던 선도의 당위적 입장을 초월적인 본원으로 바꾸었던 것이다. 그의 참회는 자력의 행위가 아니고 본원의 절대타력이 자기에게 나타난 것이다. 그것은 "무작의 작"인 즉자적인 절대적 부정의 행위인 것이다. 그러므로 그것은 맑은 지성심이 될 수 있다.

두 번째로, 심심은 법에 대한 깊은 믿음[深信]이라는 의미에서 회향발원심과 모순된다. 회향발원심이 움직일 수 없이 견고한 원심(願心)이고, 자타일체의 선을 우리들의 미래적 왕생을 위하여 회향천도한다는 사실은 앞에서 말한 바와 같다. 그러나 이러한 원심이 사실로서 존재한다면, 그것은 여래의 원력을 믿는 법의 깊은 믿음과 양립할 수 없다. 왜냐하면 여래의 원력을 믿는다는 것은 다른 일체의 선은 필요 없다는 뜻이고, 만약 그렇다면 회향발원심은 전혀 불필요한 욕구인 동시에 본원력에 대한 깊은 믿음을 배반하는 것이기 때문이다.

이러한 모순을 해결하는 길은 법에 대한 깊은 믿음을 철저히 하여 왕생은 오직 여래의 본원력에만 의지한다는 사실을 깊게 믿고, 이 본원력으로 전환된 타력신앙의 보사의 회향으로서 자타일체의 선을 가지고 왕생을 기원하는 데 있다. 즉 회향발원은 무매개적이고 자력적인 것이 아니다. 만약 그렇다면 회향발원은 무력하여 곧 파괴될 운명에 봉착할 것이다. 스스로 아무런 것도 구하지 않는[本來無求] 존재인 부처를 구한다는 자기 모순은 직접적인 자력의 회향발원을 불가능하게 만든다. 다만 법에 대한 깊은 믿음에 의해서 매개되고 지지된 원심만이 본원에 의해서 철저히 부정되며, 이로써 "불원(不願)의 원", "무구(無求)의 구"로서 움직일 수 없는 확실한 사실이 된다. 그러므로 신란은 원왕생심(願往生心), 즉 왕생하고자 하는 마음[欲生]에 대해서 다음과 같이 말하였던 것이다. "욕생이란 여래가 미혹에 빠진 중생을 불러내려는 바람이다. 이 바람에 의심이 사라진 신락(信樂)을 욕생의 체(體)로 한다. 실로 이는 대승 소승의 범부와 성자 등이 정선(定善), 산선(散善)의 자력의 마음으로 회향하는 것이 아니기 때문에 불회향이라고 하는 것이다."

　지성심은 단순한 자력으로는 실현될 수 없지만 타력의 전환에 매개되어서 "무작의 작"인 보사의 행으로 실현된다고 말하였듯이, 법에 대한 깊은 믿음은 죄악이 깊어서 언제나 유전하면서 속세를 벗어날 기연이 없다고 하는 기(機)에 대한 심심을 매개로 해서만 성립한다. 따라서 그것은 기의 심신을 뒷받침하는 참회에 의해서 매개되지 않으면 안 된다. 회향발원심도 지성심과 마찬가지로 참회에 의해서 매개됨으로써 비로소 가능하다. 참회에 의해서 열리는 심신이 지성심과 회향발원심을 가능하게 하는 것이다. 양자가 심신과 모순되면서도 심심과 변증법적으로 통일될 수 있는 것은 그 전환 매개를 참회가 뒷받침하기 때문이다. 이처럼 지성심과 회향발원심이 모두 심심(深心)에 변증법적으로 매개된다.

세 번째로 우리들은 지성심과 회향발원심이 변증법적 통일을 이룬다는 사실도 인정하지 않으면 안 된다. 지성심과 회향발원심은 과거와 미래 사이에서 피할 수 없는 모순을 나타내며, 본래 모순을 포함한다는 사실은 쉽게 알 수 있다. 왜냐하면 지성심에서 과거의 여러 업이 청정하다고 믿는 사람은 이미 그 과거의 업의 지속적 연장이 왕생을 가져오기 때문에 미래를 향해서 발원하고 회향할 여지가 없기 때문이다. 또 미래를 향해서 왕생을 원하고 이를 위하여 여러 선을 회향하는 회향발원심이 필요하다면, 과거에서의 지성심은 성립할 수 없게 된다. 과거의 동일성적인 지속과 미래의 창조적 전환은 직접적으로 서로 부딪치므로 양립할 수 없다. 그들이 양립하려면 현재에서 양자가 전환적으로 매개되어야 한다. 즉 과거는 지속하면서도 자성을 고집하지 않고, 오히려 미래를 향해 발동하는 현재의 매개로서 부단히 그 의미를 새롭게 하기 위해서 참회에서 자기를 전환시킨다. 또한 미래는 항상 과거의 한정을 부정적 매개로 삼아 새로운 내용을 창조하는 것이고, 창조는 이러한 사실에 순종함으로써 과거를 보다 깊은 근저로부터 새롭게 하는 절대무의 전환에 있어서 가능하다. 다시 말해서 과거도 미래도 아니면서도 부정적으로 양자를 살리고, 이들을 상호전환적으로 통일하는 현재의 절대전환성으로서의 초월적 통일에 의해서 양자는 매개되고 결합된다.

　지성심과 회향발원심은 직접적으로는 양립할 수 없지만, 심신을 매개로 해서 부정적으로 전환됨으로써 결합되고 통일된다. 삼심은 이처럼 부정적 변증법으로 인해서 통일된다. 참회에 의해서 과거가 부정되지만, 절대적으로 수동적인 무작법이(無作法爾)로 전환되면서 죽어서 사는 입장으로 부활된다. 이것이 구제이다. 이러한 전환에서 회향발원심은 불회향으로서 성취되고 왕생이 가능해진다. 미래의 왕생은 이미 과거 안에 포함된다. 왜냐하면 과거가 참회를 매개로 하여 전환되기 때문이다. 미래의 절대전환적 부활을 떠나서 과거의 절대무에 의한 부정 전환은 있을 수 없다. 과거는 미래에 의해서 매개됨으로써 절대로 전환되며, 과거를 부정적으로 전환시키는 참회는 동시에 미래의 왕생으로서의 구제를 매개한다. 즉 과거와 미래가 전환상입에 의해서 매개적으로 통일되고, 참회에 의해서 현재에 영원한 것이 현성(現成)한다.

믿음의 행위로서 대자화되고 스스로를 초월적인 절대와 자기 사이의 절대전환으로서 자각한 의식이 심심이다. 따라서 심심은 삼심의 통일을 위한 중심이 된다. 방금 살펴본 것처럼, 이러한 통일 작용은 이종심신의 상호적 매개에 의해서 작용한다. 즉 우리들의 존재에 있어서의 심신의 자기 부정과 법에 대한 심신의 절대적 긍정 사이의 상호적 매개에 의한 것이다. 이것은 심신 그 자체의 부정 변증법적인 내부 구조를 의미하는 것으로서 중요시되지 않으면 안 된다.

우리들은 앞에서 삼심 상호간에 세 종류의 모순이 존재하지만, 그것은 심신의 통일작용에 의해서 변증법적으로 매개된다고 보았다. 그러나 그 통일의 중심인 심심 자체가 이종심신(二種深信)의 대립을 포함하기 때문에, 양자를 직접 다룬다거나 따로 따로 분리한다면 양자는 이해될 수 없다. 사실 죄악이 깊어서 속세를 벗어날 기연을 갖지 못한다는 사실을 자각하는 기의 심신은 대비본원의 법의 심신에 기초한 것이다. 이와 동시에 법의 심신은 기의 심신과 상즉하지 않는다면 심신이 될 수 없다. 이 둘 사이를 전환적으로 매개하는 것이 참회이며, 두 종류의 심신은 참회로 인해서 동적으로 변증법적인 통일을 이루는 것이다.

참회에 의해서 두 종류의 심신은 통일되고 비로소 참으로 변증법적인 것이 된다. 그 원동력이며 근원적 원인인 본원의 신락(信樂)은 참회를 통해서 나타난다. 동시에 참회는 본원의 신락에 초월적으로 매개됨으로써 가능하다. 신란은 신락에 대해서 다음과 같이 말하고 있다.

"다음에 신락이라는 것은 아미타여래의 자비와 지혜가 완전히 성취되고, 모든 공덕이 하나로 융합되어 있는 신심(信心)이다. 그러므로 의심은 조금도 섞여 있지 않다. 그러므로 신락이라고 하는 것이다. 즉 타력회향의 신심을 신락의 체(體)로 삼는다. 그런데 언제인지 알 수 없는 까마득히 먼 과거로부터 모든 중생은 번뇌를 떠나지 못하고 미혹의 세계에서 윤회하며, 많은 고통에 묶여 있어서 깨끗한 신락이 없다. 본래 참된 신락이 없다. 그러므로 이 더할 나위 없는 공덕을 만날 수 없고, 뛰어난 신심을 얻지 못하는 것이다. 모든 어리석은 범부는 언제부터인가 탐심이 늘 선한 마음을 더럽히고, 분노의 마음이 언제나 그 공덕을 태워버린다. 머리에 붙은 불을 끄려고 필사적으로 노력하지만 모두 번뇌를 떠나지 못하고, 자력으로 닦은 선도 거짓된 행이어서 진실된 행위라고는 할 수 없다. 이 번뇌를 떠나지 못한 거짓된 자력의 선으로 아미타불의 정토에 태어나고자 원한다고 하더라도, 결코 태어날 수 없다. 그 신구의(身口意)의 삼업으로 닦은 행은 모두 한순간에 그치고 말아서 아무런 의심도 없는 마음이 들어갈 수 없기 때문이다. 이 마음, 즉 신락은 아미타불의 커다란 자비의 마음에 다름 아니기 때문에, 반드시 진실보토에 이르는 올바른 원인[正因]이 된다. 여래가 괴로워하는 중생을 가엾이 여기셔서 이 더할 나위 없는 공덕을 닦은 깨끗한 믿음을 미혹의 세계에 사는 중생에게 널리 베푸신 것이다. 이것을 타력의 진실된 신심이라고 한다."

여기에서는 선도가 두 종류의 심신으로서 병립시켰던 것이 명백하게 상입전환의 매개를 통해서 통일되어 있다. 그리고 그러한 통일의 근원으로서 여래의 초월적인 절대적 전환력이 법장보살의 행업에 의한 환상이라고 일컬어지며, 중생의 참회에서 타력적으로 이루어지는 전환이 신란 스스로의 참회를 중심으로 언급되고 있다. 그 어조의 급격함과 비통함을 보면 신란의 참회가 얼마나 진실하고 통절하며 긴박한 것이었는가를 남김없이 보여주고 있다.

타력에 의지하는 신심에 의해서 이행도(易行道)가 성립한다면, 일견 그것은 아무런 고통도 동반하지 않는 안이한 길처럼 보인다. 하지만 신란의 문장에서 배어나오는 절망적인 비탄은 신심이 얼마나 통절하고 진실한 참회를 통해서만 성립하는가를 명료하게 보여준다. 이것은, 자력염불 이념과는 달리, 모든 공덕의 본원으로서의 여래의 전환력을 자기의 선본덕본으로서 긍정하는 것을 의미하지 않는다. 이러한 이념에 대한 사유, 당위의 관념은, 그것이 아무리 순수하다고 하더라고 결국은 자기의 것이며, 자기의 생의 연속 위에서 성립한다. 그것은 생의 부정으로서의 자기방기, 자기에 대한 절망으로부터 자기의 존재성을 버리는 죽음을 매개로 하지 않는다. (말할 필요도 없지만, 여기에서 말하는 죽음은 자살을 의미하지 않는다. 자살이란 자기 뜻을 부정하는 것이 아니라 긍정하는 것이기 때문에, 지금 말하는 의미로 본다면 자살은 삶에 속하는 것이지 죽음에 속하지 않는다. 여기서 말하는 죽음이란 죽음에도 삶에도 관심을 두지 않는 자기 부정이라는 의미에서의 죽음이고, 철저하게 순종적이며 순수하게 수동적인 삶의 방기를 의미한다.)

그것은 어디까지나 자기 본위의 방향을 유지하는 것이지, 방향을 바꾸는 것을 의미하지 않는다. 그곳에서는 아직 적극적인 전환은 일어날 수 없다. 따라서 아무리 이러한 입장이 당위 이념에 접근하고 일치한다고 하더라도 아직도 그것은 진실된 신락이라고는 할 수 없다. 여전히 그것은 잡다한 수행(雜修)에 그칠 뿐이다. 그러한 이상주의에서 궁극적 안심을 찾을 수는 없다. 다만 참회에 있어서 법장보살의 절대환상행으로 전환되고, 자기의 방향이 역전되어 죽음이 삶의 원리가 되며, 무가 존재의 근원이라는 것이 행위와 믿음과 깨달음으로서 여래의 비원에 섭취될 때, 그 때 비로소 진실한 신락이 주어질 수 있다. 이것이 실로 구체적으로 통일에 도달한 심심이다.

참회의 행을 제외하고서 이러한 과정은 매개될 수 없다. 앞에서 말했던 것처럼 참회의 부단한 진전만이 상대적 존재를—죽음으로써 삶을 절대적으로 부정하는— 무의 매개로 전환하고, 왕상회향을 이룬다. 신란의 타력 신심은 부단하고 신실한 참회에 의해서 이루어진다. 그는 참회에 의해서 법장보살의 절대환상 회향으로 전환되고, 여래 구제의 왕상회향에 참여한다. 즉 참회에 의해서 "왕상 즉 환상"적으로 환상의 사상이 왕상의 행에 상즉하게 된다.

참회는 행위가 곧 생각[行卽思]인 자기 돌파의 행위로서 "왕상 즉 환상"인 여래의 절대전환을 위한 매개가 된다. 여래 대비의 절대환상에 대응하는 왕상면으로서의 법장보살의 본원적 계기로 회향된 신락에서 중생심은 전환되지만, 그것은 결코 사상 관념으로서의 심신의 이념에 의한 전환이 아니다. 그것은 참회에 있어서의 자기방기의 전환적 긍정, 즉 "죽음 즉 부활"에 의한 자기의 방향 전환에 대한 역전적 전개이다.

신란이 신락에 대해서 쓴 글을 뒷받침하면서 글의 표면으로까지 흘러넘치는 비통한 참회는 그가 참회의 고백으로 입장을 바꾸어 삼심을 행위의 입장에서 이해하고자 했음을 여실히 보여준다. 그렇게 함으로써 신란은 선도의 이상주의적인 관념을 뛰어넘어서 절대환상면으로서의 법장보살의 삼심을 말할 수 있었다. 그가 담란의 글을 귀중히 여겼다는 사실은 이러한 나의 주장을 뒷받침해준다.

우리들은 두 종류의 심심, 즉 지성심과 회향발원심이 부정적으로 대립하고 있으며, 이들 각각이 심신과 어떻게 모순을 일으키는지, 그리고 나아가 이들이 어떻게 서로를 보완하는지에 대해서 살펴보았다. 이러한 진술을 통해서 삼심 전체가 참회의 전환매개에 의해서 "삼심 즉 일심"의 통일을 유지할 수 있다는 사실이 분명해졌을 것이다. 신란이 선도의 지성심석을 고쳐 읽음으로서 선도가 주장했던 당위 이념을 참회의 행위적 전환으로 바꾸었던 것은, 삼심(혹은 삼신三信)의 내면적인 변증법적 관계와 그것이 "초월 즉 내재"의 전환을 위한 매개가 됨을 확신하고 있었기 때문이었다. 호넨 이래의 정토교는 선도의 『관무량수경소』를 소의경전으로 하였지만, 신란의 정토진종은 담란의 사상을 따르면서 『무량수경』의 본원사상으로까지 타력 신앙을 철저히 하였다. 그렇다면 정토진종은 참회도를 기반으로 하고 있다고 보아야 한다.

뿐만 아니라 더 나아가 생각해 보면, 정토진종 전체를 성립시키는 행위와 믿음과 깨달음[行信證]이라는 세 가지 계기가 삼심에 대응하며, 그들을 근본적으로 통일하는 것이 다름 아닌 참회이다. 왜냐하면 행위는 지심이 성립하는 과거에 대한 참회라는 행위를 의미하고, 믿음은 현재에 있어서의 심심의 믿음에 다름 아니며, 깨달음은 미래의 욕생심에 해당하기 때문이다.

본래 정토교의 타력 염불문에서 행위는 칭명염불을 의미한다. 그것은 여래의 명호인 나무아미타불이라는 여섯 글자로 표현된다. 염불은 아미타 부처와 중생 사이에서 부르고 대답한다는 형식으로 이루어지는 절대적 매개의 인격적 관계를 상징한다. 또한 염불은 모든 부처들의 공동체에서 아미타여래의 이름을 부름으로써 원만하게 표현되는 부처의 대비에 대한 상징이다. 염불은 아미타여래와 중생 사이의 전환적 교류를 회향을 통해서 성취시키는 절대전환력을 지니고 있으므로, 아미타여래의 명호를 찬양하는 것이 염불이라는 행위가 된다.

염불의 내용을 보면, 염불은 본원의―아미타불이라는 이름으로 상징되는― 절대타력에 의한 전환에 참여하는 것이다. 절대타력이란, 앞에서도 말했던 것처럼, 능동자 없는 순수한 수동태이기 때문에, 절대타력의 행위인 염불은 무엇보다도 중생의 부정 전환인 참회에 매개된다. 만일 그렇지 않다면, 중생이 입으로 부처의 이름을 부르는 행위 속에 절대타력이 나타난다고 보증할 수 없는 것이다. 실제로『안심결정초』(安心決定鈔)13에는 "염불이란 꼭 입으로 나무아미타불을 읊는 것만이 아니고, 아미타불의 공덕이 그분을 존경하여 그 앞에 머리를 숙이는[나무] 사람들에게 십겁정각의 찰나로부터 완전하게 성취되었다는 신심이 일어나는 것을 말한다. 이러한 깨달음의 믿음이 말로 나타나기 때문에 나무아미타불 여섯 글자의 핵심적 의미를 파악하는 것을 삼심이라고 한다"고 쓰여 있다. 신란이『존호진상명문』(尊號眞像銘文)14에서 선도에 대하여 말하는 것처럼, "부처의 여섯 글자를 말하는 것이 나무아미타불이고, 그것이 부처를 찬양한다는 뜻은 나무아미타불이 부처를 찬양한다는 뜻이다. 나아가 그것은 뉘우친다고 되어 있는데 이는 나무아미타불이라고 말하는 것이 억겁 이래로 우리가 저지른 모든 악의 업을 뉘우친다는 뜻이다. 그것이 욕생을 자각하는 것이라는 말은 나무아미타불이 발원회향으로서의 욕생이라는 말이다."

이 짧고도 풍부한 내용을 지닌 글에서 신란은 명호를 환상적으로 전개하는 칭명은 참회의 행을 그 내용으로 한다고 제시하고 있다. 그러한 점에서 염불은 참회도와 완전하게 일치한다. 나는 이 점에서 신란의 신앙 교설의 핵심이 참회도라고 믿고 있다. 물론 그의 교설이 호넨(法然) 문하의 다른 유력한 교파와 대립하면서 정토교의 참뜻을 발휘하고자 하였던 것도 또한 역사적 사실이다. 정토교가 발전하는 가운데 칭명염불에 관한 여러 가지 이론이 있다는 사실은 부정될 수 없다. 이 점에 관해

---

13 저자불명. 정토진종의 혼간지파(本願寺派)에서는 이 경전을 성교(聖敎)라고 여기고 있다.
14 신란이 존호(본존으로서의 명호)와 진상(眞像: 조사의 초상), 명문(명호와 초상에 붙여진 讚文)을 해설한 것.

서는 종문 학자들의 가르침을 기대하지 않을 수 없다.

행위가 믿음보다 앞선다고 하는 것이 정토교의 특색이라고 학자들은 말하고 있다. 특히 행위는 본원에 대한 믿음보다 앞서면서 행위적 믿음[行信]으로 통일되는 것이 정토교의 특색이며, 다른 종문에서 가르치는 믿음적 행위와는 그 순서가 반대라는 사실에 주목할 필요가 있다. 또한 염불은 정토진종에서 기도가 아니라 보사(報謝)를 의미한다는 점이 다르다. 하지만 이러한 특색은 우리들의 체험상의 선후관계가 아니라 본원력에서의 타력회향 자체에 대한 형이상학적 존재론적 사고로부터 비롯된다. 왜냐하면 구제의 깨달음 없이 여래의 은혜를 찬양하는 보사의 행위는 있을 수 없으며, 또 깨달음의 맹아가 전혀 없이 본원에 대한 믿음은 성립할 수 없기 때문이다. 그럼에도 불구하고 행위가 무매개적으로 믿음에 앞선다고 생각해서는 안 된다. 오히려 우리의 종교의식에서 염불은 미래적 원생심(願生心)의 현성인 왕생 기원으로부터 비롯되며, 그 다음에 과거를 참회하는 지성심으로 전환되어서 "불원의 원"이 되고, 이로써 현재의 순종하는 심심을 성립시키며, 그 왕생 결정의 믿음은 감사로부터 한 발 더 나아가 보은의 행위로 발전한다. 이러한 보사의 행위에서 구제는 완결된다. 그렇게 되면 스스로가 다른 중생을 제도하는 여래의 절대무의 전환행을 위한 매개가 되어서 거기에 협력하는 환상회향을 통해서 자신의 구제를 완전하게 깨닫는다. 따라서 행위와 믿음과 깨달음은 서로 서로 전입하면서 삼위일체적으로 통일된다.

우리들이 가르침[敎]을 통해서 구제의 본원력을 믿는다면, 우리들은, 앞에서도 언급하였듯이, 그러한 순서가 교-행-신-증이라는 순서를 지닌 구제의 구조 그 자체라는 사실을 인식하는 데 불과하다. 신란이 『탄이초』에서 호넨의 가르침[敎]에 대한 절대적 신뢰를 피력하면서 취했던 입장이 이러한 것이었다. 아니, 정토교 전체가 무시겁래(無始劫來)의 가르침이라는 전통에 서면서 전개된다는 사실은 『교행신증』의 내용과 구조가 분명하게 제시하는 바이다.

그러나 이것은 믿음을 널리 전한다는 입장이지만, 이와는 달리 철학은 자기 자신의 경험으로부터의 증거에 중심을 두어야 한다. 만일 우리들이 경험을 매개로 하여 자신의 생각을 전개하고자 한다면, 우리들은 이와는 다른 길을 추구하지 않으면 안 된다. 종교에서도 사정은 마찬가지이다. 종교가 사상을 전개하는 일과 관계하는 이상, 권위를 지닌 전통은 자기 자신에게 분명한 사실을 스스로 증언한다는 의미에서의 자증(自證)에 의해서 매개되어야 한다. 종교적 신앙 그 자체의 입장에서는 어디까지나 가르침이 우선이라고 할 수 있지만, 가르침에 대한 비판적 해석으로부터 출발하여 자증(自證)을 주로 하는 철학은 정반대의 입장을 취한다. 철학에서는 "우리에 대해서 앞서 있는 것"으로부터 "자체적으로 앞서 있는 것"으로 거슬러 올라간다. 다만 이 경우에도 철학의 입장을 무매개적으로 긍정하려는 자력주의는 철학의 절대적 자력성을 끝까지 주장할 수 없다. 상대적 존재로서의 우리들에게는 스스로 절대에게로 거슬러 올라가 합일하는 길이 허락되어 있지 않기 때문이다. 이와는 반대로 직접적인 자력적 철학에 대한 절대 비판으로서의 순종적 절망과 참회를 통해서 이루어지는 행위와 믿음과 깨달음이 참회도의 특색을 이룬다. 그러므로 철학 자체가 성립하기 위해서 변증법을 자체 안에 포함한다고 생각해야 한다. 그러한 입장에서 본다면, 철학적 자각이 스스로를 자율적인 이성의 활동으로서 구성하기 위해서는—전통의 가르침에 대한 비판에서 시작되는— 자력의 철학에 대한 절망의 참회에 매개되어야 한다.

우리들이 과거에 대해서 할 수 있는 유일한 행위는 참회이다. 참회는 불가사의한 절대전환력에 의해서 매개되고, 이로써 자기 부정은 긍정으로 전환되며, 죽음으로부터 새로운 삶으로 부활된다. 그러한 부활적 삶에서 일단 절망적으로 불가능한 것으로서 방기된 철학 사상과 여타의 문화적인 당위적 행위가 다시금 문제시된다. 그래서 그러한 문제가 이제는 자력의 당위로서가 아니라 타력의 회향으로서 자기에게로 전환되고, "무작의 작"인 자연법이로서 이루어진다는 사실을 자각한다. 이것이 삼심의 회향발원심을 향한 보사로서 자증된다는 점은 앞에서 살펴본 바그대로이다. 이 깨달음은 참회의 행위에 의해서 매개된다. 그래서 후자의 과거가 전자의 미래에 매개로서 전환되며, 그렇게 됨으로써 미래에 이루어질 왕생이 과거의 참회적 전환에 포함되고, 미래적 전환상입에 대한 절대타력적인 자각에서 현재의 믿음이 성립한다. 명확한 증거 없이 믿는 것이 진정한 믿음이라고 하지만, 우리에게 증거의 맹아가 전혀 없는 상태라면 믿음은 한 걸음도 뗄 수 없다. 미래의 결정에 의해서 과거는 현실에서 전환의 방향을 드러낸다. 현재는 과거와 미래의 전환 매개에 의해서 비로소 대자적으로 성립하는 것이다. 믿음은 행위와 깨달음을 매개로 해서 성립할 수 있다.

논리적으로 말한다면, 과거는 특수이고, 그것이 참회의 행위에 매개되어서 개별적이고 미래적인 깨달음으로 바뀌는 것은 판단(Ur-teil 근원적 원시 분할)에 비견될 수 있는 부정적 전환이다. 그 결과 보편으로서의 현재의 종합이 영원의 동적 자각으로서 성립한다. 이것이 초월과 내재 사이의 전환적 매개인 믿음이고, 이를 즉자적으로 뒷받침해주는 것이 참회의 행위이다. 헤겔이 "모든 것은 판단이다"라고 한 데 반해서 나는 "모든 것은 참회이다"라고 말하고 싶다. 그것은 매우 기이하게 들릴지도 모르겠지만, 모든 것이 참회에 의해서 드러나는 무의 상징이라는 사실을 생각해 보면, 결코 이상할 것도 없을 것이다. 헤겔의 경우처럼 판단이 추론에 매개되어서 이성의 통일이 파괴되지 않는다고 한다면, 그것은 관념론의 입장을 벗어나지 못하고, 이성주의에 얽매여서 근본악을 부정적인 계기로 하는 자유로까지 구체화될 수 없다. 이에 대해서는 이미 위에서 살펴 본 바이다. 원시 분할로서의 판단이 모든 개체가 성립하기 위한 원리라고 한다면, 동시에 그것은 무의 매개를 통해서 순종적 자유로 전환되지 않으면 안 된다. 이것이 참회이다. 참회로 뒷받침된 판단만이 모든 것이 될 수 있다. 따라서 '모든 것은 참회이다'라는 말도 가능하다. 참회 안에는 부정의 계기로서의 판단이 당연히 포함된다.

존재란 참회적 전환의 항(項)을 이룬다. 지식은 믿음에 근거해 있다. 전통적인 가르침에 의하면, 믿음의 대상인 본원력은 제불 공동체가 서로를 기리는 대자적 행위에 매개되고, 행위적 믿음으로서 왕상회향의 방향을 취한다. 그래서 구제의 순서로 볼 때, 믿음은 환상회향의 깨달음에 앞선다는 것이 구제의 자체적 순서이다. 그러나 이것은 우리의 자각의 순서와는 정반대이므로 매개에 의해서 전환될 필요가 있다. 이것이 존재와 의식의 관계가 요구하는 바이며, 가르침과 깨달음의 연관이라는 말로 우리가 의미하는 바가 이것이다. 자증의 입장에서 본다면, 행위와 믿음과 깨달음은 참회의 행과 보사적인 "무작의 작"으로서의 부활에 대한 깨달음 사이의 전환적 상입매개라는 의미에서 본원에 대한 믿음의 종합적 특성을 나타낸다.

〈화신토권〉에서 삼원전입(三願轉入)은 방편화신의 자립성이라는 관점에서 중생심이 지닌 세 가지 계기의 발전적 전입을 전개하는 경우에는 미래-과거-현재의 순서를 취한다. 그러나 삼심석의 진실보신에서는 과거-현재-미래의 순서가 역전된다. 그리고 양자 모두에게 과거의 자기 전환이 시간적 양태의 근본을 이루는 것은 참회가 행위와 믿음과 깨달음의 매개라는 사실을 분명히 드러내기 위함이었다. 단순히 서원의 자체적 구조로서의 왕상이 아니고, 대자적이고 환상적으로 중생심에 매개 되기 위해서, 그리고 초월적 절대무의 현성으로서 중생심을 전환하기 위해서는 참회의 매개행이 필요한 것이다.

『교행신증』의 전 체계가 참회의 즉자적 행위를 뒷받침한다는 사실은 이제 의심할 여지가 없을 것이다. 본래 구제는 어느 한순간의 믿음에 의해서 달성되는 것이 아니고, 부단한 참회에 의해서 뒷받침되는 믿음에서만 가능하다. 이것은 부정할 수 없는 사실이다. 이러한 사실에 동의할 필요가 있는 것이 어리석은 범부이고, 그럴 필요가 없는 것이 지자이며 현자이다. 우리는 자기가 어리석은 범부라는 이유로 지자 현자의 존재를 부정해서는 안 된다. 이러한 교만과 잘못된 판단으로 흐르려는 경향이 우리 안에 잠재해 있기 때문에 참회라는 부단한 행위가 필요한 것이다. 나는 바닥을 알 수 없는 자신의 무지와 무참(無慚)을 참회함과 동시에, 다른 현선(賢善)들을 솔직하게 승인하지 않으면 안 된다. 이렇게 함으로써 지자 현자가 참회해야 할 악이 없고 번뇌가 없음으로 말미암아 오도(悟道)에 안주하는 것처럼, 어리석은 범부인 나도 범우무지(凡愚無智)인 그대로, 번뇌를 끊지 않은 채, 열반에 들어갈 수 있다는 믿음을 가지게 되는 것이다.

이처럼 참회에서 나타나는 전환의 신비가 아미타불의 대비본원력이다. 신란은 이에 대해서 다음과 같이 말한다.

"모든 중생은 까마득한 옛날부터 오늘 이 시간에 이르기까지 번뇌에 더럽혀져서 깨끗한 마음이 없고, 거짓됨만이 있어서 참된 마음이 없다. 그래서 아미타불은 고통에 괴로워하는 중생을 불쌍히 여기시어 측량할 수 없는 오랜 동안 보살의 행을 닦으실 때에 그 신구의(身口意)의 삼업으로 수행된 행위는 모두 한순간도 깨끗하지 않았던 때가 없었고, 참된 마음이 없었던 때가 없었다. 여래는 이 깨끗하고 참된 마음을 가지고 모든 공덕을 하나로 모으셔서 생각하고 헤아리는 것도, 다함 없이 찬양하는 것도, 다함 없이 설하는 것도 없는, 이 더할 나위 없는 지혜의 덕을 성취하셨다. 여래가 성취하신 지심, 즉 참된 마음을 번뇌에 둘러싸이고 악을 행하며 잘못된 것만을 행하는 모든 중생에게 베푸셨다. 이 지심은 여래로부터 주어진 진실심을 나타낸다. 그러므로 거기에 의심할 여지는 전혀 없다. 이 지심은 곧 더할 나위 없는 공덕을 닦은 여래의 명호를 그 체(體)로 한다."

이러한 이타 진실의 대비심이 회향됨으로써 현실에 있어서의 번뇌악취(煩惱惡趣)는 횡초(橫超)되어 왕생열반이 약속된다. 신란은 『정토문류취초』(淨土文類聚鈔)에서 다음과 같이 말한다.

"아미타가 서원의 힘에 의해서 선을 그들에게로 향하셨을 때, 여전히 생사의 세계에서 유전하는 어리석은 범부는 진실과 덕을 듣고 최고의 심신을 실현한다. 그들은 곧바로 큰 기쁨을 얻고 불퇴전의 상태에 도달한다. 그래서 그들의 눈먼 욕정을 버리지 않은 채, 그들은 바로 위대한 열반을 실현하게 되는 것이다."

구제의 불가사의는 참회와 표리(表裏)의 관계를 이룬다. 본래 참회 자체는 상대자가 자력으로 할 수 있는 것이 아니다. 왜냐하면 그것은 자기의 존재에 대한 부정, 즉 자기방기를 의미하기 때문이다. 다만 참회는 절대자의 절대전환력을 빌려서 그의 매개로서 절대자에게 순종함으로서만 가능하다. 즉 참회는 이미 타력의 회향에 매개된 것이다. 그래서 참회를 매개로서 나타나는 지성심의 절대타력면인 본원의 지심은 "존호(尊號)를 그 체로 한다."

그러나 또 참회 없이 타력의 믿음이 열리는 것도 아니다. 성도문과 달리 정토문에서는 믿음이 행위에 앞서는 것이 아니라 행위가 믿음보다 앞선다. 그래서 이미 앞에서도 언급했던 것처럼, 행위적 믿음을 특색으로 한다. 그러나 칭명염불의 대자적인 행위가 믿음보다 앞서는 것은 문제가 아닌가라고 생각할 수 있음도 이미 앞에서 말했던 바와 같다. 참회의 즉자적 행위가 믿음보다 앞서는 까닭은 자력을 비우고, 자력을 스스로 부정하여 타력의 매개가 되기 위함이다. 참회의 매개 없이 타력의 믿음은 그 기반을 잃어버리게 된다. "자체적으로 앞서는 것"은 명호에게 매개되는 본원의 믿음이라고 하더라도, "우리에 대해서 앞서는 것"은 참회이다. 즉 본원에 의해서 일어나는 참회가 우리들에게 타력 신앙을 전개한다. 왕상은 단지 환상에 선행하는 것이 아니라, 법장보살의 인위수업에 대응하는 절대환상으로서의 환상에 의해서 매개되는 것이다. 양자는 참회의 행위에서 "행위 즉 믿음", "믿음 즉 행위"라는 관계로 매개된다. 정토종은 곧 참회법문이라고 해도 과언은 아닐 것이다.

이미 신란보다 앞서 호넨이 선도의 『관무량수경소』에서 염불의 법문을 깨달았지만, 그것은 "자기의 무지는 불심의 대비를 증명하고, 자기의 무능은 염불 왕생을 증명한다"라는 참회적 입장에서 그랬던 것이다. 정토문은 참회도적으로 자기의 무력을 자각하고, 자력으로는 어찌 할 수 없음을 인정하고 자기를 버리는 사람에게 비로소 열리는 것이다. 용수(龍樹) 이래의 대승 불교의 대부분의 조사(祖師)들이 정토이행(淨土易行)의 문을 그들의 교의에 포함시켰던 사실을 생각해 보면, 성도문과 정토문은 불교 내에서 서로 대립하는 두 법문이라고는 할 수 없다. 오히려 전자는 무매개적으로 일반적인 이(理)의 입장으로부터 절대와 상대의 대립적 합일을 존재론 내지 현상학으로서 전개하는 데 머물렀다고 한다면, 후자는 자기를 매개로 하면서 구제론적이고 실존주의적으로 개[체]

의 사적(事的) 입장으로부터 절대와 상대의 전환적 상입을 행위하고 믿고 깨달았다고 할 수 있을 것이다. 이치를 깨달아서 해탈하는 전자는 다만 지자나 현자에게 가능한 것이고, 그 교리는 지자 현자의 자각 내용에 머물 뿐이다. 거기에 어리석은 범부가 관여할 여지는 없다. 스스로 어리석은 범부라고 자각하고서 본원의 전환력을 믿는 것은 후자의 타력이행문에서만 가능하다. 이는 그 믿음이 "여래로부터 받는 믿음"이기 때문이다. 구제는 이렇게 참회를 매개로 해서 성립한다.

정토이행문은 구제와 참회가 표리적으로 전환하고, 서로 협력하고 서로 불러일으키는 매개적 관계를 내용으로 한다. 종교로서는 당연히 후자가 한층 구체적인 것이라고 생각하지 않으면 안 된다. 성도문은 정토문의 추상적 측면을 철학적으로 전개한 것에 지나지 않는다. 성도문은 참회에 매개되어 구제된 자가 타력에 순종해 그 절대전환의 매개로서만 자기가 부활 전생될 수 있음을 자각하고, 오직 타력의 부정적 매개로서의 보사의 환상행에서 자기의 생을 긍정하고, 자기를 놓아버려서 자기를 타력에게 바치고, 보사적으로 "무작의 작"에서 자연법이(自然法爾)로 사는 한 구제가 부정적 매개적으로 실현된다고 본다. 이에 비교해 본다면 성도문은 구제가 직접적이고 무매개적으로 실현된다고 보는 것이다.

성도문이 전개하는 체오(諦悟)의 내용은, 정토문이 믿고 깨닫는 구제의 전환적 구조를 참회의 "죽음 즉 부활"이라는 매개를 거치는 대신, 비실존적이고 관념적으로, 즉 이치라는 일반적 입장으로부터 규정하기 때문이다. 그 경우의 무는 단지 무라는 관념에 그치기 때문에, 오히려 실존적으로는 유에 지나지 않는다. 따라서 절대도 상대에 대립하는 하나의 상대적 존재로 추락하지 않을 수 없다. 그리고 절대가 가지는 초월성은, 그것이 완전히 상대를 배제하면서 상대와 대립하여 오히려 스스로 상대에 빠지는 한, 상대와 동일하게 내재적인 관념이 되지 않을 수 없다. 거기에서는 초월과 내재의 전환상입으로서의 행위는 성립할 수 없다. 모든 것은 이치에 대한 관상[理觀]으로 돌아갈 뿐이다. 더욱이 이렇게 절대가 상대에 마주하고 상대와 대립하는 데 그친다고 보는 이치[理]의 입장은, 절대의 절대성이 구체적으로 매개되는 것을 요구하지 않음으로써, 절대부정을 거쳐 사(事)의 개체적 실존의 입장으로 전환되지 않을 수 없다.

이는 정토문이 불교 발달의 정점이라는 사실을 의미한다. 이렇게 생각하면 참회도는 불교 전체의 구체적 원리라고 해도 과언이 아닌 셈이다. 어리석은 범부인 나와 같은 자에게 철학이 오직 참회도로서만 가능하다고 한다면, 참회문으로서의 정토불교는 당연히 철학에 대해서 계도적 의미를 지닌다. 이것은 물론 불교만이 이런 의미를 가질 수 있다는 말이 아니다. 오히려 위에서 논했던 것처럼, 서양의 종교철학에서도 우리는 참회도가 계도적 의미를 지니고 있음을 살펴보았다. 그때 제시했던 것처럼, 서양의 종교철학에서는 정토불교에서처럼 참회도가 철저하게 수행되기는 어렵다. 사실 여기에 서양사상의 특색과 한계가 있다. 그러나 서양 철학을 배우고 자라난 내가 정토불교에서 그 막혔던 길을 타개할 의미를 찾아내었다는 것도 역사적으로 틀림없는 사실이다. 참회도는 이렇게 해서 실존적 기반을 획득한다.

신란은 그가 남긴 『교행신증』에서 나에게 환상하였다. 신란은 여래 대비의 작용에 협력하면서 나의 참회도를 촉진하여 나에게 교화와 지도를 주고, 마침내 나로 하여금 여래 대비의 무한의 깊이와 넓음을 깨닫게 해주었다. 그리하여 참회의 행위적 믿음을 자각하는 참회도의 철학을 하도록 만들어 주었고, 이를 다른 이들에게도 회향하여 환상적으로 나의 믿음과 깨달음을 다른 이들에게 전달케 한다. 타력철학으로서의 참회도는 신란의 환상교화를 매개로 하여 태어났으며, 신란의 환상교화를 향해서 전환각성하도록 나를 이끈다. 참회도의 철학의 방법으로까지 철저해진 절대매개의 논리는 역으로 『교행신증』의 중심 관념을 "사상"으로 매개해주므로, 나의 철학은 타력 신앙 보급[弘通]15의 매개로서 보사의 행위로 환상한다고 해도 무방할 것이다. 이렇게 해서 참회도는 타력적인 행위적 믿음을 증언하는 것이다.

---

15 불교가 널리 세상에 알려지고 행해지는 것.

제8장

참회도의 전망으로서의 종교적 사회관

이상에서 나는 참회도가 나와 같은 어리석은 범부의 철학으로서 필연적인 의미를 지니고 있음을 밝히고자 하였다. 참회도는 성현의 철학처럼 무한 절대의 입장에 서지 않고, 철저하게 유한 상대의 입장에 선다는 사실을 자각한다. 이성 비판은 어쩔 수 없이 이율배반에 직면하게 되고 절대 비판으로 인해서 분열된다. 이성은 스스로를 포기하게 되고, 이성은 더 이상 존재할 자격이 없음을 인정하지 않을 수 없다. 이처럼 이성이 이율배반으로 분열되어 모순 속으로 사멸한다고 스스로 인정하게 되면, 오히려 의외로 정립도 반정립도 아닌 중도(中道)의 문이 열려서 초월적인 무에 섭취되고, 죽음과 삶의 대립을 뛰어넘는 절대적 전환의 매개로 전환되는 대비행을 믿고 깨닫게 된다. 이것이 참회도의 핵심이다.

　그러므로 "대비 즉 대비", 혹은 "무즉애"의 자각이 참회도의 중심이다. 우리의 자기는 일단 죽음을 스스로 결단함으로서 생사를 넘고, 죽음을 산다고 하는 존재로 부활되어 절대무의 매개로서의 공유로 회복된다. 그리고 이에 대한 보사를 위해서 다른 상대자를 구제하는 절대의 작용의 매개가 되어 절대에게 협력한다. 자기를 초월적으로 부활시키는 절대의 대비는 그 대비(大非)의 작용을 위한 매개로서 자립적 상대자를 방편으로 삼는다. 절대타력은 상대자를 다른 상대자를 위한 매개로 함으로써 절대적 매개성을 나타낸다. 이것이 "절대 즉 절대환상성"이며, 그 매개로서의 상대의 환상이 이른바 환상회향이다. 이처럼 자기의 구제는 환상회향의 보사행으로서 증거된다. 그러한 증거의 매개가 참회의 행위적 믿음[行信]이고, 그것에 의해서 구제는 왕상회향의 절대적 전환력으로 뒷받침된다. 그 행위는 실로 대비 타력의 대행(大行)에 교호적으로 매개된다.

절대타력이란 논리적으로 말하면 절대매개라는 뜻이며, 일체가 불일불이(不一不二), 불이부동(不異不同)의 매개 관계에서 대립 전환의 동적 통일을 이루는 절대 교호태(交互態)이다. 이것을 자기의 중심에서 자각하는 것은, 이 절대전환의 작용을 통해서 절대매개에 몸을 던지는 행위적 믿음으로 말미암아 가능하다. 이것이 바로 참회이다. 이 행위 없이 우리는 무에 섭취되어 절대의 전환 매개에 참여할 수 없다.

철학이 절대매개로서만 절대지에 이른다고 한다면, 당연히 참회도가 그에 이르는 길이다. 절대를 초월적인 자기의 근저로서 받아들이고, 자기는 이것과 융합 합일할 수 없는 유한한 상대자에 불과하나 절대의 매개로서 절대와 불리상즉(不離相卽)의 대립적 통일을 이룬다는 사실을 자각하는 길은 참회도 외에는 없다. 참회도만이 상대자가 절대에로 초월하고, 절대자가 상대자에게 내재해 오는 교호전환의 유일한 길이다.

본래 절대는 무이며 존재일 수 없다. 존재는 무에 마주한 상대로서 절대가 될 수 없는 까닭이다. 오직 무만이 절대전환으로서 존재와 무의 상대성을 뛰어넘어 절대일 수 있다. 존재는 다만 부정적 계기로서 무의 매개에 불과하다. 그러나 주의해야 할 것은, 부정적 계기라고 해도 결코 소멸한다는 뜻은 아니라는 점이다. 만일 소멸해 버린다고 한다면, 매개라고 해도 원래대로 보존될 수 없다. 악의 근원인 아성(我性)은 자기가 있는 한 소멸되지 않는다. 아성이 소멸하면 동시에 선도 악도 모두 소멸하는 수밖에 없기 때문이다. 가령 선이 절대적 선으로서 상대적인 선악을 초월한다고 하여도, 그것은 악으로의 경향성을 포함하지 않는 추상적인 선으로서의 성(聖)이 아니다. 악의 지배 아래에 있으면서 악이 될 경향성은 있지만, 그 방향이 바뀌어 청정해져서 선의 매개로 전환된다. 이처럼 악으로의 경향성을 매개로 하는 선은 상대적 선악의 대립을 넘어서 선악을 차별하지 않는 절대선이 된다. 상대선은 윤리에 속하고, 절대선은 종교에 고유한 것으로서 서로가 다른 이유가 여기에 있다.

그러나 종교가 악과 절대선의 구분을 하지 않는다고 하더라도, 악의 뿌리인 아성은 어디까지나 그 근본에 그대로 남아 있다. 번뇌를 끊지 않은 채 열반에 들어간다는 것은 이러한 사실을 가리킨다. 왕생하기로 정해지고 열반의 분제(分際)가 약속되어도, 육신을 가지고 있는 삶이 지속되는 동안은 자기의 한정된 아성을 벗어나지 못하기 때문에, 현생에서 왕생하여 열반에 들어가는 것은 불가능하다. 성도문에서 즉신성불(即身成佛)을 주창하는 것은 본래 부처와 하나인 성현의 입장을 전제하기 때문이다. 정토문은 이러한 신앙을 허락하지 않는다. 정토문은 범부 중생의 자력이 부족하다는 것에서 출발하는 법문이기 때문이다. 그처럼 자력이 부족하다고 자각하고 절망하는 것이 참회이다. 그러므로 참회도는 정토 타력의 신앙에 속하는 것이다.

이와는 달리 철학에서는 성도문에 해당되는 지혜의 입장이 지배적이다. 따라서 철학의 타력문이라고 하면 우스꽝스러운 모순처럼 보이기도 할 것이다. 그러나 나는 앞에서 그것이 철학의 출발점으로서 꼭 필요한 과학 비판으로서의 이성 비판이 철저하게 진행되었을 때 도달할 수밖에 없는 귀결점이라고 주장하였다. 실천적으로 보더라도 근본악의 이율배반은 이성 비판을 이성의 한계에 봉착시키며, 이성을 뛰어넘어 절대선으로 전환될 때 비로소 지상에서의 신의 나라 건설이 가능하고 역사의 기초가 확립된다고 하는 타력철학으로 귀결된다는 사실을 제시하였다. 참회도는 비판 철학의 귀결이고, 이러한 사실은 논리적으로 볼 때 절대 비판이 이성 비판의 귀결이라는 사실에 대응한다.

이성의 자율을 관철하려고 했던 칸트의 비판 철학이 타력의 참회도로 귀결되는 것은 실로 뜻밖의 결과라고 하겠다. 그러나 절대 비판의 논리상 이것은 불가피한 일이다. 그러므로 나는 오히려 칸트 철학이 지닌 풍요함에 경탄할 수밖에 없다. 칸트의 "종교론"이 지닌 가장 중요한 의미는 여기에 있다. 역사적으로 칸트 철학의 발전으로서 나타난 셸링, 헤겔, 나아가 현대의 하이데거 등의 철학은 칸트 사상의 일면을 발전시켜서 철저화한 것으로서 존중되어야 한다. 그럼에도 불구하고 방금 말했던 견지에서 보자면, 이들은 비판 철학의 정신을 상실하였거나, 현지(賢智)의 입장을 요청하지만, 그 어느 쪽이 되더라도 칸트에게서 발견되는 종교의 타력성을 무시한다는 점에는 큰 차이가 없다. 한편 에크하르트, 파스칼, 니체 역시 현지가 절대와 합일할 것을 요청하고 있으며, 이들이 말하는 전환의 사상을 살펴보면, 타력의 철학인 참회도와 유사한 것이 있는 것도 사실이다. 하지만 전체적 경향성에서 본다면 이들 역시 참회도의 사상과는 반대된다.

나아가 고대의 아우구스티누스, 근세의 키에르케고르, 현대의 바르트처럼 철학 위에 종교적 신앙을 놓았던 사람들은 신앙의 초이성적 입장을 강조한다는 점에서 참회도와 일치하는 바를 말하고 있다. 하지만 그들이 표방하는 유신론의 계시 신앙은 참회도처럼 절대 비판의 전환으로서 나타나는 절대무의 전환 매개를 철저히 하기 어렵다. 예를 들어서 믿음과 지식을 완전히 분리한 바르트가 "알기 위해서 믿는다"(*credo ut intelligam*)보다는 "알 수 없기 때문에 믿는다"(*credo quia absurdum*)를 선호한다는 점을 주의해 볼 필요가 있다. 그는 철학을 자력 이성의 입장이라고 보면서 억제하고, 철학 위에 철학과는 별도로 신앙의 대상인 타력의 존재를 절대적으로 긍정하는 데 그치고 말 뿐이다. 따라서 절대매개의 논리에 의한 타력의 철학이 주장하는 행위적 믿음의 자각과는 그 추구하는 방향이 같지 않다.

그러므로 나는, 칸트를 제외하고는 서양 사상에서 타력의 철학으로서의 참회도를 위해서 도움을 줄 수 있는 사상을 찾아낼 수 없었다. 그러나 내가 서양 철학을 경시한다든가 비난한다는 말은 결코 아니다. 참회도의 철학은 이러한 과제에 대해서는 아무런 관심도 없다. 오히려 이들 서양 사상은 주로 자력적인 현지의 철학이기에 참회도에 대한 한계가 어디에 있는가를 잘 보여준다. 더욱이 참회도가 자기 부정적이고 전환적으로만 참여할 수 있다고 보는 경지를 이들 철학은 무매개적으로 정립시킨다. 이러한 점에서 이들 서양 철학은 참회도에 계발적이고 매개적인 역할을 한다. 나는 나의 철학 사상을 길러준 이들 서양 사상에 대해서 여전히 커다란 존경과 애착을 품고 있다. 다만 자신이 어리석은 범부라는 사실을 망각하고 자신이 현지의 입장에 서 있는 듯 참칭한 결과, 자기모순의 절체절명에 빠지게 되었던 것이다. 그러나 참회를 통하여 뜻밖에도 타력의 철학으로 방향을 전환하기에 이르렀고, 이제는 이 타력의 철학이라는 입장에서 지금까지 알고 있던 서양 철학 중에서 타력의 철학과 유사한 점들을 찾아보게 되었던 것이다. 즉 참회를 통해서 자신 안에 있던 자력 철학의 계기를 참회도로 전입시키고 타력철학으로 매개하였던 것이다. 참회는 이렇게 "전환을 통한 매개"를 허용하므로 참회도가 참되다는 사실을 나에게 증명해준다. 참회도의 진리는 참회의 행위적 믿음에 의해서 증거 될 수 있을 뿐이기 때문이다.

참회도의 타력철학은 이렇게 서양 철학과의 대결을 거쳐서, 신란의 타력 신앙의 지도와 교화(敎化)를 받았다. 물론 신란의 교의가 나에게 정토진종의 철학적 전통에서 해결되어야 할 문제를 제시한다는 의미는 아니다. 신란의 교의는 오히려 철학 그 자체를 타력적으로 전환하도록 만들며, 철학이 나아가야 할 방향의 예를 보여주었던 것이다. 이러한 의미에서 신란은 나의 철학의 스승이며 지도자이다.

그러므로 물론『교행신증』에 대한 이해와 해석이 필요하다. 내가『교행신증』의 중심이라고 여긴 삼심석과 삼원전입(三願轉入)을 선택해서 이를 참회도의 입장으로부터 해석하려고 했던 것도 그 때문이다. 그러나 그렇게 함으로써 나는 신란의 신앙과 사상이『교행신증』의 표면으로부터 흔히 추론되는 것보다 훨씬 깊다는 사실, 즉『교행신증』은 내면적으로 참회도이고, 그 전체의 배경과 근거가 참회에 있음을 발견하였던 것이다. 단장(斷腸)의 아픔을 주는 비통한 참회가 비탄술회의 자독(自瀆)으로서 구구절절이 기록되어 있는 것은 이러한 지반으로부터 분출되는 불꽃이다. 실은 이 맹렬한 불길 같은 참회가『교행신증』전체의 바닥에서 불타고 있는 것이다. 나는 참회도를 제외하고『교행신증』을 이해하는 열쇠는 없다고 믿는다. 이처럼『교행신증』과 참회도는 서로가 서로를 관철하며, 서로가 서로에게 추진력을 부여한다.

나의『교행신증』해석은 종문 학자의 해석에 빚지는 바가 많았지만, 잘못된 사견과 불교 일반, 특히 진종 교의에 대한 무지로부터 내가 많은 과오를 범하지 않았을까 두려운 마음이다. 그럼에도 불구하고 내가 참회도를 가지고『교행신증』전체를 해석하는 열쇠로 삼았던 것은 신란의 가르침의 정수에 한 걸음 더 접근하는 올바른 길을 발견했다고 믿는다. 더욱이 나의 해석을 관통하는 절대매개의 논리는 지금까지『교행신증』이해에 적용된 적이 거의 없었다. 따라서 만일 나의 해석에 크게 잘못된 바가 없다면,『교행신증』의 사상을 널리 보급하는데 전혀 공헌하는 바가 없다고는 할 수 없을 터이다. 나는 이로써 신란의 지도와 교화를 통해서 나에게 매개된 타력의 대비에 대해서 은혜를 갚는다고 믿는다. 나의 철학이 참회도를 통해서 타력철학으로서 전환되어야 할 바로 그 시점에서 신란의『교행신증』은 나에게 참으로 헤아릴 수 없을 만큼 큰 지도와 교화를 베풀었다. 동서의 사상이 서로 의지하여 참회도의 철학을 발전시켜준 것도 나로서는 여래 대비의 은총으로 받아들여서 감사드려야 한다. 나의 사상 전개라는 것은 실로 이러한 은총에 감사드리기 위함이었던 것이다.

앞에서 제시하였던 것처럼, 참회도의 철학이 지니는 역사주의적인 구조면에서 볼 때, 작금의 과학과 윤리에 있어서의 이성 비판을 절대 비판적으로 철저히 수행하고, 그 결과 이성 비판을 참회도로 전환해야 한다는 과제를 필연적으로 지닌다. 나는 이 방면에서 이미 수학의 기초나 역학의 방법에 대해서 다소의 새로운 방향을 제시할 수 있으면 하고 바라고 있다. 또 오늘날 일본은 국내·외적으로 국가 건립을 위한 지도적 원리를 찾아내야 할 역사적 과제에 직면해 있다. 그 경우 우리들은 미국과 소련 양국이 대표하는 대립적 원리를 넘어서 어떤 구체적인 원리를 찾아내지 않으면 안 된다. 그러한 원리는 우리들 일본이 직면한 운명에 일치하는 역사적 사명에 대한 자각에 근거해야 한다. 그러한 원리를 이른바 "도의적 입국(立國)"이라든지, "문화적 재건"이라든지 하는 추상적 원리에서 찾아서는 안 된다. 나는 이처럼 긴요하여 그냥 방치해 둘 수 없는 문제를 철학적으로 해결하고자 하였던 바, 그때 참회도가 과연 종래의 철학적 방법과 다른 기능을 발휘할지 여부를 검토하지 않으면 안 된다. 신란의 타력 법문은 당시의 무고한 민중의 신앙으로서 불교사의 새로운 획을 그었는데, 그러한 의미를 과연 참회도의 철학에서도 찾을 수 있을 것인가?

자유주의적 관념론과 사회주의적 유물론의 대립은 오늘날 이미 정치적 투쟁의 단계에 들어가 있다. 이들의 원리상의 이율배반은 현재의 역사철학적 문제로서 우리에게 해결을 요구하고 있다. 이것이야말로 오늘날의 철학을 위한 시금석이 아닌가? 이런 점에서 나는 우리나라 철학의 주류를 이루는 문화주의에 대해서 평소부터 의문을 품어왔었다. 문화주의가 지닌 추상적 무력함을 지적한 것도 한 두 번이 아니었다. 게다가 작금의 국가적 존망의 위기에 즈음해서도 국가 재건의 지침을 여전히 문화주의에서 구하는 것을 보면서, 나는 우리나라 사상가의 안이함을 한탄하지 않을 수 없었다.

철학적으로 보아서 문화주의와 참회도는 서로 대척적(對蹠的)이다. 문화주의는 가진 자의 특권의식에 만족하는 예술적 향락주의에 다름 아니다. 문화주의가 특히 근대 자본주의 밑에서 절정에 이르렀던 것은 바로 그런 이유에서였다. 게다가 무산계급도 이를 잘못 추수(追隨)하여 문화주의에 도취하는 것은 실로 자살이라고 해도 괜찮을 지경이다. 이와는 달리, 시민사회의 퇴폐성을 비판하고 윤리적 자유인의 영웅주의를 주장하는 니체나 하이데거적인 실존철학은—마치 선(禪)이 무사계급의 종교인 것처럼— 지식 사회의 철학이라는 특색을 가진다. 문화주의를 도의(道義)에 근거해서 비판하는 근거를 여기서 찾을 수 있다. 도의는 결코 문화에 속하지 않는다. 문화에는 진정한 의미의 도의는 없는 것이다. 문화는 도의의 특성인 부정적 초월을 포함하지 않고, 직접적으로 형성되어 내재적으로 발전하는 삶에 대한 긍정이기 때문이다. 만일 공통점이 있다면, 문화주의도 도의도 모두 개인주의라는 점뿐이다.

그렇다면 이른바 프롤레타리아 독재를 주창하는 사회주의적 유물론이 문화주의나 도의를 대신해서 실로 민중의 철학이 될 수 있는가? 이 물음에 간단히 예라고 대답하기 어려운 것은, 우리들은 사회주의 유물론이 무수한 모순을 포함하며, 이러한 모순을 배제하기 위해서 수정과 타협을 계속해왔다는 사실을 알고 있기 때문이다. 그 중에서도 가장 두드러진 국제주의와 국가주의와의 대립의 상황을 보고 있노라면, 도저히 현실주의적 조정만 가지고서는 정책적으로 해소될 수 없는 것처럼 보인다. 거기에는 한층 구체적인 사회 존재의 논리가 없어서는 안 된다. 사회 존재의 존재론을 확립하는 일이야말로 오늘날 최대의 급선무이다.

참회도는 절대 현실주의여서 관념론에 반대된다. 하지만 참회도가 문화주의와 다른 만큼 유물론과도 다르다고는 할 수 없다. 문화주의에 대함과는 달리, 참회도와 사회주의 유물론은 모두 현실주의라는 점에서 친근성을 가지는 것이 사실이다. 양자는 과학을 존중하여 실천을 위한 지침으로 여기고, 당위 관념인 이치[理]보다는 현실적 실재의 사실[事]을 우선적으로 여기며, 이치를 사물에 매개하여 부단히 혁신함으로써 현실에 대응하려고 하기 때문이다. 특히 기성의 지배적 당위 관념에 집착하지 않고, 현실의 절대 필연에 따라서 자유의 혁신을 실천하고자 하는 점에서 참회도와 유물론은 서로 일치한다.

그러나 참회도의 현실주의는 절대 현실주의이기 때문에 유물론적 사회주의의 상대 현실주의와는 본질을 달리한다. 사실 유물론은 관념론적 경향을 지니며, 사회주의에는 개인주의가 섞여 있다. 이러한 사실은 역사적 발전상 불가피한 일이었다고는 하더라도, 사회주의적 유물론의 입장이 철저하게 순화되지 못하였음을 말해준다. 이와는 달리 절대 현실주의는 유물론을 관념론에 대립시키는 상대적 현실주의에 만족할 수 없다. 역사적 주체를 행위적으로 매개하는 현실은 물질이 아니고, 이것을 절대로 부정하는 매개 존재로서의 공유(空有)이다. 그것은 무의 매개이지, 단지 물질이 직접적으로 부활된 존재일 수는 없다. 오히려 철저하게 우리의 행위에 매개되며, 주체의 환상적 교호성의 매개가 되는 상징으로서만 절대 현실이 되는 것이다. 그것은 오늘날의 신물리학의 내용이 되는 상징적 존재에 비견될 수 있다. 관념론이 말하는 인간의 "마음"과 유물론이 말하는 "사물"은 참회도적 매개론의 행위에 의해서 매개되지 않으면 안 된다. "마음"과 "사물"이라는 두 상대적 존재는 "참회도"가 말하는 절대무에 매개되어서 행위적 계기로서의 자립성을 얻게 된다. 상징의 물질적 존재와 심리적 의미란, 표현에서처럼 직접적으로 분리 불가능한 방식으로 상즉하지 않고 상호 독립적으로 자립한다. 그들은 개개의 주체의 현재에서 행위에 의해서 상대적으로 통일된 존재에 의해서 상징을 구성한다. 수학적 기호는 실험적 행위의 상징화에 다름 아니다. 이론 물리학은 추상화라는 방법에 의해서 수학적 확률의 통계적 보편성을 유지할 수 있는 것이다.

하지만 이렇게 말한다면, 그것이야말로 관념론이며, 망상이며 착각이라고 비판을 받을지도 모른다. 그것이야말로 가공할 위력을 지닌 물질적 존재로서의 원자핵 에너지라는 사실로부터 눈을 돌리는 행위라고 말이다. 그러나 핵 에너지는 단지 물질적인 것이 아니라 실험적으로 매개되고 주체화된 것이다. 그러므로 이론의 상징적 개념을 가지고 핵 에너지를 처리하고 지배할 수 있다. 원자 폭탄의 가공할 힘은 물질에 있는 것이 아니라 주체와 매개된 절대 현실 속에 존재한다. 그것은 직접적인 자연 존재가 아니고 기술적으로 제조된 것이며, 이것을 이끄는 것은 실험적 행위를 상징하는 이론의 수학적 기호에 다름 아니다.

유물론은 고전 과학적인 자연 인식의 입장이다. 따라서 그 방법론은 자유주의적 관념론과 마찬가지로 실용주의적인 상대론의 범위를 넘어가지 못한다. 오늘날의 신물리학처럼 절대매개적 행위의 입장에 서지 못한다. 그 점으로 인해서 유물론은 새로운 시대의 민중을 위한 철학이 되기에 충분치 못하다. 하물며 유물론에 사회과학적 기초를 마련해 주고 있는 경제학에 절대모순과 자신의 한계에 대한 맹목성이 존재한다는 사실은 아직도 유물론이 충분히 구체적인 과학과 매개되지 못했음을 말해 준다. 새로운 철학의 급선무는 새로운 과학과 매개되는 것이다. 이 새로운 입장이라는 것이 변증법적 매개의 방법인 바, 참회도의 절대매개적 현실주의가 바로 그것을 제시하고 있는 것이다. 실로 일견 역설적으로 보일지 몰라도, 아니 오히려 역설적이기 때문에, 새로운 과학은 새로운 종교적 신앙과 상통한다. 과학과 종교는 서로 반대하고 서로 배제하는 것이 아니라 오히려 서로에게 매개하고 서로에게 전환상입하는 것이다. 그렇지 않은 종교와 과학이라면, 새로운 시대의 역사적 요구를 만족시키고 새로운 시대의 주체로서 지도적 역할을 완수해야 할 신흥 계급의 과학과 종교는 될 수 없다. 더욱이 종교와 과학을 자각적으로 매개하는 철학이 될 수는 없는 일이다.

이러한 맥락에서 문화주의적인 개인적 향락주의도 아니고, 그렇다고 해서 윤리주의적인 개인적 엄숙도 아닌, 참으로 사람과 사람 사이의 사회적 매개를 통해서 상호 유화(宥和)와 협력 교화를 초개인적으로 통일하는 기쁨이야말로 인간 존재에게 의미를 부여해준다. 향락은 아무리 순화된 예술적 미의 향락이라고 하더라도 결국은 권태로 끝나지 않을 수 없다. 그러므로 예술적 향락을 물질적 향락보다 우선적으로 여길 하등의 이유가 없을 것이다. 더욱이 향락이 타자의 향락을 배제하려는 경향을 지니며, 배타적으로 특권계급의 배타적 전유물이 되는 경향이 있는 한은, 도저히 그것이 인간의 종국적 목적은 될 수 없다. 그러므로 윤리주의는 향락주의를 배제하는 것이다. 그렇다면 윤리주의의 엄숙함이 인생의 의미를 완전하게 만족시키는가? 그렇지 않다고 하는 것을 칸트의 최고선의 이율배반은 가르쳐준다. 당시의 대표적 시인이었던 실러 (Johann Christoph Friedrich von Schiller, 1759. 11. 10-1805. 5. 9)가 거기에 만족하지 못하고 칸트의 윤리는 도덕이 인간의 본성에 반함을 간접적으로 증명한다고 했던 것도 동일한 이유에서였다.

이처럼 적극적이고 충분한 의미를 부여하는 인간 존재의 원리는 개인주의에서는 발견될 수 없으며, 사회적 인간 존재가 느끼는 사랑의 만족과 환희만이 그러한 원리가 되기에 충분할 것이다. 확실히 사랑은 자기를 부정함으로써 오히려 긍정된다고 하는 전환적 매개의 구체적 관계이다. 상술한 것같이 사랑은 무이며, 동시에 무는 사랑이다. 사랑은 대비(大非)의 부정성에서 윤리적인 엄숙함과 같고, 대비(大悲)에 대한 감사와 환희에서 미적 문화에 대한 향수와 서로 통한다. 사랑은 양자의 계기를 종합한다. 더욱이 부정이 긍정의 매개로서 전환된다는 것은, 이 종합이 절충이나 타협이 아니라 진실로 구체적인 행위적 매개임을 말해준다. 여기에 사회적 존재로서의 인간이 발견할 수 있는 궁극적 목적이 존재한다고 할 수 있다. 유물론적 사회주의가 목표로 하는 평등도 이 사랑의 매개를 통해서 비로소 구체적으로 의미 있는 것이 될 수 있다.

신란의 『교행신증』을 지침으로 삼는 참회도의 철학은 이 점에서 서양 철학의 여러 체계에서는 찾아보기 어려운 적극적 원리를 찾아낸다. 그것이 평소부터 내가 주창해왔던 "종의 논리"와 궤를 같이할 뿐만 아니라 거기에 종교적 근저를 마련해준다는 사실은 참으로 기쁜 일이 아닐 수 없다. 나는 참회도의 철학이 결론적으로 제시해 줄 수 있는 전망 중에서 가장 큰 것이 바로 여기에 있다고 생각한다. 지금부터 이 글의 결론으로서 이것에 대해서 언급해보고 싶다.

서양 철학에서도 인간의 사회적 존재가 단순히 개인적 존재에서는 찾아볼 수 없는 적극적 가치를 지녔다는 생각은 꽤 많이 있었다. 고대의 플라톤의 윤리는 개인 존재의 덕인 정의를 구체화하는 원리를 국가 건설의 신분적 본무(本務)에서 찾았다. 아리스토텔레스는 우애(友愛)가 개인의 덕과는 분리되어 있는 인간관계의 원리라고 보고, 우애야말로 개인의 정의로서는 할 수 없는 국가 통합의 원리라고 이해하였다. 그가 말하는 우애는 인간 존재의 사회성과 즉자적으로 관계하는 어떤 것이 아니라, 개인의 원리와는 다르면서 개인의 원리를 뛰어넘는 독립적인 대자적인 원리였다는 점에서 주목할 만하다.

　근대에 들어와 칸트는 『종교론』의 제3부에서 인간 정념의 대다수가 인간들이 공존하는 사회에서 발생하기에 악을 항구적으로 극복하기 위해서도 사회적 협력이 전제된다고 보고, 덕의 법(도덕)을 따르는 사회로서 "지상 천국"의 건설을 제창하였다. 그리고 그러한 법의 입법자로서 ─단지 합법성의 입장에서 법적 명령을 입법하는 국민이 아닌─ 교회는 신을 우러러 보면서 신의 명령을 우리들의 도덕적 의무로서 인식하는 종교의 입장에서 성립하는 사회라고 보았다. 여기에서 우리는 종교가 사회구조의 원리로서 다루어졌음을 보게 된다.

　신의 나라라는 관념은 유대교 이래로 존재해 왔으며, 그리스도와 함께 영적인 의미로 변하여 새로운 종교의 중심 관념이 되었다. 주지하다시피 아우구스티누스는 이것을 지상의 나라에 대립시키면서 신의 사랑을 결합의 매개로 하고 은총에 의해서 의롭게 된 사람들의 공존과 평화를 목적으로 하는 신의 나라의 건설을 역사의 의의로 삼았다. 신은 사랑이라고 하는 기독교의 근본 원리는 본디 사회적인 것이며, 이웃 사랑에 매개되어서 신의 사랑이 인간 사이에서 실현되지 않는다면 신의 존재는 증거될 수 없다. 그런 점에서 기독교는 본질적으로 사회적이라고 할 수 있다. 예를 들어서 원시 불교가 개인의 생사를 벗어날 것을 목적으로 하면서 출발했던 것에 비한다면, 원시 기독교의 사랑의 복음은 사회적인 성격을 가지므로 불교와는 완전히 본질을 달리한다는 점은 쉽게 이해될 수 있다.

　헤겔의 『정신현상학』은 이 점에서 주목해야 할 저작이다. 자신은 모든 타자를 배제한다고 절대적으로 자부하는 "아름다운 영혼"의 독선적 배타성은 도덕적 세계관의 발전에서 일차원적인 측면이다. 헤겔에게 이러한 태도는 정신이 종교의 차원으로 승화하기 위해서는 상호간의 용서와 화해로 전환되지 않으면 안 된다. 그가 내린 결론은 분명히 기독교의 근본적 자세와 다르다고 하더라도, 종교의 사회성을 단적으로 드러내는 사상으로서 지극히 주목할 만하다. 그러나 화해의 원동력인 상호 용서와 상호 승인은, 여전히 평면적이며 소극적이다.[1] 더욱이 그의 사상이 구성원들의 구제를 적극적으로 촉진시키는 사회, 즉 보다 발전한 자가 그렇지 못한 자를 이끄는 사회를 위한 확고한 근거를 제공하지 못했다는 점에서는 대단히 유감스러운 일이다. 즉 헤겔은 구제를 사회 건설을 위한 적극적 원리로서 제시하지 못했고, 따라서 매개를 구체적인 사회성으로 전개하지 못했던 것이다.

절대매개의 논리에서 본다면, 헤겔은 정토진종이 환상의 매개성이라고 부르는 바에까지는 도달하지 못하였다. 만일 참회도가 서양 철학 안에서 진행되었다면, 어쩌면 헤겔이 말하는 상호 승인과 화해의 사상을 넘어가지는 못했을 것이다. 헤겔은 아리스토텔레스나 칸트의 심리적이고 즉자적인 사회성을 기독교의 근본정신에 의거해서 정치나 도덕의 입장으로부터 종교의 입장으로까지 발전시켰다. 나아가 종교의 주체인 절대 정신을 상호 승인이라고 규정함으로써 논리적 대자성을 정신의 원리로까지 철저화했던 것은 존중받아야 할 것이다.

언뜻 보아 무슨 기교를 부리는 것처럼 여겨지는 "신 즉 사회"라는 말은 여기에서 태어난 것이다. 그것은 "신 즉 자연"이라는 종교관과는 대립하면서, 종교 이해를 위한 새로운 견지를 열어 주었다. 신의 사랑에 의한 화해라고 하는 헤겔의 생각은 아우구스티누스가 보았던 신국의 목

---

1 헤겔은 『정신현상학』에서 자기 의식이 참으로 성립하기 위해서는 타자의 자기 의식에 대해서 존재할 때, 더욱이 이 타자와의 사이의 상호 승인, 즉 타자 안에서 자기 자신을 확신함으로써 서로가 타자를 승인할 수 있을 때라고 쓰고 있다. (그것이 완전한 형태에서 실현되는 것이 제6장 "정신"의 마지막 단계이다.)

적에 정의적(情意的)인 분위기를 부여하면서 그것을 더욱 구체화한 것이었다. 헤겔의 종교적 사회에 대한 생각은 기독교의 사랑의 복음이 매개의 논리에 의해서 체계화된 것인데, 이러한 헤겔의 종교관은 지극히 중요한 것이다. 칸트의 목적론이나 슐라이에르마허의 종교론에도 "신즉 자연"이라는 이교적이고 비복음적인 계기가 분명히 지배적이다. 하지만 이러한 경향이 종교를 예술에 접근시켜 주며, 그 결과 종교의 본질을 상실할 우려가 있다는 사실도 기억해야 한다. 오늘날의 "위기 신학"이 슐라이에르마허를 집중적으로 공격하는 것도 그 때문일 것이다. 칸트의 종교론은 목적론적 자연신학을 넘어 악의 문제에 깊숙이 들어갔으며, "신 즉 자연"의 입장을 탈각하여 부정적 매개라는 입장에까지 도달하였다. 그러나 칸트는 그러한 사상을 사회적 종교관으로까지 대자화할 수 없었다. 그것은 "신 즉 자연"과 "신 즉 사회"의 중간쯤 되는 개인적 인격성의 입장, 말하자면 "신 즉 인격"이라고 할 수 있는 지점에서 멈춰서고 말았다. 그 결과 칸트의 교회관은 당연히 심리학적이고 인간학적이었다. 헤겔의 종교관은 이것을 넘어서 새로운 사회적 입장에 서 있었는데, 이것은 획기적인 일이었다고 해야 할 것이다.

최근에는 뒤르켐학파의 종교사회학 연구가 미개 민족의 종교 생활을 현장에서 관찰하면서 원시 종교와 원시 사회 자체의 구조를 탐구하였다. 이들은 인간 생활의 근본 요소이며 생명의 근원이라고 여겨지는 초자연적 힘들이 사회를 규제하는 힘에서 나타나며 사회적 구조의 원리로서 작용한다는 사실 그리고 이 사회적 구조야말로 종교의 예배의 대상임을 밝혀놓았다. 이른바 "신 즉 사회"라고 하는 사상이 여기에서 실증적 증거를 얻으면서 주장되기에 이르렀다.

주지하는 바와 같이, 베르그송은 뒤르켐학파의 연구를 바탕으로 폐쇄 사회의 미개 종교를 열린 사회의 사랑의 신비주의와 대립시켰다. 그는 후자를 순수한 종교의 형태라고 생각하였고, 이를 근거로 도덕과 종교와의 두 원천에 대해서 말하였다. 베르그송의 견해를 종교에 대한 사회적 이해의 발전된 형태라고 여길 필요는 있겠지만, 그러나 어떻게 신비주의의 무매개적인 직관과 폐쇄 사회—종(種)의 사회—의 경계를 없앤 결과 예상되는 인류 상호간의 봉사와 사랑이 사회성을 해탈의 원리로서 대자화하는가에 대해서는 알기 어렵다. 그러한 입장에서는 인격의 개체화에 필연적으로 잠재해 있는 악의 근원성과 사랑 사이의 모순이 충분히 다루어지기 어렵다. 또한 그러한 견해에 의하면 악의 원리인 아성과 사랑의 원리인 무아성이 매개됨이 없이 대립되므로, 서로는 서로에 대한 직접적인 부정으로서만 여겨질 뿐이고, 이기심에 뿌리 내린 개체성은 무아적인 사랑의 보편성 속에서 사라져버린다. 베르그송의 일신론이 지닌 비변증법적인 신비주의와 무매개적인 직관주의는 종교를 다만 왕상의 길로서만 이해한다. 즉 베르그송에게 종교란 유한이 무한과 융합되는 길이다.

그것이 사회적인 종교관이라고 불린다고 하더라도, 실은 인격적 종교에서 악에 의한 부정의 매개가 결여되고 있는 한 자연적인 종교관으로 흘러들어갈 수밖에 없다. 즉자적으로는 사회적이라고 해도, 대자적으로는 사회적이 아니다. 이에서 우리는 헤겔의 독특한 공헌을 되돌아보게 된다. 인격적 종교의 매개를 보지하기 위하여 헤겔은 사회성을 대자적으로 종교의 원리로 삼았던 것이다. 이런 점에서 우리들은 헤겔에게서 종교철학의 새로운 시기가 도래하였다고 인정할 수 있다. 다만 그가 절대정신을 상호적 승인이라고 규정한 것은 기독교가 주장하는 이웃 사랑을 무매개적으로 확대한 것에 지나지 않으며, 객관적 정신의 국가적 한정에 의해서 매개되지 않는다. 아우구스티누스의 신국론은 지상의 국가들 사이의 상극 투쟁과 신국의 영구적 평화를 대립시켰는데, 이러한 심각한 역사 철학적 문제가 헤겔의 이성주의에 의해서 안이한 낙관론으로 변해버리고 말았던 것이다. 이렇게 해서 악의 근원성은 시야에서 사라져버리고 말았다. 악은 개체가 형성하는 것들 속에서 드러난다. 악의 아성은 불의하게도 절대성 전체성을 자기의 것으로 만들려고 하므로 그 절대적 전체성이란 결국 무매개적인 상대적 요구에 그칠 뿐이다. 따라서 현실이 종적(種的) 대립 상극으로 얽혀 있다는 사실을 망각하게된다. 객관 정신이 국가적 한정으로 한정된 채 신국에 의해서 부정적으로 매개되지 못하였으므로, 동일성적 논리의 종(種)이 유(類)에 자동적으로 포괄되듯이 국가도 자동적으로 신국에 포괄되어 버린다.

하지만 국가 자체는 객관적 정신으로 시종(始終)하는 것이 아니다. 객관적인 정신으로서의 민족이 절대 정신에 매개됨으로써 "지상의 신"이라는 지위를 부여받게 되지만, 이는 절대 정신의 자각인 종교와 모순되는 결과에 이른다. 국가를 주체로 하면서도 신국이라는 종교적 이념을 갖는 세계 역사 사이에서의 소외에 대해서도 이와 동일하게 말할 수 있다. 보다 형식적으로 말하자면, 종적(種的)으로 특수한 역사적이고 상대적 한정과 유적(類的)으로 보편적인 절대 통일과의 모순이라고 해도 무방할 것이다. 그러나 이러한 모순을 영원한 현재에서 순환적으로 이해하려는 것이 개체의 행위적 믿음이다. 그것은 이성을 가지고 모순을 관념적으로 해소하는 것이 아니고, 절대무의 행위적 매개를 통해서 보편과 특수가 무의 존재적 현성과 존재의 무적 공화로서 전환적으로 상즉하는 것이다.

헤겔의 논리가 표방하는 절대매개의 입장을 철저히 따랐다면 이러한 관점에 도달하였을 것이다. 그러나 헤겔은 이러한 입장을 철저하게 추구하지 못하였기에 절대 정신의 존재적 매개성에 고집하였던 것이다. 이것은 기독교적인 유신론을 따르는 이상 불가피한 일이었을 것이다.

그러나 그 때문에 국가와 종교 사이의 문제를 해결하지 못하고 그 견해가 모순을 일으키고 흔들리게 되었던 것임에 틀림없다. 헤겔은 종교의 사회성을 상호 승인과 용서와 화해라는 평면적 왕상의 일면에 일방적으로 국한시켰고, 적극적인 상호적 교화라고 하는 입체적 환상으로까지 철저히 진행시킬 수 없었다. 헤겔의 사회적 종교관이 새로운 입장으로서 지극히 중요한 의의를 가지고 있었다는 사실을 생각해 보면, 이는 안타까운 일이라고 하지 않을 수 없다. 헤겔은 칸트의 인격주의가 지닌 악에 관한 깊은 통찰이 흐려지고, 이성주의의 동일성이라는 입장에 복귀하여 절대매개의 행위적 전환을 상실한 결과 참회도를 수용할 수 있는 여지를 없애고 말았다. 따라서 그가 셸링과 키에르케고르의 비판을 받았던 것도 당연한 일이었던 것이다.

불교는 개인적으로 생사를 이탈하여 해탈을 추구하던 이지적인 인간 존재론에 지나지 않았지만, 원시 불교의 독각적(獨覺的) 입장으로부터 사법상승(師法相承)2의 교단적 입장으로 발전하고, 교의적으로도 대승 불교의 보살 사상이 발달하면서 "자리 즉 타리"의 즉자적 사회성을 교의 속에 포함하게 되었다. 그리고 마침내 정토진종으로 발전하여 대자적으로 환상(還相)의 사회성을 발휘하게 되었다. 이것은 일견 이상하다고 생각할 수도 있겠으나, 불교 본래의 제법무아의 사상, 즉 절대무의 원리가 전개된 필연적인 결과라고 할 수 있으며, 그러한 역설이야말로 진리의 증거라고도 여겨진다. 참회도는 신란의 전면적 참회의 입장으로부터 교시를 받은 것으로서, 서양철학만 가지고는 도달할 수 없었던 사회성을 전개할 수 있다. 나는 이 점이 참회도가 지닌 전망이라고 여기기에, 이에 대해서 언급하고자 하였던 것이다.

---

2 원래는 "사자상승"(師資相承)이라고 표현된다. 스승이 제자에게 법을 전하고, 제자가 그것을 물려받는 것.

논리는 추론에서 성립한다. 즉 매개가 논리의 본질이다. 철학은 절대지로서 절대매개를 그 논리로 한다. 절대지란 본래 절대를 아는 지혜이다. 그러나 만약 그것이 절대를 대상적으로 아는 것을 의미한다면, 그것은 상대지일 뿐 결코 절대지에는 도달할 수 없다. 절대지는 지 자체가 절대에 속하므로 절대의 자각이 아니어서는 안 된다. 그렇지만 다른 한편에서 본다면 철학은 우리들 상대적인 존재에 의해서 성립한다. 그러므로 만일 절대지가 우리와는 동떨어진 절대의 자각에 그친다면, 그것은 오히려 우리의 의식과 대립하는 것, 즉 상대적인 것이 되지 않을 수 없다. 절대지는 절대의 자각인 동시에 우리의 지가 아니어서는 안 된다. 그러나 절대지가 우리들과 대립하는 절대지가 아니라면, 절대의 자각은 동시에 우리들의 자각을 의미하여야 한다.

그러나 어떻게 이러한 일이 가능할까? 그것은 절대도 자각을 가지기 위해서는 절대에게 타자가 되는 우리들 상대자의 자각을 매개로 하고, 우리의 상대지가 그 상대성으로 말미암아 벗어날 수 없는 이율배반이 철저해져서 자기를 철저히 부정하면서 자기에게 마주하는 타자인 절대에게 순종적으로 귀입(歸入)함으로써 가능해진다. 그 결과 상대가 절대의 매개로서 절대에 섭취되고, 부정을 통해서 긍정되는 전환이 일어나야만 가능하다는 말이다. 절대지로서의 철학이 가능한 것은 절대 비판의 대비(大非)가 오히려 부정의 극한에서 긍정으로 변하고, 일단 부정을 통해서 죽은 상대가 상대인 채 그대로 절대의 매개로서 부활함으로써 가능하다. 즉 상대적 존재가 삶과 죽음을 넘어 죽음으로서 사는 공유로서 긍정되는 부활의 대비(大悲)를 깨닫는 참회도의 "대비 즉 대비"라는 절대전환이 성립함으로써, 절대지로서의 철학은 가능하게 된다. 내가 참회도를 철학의 방법으로 여기는 이유가 여기에 있다.

그런데 이 전환은 행위이기 때문에, 스스로 이것을 행함으로써만 믿고 깨달을 수 있다. 행위적 자각이 자기를 부정하고 타자인 절대에게 순종하는 것, 즉 오히려 자기가 공유로서 긍정되는 바의 매개인 까닭에 깨닫게 된다. 이 행위적 전환은 무의 현성이다. 그것은 자기 동일적 존재로서 직관될 수 없다. 그것은 행위적 전환을 통해서 철저하게 이율배반의 모순적 통일로서 자각될 뿐이다. 그 자각은 자기 동일적인 자각이 아니라 자각의 무에서 일어나는 초월적 전환에 대한 자각이다. 자기가 있고 자각이 있는 것이 아니라, 전환의 근저가 되는 절대무가 무에서의 전환을 매개하는 초월적 통일을 드러냄으로 말미암아 자기가 자각되는 것이다. 이 자각을 통해서 존재도 무도 아닌, 공유(空有)적인 자기가 성립한다. 존재이면서 무, 무를 통해서 움직이는 존재이다. 명멸하는 별처럼 "소멸 즉 발현", "발현 즉 소멸"하는 전환의 통일이, 자기의 공유, 즉 부활적 존재를 성립시킨다. 행위적 자각이란 이러한 절대전환을 믿고 깨닫는 것이다. 참회도는 이러한 행위와 믿음과 깨달음에서 성립한다. 참회도란 자기에게서 절대매개가 단적(端的)으로 표현함을 의미한다.

앞에서도 몇 차례 말했듯이, 절대는 무이어야 한다. 존재는 설령 절대 존재라고 해도, 존재의 자기 동일성 때문에 상대를 자신 속에 매몰시켜서 자립하지 못하도록 만든다. 그러므로 상대를 매개로 하면서 자신의 절대성을 발휘할 수 없는 암흑의 무로 변해 버린다. 이와는 반대로 만일 상대의 자립을 용인한다면, 대립과 부정 때문에 절대 존재의 절대성은 사라져 버린다. 어느 쪽이 되더라도 모순에 빠지지 않을 수 없다. 참된 의미에서 절대라고 부를 수 있는 것은 절대무밖에 없다.

그런데 무는 직접 존립할 수 없다. 직접적인 것은 모두 존재이다. 무는 부정 전환의 매개를 통해서 현성하여야 한다. 물론 무는 부정의 원리이기 때문에 무는 자체적으로 부정에 앞선다. 그러나 부정을 통해서 매개적으로 실현되지 않는 무가 미리 존립한다면, 이미 그것은 존재이지 무는 아니다. 무는 존재론적으로 취급될 수 없다. 그것은 단지 행위적으로 믿고 깨달을 수밖에 없다. 부정적 전환을 행위하고 또 행위하도록 되는 믿음과 깨달음에서만 무를 자각할 수 있다. 무가 행위적 믿음의 초월적 근저이기 때문에 내재적인 자기가 부정되고 전환되는 자증(自證)을 통해서 무가 자각된다. 따라서 우리의 입장에서는 이러한 부정적 전환에 대한 자증이 무의 자각보다 앞선다고 하여야 한다.

그러나 아리스토텔레스가 구별했던 "자체적으로 앞선 것"과 "우리에 대해서 앞선 것"을 이렇게 병렬적으로 구별하고 대립시키는 것이 존재론의 특색이지만, 이는 동시에 존재론의 한계를 보여 준다. 왜냐하면, 이 양자의 대립은 존재론이 동일성적인 체계로서 완성되는 것이 아니고, 그 내부에 모순 대립을 포함한다는 사실을 드러내기 때문이다. 오직 행위적 자각만이 이 대립을 행위적 전환으로 전입시키고 통일할 수 있다. 행위적 자각을 통해서 두 종류의 "앞선 것"은 그 어느 쪽도 절대적으로 앞선 것이 되지 않는 방식으로 전환된다. 두 입장은 매개적으로 통일되고, 행위는 이러한 매개를 실현하기 때문이다. 매개에서는 일방적으로 "앞선 것"이란 정할 수 없다. 양자가 순환적이고 교호적으로 상즉전입하기 때문이다. 매개란 한편이 다른 한편에 종속하는 관계가 아니다. 쌍방이 각각 자립하고, 그 자립이 대립적 타자에 의해서만 가능한 관계가 매개이다. 하나가 다른 하나에 종속하며, 전자가 후자로부터 도래한다고 하는 인과관계는 매개가 아니다. 매개는 자립하는 것 사이의 철저한 상호관계를 의미한다. 자신의 자립성이 타자의 자립성에 의존하는 것이 매개이다. 그것은 인과처럼 동일성 논리에 의해서 이해될 수 없다. 왜냐하면 동일성의 논리는 자립의 긍정이 오히려 의타(依他)의 부정을 통해서만 가능하고, 의타의 자기 부정은 오히려 자립의 긍정에 의해서만 가능하다고 하는 모순의 통일이기 때문이다. 그러므로 매개야말로 변증법의 핵심이며, 절대매개가 절대지의 논리이다. 절대무는 행위를 통한 매개적 통일에 의해서만 자각될 수 있다.

이와 같이 절대는 무이며, 무는 행위적 전환이라는 매개를 통해서만 믿고 깨달을 수 있다. 그렇다면 절대는 필연적으로 상대를 매개로 하며, 스스로 무제한적으로 작용하는 것이 아니고, 오히려 상대의 자립을 용인하면서 스스로의 작용을 제한한다. 그러한 자기 부정을 통해서 스스로 긍정적으로 작용하도록 만드는 것이다.

물론 이러한 제한은 타자로부터 강제적으로 가해지는 것은 아니다. 절대는 어디까지나 절대로서 스스로의 절대 자발성을 지닌다. 따라서 절대의 제한이나 억제는 스스로가 자유롭게 스스로에게 가하는 자기 부정이다. 절대는 자기 부정을 통해서 상대의 자립을 용인하고, 상대를 매개로 함으로써만 참으로 절대가 된다. 그러므로 절대는 무인 것이다. 절대는 상대를 매개로 해서 자신이 절대무임을 실현하고, 상대적인 자립존재에게 자발적으로 존재의 근저를 제공하는 원리이다. 절대는 그러므로 사랑인 것이다.

그런데 사랑은 무아가 아니면 안 된다. 사랑은 무이고, 무는 사랑이다. 혹은 "대비 즉 대비"이다. 이것이 절대매개의 자각적이고 구체적인 내용이다. 이는 타력 신앙의 핵심을 논리화한 것으로서, 타력의 철학인 참회도의 핵심이다.

이것을 상징적으로 말한다면, 절대자인 여래는 절대적 완성의 정점에 안주하지 않고 항상 자신으로부터 나와서 밑의 세계를 향해서 내려오며, 여래는 여래의 집의 가장 깊숙한 곳에 편안히 앉아 있는 것이 아니라 항상 다음 방까지 걸어 나가서 상대자 구제를 위해서 즉시 외출할 준비를 갖추고 있다고 할 수 있다. 상대자인 중생의 구제를 위해서 내려오지 않는다면 여래의 절대성은 발휘될 수 없다. 그러므로 절대적 환상이 여래의 본질인 것이다. 절대매개의 주체로서의 여래는 상대의 자립성을 용인한다. 여래는 자신의 작용을 자기 부정적으로 제한하여 상대자인 중생의 자발성을 매개로 해서 작용한다. 여래는 중생과 같은 행위를 함으로써 중생을 지도하고, 중생으로 하여금 스스로 배우고 닮게 함으로써 중생을 교화한다. 이것이 여래가 중생을 끌어 올려서 부처의 경지에 들어가게 하는 구제 작용인 것이다.

사실, 뒤에서 말하겠지만, 법장보살의 절대적 환상은 이미 구제된 선배이라는 상대자의 상대적 환상에 왕상적으로 매개되어서 나타난다. 중생은 앞선 세대이건 뒤에 오는 세대이건 모두 공통의 종적(種的) 사회에 속해 있다. 이 상대와 상대의 매개를 통해서 절대인 여래가 작용한다. 지금 이러한 이중의 상대적 매개를 단순화해서 어느 한쪽에 한정해서 말한다면 다음과 같다. 아미타여래는 법장보살로서 절대적으로 환상하여 중생이 구제받기 위해서 행해야 할 행위의 모범을 선진의 중생을 통해서 스스로 드러낸다. 그리고 스스로를 다시 여래의 위치에 복귀시키기 위한 매개로서 법장보살의 인위의 수행을 수련한다. 중생은 법장보살의 인위의 수행을 모범으로 삼아서 배우며, 여기에 자발적으로 자기의 행위를 절대부정적으로 순종시킴으로써 구제되어 부처의 경지를 약속 받고 열반하는 것, 이것이 왕상회향이다. 여래의 절대환상에 매개되어 그 전환력에 의해서 촉구되고 지지되어 거기에 자력을 바치는 것이다. 이러한 행위가 여래의 대행에 매개하는 행위라고 이해된다.

이 경우 타력이라고 하는 것을 중요시하기 위하여 중생이 행하는 바가 "곧" 여래가 행하는 대행이라고 말하지만, 여기서 말하는 "곧"이란 어디까지나 매개를 의미하는 것이지, 결코 일방적인 인과관계를 의미하는 것이 아니다. 만약 그렇다면, 대행은 여래의 행위 내지는 그 결과이므로 중생의 행이라는 의미는 완전히 소멸되어 버린다. 혹은, 중생의 행이라는 의미를 유지하려고 한다면, 신비주의적으로 여래의 행과 중생의 행을 모순적 자기 동일로 여길 수밖에 없다. 그러나 양자의 이해 방식은 모두 참회도가 말하는 전환의 정신과는 상반된다. 신란의 참회의 입장은 이러한 것이 아니고 절대매개이다. 앞에서 비교적 자세하게 살펴보았던 삼심석의 해석은 이러한 사실을 뒷받침해준다.

자력을 타력의 매개로 한다는 말은 타력 없이 자력만으로 구제가 이루어진다는 의미일 수는 없다. 그렇다고 한다면 자력의 해탈이지 타력의 구제는 아니다. 타력적 구제라고 한다면 그것은 구제의 근본으로서 타자인 절대의 힘을 필연적으로 예상한다. 다만 그 경우 절대는 직접적으로 작용하지 않으며, 절대에게는 타자인 상대를 매개로 할 필요가 있다는 것이 절대타력이라는 말의 의미이다. 이것에 의해서 비로소 절대가 존재가 아니고 무일 수 있다. 만약 절대타력의 의미를 이처럼 절대매개라고 이해하지 않고 무매개적인 절대가 일방적으로 자력을 움직인다는 의미로 이해한다면, 절대의 의미는 상실되어 버린다. 절대는 그러한 동일성적 존재로서 이해될 수 없다. 절대는 어디까지나 무로서 부정 매개적으로 이해되지 않으면 안 된다. 절대는 이처럼 자력을 매개로 하며, 자력의 자발성을 용인하면서 자기 부정적으로 작용하기 때문에 절대가 될 수 있다.

절대타력을 매개로 해서 구제받는 자력은 타력의 매개이기 때문에 절대타력을 매개한다. 그런데 이렇게 이해하는 것으로 그치고 만다면, 상대가 절대와 대등한 것으로 되어버려서 상대가 상대라는 의미를 나타낼 수 없다. 상대는 절대에게 타자로서 대립할 뿐만 아니라, 다른 상대를 마주하는 상대이다. 그렇게 이해하지 않는다면, 상대를 절대의 초대립적인 통일과 구별할 수 없게 된다.

절대타력의 매개인 자력은 타력에 매개됨으로써 구제를 받아 절대무의 매개로서의 공유로 전환된다(왕상). 이와 동시에 자력은 절대가 다른 상대를 구제하기 위한 매개가 되고, 그렇게 되기 위해서 절대에게 협력하지 않으면 안 된다(환상). 이러한 상대와 상대 사이의 환상관계를 매개하는 것으로서 절대의 절대환상이 그 의미를 발휘한다. 절대는 왕상적으로 상대를 구제하기 위해서 절대환상인 법장보살 인위의 수행에서 모범을 보이면서 상대자의 행위를 지도한다. 이러한 행위를 모방하면서 배우는 상대의 행위는 동시에 다른 상대의 구제를 매개하는 절대의 행위에 대한 매개가 된다.

이처럼 절대는 언제나 상대를 매개로 해서 작용한다. 스스로 직접적으로 작용한다면 절대는 무가 아니라 존재라고 하는 모순에 빠지기 때문이다. 즉 절대가 상대를 구제하는 것은 구제의 대상인 상대를 매개로 하는 동시에, 그 상대 보다 앞선 시대에 태어난 상대를 또한 매개로 한다. 그것은 이중의 상대를 매개로 하면서 이루어지는 것이다.

지금까지 절대가 직접 상대와 대립하면서 이것과 함께 작용하는 것처럼 말했던 것은 이 문제를 분석적이고 추상적으로 다루기 위함이었다. 실은 절대는 이중으로 상대를 매개로 한다. 즉 절대는 상대 상호간의 관계를 통해서 상대와 관계한다. 그러므로 절대환상은 상대환상의 근저가 된다. 그러나 구제의 대상인 어떤 상대자와 같은 종류의 행위를 하는 것은 절대 그 자체가 아니라 지금 구제의 목표인 상대자보다 조금 나아간 상대자이다. 이 상대자는 절대의 매개로서 작용하고, 두 상대자를 함께 포괄하는 공통된 종적(種的) 기저에서 양자는 대립적으로 매개된다. 이렇게 해서 절대는 상대자 상호간을 매개하는 절대매개이다. 본래 상대는 상대에 대하기 때문에 상대인 것이고, 이러한 상호 관계가 없다면 절대와의 구별이나 대립도 사라져 버린다. 그러나 이러한 상호 관계는 절대에 매개되어서야 비로소 가능하다.

상대의 한쪽, 즉 구제의 대상이 되는 뒤 세대의 상대는 다른 한편의 앞선 세대의 구제의 협력자로부터 지도와 교화를 받는다. 즉 앞선 세대의 환상을 매개로 하여 구제된다. 이처럼 왕상적으로 구제된 후, 그는 또 자기보다 뒤 세대의 상대자를 지도하고 교화하기 위해서 환상하지 않으면 안 된다. 여기에서 선후의 질서는 형제의 질서처럼 유지된다. 이는 아리스토텔레스의 우애나 기독교의 이웃 사랑처럼 단순한 평등과는 달리, 형제적인 선후의 질서가 왕환이상(往還二相) 사이에 존재하는 것으로서, 매우 특이하면서도 구체적인 사상이다. 그러나 형제는 선후의 질서를 유지하면서도 같은 부모의 자녀로서 평등한 관계이다. 상대는 절대를 향해서는 서로 평등하다.

현재의 영원성은 과거와 미래의 교호적 매개 안에서 드러난다. 여기에서 과거와 미래는 서로의 방향을 역전시켜서 상대에게 일치하면서 상호성을 이룬다. 이와 같은 방식으로 왕상과 환상은 전후의 순서가 일정하게 정해져 있을 뿐만 아니라, 왕상의 진리가 환상에서 드러난다고 하는 교호적 관계를 형성한다. 상대자 중에서 보다 발전된 상태에 있는 상대자는 그들의 관계가 역전될 수 있는 순환성을 이룬다. 이것이 절대매개의 구체상이다. 이 점에서 보면 상대는 평등하여 형제 사이와 같이 교호적이다. 이러한 평등적 교호태(交互態)에서 절대자의 매개성이 성립한다. 만일 오직 한 방향의 순서가 궁극적이고 부동의 것이라고 한다면, 절대매개는 불가능해진다. 왕상과 환상은 선후의 질서를 가지면서도, 동시에 평등하고 교호적이기 때문에 절대환상의 순환성이 성립하는 것이다.

이러한 교호적 평등성으로 말미암아 절대적 환상은 상대 사이의 전환을 매개하는 초월성을 지니며, 절대도 상대에 대해서 동일한 관계를 지닌다. 이러한 교호 작용은 일견 인과관계의 반대되는 양방향을 결합한 것처럼 보인다. 하지만 이러한 교호 작용은 인과관계로는 완전히 이해될 수 없는 통일성을 이룰 뿐만 아니라, 인과관계를 초월해서 양방향의 전환을 가능케 하는 초월적 "장면"(場面)에서 평등성을 이룬다. 하지만 이러한 초월적인 "장면"은 "장소"(場所)3처럼 실제적인 전환과 동떨어진 채 직관될 수 있는 것이 아니다. 그것은 전환에 의해서 행위적으로 자각된다. 직관에는 인과의 관계에는 속하지 않는 상호적 전환이 존재하지 않듯이, 상대의 평등적 교호성도 선후의 질서의 전환이라는 행위에 의해서만 자각된다. 이것을 떠난다면, 심지어 평등을 떠난다면, 아무것도 자각될 수 없다.

형제의 평등은 선후의 순서 속에서 자각된다. 그것은 선후라는 관계가 일방적으로 고정되지 않고 역전되며, 선진이 후진을 교화 지도하는 것을 통해서 오히려 반대로 후진으로부터 배운다는 사실이 반드시 수반되기 때문이다. 이른바 "가르치는 것은 배우는 것이다." 그러나 그렇다고 해서 형이 동생이 되고, 선진이 후진이 되는 것은 아니다. 절대매개의 입장에서는 모두가 전환적이고 교호적이기 때문에 선후를 유지하면서도 동시에 평등인 것이다.

이는, 앞에서도 언급하였듯이, 마치 시간의 과거와 미래가 움직일 수 없는 질서를 유지하면서도 현재에서 서로를 향해서 전환되며 평등한 것과 마찬가지이다. 현재에서 과거와 미래는 영원에 의해서 매개된다. 이로써 시간을 초월하여 시간의 동적인 발전과 상즉하는 공간적 동시성을 드러내고 세계를 시공적이고 발전적으로 통일한다. 단순히 선후관계도 아니고, 또 단순히 평등도 아닌 형제적 관계가 세계의 역사적 구조를 구체적으로 드러내는 것이다.

---

3 여기서 다나베는 니시다의 "장소"를 염두에 두고 있음에 틀림없다.

프랑스 혁명의 표어인 자유(liberte), 평등(egalite), 우애(fraternite)는 병렬하는 것이 아니고 서로가 서로를 매개한다. 자유는—만일 그것뿐이라면— 스스로 불평등을 초래한다. 민주주의의 자유주의가 오늘날 자본주의 사회의 불평등을 낳고 있는 것을 보면 이것을 의심할 수 없다. 이에 반해 사회주의는 평등을 목표로 한다. 그러나 사회적 통제가 자유를 제한하게 되므로, 자유를 부정한다는 것도 논쟁의 여지가 없는 사실이다. 자유와 평등은 안이하게 동일성으로 결합될 수 있는 개념이 아니고, 모순으로 대립하는 개념이다. 이것을 통일하는 것이 행위적 전환이지만, 그것은 대단히 어려운 문제임에 틀림없다. 그러한 통일을 위한 기준이 문자적으로 형제성을 의미하는 우애가 아닐까? 거기에서 자유가 제공하는 사회적 질서가 유지되는 동시에 평등이 요구하는 바가 실현되어서 참으로 양자를 종합하는 구체적 통일이 이루어질 수 있다고 여겨진다.

일반적으로 우애라고 하면 동포애처럼 평등의 측면이 주가 되어서 우의(友誼)와는 분명히 구별되지 않은 듯하지만, 실로 형제성이라고 하는 의미에 무게를 둔다면 선후의 질서가 평등과 함께 중요한 계기를 이루게 된다. 이 측면이 특히 중요하다. 형제 관계에서는 형이 동생을 지도하며, 그 지도는 전인격적이다. 그것은 문자 그대로 배움이며 모방이다. 형제 사이에서 이루어지는 교화는 사제 간의 그것과 비견될 수 있다. 키에르케고르가 말했던 것처럼 진정한 스승은 종교에서만 찾을 수 있다.[4] 신이 스승이며, 그리스도가 스승이라고 하듯이, 평등을 용납하지 않는 절대적인 교사는 절대자밖에는 없다. 상대자로서의 스승은 아무리 높다고 하더라도 여전히 함께 구도의 여행을 하는 사람으로서의 평등한 면

---

4 키에르케고르, 『철학적 단편』 제1장. "진정한 스승은 신 자신이다."

을 지닌다. 아미타여래의 절대환상이 법장보살의 인위수업을 매개로 하는 것은 절대 스스로 겸양하여 상대성을 매개에 받아들이는 것을 의미한다. 이것이 타력대비(他力大悲)이다.

만일 "인격적 모방"이라고도 할 수 있는 교화가 오늘날의 교육에서 외면적인 지식의 전수를 위한 체계로 대체되고, 예전의 전인격적 사제 관계를 상실했다는 결점으로서 지적된다면, 이것은 형제적이라고 해야 할 지도성의 회복에 의해서 수정될 수 있지 않을까? 스승과 제자 사이에 평등이라는 관계는 비교적 희박하다. 평등은 특별한 교육 제도 밑에서 성립한다. 이와는 달리 형제성은 사제 간에 존재하는 전인격적 순종과 모방, 그리고 거기에 대립하는 평등을 구체적으로 종합하기에 여러 가지 차이점을 지니고 있는 사회의 모든 구성원들 사이에로 확장할 수 있다.

종교 교단(예를 들면 가톨릭 교단)을 예로 들어보자. 형제, 자매라는 칭호가 오늘날 거기에서 사용되고 있는 것을 보면, 형제성의 개념이 종교에서 특히 중요하다고 생각하지 않을 수 없다. 오늘날은 그것도 이미 외면적 호칭의 형식에 그치고 말 뿐이어서 정신적 내용을 상실하고 있다고는 생각되지만, 나는 환상의 개념을 형제적 교화의 원리로 삼음으로써 새로운 사회적 이상향을 창출할 수 있지 않을까 생각한다. 다른 말로 한다면, 민중은 자본주의적 시민사회의 자유와 사회주의의 평등을 종합하는 형제성(우애)으로 서로 결합되어야 한다고 말하고 싶은 것이다. 민중의 윤리는 형제도(兄弟道)이며, 그 신앙은 형제의 법문[兄弟法門]이라고 해도 좋을 것이다.

플라톤이 "국가편"의 주제로 삼았던 정의는 이 형제도를 사회의 분업과 연결시켜서 생각한 것이라고 여겨진다. 선당(禪堂)에서도 형제라는 개념이 널리 사용되었으며, 스승이 제자를 부르는 호칭이었다는 사실이 문헌에 많이 나타나 있다. 인격적 지도와 믿고 따르는 것을 특히 중요시했던 선문에서 사제의 관계가 형제의 관계로까지 구체화되면서 평등성을 강조하였던 것이다. 신란은 사제의 관계를 단호히 거절하고 신도들을 동행자로서 대하였다. 다른 불교 종문이나 가톨릭 교단의 위계 제도와는 대조적인 이러한 사실은 깊은 내면적 의미를 가지고 있다.

어쨌든 사회제도의 개혁과 함께 새로운 형제적 관계가 발전되고 회복될 필요가 있다. 나는 그것을 위한 원리로서 환상의 의미가 특히 중요하다고 강조하고 싶다. 대승불교의 보살 사상은 "자리 즉 이타"를 말하면서 해탈과 교화(教化)를 결합시켰다. 나아가 대승불교는 "부처와 부처가 서로 부르면서 호응한다"[佛佛呼應相稱]는 사회성에서부터 시작하여 "오직 부처들만이 모든 실상의 법을 다 안다[唯佛與佛 乃能究盡]"(『법화경』〈방편품〉)고 함으로써 사회성으로 진리 내용을 충족시키는 사상으로까지 발전되었다. 그리고 마침내 환상이라는 개념을 통해서 사회성이야말로 교리 자체의 중요한 계기라고 강조하였던 것이다.

대승불교가 스승과 제자의 교화 관계를 말함으로써 일반적으로 종교가 주장하는 평등을 넘어서 질서의 원리를 제공하였다는 사실은 실로 존중되지 않으면 안 된다. 절대 앞에서는 상대가 그의 능력이나 천품이나 사회적 지위 등의 차이 없이 평등하게 수평화되므로, 평등사상이 종교에 일반적인 것은 쉽게 이해될 수 있다. 그와는 달리 해탈의 선후라는 순서로 종문의 사회성에 질서를 부여하고, 사자상승(師資相承)을 중요시한다는 점에서 특히 불교의 특색을 찾을 수 있다. 보살도가 대승불교의 특징이라는 데에는 조금도 의심의 여지가 없다. 그러나 진종에 이르러 그것이 교리에 의해 원리화 되기에 이르렀다는 사실은 특히 주목해야 한다.

형제애에 근거한 질서라는 개념은 참회도가 우리에게 주는 주요한 영감 중 하나이다. 만일 연대라는 관념을 떠난다면, 참회는 특히 죄책감을 잘 느끼는 감상적 인간에게나 잘 어울리는 것일 뿐, 언제 어디서나 인간 생활을 지배하는 현상이라고 인정할 수 없을지도 모른다. 그렇게 되면 참회도는 단지 특별한 경우에 나타나는 특수한 행위에 불과하며, 철학의 출발점이 되기 위한 보편적 의미를 지닐 수 없다. 이러한 견지에서 본다면 "참회도의 철학"이라고 하는 것은 지나친 과장이 아니냐고 할지 모른다. 하지만 사회적 연대의 입장으로부터 일체의 사회적 해악에 책임을 느끼고 부단히 사회 개혁의 필요성을 통감하면서도 이를 위해 애쓰는 것이 얼마나 어렵고, 그래서 우리가 쉽게 현실로부터 도피하게 되는가를 반성해 본다면, 키에르케고르가 지적한 대로, 참회와 회개가 윤리의 특색을 지니는 보편적 의미를 가지고 있음을 알게 된다.

내가 참회도를 철학의 길로 확신하는 것도 이러한 연대관에 기초한 것이다. 참회도를 주창한 근본 동기는 사회적인 것이었다. 타력의 가르침인 정토진종의 지도가 없었다면, 환상교화의 사회적 질서라는 관념에 눈을 뜨지 못했을 것이다. 여기에서 나는 타력의 철학으로서의 참회도가 타력법문인 정토진종의 교의로부터 배웠던 것이 본질적이었음을 솔직하게 인정하는 바이다. 물론 내가 진종의 환상 사상에 심취하게 된 것은 앞에서 기술하였던 교화 질서에 의한 형제적 사회성이 보기 드물고 또 귀중하다고 하는 이유에서만은 아니었다. 그러한 환상을 매개하는 종적(種的) 공동성이 이전부터 내가 주창하였던 "종의 논리"에 의거한 사회 존재론에 상응하고, "종의 논리"를 종교적으로 뒷받침해주는 동시에, 원시사회의 종교성에 관한 작금의 연구를 진종의 세계 종교적 신앙과 매개해주기 때문이었다.

나의 "종의 논리"는 단순히 일반 사회구조의 논리에 머물지 않고 국가 존재에 대한 논리로까지 확장되었다. 이것은 헤겔의 사상을 절대매개의 논리를 가지고 철저하게 추구함으로써 수정한 것이었고, 그 체계를 통해서 국가와 종교의 관계에 대한 제 문제를 해결할 수 있다고 생각하였다. 나아가 나는 "종의 논리"가 오늘날 긴급한 해결을 요구하는 국가의 본질에 관한 문제에 대해서도 새로운 빛을 던져주고, 이미 위에서 언급하였던 민주주의와 사회주의의 대립을 뛰어넘는 중도적 입장을 구체적으로 제시해줄 수 있는 것은 아닐까 하고, 혼자 상상하고 있었다. 나는 이 문제도 결국은 절대 비판의 논리에 의해서 참회도적으로 해결하여야 한다고 생각하지 않을 수 없다.

내가 나의 미숙한 국가 존재의 논리를 가지고 국가에 관한 작금의 어려운 문제를 다 해결할 수 있다고 착각하는 것이 아니기를 바란다. 그러나 논리가 매개인 이상, 매개를 철저화한 절대매개의 논리라면 적어도 해결의 올바른 방향을 지시할 수는 있지 않을까 하고 믿는 바이다. 물론 그러한 국가의 논리를 전개하기 위해서는 보다 많은 연구가 필요하고, 지금까지의 연구를 더욱 발전시킬 필요가 있음은 재언의 여지가 없다. 그래도 내가 잘못된 방향으로 나가지는 않았다는 사실만으로도 기쁘고 또 감사를 느끼고 있다. 더욱이 환상의 사상은 종교의 입장으로부터 나의 생각이 타당하다고 보증해주었으므로 특히 만족을 느낀다. 진종의 교의로부터 지도를 받은 참회도가 타력의 철학으로 발전할 수 있는 중요한 방면이 사회 존재의 계기라는 사실을 지적하는 것으로 이 논문의 결말을 짓고자 한다.

"종의 논리"는 작금의 국가에서 우리 국민이 처해 있는 위치에 대해서 내가 스스로 번민한 결과 도달하였던 사상이었으므로, 이러한 번민을 경험하지 않는 사람들이 그것을 이해할 수 없었음은 당연한 일이다. 내가 "종"(種)이라는 개념을 언급하면서 문제를 제기한 이후, 예를 들면 문화주의의 입장에서 인류의 문화는 민족에 따라서 상이한 특성을 나타내는데, 이는 인간 생활의 표현이 종적(種的)인 형태를 가지기 때문이라는 의미에서 종이라는 개념이 사용되기도 하였다.[5] 그러나 나의 입장에서 말하자면, 이와 같은 것은 종이라고 하는 같은 명칭을 사용하고 있지만, 그 개념의 내용은 완전히 다르다. 유와 종과 개[類種個]라는 분류학적 질서를 동일성 논리에 따라서 배열하는 데 머무는 이와 같은 조직에 있어서는, 종은 단지 보편적인 유와 개별적인 개체 사이에 존재하는 "특수"에 지나지 않는다. 그것은 개체로서의 우리의 존재를 한정하는 사회 환경을 의미할 수는 있어도, 우리의 존재를 위협하고 생명을 빼앗을 수 있는 국가의 통제에 대해서는 아무런 관계를 가지지 못한다. 우리의 생활이 환경을 지배하고, 환경을 바꾸어서 표현하면서 환경은 우리에게 동화된다. 이른바 "만들어진 것으로부터 만드는 것으로"라는 표어가 나타내는 것은 이러한 사실일 것이다. 그러나 이 "…로부터 …으로"라는 전환은 목숨을 걸어야 할 정치적 실천의 위기이며, 이것을 위와 같은 안이한 언어를 가지고 표현하는 것은 생과 예술의 입장인 문화주의에 지나지 않는다. 따라서 국가 사회의 법제적, 관습적 통제에 대해서 지위를 걸고 생명을 희생해서라도 대항해야 할 개체가 지니는 정치적, 윤리적 책임은 거기에서는 자각될 수 없다. 나아가 거기에는 우리들이 도덕적 악이 드러나는 형태를 반성함으로써만 가능한 참회도적 전환이 결여되어 있다. 참회도적 자각이 없다면, 우리들이 국가의 요구에 대해서 기회주의적으로 편승한다면 연대 책임에 대한 자각을 잃어버리게 되고, 국가의 요구를 거부한다고 해도 그러한 거부는 야심과 아성(我性)으로부

---

5 니시다 기타로는 『일본문화의 문제』(1940년)에서 때때로 "종"에 대해서 논한다. 예를 들면 그는 "자기 자신을 형성하는 종적 형성, 즉 인간 형성이 문화라고 하는 것이다"라고 쓰고 있다. 다나베는 이러한 기술을 염두에 두고 있었을 것이다. 이 후 "이른바 만들어진 것으로부터 만드는 것으로라는 표어"라고 한 것도 이것을 시사하고 있다.

터 비롯된 것이 될 가능성을 지니게 되는 것이다.

　그러므로 문화주의는 이러한 인간 존재의 위기를 잉태하는 한정으로서의 종이 가진 위기적 부정적 의의를 전혀 이해하지 못한다. 설령 문화주의가 "종"이라든지 "행위"라는 언어를 사용한다고 해도, 그것은 정치적 의미를 가진 사회적 계기나 위기적 행위를 의미하지 않는다. 단지 문화주의는 안이한 예술적 제작으로 발전하는 생의 표현으로 시종할 뿐이다. 이것은 앞에서 지적했던 플로티노스의 경우처럼 영의 주체적 존재를 구성하는 영의 범주와도 다르지 않다. 동일성적 원리에 입각한 범주인 아리스토텔레스의 실체의 범주와는 달리, 플로티노스의 영의 범주는 무의 행위적 통일에 대한 주체적 자각으로부터 성립하며, 아리스토텔레스적인 입장의 연장과 확대로서 이해되어야 한다. 행위적 무의 통일을 실제적으로 만들어내는 대신에 플로티노스는 플라톤의 후기 철학으로부터 벗어나 플라톤의 변증법을 오해하여 그것을 아리스토텔레스의 동일성의 논리와 결합하였기 때문에 신비주의에 빠졌던 것이다. 이렇게 해서 그의 영적 입장은 약화되고 말았다. 영은 직관되는 것이 아니고 행위에서 믿고 깨닫는 것이기 때문이다. 만약 영이 직관되는 것이라면, 일자(一者)의 초월성도 영에 내재화되어서 단지 무한으로서 평면화될 뿐, 입체적인 무의 행위적 전환에 의한 통일은 될 수 없다. 그 결과 존재와 무를 넘어 존재에도, 무에도 속박되지 않는 행위의 입장은 단순한 존재의 충일에 안주하게 된다.

　이렇게 볼 때, 플로티노스의 영향을 적지 않게 받아 그 정신을 가장 잘 이해했다고 하는 에크하르트가 복음의 입장에 따라서 마리아의 직관보다 마르타의 행위를 더 뛰어나다고 보았던 것은, 종교의 입장에서 보아 특히 주목하지 않으면 안 된다. 나는 예술적 제작이나 생의 표현의 문화주의가 종교를 찬탈하여 종교를 말살하는 것을 유감으로 생각한다.

그 결과 정치는 물론 윤리의 실천이 관상(觀想)으로 해소되어 버리기 때문이다. 이렇게 되면 종교는 민중을 마비시키는 아편이 된다. 현자 지자는 직관에 안주할 수 있겠지만, 어리석은 범부는 행위의 길을 걸어가지 않으면 안 된다.

민중의 종교는 행위에서 안심을 주고 신뢰를 제공해야 한다. 문화주의는 내적으로나 외적으로 특권 계급의 세계관이어서, 민중이 받아들일 수 있는 바는 아니다. 어리석은 범부이면서도 가난하여서 생활을 위해 피와 땀을 흘리지 않으면 안 되는 민중의 안심은 그와는 다른 세계관을 요구한다. 참회도와 타력철학과 형제도는 민중의 그러한 요구에 다소나마 응하는 바가 있지 않을까 하고, 나는 내심 기대하고 있다.

문화는 자신 위에서 사회적 조화를 매개한다. 인생의 목적은 문화를 누리는 것이고 사회적 조화를 기뻐하는 것이다. 내가 말하는 "종"의 개념은 우리들 개인과 대립하면서 우리를 외적으로 통제하고, 거기에 반항하는 개인을 힘으로 압도해서 배제하는 정치적 사회를 의미한다. 현실의 국가는 많든 적든 자기 소외를 면할 수 없는 객체적 존재로서 이러한 성격을 지닌다. 당연한 말이겠으나, 이러한 압력을 느끼지 못한 사람은 이러한 사실을 깨달을 수 없을 것이다. 특권자에게는 이와 같은 종의 개념은 존재하지 않는다.

물론 "종"과 "개"가 반드시 대립하는 것은 아니다. 오히려 양자가 부정적으로 매개되면서 성립하는 "유"에서 전체와 개체가 동시상즉의 매개를 통해서 동시에 공존하는 것이 종교적 방편세계이다. 국가도 이러한 구조를 실현하는 한에서만 실로 자유 평등이 매개적으로 실현될 수 있는 구체적 통일이다. 그 경우 국가는 지상에서의 신의 나라의 특수한 한정으로서 절대의 매개인 절대성을 누리며, 이른바 "신적"이라고 불릴 수 있을 것이다. 그러나 이것은 어디까지나 개체의 자립성과 자발성을 매개로 해서 행위적으로 성립하는 매개태(媒介態)로서, 자연적으로 주어지는 존재는 아니다. 그러한 매개적 통일의 조화적 측면의 표현과 내용을 문화라고 부르며, 그에 대한 대립 항쟁의 전환적 측면을 정치라고 부르는 것이다. 문화와 정치를 매개하는 개인의 행위가 윤리로서 규정되고, 그 이율배반의 위기가 전환적으로 통일되는 타력적인 행위적 믿음이 종교인 것이다

　　이렇게 문화는 종교적이고 윤리적인 세계의 일면적 계기에 지나지 않는다. 이것을 시간의 구조를 따라서 규정한다면, 종적(種的) 문화는 과거에, 개적(個的) 행위는 미래에 대응한다. 그리고 이러한 전통과 자유의 두 계기가 현재의 무에서 매개되어 유적(類的) 대행(大行)에서 나타나는 것이 종교적 구제가 성립하는 "영원한 현재"이다. 문화는 그러한 지속을 위한 기체(基體)를 제공한다. 지금 문제가 되어 있는 환상의 매개로서의 종적 한정은 이러한 문화적 통일의 측면이다. 절대환상에서 절대가 상대를 섭취하고 구제할 때에는 절대타력의 구조상 자력을 매개로 하며, 구제되는 중생의 기(機)의 자발성이 타력에 대한 타자로서 매개가 될 필요가 있다. 이와 동시에 절대는 직접 작용하지 않고 상대를 매개로 한다. 절대는 상대와 상대의 매개를 통해서 작용함으로써 비로소 상대가 상대가 되도록 하고, 이것을 매개하는 것으로서의 자신이 절대라는 것을 행위적으로 증거한다. 이러한 절대매개로서의 전환적 무의 절대는 관상의 대상이 아니라 행위로서 드러나지 않으면 안 된다.

　　그런데 상대와 상대를 절대가 매개할 때에도, 그 매개의 기체로서의 존재가 무의 매개가 되는 것이 아니라면, 절대무가 주체로서 전환적이고 행위적으로 증거 될 수 없다. 행위에는 무의 현성인 개체에 대해서 개체를 한정하는 지반이면서 동시에 개체의 주체화를 매개하는 기체적 존재의 생명 공동체가 필요하기 때문이다. 이것이 종이다. 종이 상대와

상대를 매개하는 유적 기체로서 무의 절대 통일에 바탕을 마련하는 것이다.

구체적으로 진종의 교의를 빌려서 말한다면, 앞 세대의 중생의 구제에 섭취되고 정정취의 위(位)로 정해진 자가 환상해서 뒤 세대의 중생의 구제에 참가하여 절대의 대표자로서 그러한 매개를 행할 때에는, 양자에게 공통적인 전통적 교(敎)를 이용하고, 그 개념 언어를 통해서 교화를 행하지 않으면 안 된다. 그 공통의 기체가 문화이며, 그것을 전통 계승하는 것이 종적(種的) 사회이다. 종적 사회가 고유한 전통을 통해서 개체의 존재를 한정하면서 공통의 매개적 지반이 되는 이유가 여기에 있다. 그렇기 때문에 헤겔은 객관적 정신을 인륜적 기체라고 보았던 것이다. 보다 일상적인 용어로 말하자면, 전술한 것처럼 중생의 교화적 관계에 의한 사회성을 형제성이라고 본다면, 절대적 스승인 여래는 동생인 후진 중생을 구하는 데 스스로 직접 손을 대지 않고, 항상 자신의 대리로서 형 되는 선진 중생을 사용하며, 그 형제는 일가의 공통된 가풍을 종적(種的) 기체로 하면서 서로 소통한다. 아버지는 어디까지나 형을 믿고 동생 스스로에게 노력 협력하게 하고, 형제가 서로 모이고 서로 도와서 절대를 향한 전환적 구제를 성취시킨다. 그러나 집과 집은 종으로서 특수화되어 있으므로 서로 대립하기에 직접적으로는 서로 생존 경쟁하여 투쟁하는 일을 피하기 어렵고, 국가와 국가 사이에서도 마찬가지이다.

그러나 개인은 개인이 직접 속해 있는 종적 사회에 한정되면서도 그러한 한정을 넘어서 오히려 이것을 전환적으로 한정하는 무의 주체로서 서로 소통한다. 따라서 종적 사회도 이러한 무의 주체로 전환되어 구제의 매개로 전환되는 한, 유로서의 특수성을 유지하면서도 무를 통한 매개에서 서로 소통하면서 통일된다. 이것이 종의 행위적 전환에 의한 통일로서의 유(類)인 것이다. 인류(人類)라는 개념이 여기에서 성립한다.

그 입장의 행위적 전환의 무에 의한 통일은 필연적으로 그러한 대립의 절대적 위기를 통해서 참회도적으로 이루어진다. 그것의 주체인 개인은 국가가 서로 화해하거나 싸우거나 관계없이 인류적인 동정과 상호적 사랑을 가질 수 있는 것이다. 문화가 그들의 종적 특성을 발생시키고 심화하는 한, 문화는 보다 넓은 상호 이해와 공통성을 위해서 스스로를 개방한다. 이를 통해서 문화는 인류적 보편타당성을 가질 수 있게 된다. 개인의 자유와 자발성에 매개됨으로써 문화는 무의 근저에서 깊게 서로 소통할 수 있다.

이러한 고도의 문화가 대개 강성한 국력을 동반한다는 사실도 앞에서 언급했던 매개성에 의해서 이해될 수 있다. 망한 나라에는 문화가 없다. 나라의 자주성 없이 문화의 자유로운 발전이 기대될 수는 없다. 물론 천재적인 개인이 그러한 상태를 돌파하고 종의 매개를 멀리 초탈하여 인류의 보편적 근저에 도달해 있는 것처럼 보이는 경우도 있다. 그러나 이러한 경우라고 해도, 자세하게 관찰해 보면, 종적 매개가 필연적으로 존재한다는 것을 인정할 수 있다.

불교에서 여래는 구제의 대상인 중생의 종별에 따라서 구제한다. 보살을 구제하려면 보살신으로, 천룡야차(天龍夜叉)를 구제하려면 천룡야차의 몸으로, 또 부녀를 구제하려면 부녀의 몸으로 나타나 설법한다("법화경", 보문품). 이것은 일견 이상하게 보일지는 모르지만, 구제가 반드시 종적 사회를 기체로 하고 문화를 매질(媒質)로 해서 이루어진다는 사실을 고려해 보고, 종적 특수화가 개인 구제를 위한 매개라는 사실을 믿는다면, 이처럼 종을 명확하게 문제로 삼는 것이야말로 매우 구체적인 사상이라고 해야 할 것이다.

오늘날 개인의 자유와 평등을 주장하는 대표적인 민주주의 국가와 사회주의 국가가 그 둘이 표방하는 주의를 배반하고 종적 국가주의로부터 제국주의라는 반대의 극으로 넘어간다는 이상한 사실을 파악하여 이 것을 방지하려면, 종의 의미를 분명하게 이해하지 않으면 안 된다. 그것을 문제시하지 않고 자연 그대로 방치하기 때문에, 스스로도 알지 못하고 그것에 붙잡혀서 조종되는 것이다. 국가주의라는 악과 폐해는 전도된 민주주의나 사회주의의 악보다 나을 바가 없다. 오늘날 우리들을 사로잡고 있는 국가주의를 참회도적으로 청산할 필요가 있다면, 동시에 민주주의 국가와 사회주의 국가가 국가주의적으로 전도되는 현상에 대해서도 당연히 참회하여야 한다. 그러한 반성을 위해서 제일 먼저 해야 할 일은 종을 문제시하는 것이다. 종을 문제시함으로써만, 저 어려운 국가 주권의 문제는 물론, 사회주의 이론에서 사회라는 개념을 규정하는 유일한 관점인 계급이 지닌 문제점도 비로소 해결의 단서를 얻을 수 있지 않을까? 일반적으로 계급은 본래 종 전체에 속해야 할 통제력을 경제적 분업의 결과 일부 계층이 독점하기 때문에 발생한 것이다. 따라서 계급의 유래를 이해하려면 종에 대한 이해가 필수적이다. 나는 이러한 난제를 해결하는 길은 상대적 존재의 입장인 국가주의가 아니라, 절대무에 매개된 무적 매개의 국가주의의 행위적 입장이라고 생각한다.

그런데 진종의 환상사상은 "종"을 구제의 매개라고 이해함으로써 이 문제를 종교적으로 해결하고자 한다. 법장보살의 인위수업이라는 절대 환상의 사상은 환상에서의 행위의 지도에 매개가 되는 종의 공통성을 방편으로서 명료하게 인정한다. 환상이라는 사상은 구제의 사회성을 교리화할 뿐만 아니라, 사회의 종적 구조에 대해서도 고려하고 있다는 특색을 지니므로, 충분히 존중해 살펴보지 않으면 안 된다. 칸트는 『목적론적 판단력 비판』에서 자연의 개념적 인식이라는 입장에서 "자연의 종화(種化)"[6]에 의미를 부여했지만, 자연이 아닌 역사적 사회의 종화는 다만 종교적 상징이라는 입장에서 해석하는 수밖에 없다. 이러한 입장에서 볼 때, 여래의 구제를 위한 응현(應現)7으로서 종화(種化)를 이해하는 것은 매우 깊은 의미를 지닌다. 그것이 절대매개의 논리에서 종적 기체에 상당하는 것은 특히 중요한 의미를 가진다. 참회도는 이러한 사실들의 계도를 받으면서, 오늘날 가장 긴급한 국가를 둘러싼 문제에 대해서 종교라는 방향으로부터의 전망을 제시한다. 이는 결코 경시해서는 안 될 은혜일 것이다.

이러한 참회도와 종교적인 행위적 믿음의 관계에 대해서 다음과 같은 의문이 생길지도 모른다. 참회도의 의미를 그처럼 인정할 수 있다고 하더라도, 그것은 앞에서부터 명시된 것처럼, 죄악 관념에서 비롯된 것이고 죄악 관념에 동반하는 것은 부정할 수 없다. 그러나 종교는, 불교가 이 점에서는 특히 분명하지만, 죄악 관념에 기초한 것이 아니라 생사해탈의 요구에 기초해 있으니, 여기에 대해서 참회도를 말할 여지는 없는 것이 아닌가? 요약해서 말하자면, 참회도는 기독교나 진종 불교처럼 타력 종교가 윤리의 이율배반을 극복하기 위해서 등장한 경우에 한정되는 것이지, 이러한 윤리적 종교가 아닌 종교에는 타당치 않은 것이 아닐까 라는 의문이다. 한마디로 하자면 참회도는 구제의 종교에게만 해당되는 것이고, 해탈의 종교에는 해당될 수 없는 것인가 하는 의문이다.

그러나 앞에서도 언급했던 것처럼, 이러한 구별은 궁극적이라고는 할 수 없다. 과연 생사의 이탈이 직접적으로 윤리를 매개로 한다고는 생각하기 어렵다. 그것은 오히려 인간의 자연스러운 요구이지, 당위라고는 여겨지지 않기 때문이다. 원시 불교 이래 생사의 문제가 불교의 근본

---

6 칸트는『판단력 비판』(1790년)의 〈서문〉에서 "판단력은 자연에 대해서가 아니라 자연에 관한 반성을 위해서 자기 자신에 대해서 하나의 법칙을 정한다. 이 법칙은 자연의 경험적 법칙에 관한 자연의 특수화(종화)의 법칙이라고 부를 수 있을 것이다"라고 쓰고 있다.
7 부처 내지는 보살이 중생의 소질에 응해서 몸을 나타내는 것.

이 되어 있음은 분명한 사실이며, 이것은 윤리가 아니라 직접적인 삶과 관계된다. 여기에 윤리적 종교의 성격이 뚜렷한 유대교 내지 기독교와 불교 사이의 명백한 대조가 있다. 일반적으로 인도 민족과 유대 민족의 사회생활에서의 현저한 차이가 이러한 사실을 뒷받침해 줄 것이다. 그렇지만 한 걸음 더 나아가 생각해 보면, 원시 불교도 생사에 속박된 존재를 미망이라고 보고, 이 미망을 벗어나 진지(眞知)를 획득하는 것이 해탈의 길이라고 말하고 있다. 즉 비록 그 동기는 비윤리적이고 직접적인 생을 말한다고 하더라도, 일단 종교로서 형성되면 참과 거짓, 미혹과 깨달음에 대한 가치적 차별이 나타나고, 가치를 지닌 존재를 실현해야 할 의무와 반가치적 존재를 부정해서 소멸해야 할 의무가 인정된다. 즉 넓은 의미의 윤리성을 수반하기에 이르는 것은 명백하다.

이성은 삶에 대해서 밖으로부터 부가되는 것이 아니고, 인간의 삶 자체에 고유한 반성 작용의 능력으로서 삶 자체의 내부로부터 발전된 것이다. 이성을 포함하지 않으며 윤리도 드러내지 않는 인간적 삶이란 개념으로서 추상된 것일 뿐, 사실상 존재하지 않는다. 미혹과 깨달음은 지성이 가치를 판단하여 구분한 것으로서 결국은 윤리적 당위로 변한다. 미망에 빠져서 참된 지의 밝은 깨달음[明悟]에 도달할 수 없는 것은 인간의 유한성이 지닌 악이며 죄이다. 그 근저에는 아성의 속박이 있고, 근본악의 속박이 존재한다. 신란의 "비탄술회"의 많은 부분에도 지적 미오(迷誤)에 대한 참괴와 회한이 포함되어 있다. 생사에 헤매면서 속세를 벗어나지 못하는 그것이 다름 아닌 죄악이다. 궁극적으로 참된 지는 행도(行道)이며, 행은 깨달음[悟]을 포함한다. 오도(悟道)는 해탈이며, 생사는 죄악이다. 생사와 죄악은 개념상 구별되지만 인간의 자각 존재에서는 필연적으로 서로가 서로를 동반한다. 오히려 행위 안에서의 자각 존재의 근원은 이자상즉(二者相即)하는 역동성에 있다고 할 수 있을 것이다.

참회도는 죄악에 대한 자각과 참괴(慚愧), 회한과 절망에서 이루어진다. 그렇다고 해서 참회도가 생사의 미망에 대한 자각과 세속을 벗어나 해탈을 추구하려는 소망에 근거한 해탈의 가르침을 갖지 못한다고는 결코 말할 수 없다. "생사 즉 죄악"이라는 자각 존재의 구조와 함께 참회도는 이러한 인간의 차원을 인정한다. 그러므로 참회도를 철학으로 여김으로써 철학의 길을 좁게 한다는 염려는 전혀 불필요한 것이다. 하물며 단지 자기 자신의 해탈만을 문제로 하는 것은 그 자체로 악이며, 자기의 아성으로부터 벗어나는 것은 단지 그러한 이탈을 향한 원망(願望)에 의해서는 달성될 수 없다. 상대는 상대를 매개로 함으로써만 절대에 귀입할 수 있기에, 다른 상대를 위해서 자기를 바치는 행위를 통해서 비로소 자기의 아성으로부터 벗어날 수 있다. 그러므로 단순한 즉자적 해탈을 향한 바람은 필연적으로 자타의 대립을 화해시키는 데 협력하는 대자적 구제로까지 전환된다. 이런 점을 생각해 본다면, 참회도는 대승 정신의 필연적 귀결로서 보편적인 의미를 가진다는 것은 의심의 여지가 없다.

실로 참회도에 의해서 우리에게는 그 어디에도 속박되거나 집착하지 않는 존재가 약속되며, 존재와 무를 초탈한 전환에서 영혼의 안심을 누릴 수 있으며, 서로 교화하고 협력하는 질서적 평등 속에서 유화 협동의 즐거움을 누릴 수 있을 것이다. 문화는 이 협동의 매개이며, 자연의 지배나 속박도 인간의 협화(協和)를 방해할 수 없다. 과학이 단지 인간의 자연적 욕망을 충족하기 위한 수단에 그친다면, 여러 사실들이 이미 증명하고 있듯이, 과학은 인간에게 행복뿐만 아니라 동시에 불행의 근원이기도 할 것이다. 과학을 이용하는 것이 아니라 과학에게 이용되고, 기술을 이용함으로써 오히려 기술을 섬긴다고 하는 인간 존재의 불행은 오늘날 우리가 이미 통감하고 있는 바이다. 인간의 행복을 전 존재의 목적으로 하는 세계관은 오히려 인간을 불행하게 한다.

아니 인간의 존재 자체가 존재 자신에 의해서는 확보되기 어렵다. "자기 목숨을 얻는 자는 잃을 것이요 나를 위하여 자기 목숨을 잃는 자는 얻으리라"(마태복음 10장 39절)라고 하는 까닭이 여기에 있다. 이 세계에 존재하는 것은 모두 그것에 대립하는 타자와 상즉하여 표리의 관계 속에서 존재한다. 만약 대립자를 파괴하고 자기만 존재하고자 한다면 결국은 자기도 존재하지 못하게 될 것이다. 오직 대립자를 살 수 있도록 하면서 대립과 긴장 속에서 공존하고, 서로가 협력하고 증진시킴으로써만 생을 원만하게 구현할 수 있다. 만일 자기만의 존재를 고집해서 이것을 실현케 해주는 사물에 집착하여 타자를 배제하고, 투쟁을 통해서 타자를 쓰러뜨려서 사물을 독점하여 홀로 영화롭게 되고자 한다면, 절대는 이러한 상대자의 전횡을 용납하지 않을 것이니, 이윽고 파멸을 면할 수 없을 것이다. 절대는 상대를 서로 매개하고, 그렇게 함으로써 비로소 스스로를 매개하는 절대매개이다. 상대는 이 절대매개에 있어서 부단히 전환되어 타자에게서 자기를 찾아내는 자타 초탈의 무를 스스로의 근저로 한다.

따라서 상대는 무를 원리로 하는 존재이며, 죽음을 통해서 살게 되는 부활적 존재이다. 죽음으로써 사는 절대전환의 무적 존재, 즉 공유가 존재의 진실이다. 그것은 무집(無執)이며 무착(無着)이다. 이러한 절대전환의 무를 실현하려면 사회적인 매개의 교호성을 통하는 수밖에 없다. 절대매개의 무는 사회의 동적 공유를 매개로 해서만 실현될 수 있다. 이러한 무를 원리로 하는 절대전환의 세계는 자연이 아니라 역사의 세계이다.

자연과는 달리 역사는 어떤 불변하는 기체가 있고, 그 위에 속성의 변화나 관계의 변전이 일어나는 세계가 아니다. 역사의 구조는 동일적 보편이라는 법칙에 지배되거나 동일한 목적을 향하여 본질을 실현해 가는 이른바 가능성의 현실화, 잠재성이 현실화함으로써 진화와 발전을 이루는 구조가 아니다. 이와 같은 구조는 기체적이고 실체적인 존재에 고유한 것이며, 그것을 지배하는 논리는 동일성의 논리이다. 이와는 달리 역사에서는 불변하는 기체나 실체가 무매개적으로 존재하지 않고, 단지 어떤 유한한 기간 내에서 존속할 수 있는 순환권이 종별적으로 존재한다. 거기에 한정된 개체는 오히려 그러한 한정 속에서 자유를 발휘하여 행위적으로 이러한 한정을 주체화함으로써 무를 실현하는 것이다. 역사는 이러한 행위의 주기[行輪, cycle]로서 존재한다. 그 기간이라는 것은 역사의 시대이며, 거기에 특정의 종적 사회가 대응한다. 모두 유한한 상대적 존재이면서 부단히 새로워지고 부단히 전환되는 것이다. 동일한 시대라고 해도 엄밀하게 말하면 결코 절대적인 항상성을 유지하는 것이 아니라, 궁극적으로는 매 순간마다 변이가 일어난다. 시간이 멈추지 않는 한, 그리고 시간이 현실의 본질적 규정인 한, 현실은 부단히 변전하는 것이고, 두 개의 초점을 가지는 동적 타원권이 순환의 주기를 이룬다.

주지하는 대로 그리스인은 존재의 본질을 항상성(恒常性)이라고 규정하였고, 이것을 대표하는 것으로서 자연계에 영원히 동일 주기를 순환하는 천체를 생각하였다. 하지만 역사의 순환성은 변이적이고 일탈적이다. 역사의 순환성은 완전히 동일적으로 서로 겹치지 않는 종별적 주기여서 하나의 고리로부터 다른 고리로 부단히 전환하는 순환을 이룬다. 순환은 고리가 서로 겹치는 데서가 아니라 주기 그 자체의 윤환성(輪環性)에서 성립한다고 생각해야 한다. 따라서 이것에 대응하는 종적 사회도 현실의 역사에서는 부단히 전환되며, 이것을 매개하는 행위적 주체로서의 개인의 죽음과 부활과 더불어 끊임없이 갱신된다. 개인은 이러한 종적 사회의 역사적 전환의 매개이므로, 그것은 종으로부터 나와서 종으로 들어가는 무의 축이라고 해도 좋다. 이러한 무의 전환점으로서 행위적으로 "영원한 현재"를 믿고 깨닫는 개인의 자기가 곧 실존의 주체이기 때문에, 실존의 근저는 무에 있으며 실존은 무의 현성에 다름 아니다. 더욱이 무에서 무집무착을 행위하고 또 행위를 받음으로써 서로 공존 협력해서 상호 교화적으로 질서적 평등의 사회를 실현한다. 이 사회는 역사를 관철하여 부단히 갱신되고, 부단히 행위적으로 증거된다. 그것은 인간의 협력과 유화가 이루어지는 형제 세계이고, 그것을 건설하고 그것을 사는 환희가 인간 존재의 의미여야만 한다.

형제 사회에 우리들을 참여시키는 무의 절대성은 사랑이며 대비이다. 무가 사랑이며, 절대전환의 대비(大非)가 대비(大悲)라는 것에 대한 행위적 깨달음이야말로 신국의 건설이며, 정토로의 왕생이다. 즉 무의 행위적 깨달음에서 역사를 통해서 신의 나라가 실현될 수 있다. 바로 여기에서 우리는 역사의 의미를 발견할 수 있다. 그것은 이른바 종말론적인 의미에서 역사의 목표나 종국이 아니다. 이렇게 생각하는 것은 여전히 목적론적 자연관의 발상이다. 그와는 달리 개체적 실존이 영원의 무의 현성을 행위적으로 깨닫는 모든 현재에서 이미 신의 나라는 존재한다. 그러므로 "천국은 너희 안에 있느니라"(누가복음 17장 21절)라고 하는 것이다. 그와 동시에 "천국이 가까왔다"(마가복음 1장 15절)라고도 하는 것은, 과거의 것이 곧 미래의 것이며, 천국은 자연적으로 존재하는 것이 아니라 행위적 전환을 통해서 믿어지고 깨달아지는 것이기 때문이다. 이것이야말로 역사의 특색을 나타내는 무의 행위와 믿음과 깨달음이다. 그러한 통일은 관상(觀想)의 대상이 아니다. 항상 존재의 이면에는 무가 존재하며, 부단히 이것을 전환하여 존재와 무에 집착하거나 속박되지 않고 자유자재로 출입하는 행위의 자각이야말로 역사에서의 신국의 실현인 것이다. 아우구스티누스의 신국론에서도 현세의 역사적 국가인 로마 제국은 단순한 지상의 국가로서 설정되지 않았고, 마찬가지로 교회도 직접적으로 신국과 동일시되지 않았다. 로마 제국 내에서도 신앙인은 종교적 생활을 하고 있었으며, 교회 내에도 현세적인 불순함이 혼입해 있어서 서로 교차하고 서로가 서로 속에 포함되는 것이다. 역사적 세계는 이러한 유무의 전환상입과 교차가 일어나는 세계이다. 따라서 이것을 동일성 논리에 따라서 조직하거나 통일적 형상으로서 직관해서는 안 된다. 섬광처럼 명멸하고, 명암이 교차하고, 표리가 서로 전환하며, 유와 무가 상입(相入)한다. 그러한 전환상입의 움직임이 무의 중심으로서 행적으로 자각되는 것이 역사적 세계이다.

각각의 자기의 중심이 다른 자기를 매개하고, 과거가 미래로 교호적으로 전환되는 행위적 전환은 이러한 통일을 자각하기에 이르게 된다. 행위적 중심이 없는 역사적 세계란 존재하지 않는다. 이것이 없는 관상의 세계는 역사의 세계가 아니다. 단지 개념적 구성의 세계가 역사의 세계가 될 수 없을 뿐만 아니라, 또한 단지 "생과 표현" 내지 예술적 형성의 세계도 역사의 세계는 아니다. 역사적 실재는 객체들이며 그 객체들의 통일을 어떤 근본적 원형의 변형으로서 관상할 수 있다고 생각한다면 역사의 본질은 망각된다. 그것은 결국 평면적인 형상의 형성에 대한 직관을 가지고 행위적 전환에서 존재와 무가 입체적으로 상입하는 것을 자각한다고 착각하는 것이다.

나는 달리아라는 꽃을 상징으로 삼아서 설명해보고 싶다. 불교에서는 불 속의 연꽃을 가지고 해탈구제의 경지를 상징하는 것이 보통이다. 연꽃의 청정함에는 실로 적절한 것이 있다. 이 청정함은 연꽃을 자라나게 하는 진흙 속에서도 더러워지지 않으며, 맹렬하게 타오르는 번뇌의 불에도 타버리지 않는 견고함을 나타내는 것을 보면서 이 비유가 대단히 인상 깊다는 사실에 감탄하지 않을 수 없다. 그러나 지금 역사적 현실에 상즉하는 무의 행위적 공유를 상징하려면, 천축(天竺)의 목련이라고도 불리는 달리아 꽃의 모습이 더 적절하지 않을까 한다.

　파스칼이 자연을 모든 곳에 중심을 가지면서도 주변은 그 어디에도 없는 구(球)에 비교한 것은 주지의 사실이다. 역사적 세계는 유한한 초점 거리를 가지는 두 초점을 가진 타원의 무한다(無限多)를 그 자르는 방식(혹은 보는 방법)의 경사에 따라 다양한 절단면(象面)으로서 전개하는 타원체의 회전에 비견될 수 있을 것이다. 나아가서 이 타원체를 달리아 꽃으로 상징한다면, 그 꽃송이를 만드는 하나하나의 꽃은 자아의 중심에 상당하고, 꽃송이 전체의 중심인 하나하나의 꽃을 신의 현성에 비견해야 할 것이다. 이렇게 꽃송이를 여러 가지의 경사로 회전시켜서 이것을 평면거울에 비추면, 절대 중심을 대등하게 사이에 두는 한 쌍의 초점을 가지는 타원이 여러 경사와 여러 형상을 가지고 비치게 된다. 그러한 여러 상들의 연속적인 전환은 역사적 세계를 비교적 적절히 상징할 것이다. 꽃의 축인 신적 중심을 각각의 위치 편향에 따라 절대매개의 행위적 믿음과 깨달음으로써 중복해서 윤환적으로 통일하는 달리아의 회전을 가지고 역사적 세계의 상징으로 삼고, 동시에 이것을 철학적 자각 내용을 상징하는 것으로도 볼 수 있을 것이다. 불교에서는 만다라 꽃의 상징으로부터 부처의 참된 지혜와 해탈의 경지를 같은 중심을 가진 궤도를 중복되게 묘사한다. 만다라란 이러한 것이다. 그렇듯이, 내가 만일 달리아의 이미지를 역사주의에 근거한 참회의 만다라라고 부른다고 하여도, 크게 잘못된 것은 아닐 것이다.

　자연에서 신화는 필연적인 의의를 가지지 않는다. 신화를 법칙으로 치환하는 것이 자연 인식의 요체이다. 그곳에서는 존재의 우연적 기원은 문제가 되지 않고, 영원 보편의 이법만이 인식의 목표가 되기 때문이다. 거기에 반해 역사는 절대 우연성을 벗어날 수 없다. 왜 존재가 있는가, 어떻게 해서 존재가 존재하는가라는 원우연(原偶然)[8]에 대한 물음은 역사에 대해서 필연적으로 제기되는 물음이다. 그러나 그것은 왜라든지, 어떻게 해서라든지 하는 이유를 들면서 설명할 수 없다. 만일 그것이 가능하다면 이미 절대적인 우연은 아니기 때문이다. 나아가 현존재(Dasein)에 대해서뿐만 아니라 본질 존재(Sosein)에 있어서도 존재는 우리에게 알 수 없는 우연으로서 존재할 뿐만 아니라, 이러한 존재로서 존재하지 않으면 안 되는 이유는 우리에게 완전히 불가지(不可知)한 것이 되지 않을 수 없다. 이렇게 역사에서 세계의 기원이나 존재의 유래는 필연적으로 묻지 않을 수 없으면서도 대답할 수는 없는 물음이라는 이율배반을 벗어날 수 없다. 이것에 대해서는 단지 참회도적으로 행위적 믿음의 내용을 자각하여 신화적 상징을 상상하고 해석할 수밖에 없다.

플라톤은 참된 지혜를 이데아에 대한 관상이라고 여겼다. 그래서 그는 이것을 참된 영원 존재의 행위적 자각이라고 생각하였고, 이와는 달리 현상계의 가상적 억견의 입장에서 세계의 기원을 해석하는 것은 신화에 의한다고 보았다. 이것은 오늘날의 인식론에서도 자연과 역사의 상위를 분명히 하는 것으로서 깊은 의미를 지닌다. 단지 이세계론(二世界論)이 아니고, 행위적 전환상입의 절대매개론을 가지고 두 세계를 교호적으로 전입하도록 만들 필요가 있다. 이 입장에서 보면 법장보살 인위수업의 절대환상론은 종교적 구제의 입장으로부터 역사적 세계에 의미를 부여하며, 그 밖에 이에 필적할 만한 것을 찾아보기 힘들 정도로 깊은 뜻을 지니고 있다. 앞에서 말했던 달리아 꽃의 꽃술은 절대의 대표로서의 절대적 상대로서 법장보살의 자각 내용에 상당한다고 할 수 있다. 그는 여래의 집의 상속자로 정해진 장자로서 항상 아버지인 여래를 대리하고, 다른 일체 중생에 대한 절대적 선진자로서 교화를 위한 스승

---

8 원래 쉘링이 『신화의 철학』에서 사용한 표현.

이고 형이다. 이 신화에서 상징되는 역사적 사회관은 참회도의 철학이 진종의 교의로부터 배울 수 있는 중요한 의미라고 생각한다. 더욱이 앞에서 기술했던 아미타여래의 환상성을 돌아본다면, 법장보살의 선진성도 상대화되어서 인간의 교호적 교화의 평등을 통해서만 실현되는 이념을 상징하는 것이 된다.

오늘날 우리 국민은 종래의 국가주의에 대한 참회라는 과제를 외부로부터 받아들이고 있다. 이것은 우리가 자발적으로 짊어져야 할 과제였기에, 오늘날 뒤늦게 패전국으로서 이것을 외부로부터 부여받는다는 것은 부끄러운 일이며, 통한의 극한을 이룬다고 하겠다. 이제 비록 늦었더라도 스스로 참회함으로써 자유를 확보해야 한다. 외부로부터 강제된 자유주의는 무의미한 모순이다. 상대적 타력에 편승해서 자유주의 문화주의를 주창하는 것은 부끄러움과 반성을 모르는 행위라고 하지 않을 수 없다. 재출발의 전환기는 참회에 있다. 이것을 제외하고 국가 재건의 길은 없는 것이다.

그러나 참회를 필요로 하는 것은 우리나라의 국가주의만은 아니다. 자유주의도 또한 참회를 필요로 함은 자유주의를 표방하는 대표 국가의 내부적 모순과 연합국 측에 있는 다른 강대국이 대표하는 사회주의에 대한 모순에서도 명백하게 드러난다. 게다가 사회주의 국가도 그들의 주의 주장이 막다른 골목에 다다라 자신들의 입장을 크게 수정하고 있다. 그뿐 아니라 자유주의의 대표 국가들도 우리에게 청산을 요구하는 —그리고 자유주의나 사회주의와는 정반대의 사상인— 바로 그 국가주의라는 속박에 스스로 빠져들어가서, 결국은 제국주의의 늪으로 앞 다투어 빠져들어가는 모순을 노정하고 있는 것은 아닐까? 참회를 필요로 하는 것은 단지 우리나라만이 아닌 것이 명백하다. 이들 나라들 또한 스스로의 모순과 과오와 죄악에 대해서 정직하고 겸허하게 참회를 행하지 않으면 안 된다. 참회는 오늘날 세계 역사의 모든 국민에게 부여되어 있는 과제인 것이다.

참회도는 역사의 전환기인 현대에 필연적인 철학이다. 모든 국민들이 자신들의 입장에서 참회를 행하고, 그를 통해서 형제성의 사회를 건설하는 길로 나아가는 것이 역사의 요구일 것이다. 나는 참회도의 철학의 의미가 이와 같은 것이라고 이해하고 있다.

다 나 베 하 지 메 의 주 요 연 보 (年譜)*

1885년 (메이지(明治)18년) 2월 3일. 한학자이자 교육자로서 카마쿠라 여학교(鎌倉女
学校)를 창설하고 토쿄의 카이세이 중학(開成中學)의 교장을 지낸 다나베 신
노스케(田辺新之助 1862-1944년)의 장남으로서 토쿄에서 태어남.

1904년 (19세) 구제(舊制) 제일고등학교 (第一高等學校) 이과를 졸업.

1908년 (23세) 도쿄제국대학 문과 대학 철학과 졸업. (처음에는 수학과에 입학하였으
나, 철학과로 전과하였다.)

1908년 토쿄제국대학 대학원입학. 모교인 죠호쿠 중학교(城北中學校)에서 영어교사
로서 교편을 잡다.

1910년 "지정판단에 대하여"(指定判斷に就いて)를 도쿄제국대학의 「철학잡지」(哲
學雜誌)에 발표.

1912년 (27세) "상대론의 문제"(相対論の問題)를 「철학잡지」에 발표.

1913년 (타이쇼(大正) 2년) (28세) 토호쿠(東北)제국대학 이학부 강사로 취임. 「과학개
론」을 강의하면서 독일어 초보를 가르치다.

1915년 (30세) 『최근의 자연과학』(最近の自然科學)을 이와나미서점에서 출판함.

1916년 (31세) 아시노 케이사부로(芦野敬三郎)의 차녀인 치요(千代)와 결혼. 부인은
허약한 체질이었으나, 다나베는 이 부인을 지극히 사랑했다고 한다. 그가 지은
단가(短歌)에 "나는 추남이나 처는 지극히 아름다우니, 그 처를 맞아들인 은혜
몸 둘 바를 몰라라"가 있음으로 보아도 부인에 대한 그의 애정을 짐작할 수 있
다. 부인도 신경질적이고 까다로운 남편을 평생 극진히 보필하였다. 포앙카레
의 『과학의 가치』(科學の價值)를 이와나미서점에서 번역, 출판.

---

* 이 연보는 〈다나베 하지메 전집 15〉에 실려 있는 〈다나베 하지메 연보〉(477-490頁)를
기본으로 하여 역자가 일부분을 보충한 것이다 — 역자주.

1918년 (33세) 『과학 개론』(科學槪論)을 이와나미 서점에서 출판.

1919년 (34세) 니시다 기타로의 초대에 의해 교토 제국대학 문학부 조교수로 취임.

1922년 (37세) 문부성 재외 연구원으로서 유럽에 유학. 처음에는 베를린 대학에 머물렀
　　　　　　으나 프라이부르크 대학으로 옮겨서 후설에게 배우고, 하이데거, 오스카 베커
　　　　　　등과 교류하고 1924년에 귀국.

1925년 (40세) 『수리철학연구』(數理哲學研究)를 이와나미서점에서 출판.

1927년 (42세) 니시다 기타로의 뒤를 이어 쿄토대학문학부 철학강좌의 교수로 취임.

1928년 (43세) 플랑크의 『물리학적 세계상의 통일』(物理學的世界像の統一)을 이와
　　　　　　나미서점에서 「철학논총」(哲學論叢)의 한 권으로서 번역 출판.

1930년(쇼와(昭和)5년) 45세 <이른바「과학의 계급성」에 대하여>(所謂『科学の階級
　　　　　　性』に就いて)를 「개조改造」에 발표. "니시다 선생님의 가르침을 우러러 보
　　　　　　며"를 「철학 연구」(哲學研究)에 발표.

1932년 (47세) 『헤겔 철학과 변증법』(ヘーゲル哲学と弁証法)을 이와나미 서점에서
　　　　　　출판.

1933년 (48세) 『철학 통론』(哲学通論)을 이와나미 서점에서 출판.

1934년 (49세) 문부성 주최 일본 문화 교관 연구 강습회에서 <역사의 의미> (歷史の意
　　　　　　味)를 강연. 이 무렵부터 문부성 주최의 강연회에서 자주 강연하였다. "사회 존
　　　　　　재의 논리(상)" (社会存在の論理」上)을 「철학 연구」에 발표하고, "사회 존재
　　　　　　의 논리(하)"(社会存在の論理」下)를 다음 해에 발표

1935년 (50세) "종의 논리와 세계 도식"(種の論理と世界図式)을 「철학 연구」에 발표
　　　　　　"과학 정책의 모순"(科学政策の矛盾)을 「개조改造」에 발표 "논리의 사회존
　　　　　　재론적 구조"(論理の社会存在論的構造)를 「철학 연구」에 발표.

1937년 (52세) "미노다 씨와 마츠다 씨의 비판에 답함"(蓑田氏及び松田氏の批判に
　　　　　　答ふ)을 「원리일본」(原理日本)에 발표. "종의 논리에 대한 비판에 답함"(種
　　　　　　の論理に対する批評に答ふ)을 「사상」(思想)에 발표. "종의 논리의 의미를

밝힘"(種の論理の意味を明にす)을 「철학연구」에 발표.『철학과 과학 사이』(哲学と科学との間)를 이와나미 서점에서 출판.

1939년 (54세) 『정법안장의 철학적 사견』(正法眼蔵の哲学私観)을 이와나미 서점에서 출판. "국가적 존재의 논리"(国家的存在の論理)를 「철학연구」에 발표.

1944년 (59세) 특수 강의 <참회도>(懺悔道) 발표.

1945년 (60세) 교토대학을 정년으로 퇴임함. 이후 기타가루이자와에 거주.

1946년 (61세) 『참회도의 철학』(懺悔道としての哲学)을 이와나미 서점에서 출판.『정치철학의 긴급한 임무』(政治哲學の急務)를 치쿠마쇼보(筑摩書房)에서 출판.

1947년 (62세) 학사원(学士院) 회원이 됨. "기독교와 맑스주의와 일본불교"(キリスト教とマルクシズムと日本仏教)를 「전망」(展望)에 발표.『종의 논리의 변증법』(種の論理の弁証法)을 아키다야(秋田屋)에서 출판.『실존과 사랑과 실천』(実存と愛と実践)을 치쿠마쇼보에서 출판.

1948년 (63세) 『기독교의 변증』(キリスト教の弁証)을 치쿠마쇼보에서 출판.

1949년 (64세) 『철학입문: 철학의 근본 문제』)(哲学入門- 哲学の根本問題)를 치쿠마쇼보에서 출판.

1950년 (65세) 문화훈장(文化勳章)을 받음. "과학과 철학과 종교"(哲学と科学と宗教)를 「哲學講座」(치쿠마쇼보)에 기고함.『철학입문: 보설제2, 과학철학인식론』(哲學入門: 補說第二, 科學哲學認識論)을 치쿠마쇼보에서 출판.

1951년 (66세) 『발레리의 예술철학』(ヴァレリイの芸術哲学)을 치쿠마쇼보에서 출판. 처 치요가 세상을 떠남.

1952년 (67세) "재무장에 관한 의견, 비판, 희망"(再武裝に關する意見 · 批判 · 希望)을 「세계」(世界)에 기고함.
1953년 (68세) 미완의 유고인 『철학과 시와 종교: 하이데거, 릴케, 횔덜린』(哲學と詩と宗敎:ハイデッガ · リルケ · ヘルダーリン)을 쓰기 시작하였다고 여겨짐.

1954년 (69세)『수리의 역사주의전개』(数理の歴史主義展開)를 치쿠마쇼보에서 출판.

1955년 (70세)『이론물리학 신 방법론 제설』(理論物理学新方法論提説)을 치쿠마쇼보에서 출판.『상대성이론의 변증법』(相對性理論の弁証法)을 치쿠마쇼보에서 출판.

1956년 (71세) "쿄토대학의 추억"(京大の憶出)을『교토대학문학부50년사』(京大文學部五十年史)에 기고함.

1957년 (72세) 독일 프라이부르크 대학 창립 500년 기념식에서 동 대학 명예박사학위를 받음. 추천자는 마틴 하이데거와 오이겐 핑크였다.

1958년 (73세) "죽음을 기억하라"(メメントモリ)를「시나노 교육」(信濃教育)에 발표.

1959년 (74세) "Todesdialektik"("생의 존재학인가, 죽음의 변증법인가"(生の存在學か死の辨證法か)의 일부분을 <하이데거 70세 기념논문집>(*Martin Heidegger zum siebzigsten Geburtstag*, Verlag Günther Neske Pfullingen, 1959)에 기고함.

1961년 (76세) 뇌연화증으로 군마대학병원에 입원. <말라르메 각서> (マラルメ覚書)를 치쿠마쇼보에서 출판.

1962년 (77세) 4월 29일 7시 46분에 서거. 유언에 의해서 장서 8837책 중에서 일본서적과 한문서적 605책, 양서 807책은 쿄토대학에, 나머지 장서와 택지와 건물은 군마대학에 기증됨. "생의 존재학인가, 죽음의 변증법인가"(生の存在学か死の弁証法か)가「철학연구」에 게재됨.

1963 3월   총 15권의 <다나베 전집>(田邊元全集)이 치쿠마쇼보에서 간행되기 시작하여 1964년 11월에 완결됨. 여기에는 강연원고나 완성된 저서만이 들어있으며, 미완의 논문들이나 일기, 수기, 서간 등은 포함되어 있지 않다.

같은 해 6월에 기타카루이자와의 택지 안에 기념비가 건립됨. 기념비에는 <내가 희구하는 바는 오직 진실 이외에 없다>(私の希求するところは真実の外にはない)는 구가 새겨져 있다.

역 자 해 설 및 후 기

　이 책은 1946년에 출판된 일본의 철학자 다나베 하지메(田邊 元, 1885-1962년)의 『참회도의 철학』(懺悔道としての哲學)(〈田邊元全集 9〉筑摩書房, 1963년)을 완역한 것이다.

　다나베 하지메는 니시다 기타로(西田幾多郞, 1870-1945년)와 함께 교토학파(京都學派)를 대표하는 철학자로서 이름이 알려져 있다. 그는 도쿄에서 태어나 1고(一高)[전쟁 전의 일본의 구제(舊制) 학교 조직상의 第一高等學校를 가리키는 말로서 현재의 도쿄대학 교양학부의 전신: 역자주]를 수석으로 졸업한 수재였다. 1고는 아쿠타가와 류노스케(芥川龍之介), 가와바타 야스나리(川端康成), 호리 타츠오(堀辰雄) 등을 배출한 일본 최고의 명문고였으며, 1891년, 저 유명한 "우치무라 칸조 불경사건"(內村鑑三不敬事件)이 일어났던 곳이기도 하였다. 이는 당시 1고에서 강사로 있던 일본의 기독교 사상가 우치무라가 일본 정부의 교육방침을 정하여 메이지(明治) 천황이 문부대신에게 하사한 〈교육칙어〉(敎育勅語)에 예를 표하는 식에서 경례를 하지 않았다는 이유로 학교를 사임하기에 이른 사건을 가리킨다.

다나베는 1고의 이과(理科)를 수석으로 졸업하고, 1904년 당시의 도쿄제국대학 이과대학 수학과에 입학하였으나, 다음 해에 문과대학 철학과로 옮겼다. 훗날 다나베는 "과학자가 될 수 있다는 자신감을 잃어 버렸고, 내 마음 속에서 끓어오르는 요구"가 있어서 전과(轉科)하였노라고, 자신이 전공을 바꾼 당시의 심경을 술회하고 있다. 다나베가 1고 이과를 수석으로 졸업했다는 사실을 생각해 보면, "과학자가 될 수 있다는 자신감을 잃어 버렸다"는 그의 말을 액면 그대로 보기는 어렵다. 오히려 그것은 "마음속에서 끓어오르는 요구", 곧 철학을 향한 절실한 요청이 자신에게 있었기에 철학과로 옮겼음을 겸손하게 표현하려는 그의 마음을 생각하면서 읽어야 할 듯하다. 하지만 다나베가 이노우에 테츠지로(井上哲次郎 1856-1944년)나 라파엘 폰 퀘버(Raphael von Koeber 1848-1923년)등이 가르치고 있던 도쿄대학의 철학과 강의 내용에 그다지 만족하지는 못했던 것으로 보인다. 그는 당시의 정황에 대해서 "당시의 도쿄대학 철학과에는 우리들의 요구를 충분히 만족시켜 줄 만한 철학 강의는 매우 적었다. 겨우 퀘버 선생의 인격과 교양이 철학을 전공하는 우리들의 존경을 받는 중심이 되어 있을 뿐이었다"라고 말하고 있기 때문이다.

다나베는 1908년에 문과대학을 졸업하고 대학원에 진학하였다. 그리고 1913년에 센다이(仙臺)에 있는 도호쿠(東北)제국대학에 강사로 부임하였다. 1918년에는 "수리철학연구"(數理哲學研究)로 교토제국대학에서 문학박사 학위를 받았는데, 학위 심사의 주심(主審)은 다름 아닌 니시다 기타로였다. 니시다는 이 책에 다음과 같은 〈서문〉을 써 주었는데, 철학자로서의 다나베의 사상적 출발점을 알 수 있다고 여겨지기에 여기에 그 일부를 인용해 본다.

이 책은 비판철학의 입장에서 현대 수학의 근본 개념을 논하고, 그 인식론적 성질을 밝힌 것이다. 칸트의『순수이성비판』의 목적이 순수 수학이나 순수 물리학이 어떻게 가능한가를 밝히는 데 있었다고 한다면, 이러한 기도가 철학에서 얼마나 중요한가 하는 것을 알 수 있을 것이다. 현대의 수학이나 물리학은 이미 칸트 시대의 수학과 물리학은 아니다. 19세기 말과 금세기 초에 이르러 이들 학문의 근본 개념들은 크게 진보하였다고 일컬어진다. 더욱이 칸트는 자신이 창안한 이러한 비판 철학에 철저하였다고만은 할 수 없다. 칸트를 이해하는 것은 칸트를 초월하는 것이다. 비판 철학의 정신을 순화(醇化)함과 동시에 새로운 수학과 물리학의 진보에 적응하는 것은 오늘날의 칸트 학도가 담당해야 할 과제가 아니어서는 안 된다. 현대 철학에서 이 점에 착안하여 깊이가 있으면서도 치밀한 체계를 조직한 것은 코헨이 창안한 마부르크 학파였다. 이 책의 저자[다나베]는 이러한 학파의 정신을 체득하고 있으며, 현대 수학의 근본 개념 내지 그와 관련된 수학자의 주장들을 널리 연구하여 자기의 입장에서 이들 재료를 종합하고 통일하여 이 책을 썼다. 현대와 같이 학문의 분화, 발전하는 시대에 철학을 연구함과 동시에 수학과 물리학의 지식을 겸비한다는 것은 어려운 일이다. 저자처럼 특별한 소양을 가짐으로써만 비로소 이러한 책을 쓸 수 있다고 하여야 할 것이다. (〈田辺元全集2〉筑摩書房, 1963년, 363頁.)

본래 수학과에 입학하였다가 철학과로 전공을 바꾸었던 다나베의 관심이 칸트의 이성 비판의 철저화에 있었다는 사실을 확인할 수 있음과 동시에, 니시다가 말했던 것처럼 "칸트를 이해하는 것은 칸트를 초월하는 것이다"라고 한다면, 본서『참회도의 철학』에 드러난 다나베의 철학적 관심, 곧 이성 비판을 철저히 하여 이성 자체의 탈구축을 꾀한다는 관심은 시종일관 다나베 철학이 맴도는 기본 축(軸)이었다고도 할 수 있다.

박사학위를 받은 이듬해에 니시다는 다나베를 교토대학 조교수로 불러들였다. 자신의 후계자로 삼으려는 의도가 있었던 것이다. (하지만 니시다와 다나베 사이에는 철학적 입장의 차이와 더불어 인간적인 관계면에서도 균열이 생기게 된다.) 다나베는 1922년부터 문부성 장학생의 신분으로 독일에 유학하여 프라이부르크 대학의 후설에게서 배우고 하이데거나 오스카 베커 등과 교류하였으며, 1924년 1월에 귀국하였다. 1927년에 니시다의 뒤를 이어 교토제국대학에 취임한 다나베는 1945년 3월에 정년퇴임하기까지 철학 강좌를 담당하였다.

다나베가 철학에 임하는 태도에 대해서 다나베의 주요 저작을 골라 4권으로 된 〈다나베 철학선〉을 편집한 후지타 마사카쓰 전 교토대학 교수는 다음과 같이 평하고 있다. 철학자로서 그리고 구도자로서의 다나베의 면모를 엿보게 하는 글이라 여겨져 여기에 소개한다.

다나베 하지메는 어떤 철학자였던가? 그는 철학이라는 학문을 어떻게 이해하고 있었던 것일까? 많은 사람들이 다나베가 철학을 대하는 진지함과 철학에 대한 뜨거운 정열에 대해서 증언하고 있다. 다나베 자신도 그 저작 속에서, 예를 들어서 "철학은 단지 문화로서 향수(享受)할 수 있는 것이 아니고, 각자가 자신의 생명을 바치고 목숨을 걸고서야 얻을 수 있는 것이어서, 종교적 신앙과 궤를 같이한다."고 말하고 있으며, 또는 **"철학은 자신이 땀을 흘리고 피눈물을 흘리면서 언제나 자신을 버림으로써 새로워지고, 새로워지는 바에서 성립한다."**고도 말하고 있다. 철학은 다나베에게 있어서 "피눈물을 흘리면서" 마주 대해야만 하는 것이었다. 그리고 언제나 새로운 것, 완전한 것을 향해서 계속 노력할 필요성을 그는 느끼고 있었다. 그것은 철학이 단순한 사색의 도구가 아니기 때문이다. 철학에 의해서 늘 자신이 변화를 이루는 것, 혹은 늘 새롭게 창조되어 오는 것, 다나베는 철학을 이렇게 이해하고 있었다. "내가 철학을 가지는 것이 아니라, 철학이 나이다."라는 말로서 다나베는 이러한 사실을 표현하고 있다. 이러한 의미에서 다나베에게 철학은 "사는 것"과 직접 관계를 가진 것이었다. 어느 제자가 다나베로부터 반복해서 들었던 말 중에서 "철학을 연구한다는 것은 자기의 가고 오며 앉고 눕는 [行住座臥] 모든 것이 철학에 의해서 규제되지 않으면 안 된다는 뜻이다. 철학이 다른 학문과 다른 것은 그것이 그 사람의 삶을 움직이기 때문이다. 그러므로 철학자 이외의 사람들에게는 허락되는 것도, 철학자에게는 허락되지 않는 것이 있다."는 것을 소개하고 있다. [중략] 이 말을 통해서 철학에 대한 다나베의 강인한 사상을 엿볼 수 있다. 그리고 다나베는 이러한 신념 그대로 자기의 행동을 다스렸던 사람이었다. 많은 사람들이 그의 생활이 극히 엄격한 기율에 바탕해 있었음을 증언하고 있다. (藤田正勝〈解説〉, 藤田正勝 編『田辺元哲学選Ⅰ種の論理』岩波書店, 2010年, 495-496頁.)

삶 자체를 가지고 철학하고자 하였던 다나베였기에, 그가 "강의 준비에 몰두하여 신경이 극도로 흥분된 상태에 이르곤 하였고, 강의 전날 밤이나 강의가 끝난 날은 거의 한 숨도 잘 수 없어서 일상적으로 다량의 수면제를 복용하고 있었다."(후지타, 앞의 글, 497면)고 많은 이들이 말하고 있다.

이러한 다나베의 삶과 철학에 대한 태도로 미루어 볼 때, 그가 일본의 패전으로 전쟁이 끝난 직후인 1945년 7월부터 군마현(群馬縣)의 기타가루이자와(北輕井澤)에 있는 산장에 칩거하면서 1962년에 세상을 떠날 때까지 산에서 내려오는 일 없이 연구와 집필에 몰두하였던 것은, 평소의 그의 삶과 철학의 연장선상에서 본다면, 어떤 의미에서는 자연스럽게 이해될 수 있는 일이었다고 할 수 있다. 은둔 생활을 하는 이유에 대해서 그는 지인들에게 "제국대학 교수로서 일본을 비운(悲運)으로 이끈 응분의 책임을 통감하고 있으며, 이러한 책임을 느끼면 느낄수록 방안에서 편안히 눈을 감을 수는 없는 노릇이다."라고 하였다고 전하여 온다. 다나베는 칩거 생활을 하는 동안에『기독교의 변증』(1948년),『철학입문: 철학의 근본문제』(1949년),『발레리의 예술철학』(1951년),『수리(數理)의 역사주의 전개』(1954년) 등의 저서를 출판하였으며, 세상을 떠나기 직전에는『죽음의 철학』을 구상하고 있었다. 1961년에 뇌연화증(腦軟化症)이 발병하여 군마대학병원에 입원하였으며, 1년 반에 가까운 입원 생활 끝에 1962년 4월 29일 향년 77세로 세상을 떠났다. 고인의 유지에 따라서 소장하고 있던 책은 군마대학과 교토대학에, 기타가루이자와의 집은 군마대학에 기증되었다.

*

우선 이 책의 제목에 포함된 "참회"라는 말에 대해서는 약간의 설명이 필요하다. 그것은 이 "참회"라는 용어를 종전 직후 일본의 사회 상황이라는 맥락 속에서 고찰해 볼 필요가 있다고 여겨지기 때문이다. 잘 알려진 대로 전쟁에서 패한 일본은 발 빠르게 전후의 수복과 재건의 길을 모색하기 시작하였는데, 이러한 맥락에서 제창되었던 것이 이른바〈전국민총참회〉(全國民總懺悔), 또는〈일억총참회〉(一億總懺悔)였다. 문자 그대로 일본의 전 국민은 전쟁의 책임에 대해서 참회해야 한다는 주장이었다. 패전의 책임을 지고 수상 직을 물러난 스즈키 간타로(鈴木貫太郎)의 뒤를 이어 1945년 8월 17일에 수상이 된 히가시쿠니 나루히코(東久邇稔彦)는 국회에서 행한 시정 방침연설(1945년 9월 5일)에서 다음과 같이 말하고 있었다.

> 나라의 사정이 여기에까지 이르게 된 것은 물론 정부의 정책이 좋지 않았기 때문이었겠지만, 국민의 도의(道義)가 피폐해졌던 것도 그 원인의 하나이다. 이제 나는 군, 관, 민, 국민 전체가 철저하게 반성하고 참회하지 않으면 안 된다고 생각한다. 전 국민이 모두 참회하는 것[全國民總懺悔]이 우리나라 재건의 제 일보이며, 국내의 단결을 위한 제 일보라고 믿는다. [중략] 전선(前線)도 후방도, 군도 관도 민도 모두, 국민 모두는 조용히 반성하지 않으면 안 된다. 우리는 이제야말로 모두 참회하여 카미[神] 앞에서 일체의 사심(邪心)을 깨끗이 씻고, 과거의 일로 장래를 위한 가르침을 삼으며, 마음을 새롭게 하여 전쟁 때보다 더 거국적으로 일치단결하여[擧國一家], 서로 돕고 서로 연대하여 각각의 본분에 최선을 다하며, 다가올 고난의 길을 넘어서 제국의 장래의 진운(進運)을 열어야 할 것이다.

〈일억총참회〉 내지는 〈전국민총참회〉는 전쟁의 책임을 일본 국민 전체에게 돌림으로써 전쟁 핵심 수행 세력의 책임을 모호하게 만드는 결과를 불러왔다. 이에 대해서는 다나베도 본서의 〈서문〉에서 이렇게 비판하고 있다.

나는 오늘날 자기들의 책임을 회피하기 위해서 국민들에게 총참회(總

懺悔)를 요구하는 지도층의 후안무치(厚顔無恥)를 혐오한다. 연대책임의 입장에 설 때, 참회란 자신은 하지 않으면서 다른 사람에게 권유하는 그런 것이 아니다.

하지만 다나베가 계속해서 말하고 있듯이, 참회가 이처럼 정치적 이데올로기로 이용되고 있다고 하여도, 참회는 철학자로서의 다나베 자신에게 대단히 중요한 의미를 지니고 있었다. 다나베에게 참회는 다른 사람의 문제가 아니라 바로 자기 자신의 문제, 곧 전쟁 중에 행했던 자신의 과거 행위와 관계된 문제였으며, 이로부터 더 나아가 철학 자체의 핵심 문제로서 부각되었던 것이다.

말로 다할 수 없는 비통함에 빠진 것은 물론 나 혼자만은 아니었다. 국민 전체가 그랬다. 게다가 국민으로서 이 모든 일에 이르게 된 유래를 돌아볼 때, 단지 참회밖에 달리 할 것을 알지 못한다는 것도 사실이다. 이러한 상황에 이르러 생각해 볼 때, 나의 참회도는 이미 일 년 전에 국가와 국민의 미래를 예비했다고 하는 이상한 운명을 지녔음을 알게 되었다. 나는 이것을 생각할 때 무한한 통한을 느끼지 않을 수 없다. [중략] 그러나 지금 이러한 비운에 빠져서 생각해 본다면, 우리나라가 전체적으로 참회해야 한다는 것은 명약관화한 사실이다. 국민의 연대책임을 믿는 나로서는 문자 그대로 총참회하여야 한다는 것은 너무나 당연한 일이다. 나는 참회도가 나 혼자만의 길이 아니라 우리나라 국민의 철학하는 길이라고 생각하지 않을 수 없다.

다나베는 전쟁이 끝난 후 갑자기, 혹은 당시의 사회상에 편승하여 "참회"를 말했던 것이 결코 아니었음을 위의 글에서 알 수 있다. 그 스스로도 밝히고 있듯이, 참회도는 일본이 전쟁에 패하기 "이미 일 년 전에 국가와 국민의 미래를 예비했다고 하는 이상한 운명을 지녔"던 것이다.

『참회도의 철학』이 실려 있는 『다나베 전집 9』의 〈해설〉(493-508면)을 썼던 다케우치 요시노리(武內義範)—그는 다나베의 제자였다—가 서술하고 있듯이, 『참회도의 철학』은 1946년 4월에 이와나미서점(岩波書店)에서 출판되었지만, 다나베가 완성된 원고를 출판사에 넘긴 것은 그 전 해인 1945년 10월의 일이었다. 또 다나베 자신이 본서 〈서문〉에서 밝히고 있듯이, 그는 일본이 패전하기 1년 전인 1944년 10월부터 12월에 이르는 교토대학 문학부에서의 마지막 강의에서 참회도의 철학을 밝혔었다. 나아가 같은 해 가을의 〈교토철학회 공개강연회〉에서도 다나베는 "우리 국민이 이렇다 저렇다 하고 슬퍼하는 동안에 나락으로 빠져들어갈 뿐인" 정세에 대해서 우국(憂國)의 정을 쏟아 놓았는데, 이 강연에 참석하였던 청중들은 "자신의 몸을 던지는 철학자가 되어야만 말할 수 있는 경세(警世)의 언어"에 숙연해졌다고 한다. 다케우치는 이 강연에 출석해서 다나베의 강연을 들었던 철학자 코사카 마사아키(高坂正顕)의 회상을 인용하고 있다.

당시 나는 선생의 대학 강의에 출석하는 시간적 여유도 없었으며, 선생의 말씀을 댁에서 직접 들을 수 있는 기회마저도 거의 없었다. 그러던 중에 나는 나중에 『참회도의 철학』으로서 출판된 사상의 요점을 〈참회도〉라는 제하에서 열렸던 교토철학회 공개강연회에서 갑자기 듣게 되었다. 그때, 그 강연을 사로잡고 있는 절망감, 무력감 그리고 참회와 타력의 가르침에 마음속 깊이 감동을 받았음과 동시에, 의외라고 할 정도로 선생의 입장이 전환된 데에는 거의 놀랍다는 생각마저 하게 되었다.

다케우치는 다나베가 퇴임 후 교토를 떠나 기타가루이자와로 가던 날의 비장한 심경을 다음과 같이 술회하고 있다.

1945년 7월에 선생이 교토를 떠나시던 날, 나는 우에다 등과 함께 교토 역에서 선생을 배웅하였다. 돌아오는 길에 복잡한 전차 안에서, 누군가가 살아남은 자가 선생의 사상을 후세에 전하지 않으면 안 된다고 말했던 것을 마치 어제의 일인 것처럼 생생하게 기억한다. 그 무렵 나는 선생께서 아마도 그리 오래는 살아계시지 못할 것이라는 걱정이 들었다. 그만큼 선생은 심신이 쇄약해지셨던 것이다. 나에게는 선생이 이 책에 쓰신 사상의 의미는 그 당시도 또 지금도 한없이 무거운 것이고, 우리들에게 의탁된 것일지도 모른다는 사명의 중대함과 자신의 무력함에 말할 수 없는 초조감과 압박감을 느끼고 있었다. 그러던 중 선생이 기타가루이자와의 산장에서 다시 기력을 회복하시어 이 책을 쓰시기 위해 전력을 집중하실 수 있었다는 것을 알았을 때, 정말 안도의 숨을 내쉬면서 이 책이 완성될 수 있기를 진심으로 기원하였다. 그러므로 우리들에게 이 책이 말하려는 사상의 대부분은 저 전쟁 중의 긴박했던 정세 속에서 배우고, 생각하고, 또 생각하였던 여러 일들과 직접 연결된다. 가령 이 책은 전쟁이 끝난 후의 이런 저런 이상한 사조 속에서 출판되었지만, 그러한 시대와 이 책을 연결시키는 것은 생각할 수도 없는 일이다.

교토대학에서 일본 철학을 강의하다가 최근에 퇴임한 후지타 마사카쓰(藤田正勝)도 말하고 있듯이, 다나베는 전쟁이 한창이던 때 행했던 강연이나 강의에서도 이미 "참회"라는 말을 쓰고 있었다. 나아가 후지타는 전쟁 전이나 전쟁이 끝난 후에도 많은 글을 발표하였던 다나베가 전쟁 중에는 논문을 한 편도 발표하지 않았던 것도 그의 〈참회〉 의식과

관련이 있다고 보고 있다. 즉 전쟁 중의 다나베의 절필(絶筆) 역시 참회에 대한 간접적인 몸짓으로 해석될 수 있다는 말일 것이다.(이하 藤田正勝, "懺悔道としての哲学:戦後の田辺哲学の展開," 「東西宗教研究」 vol.14, 2015년, 4-18항을 참조.)

다나베는 1934년부터 자신이 주창하는 "종(種)의 논리"에 관한 논문을 발표하기 시작하였고, 1939년에 "국가적 존재의 논리"(国家的存在の論理)를 세상에 내놓았다.("종의 논리"에 대해서는 본서 제8장을 참조하시오.) 그 후에도 "국가의 도의성"(国家の道義性), "사상 보국의 길"(思想報国の道), "실존 개념의 발전"(実存概念の発展) 등의 글을 발표하였다. 하지만 일본이 미국과의 전쟁을 시작해서부터 전쟁에 패하기까지는 몇 차례의 강연을 제외하고는 단 한 편의 논문도 발표하지 않으면서 침묵을 지켰다. 당시 다나베의 심경은 본서 『참회도의 철학』〈서문〉에 드러나 있는 그대로이다.

나 또한 일반 국민과 고뇌를 함께하였으나, 사상에 종사하는 자로서 남달리 특별한 고뇌를 겪지 않으면 안 되었다. 적어도 철학을 배워 사상을 가지고 보국(報國)해야 한다면, 설령 현 정부가 꺼린다고 하더라도 국가의 사상 학문 정책에 대해 직언(直言)해서 정부로 하여금 반성하도록 하여야 하지 않겠는가? 지금 단 하루의 유예(猶豫)도 허락하지 않는 이 위급한 시기에 국정의 개혁[釐革]을 말하지 않고 단지 침묵이나 지키고 있는 것이야말로 국가에 대한 불충(不忠)은 아닌가? 한편으로는 이런 염려를 했던 것이다. 그러나 다른 한편으로는, 이러한 행동은 평상시라면 모르되 전시(戰時)에 적을 앞에 두고 국내 사상의 분열을 폭로할 염려가 없다고는 할 수 없으니, 그러한 행동은 오히려 자제해야 하지 않을까 하는 자제심이 생기기도 하였다.

이처럼 염려와 자제심 사이에 끼어 이러지도 저러지도 못한 채 괴로워하였다. 그러나 이 진퇴양난의 곤경에서 나를 더욱 고뇌하게 만들었던 것은 다음과 같은 의문이었다. '고작 이 정도의 어려움조차도 극복할 수 없다면, 나에게는 철학에 종사할 만한 자격이 없는 것이 아닌가?' '더욱이 철학 교사로서 사람을 인도하는 일은 생각할 수도 없을 터이니, 당연히 나는 철학을 그만두고 철학 교사직을 사임해야 하는 것은 아닌가?' 나는 몇 겹으로 나를 옥죄어 오는 안팎의 괴로움에 절치부심(切齒腐心)하는 나날을 보낸 나머지, 나의 기력은 끝내 소진되어 버리고 말았으며, 철학과 같은 고매한 일은 천품이 비천한 나 같은 자가 할 바가 아니라는 절망에 빠지지 않을 수 없었다.

"참회"는 일차적으로 다나베가 당시의 많은 지식인들과 마찬가지로, 젊은이들을 전장으로 내어 모는 역할을 하게 되었던 것에 대한 "참회"와 분리될 수 없다. 전쟁을 독려하였던 일이 자발적인 것이었는지, 혹은 억압에 의해서 마지못해 이루어진 것이었는지에 대해서는 별도의 논의가 필요한 것이 사실이겠으나, 다나베 역시 제국대학의 교수로서 이러한 독전(督戰)의 대열에 참가하게 되었던 것은 사실이었다. (이러한 사실은, 다나베의 "참회도의 논리"가 그가 주장하여왔던 "종의 논리"와 어떤 관련성을 가지는가에 대한 보다 자세한 논의를 필요로 할 것이다.) 역시 후지타에 의하면, 1943년 5월 교토대학에서 했던 〈사생死生〉이라는 제하(題下)의 강연에서 다나베는 "우리들은 나라와 떨어질 수 없다. 지금 당장 나라에 몸을 바쳐야 한다."고 말하였다. 국가에 몸을 바치는 것이 젊은이로서의 의무라고 말하였던 것이다. 또 같은 해 10월에는 〈교토제국대학 신문〉에 실렸던 〈싸움터로 나가는 학생들에게 보내는 말〉이라는 제목의 글에서 "학생제군은 … 죽어도 살아도 오직 오오키미(大君)[천황-역자주]를 위해서 죽고 산다는 황군(皇軍)의 정신을 실천하지 않으면 안 된다.”고 쓰고 있다. 이 강연은 전황이 불리해져 가던 일본이 같은 해 10월에 문과계 대학생에 대한 징병 연기 제도를 철폐함으로써 곧 입대하게 된 학생들 앞에서 할 예정이었다.

다나베의 “참회”는 일차적으로는 이러한 자신의 쓰라린 경험을 배경으로 한 것이었다. 다나베가 1956년에 발표한 “교토 대학의 추억”이라는 글에서 당시의 그의 심경을 엿볼 수 있다.

제2차 대전이 점점 긴박해져가고, 격렬해져 가면서 사상에 대한 통제는 더욱 심해졌고, 그에 대해서 마음이 약한 나 같은 사람은 무언가 적극적으로 저항할 수도 없었고, 적든 많든 간에 시세의 풍조에 지배되지 않을 수 없었으니, 이에 대하여 아무리 깊이 자괴(自愧)한다고 하여도 모자랄 것이다. 결국 맹목적인 군국주의가 무수한 졸업생과 재학생들을 전장으로 내몰았고, 그 중에 희생된 사람이 철학과만 해도 수십 명에 달하였으니, 이는 나에게는 무어라 말할 수 없는 자책과 통한을 가져다주었다. 나는 목을 길게 늘어뜨린 채 다만 자기의 죄를 뉘우칠 수밖에 없다.

그리고 앞에서의 글을 쓴 직후인 1944년 2월에 다나베가 행한 〈문화의 한계〉라는 강연에서 다나베는 “참회”라는 용어를 직접 사용하기 시작하였다고 후지타는 말한다.

나의 참회 … 이 나라에 있는 여러 가지 불합리함, 없었으면 좋았다고 여겨지는 일들에 대해서 나에게는 책임이 있다. 그것은 자신이 미력(微

力)하기 때문이었고, 자신이 해야만 할 일들을 하지 못했기 때문이다.
[중략] 참회란 사상이 아니고, 문화도, 교리도 아니다. 그것은 나의 생
활의 모든 내용이다.

이러한 상황에서 1944년 10월부터 시작된 다나베의 교토대학에서
의 마지막 강의가 〈참회도〉라는 제목으로 열리게 되었고, 그 내용이 발
전되어서 본서의 출판에 이르게 되었던 것이다.

*

『참회도의 철학』이 세상에 나온 것은 전쟁이 끝난 다음 해인 1946
년의 일이었다. 앞에서도 개략적으로 살펴보았듯이, 이 책은 2차대전
중 다나베가 체험하였던 한계 의식과 속죄 의식에서 비롯된 것이었다.
전시(戰時)라는 암울한 시대를 살았던 그는 철학자로서 자신의 모든 사
유와 행위가 철저하게 한계에 부딪치는 것을 체험하였고, 따라서 철학
의 새로운 출발점을 모색하지 않을 수 없었다. 물론 이는 단순한 지적
호기심에서 비롯되었던 것이 아니라, 자신의 삶 전체를 걸고 벌이는 용
맹정진(勇猛精進)에 다름 아니었다. 그는 자신의 사유와 행위가 그러한
한계 자체가 자신을 향하여 스스로 열리지 않으면 안 된다는 것을 뼈저
리게 자각하였다. 참회는 그 한계가 다나베를 향해서 스스로의 문을 열
어주는 것에 대한 이름이었다. 어느 의미에서 참회는 다나베가 붙들고
씨름하면서 뚫고 나가지 않으면 안 되는 공안(公案)과도 같은 것이었다.

그런데 이상하게도 나는 어느덧 이 길을 걸어가고 있었다. 참회와 동시
에 나는 이미 이 길을 걸어가기 시작하였던 것이다. 이 말은 내가 의도

적으로 철학을 다시 시작하였다는 뜻이 아니다. 나는 이미 이런 자력의 행위를 버렸기 때문이다. 나는 참회야말로 철학을 깨끗이 지워버리는 유일한 길이라고 생각해서 참회를 행할 수밖에 없었다. 지금 나는 이 참회 외에 달리 길이 없다고 하는 궁지에 몰려 있다. 나는 스스로 참회에서 출발하여, 오직 나 한 사람의 실존적 자각으로서의 참회를 반성하고, 분석하고, 규명할 수밖에 없었다. 참회의 자각으로서의 참회도 외에 나에게 철학의 길은 있을 수 없었다.

자신은 자신을 둘러싸고 있는 한계를 스스로의 힘으로는 벗어날 수 없다는 뼈저린 무력감의 자각은 다나베로 하여금 신란(親鸞, 1173- 1263) 의 『교행신증』(教行信證)에 다가가도록 만들었으며, 이윽고 신란의 사상으로부터 배우면서 참회도를 천명하게 되었던 것이다. 그가 말하고 있는 그대로이다. "신란을 따라가면서 철학을 재건하는 것이야말로 내가 철학으로 재출발하는 길이었다."

나는 『교행신증』이 서양에서는 이에 필적할 만한 사상을 찾아낼 수 없을 정도로 심오한 종교철학이라고 주장하려 한다. 그렇다고 해서 내가 신란이 전개했던 타력염불의 교리를 철학적으로 해석해서 정토진종의 철학을 주장하려는 것은 아니다. 나는 다만 참회의 행위를 통해서 철학 자체를 타력 신앙적으로 재건하고자 한다. 즉 신란의 가르침을 철학적으로 해석하려는 것이 아니라, 신란을 따라서 철학을 참회도로서 다시 검토하고, 신란이 종교에서 걸었던 길을 따라가면서 철학의 길을 다시 걸어가려는 것이 지금의 나의 목표이다. 그러므로 나는 신란에게서 배우고 그를 스승으로 삼고자 하는 것이다.

일본의 가마쿠라(鎌倉) 시대(1185년경-1333년)의 승려 신란은 번뇌에 빠져서 살아갈 수밖에 없는 범부를 위한 구제의 길로서 절대타력의 종지(宗旨)를 지닌 정토진종(淨土眞宗)을 개종(開宗)하였다. [한국에는 길희성 교수의 역저, 『일본의 정토 사상』 (민음사, 1999년)을 통해서 신란의 사상이 소개되어 있다.] 다나베도 본서에서 누누이 밝히고 있듯이, 스스로의 노력으로 깨달음에 이를 수 있는 지자나 현자와는 달리, 범부는 그러한 능력이 없는 사람들이다. 번뇌를 스스로의 힘으로는 벗어버릴 수 없기에 범부인 것이므로, 범부에게는 타력에 의한 구제 이외의 길은 막혀 있다. 그러므로 신란은 아미타여래가 중생을 구제하겠다는 서원을 의심 없이 굳게 믿는 것이야말로, 범부를 위한 구제의 길이라고 믿었다. 그리고 이 경우 사실 믿음도 아미타여래의 타력으로 말미암아 가능한 것이다. 믿음도 자력의 행위는 결코 아닌 것이다. 이러한 맥락에서 다나베는 신약성서에 기록되어 있는 사도 바울의 메시지를 인용한다. "너희들은 항상 복종하여 두렵고 떨림으로 너희 구원을 이루라. 너희 안에서 행하시는 이는 하나님이시니 자기의 기쁘신 뜻을 위하여 너희로 소원을 두고 행하게 하시니라"(빌립보서 2장 12-13절).

물론 아미타여래의 구제의 서원을 믿는다는 것은, 자신은 아무런 노력도 하지 않아도 저절로 구제에 이른다는 교만과 자만을 의미하지 않는다. 거기에는 자신의 무력과 한계에 대한 철저한 참회가 없어서는 안 된다. 다시 바울의 말을 인용하지만, 우리가 두렵고 떨리는 마음으로 자신의 구원을 위하여 노력하는 일, 곧 참회의 행위가 없다면, 우리 안에서 우리의 구원을 이루는 분이 하나님이라는 사실을 믿거나 깨달을 수 없다. 믿음이나 깨달음과 마찬가지로, 참회도 스스로의 힘으로 하는 것이 아니다. 그렇다면 그것은 더 이상 참회가 아니다. 참회 역시 오직 아미타여래의 힘에 의해서 가능하다.

행위는 더 이상 무언가를 기획하여 작위하는 자기의 행위가 아니다. 행위란 초월적 사실, 혹은 절대 현실이 우리들의 자기가 계산적으로 하는 일[計量作爲]을 매개로 하면서 그것을 부정하고, 나아가 그것을 자기 자신에게로 변환시키는 것이다. 신란이 말한 자연법이(自然法爾)나 "무작의 작"이 이것이다. 그것은 행위하는 주체가 없는 행위이기 때문에, 이제 행위는 자기가 행하는 행위가 아니다.

이처럼, 내가 참회하지 않으면 구제될 수 없으나, 그 참회 역시 아미타여래의 힘에 의해서 가능하다는 관계를 다나베는 "전환적 매개"라는 개념을 가지고 이해하고 표현하였다. 달리 표현한다면, 참회를 통해서 나는 아미타여래의 구제의 서원이 실현되는 수단인 공유(空有)라는 자각이 곧 매개이다. 다시 바울의 표현을 빌릴 수 있다면, 그리스도를 통해서 구원에 이른 나는 이미 스스로 사는 자가 아니라, 내 안에 그리스도가 삶으로서 살아가는 존재라는 사실을 자각한다는 말이다(갈라디아서 2장 20절 이하). 이러한 사실을 다나베는 이렇게 말한다.

절대는 어디까지나 절대매개이며, 자력의 부정에 의하지 않고는 작용할 수 없기 때문이다. 절대타력은 자신에게 타자가 되는 자력을 매개로서 요구하고, 자력과 관계함으로써만 실현된다. 그러한 전환 매개가 다름 아닌 참회이다. 이 점으로부터도 참회도라는 개념은 추상적인 무차별을 배제하고, 전환적 매개라는 구체성을 지닌다. 철학의 입장에서 본다면, 참회도가 성립하기 위해서는 이성의 매개가 불가결의 요소가 되는 것이다.

나아가 자신이 아미타여래의 구제의 매개라는 자각은 자신이 다른 이들을 구제로 이끄는 매개가 된다는 자각과 등근원적(等根源的)이다. 개인의 자각이 개인의 사회성에 대한 자각과 분리될 수 없는 것이다. 다나베가 이 책에서 참회도의 사회성을 말하면서, 참다운 국가의 건설은 참회도를 떠나서 있을 수 없다고 주장하는 것도, 그의 이러한 매개의 사상에서 비롯된 것이라고 할 수 있다.

나의 참회는 아미타여래의 힘에 의해 매개됨으로써 가능해지고[往相], 아미타여래에 의한 구제는 나의 참회에 매개됨으로써 세상에 실현된다[還相]. 서로가 서로를 부정적으로 매개하는 관계가 참회자와 아미타여래 사이의 관계이다. 다시 말해서 아미타여래의 절대타력에 의해서 자아가 부정되고 무화되는 것이 곧 아미타여래의 자비를 체험하는 길이다. 크게 부정되는 것이 크게 긍정되는 것이라는 소식, 죽음이 곧 삶이라는 역설이 곧 참회도의 핵심이다. 다나베는 이렇게 말한다.

> "大非 즉 大悲", "무 즉 애"의 행위와 믿음과 깨달음이 종교적 의식의 본질이라고 해도 무방하다. 대비(大悲)라고 하고 사랑이라고 하는 이상, 그것은 원래 무아가 아니면 안 되기 때문에 "대비 즉 大非"이며 "애 즉 무"인 것은 당연하다. 하지만 그것이 이러한 존재적 규정과는 반대로 "大非 즉 大悲", "무 즉 애"의 체험으로서 자각되는 곳에 종교적 의식이 성립한다.

자신의 한계를 철저히 자각하는 길로서 철학을 재정립하기 위해서 다나베는 이성 비판을 통해서 신앙에 자리를 마련하고자 하였던 칸트의 『순수이성비판』을 시작으로 헤겔의 『정신현상학』, 셸링의 『자유론』, 키에르케고르의 『반복』과 파스칼의 『팡세』, 니체의 『차라투스트라는 이렇게 말하였다」, 하이데거의 『존재와 시간』 그리고 아우구스티누스의 『고백록』 등을 자신의 참회론으로부터 재해석한다. 이러한 서양철학과의 대화를 통해서 다나베는 이들 서구의 철학이 궁극적으로는 변증법이 말하는 모순의 지양을 목표로 하는 동일성의 철학이라고 보고, 이들과 거리를 두고자 한다. 그 이유는 이성 비판이 이성을 비판하는 주체로서의 이성적 자아에 대한 철저한 해체와 무화(無化)에까지 이르지 못했기 때문이다. 그는 이렇게 말한다.

> 여기에서 말한 변증법의 통일이란 통일이면서 대립적이며, 모순을 지양하는 종합이 아니고 모순을 모순대로 용인하는 통일이다. 변증법적 종합을 지양(止揚)이라든지 양기(揚棄)라는 개념으로 이해한다면, 정반(正反)의 대립을 버리고 멈춘다고 밖에는 이해될 수 없다. 그렇게 된다면 그것은 이성적 동일성에 불과하다. 그런데 이것은 사랑의 변증법이라든지, 대비(大悲)의 통일과는 다르다. 왜냐하면 이 경우 모순 대립은 언제까지나 사라지지 않고 남아 있지만, 모순의 밑바닥에서 주체가 죽음으로서 대립이 더 이상 대립이 아니라는 방식으로, 모순이 모순인 채로 양립하기 때문이다.

여기에서 다나베는 자신을 지도해주었던 니시다와 거리를 두게 되었다. 니시다가 말하는 "절대모순의 자기 동일" 역시 헤겔류의 동일성의 철학이나 기독교 신비주의의 연장선상에 있다는 것이 다나베의 니시다에 대한 비판의 요지였다.

> 무의 동일을 절대모순의 자기 동일로서 장소적으로 직관하는 바에서 부활이 이루어지고 행위가 성립하는 것이 아니다. 죽음을 행하고 자기

가 타력의 매개로서 소멸하며, 이렇게 됨으로써 자기가 타력의 매개로 살아나서 공유(空有)로서 세상으로 돌아온다[還相]는 자각에서 무는 현성한다.

다나베는 무는 직관되는 것이 아니라 행위적 믿음을 통해서 실천된다는 사실을 강조하였던 것이다. 이른바 자력성도문(聖道門)으로서의 선(禪)에 기초하면서 철학을 전개하였던 니시다와는 달리 다나베는 타력 이행문(易行門)으로서의 정토진종에 의거하였다는 사실을 생각해 보면, 교토학파에 속한 두 사상가 사이의 이러한 거리는 충분히 짐작할 수 있다고 여겨진다. 물론 다나베의 이러한 비판에 대해서 니시다는 격한 반응을 보였다. 예를 들어서 1940년 10월 6일, 자신의 제자였던 타키자와 가쯔미(瀧澤克己)에게 보냈던 서한에서 니시다는 다나베를 다음과 같이 비판하고 있다.(이하 니시다의 편지로부터의 인용은 〈니시다 기타로 전집 19〉(西田幾多郞全集19) 岩波書店, 1966에 의한 것이다.)

그 사람[다나베]은 아무래도 의식적 자기(意識的 自己)의 입장을 떠나지 못하는 것 같습니다. 그리고 자신이 이해할 수 없는 입장에 대해서는 그것은 신비주의라고 일축해버리고 맙니다. 변증법을 말하긴 하지만 [그가 말하는 변증법은] 참으로 구체적인 역사적인 변증법이 아닙니다 (132-133頁).

나아가 니시다는 다나베가 말하는 참회에 대해서도 부정적인 의견을 감추지 않았다. 역시 제자인 무다이 리사쿠(無台理作)에게 보낸 두 통의 편지에서는 다음과 같은 구절이 보인다. 어떤 의미에서는 철학자 니시다의 인간적인 면모를 있는 그대로 드러낸다고도 할 수 있는 표현들이 언뜻언뜻 엿보이는 듯하여 흥미롭다. 사적인 편지였기에 가능한 자기표현이었을 것이다.

미타[아미다부처]가 부르는 소리가 없는 정토종적 세계관은 정토종적 세계관이 될 수 없다고 생각합니다. 그런 세계에서는 도대체 어디로부터 부처의 구제가 있을 수 있단 말입니까? 저 사람[다나베]은 종교라는 것을 사실(事實)로서 보지 않고 오직 머리만 가지고 생각하기 때문에, 적어도 체험적으로 종교에 들어가서 종교를 보고 있지는 못합니다. 참회뿐인 세계는 도덕의 세계이지 종교의 세계가 될 수 없어요. [중략] 저 사람은 장소(場所)라는 것을 지금도 직관하는 것이라고만 생각하고 있으니 실로 알 수 없는 머리의 소유자예요. 바보처럼 지금도 셸링의 지적 직관이 무엇인지에 대해서 생각하고 있어요. 그는 아무래도 칸트의 입장을 벗어나지 못하는 것 같습니다. 장소는 대상적으로 직관하는 것이 아니고 자기가 있는 장소도 아닙니다. 그러나 자기와 세계란 오직 co-ordinate에 대립하는 것이 아니라, 모순적 자기 동일적으로 대응하는 것입니다. 그 정도로도 내가 말하는 것을 조금이라도 반성해서 생각해 보지 않아요. 그런 것은 종교는 아무래도 좋고 도덕만 말하면 그만이라는 휘브리스[교만]의 권화(權化)에 지나지 않지요.

나는 정토종의 세계는 번뇌무진(煩惱無盡)의 중생이 있어 부처의 서원이 있으며, 부처의 서원이 있어 중생이 있는 세계라고 생각하고 있습니다. 기독교에서 이 세계는 옳고 그름을 심판하는 세계, 신의 의지가 실현하는 세계라고 한다면, 정토종에서는 부처의 자비와 구제의 세계, 무한 서원(誓願)의 세계라고 생각합니다. 범부와 부처가 대응하지 못하는 세계라면, 어디로부터 우리들이 부처를 구하고 어디로부터 부처가 부르는 목소리가 들려온단 말입니까? 장소의 자기 한정은 우리들의 개체에 대한 위대한 부처의 표현이고 절실한 구제를 향한 부름이지요. 무다이 군이 "자기표현"에 대해서 말했던 대로, 장소 논리에서는 내재적 즉 초월적이기 때문에 그러한 자기의 표현으로서의 부처의 이름도 부를 수가 있습니다. 따라서 우리들은 부처를 믿고 부처의 이름을 부름으로써 구제되는 것입니다. 부처를 직관한다고 하는 것은 있을 수 없어요. 직관할 수 없기 때문에 다만 이름을 부르는 것입니다. 장소 논리에 대해서 전혀 알지 못하고 있어요. 부디 무다이 군의 생각대로 진전하기 바랍니다. 저 사람은 아무리 말해도 알아들 줄 아는 사람이 아니에요. 저 사람이 알아듣도록 노력해 보아도 헛일이에요. 나중에는 흥분하기까지 하니까요. 상대하려고 해도 소용없는 일입니다. 성도문이나 정토문이라는 것도 오직 개념적으로만 생각하고 있어요. 사실 성도문과 정토문은, 스즈키 다이세쯔(鈴木大拙)가 말하는 것처럼, 하나로 되는 바가 있어요. 무다이 군은 스즈키와 대화해 보기 바랍니다(1944년 12월 21일).

다나베와 같은 입장에서는 믿음에 의해서 구원된다는 것은 있을 수 없어요. 즉 회심이라는 세계, 이것이 종교적 세계이고, 죄악 깊은 범부가 부처의 부르는 소리를 듣고서 믿게 되고, 거기에 전환이 있지 않으면 안 되지요. 지금까지 홀로 번민하고 있었지만 실은 부처 안에 있었던 것이다, 부처의 빛의 세계 안에 들어가서 부처에게 손을 이끌리게 된다, 여기에서는 아무래도 포함된다는 것이 있어야 하지요. 장소 논리에서는 대응(對應)이라는 것은 언제나 역대응(逆對應)이라고 하지 않으면 안 됩니다. [중략] 다나베는 부처를 다만 멀리 천상(天上)에서 찾으면서 그것에 다가가려고 하지요. 저 사람이 말하는 참회는 참회가 아니라 후회(後悔)에 불과해요. 오직 자력으로 나가고자 할 뿐입니다. 다만 도덕에 불과하지요. 참회란 자기의 생명의 근원에서 반성하여 다시 태어나는 것이 아니면 안 됩니다. 다나베라는 사람은 개념을 극한까지 추구해서 거기로부터 추론할 뿐이어서, 사실과 체험 자체를 깊이 분석하지 못하고 있어요. 나를 다만 신비적 직관이라고 정해놓고 있는 저 사람은 도대체 내 책을 읽기라도 한 것인가요(1944년 12월 22일). (이상 두 편지는 위의 책, 366-368頁에서 인용.)

장소론에 입각해서 주체와 초월의 관계를 파악하는 니시다가 다나베의 참회를 매개로 한 주체와 초월의 관계를 바라보는 시각이 흥미롭다. 더욱이 절대타력을 주장하는 다나베의 참회를 니시다는 오히려 자력으로 멀리 떨어져 있는 부처에게 나가려는 시도라고 비판하고 있는 것이다. 선에서 본 정토진종과 정토진종에서 본 선이 이렇게 다른가라는 물음이 대두됨과 함께, 니시다와 다나베에 대한 비교 연구가 대단히 생산적일 것이라는 사실을 직감할 수 있다. 이런 점에서 〈난잔종교문화연구소 연구총서 1권〉으로 번역된 니시다의 『장소적 논리와 종교적 세계관』을 『참회도의 철학』과 비교해서 읽어주시기를 역자로서는 부탁드리는 바이다.

이 두 사상가에 대한 소개는 글이 길어질 것이므로 여기서는 더 진행하기 어려우나, 니시다와 다나베의 관계에 대해서는 이 두 사람으로부터 배웠던 니시타니 케이지의 소개가 흥미로우므로 여기에 소개하는 것으로 두 사람의 관계에 대한 언급을 마치고자 한다.

다나베 선생은 니시다 선생의 제자라고들 흔히 생각하지만 실제로는 그렇지 않다. 학문적인 논의가 어느 정도는 감정적인 것으로 되어버려서였는지, 두 분 사이가 소원해졌던 것은 내가 3고(三高)[교토와 오카야마岡山에 있던 〈구제제3고등학교舊制第三高等學校〉를 가리키는 말로서 현재의 교토대학 종합인간학부와 오카야마 대학 의학부의 전신 – 역자주]에서 전임강사를 하던 시절이었다. 다나베 선생의 제자이기도 한 나를 다나베 선생은 니시다 선생 대신 강의를 시키기도 하였다. 그럴 때면 "나는 나다"라고 생각할 수밖에 없었다. 니시다 선생은 어려우면서도 스케일이 크다는 생각이 들어서 오랫동안 뵈어 오면서도 무섭다는 생각을 떨쳐 버릴 수가 없었다. 다나베 선생은 근엄함 그 자체 속에 신경질적인 면이 있었다. 니시다 선생이 헤겔적이라고 한다면 다나베 선생은 칸트적이어서, 나로서는 다나베 선생에 대해서 무섭다는 생각은 들지 않았다. 다나베 선생이 예술을 이해하신 것은 조각, 회화까지여서 내가 좋아하는 음악은 별로 이해하고 계시지 못하였고, 종교에 대해서도 전문적이지는 못했다는 생각이 든다. (西谷啓治〈田辺先生のこと〉武内義範,武藤一雄, 辻村公一編〈田辺元思想と回想〉筑摩書房1991年, 286頁.)

니시다와 다나베에 대해서 언급한 차제에 그들에 의해서 형성된 교토학파에 대한 이에나가 사부로(家永三郎, 1913-2002)의 평가를 여기에 인용해 두고 싶다. 이에나가는 일본 고대사상사를 전공한 역사가이자 사상가로서, 특히 그가 1955년에 집필했던 고등학교 역사교과서 『신일본사新日本史』가 문부성의 검정을 통과하지 못하자 이에 항의하여 소송을 제기하여 정부와 오랫동안 대립각을 세운 것으로 유명한 학자였다. 앞서 거론하였던 길희성 교수의 『일본의 정토 사상』의 〈머리말〉에서도 거론되고 있는 것처럼, 이에나가가 말하는 이른바 〈부정의 논리〉—"상대와 절대, 내재와 초월, 세계 긍정과 세계 부정, 이 세상과 저 세상, 생사와 열반, 그리고 자력과 타력 사이의 명확한 불연속성을 강조하는 사상"(길희성, 앞의 책, 15면)—는 다름 아니라 다나베로부터 배운 것이었다. (개인적인 이야기를 덧붙이는 것이 허락된다면, 길희성 교수께서 2006년도에 난잔종교문화연구소의 〈로취 강좌 연구소원Roche Fellows〉으로 오셨을 때, 이에나가의 책을 소개해주시면서 다나베에 대해서 말씀해주셨던 기억이 있다. 당시부터 역자는 다나베나 이에나가에 대해서 관심을 가지기 시작하였으나, 게으름과 역량 부족으로 인해서 이제야 겨우 다나베의 책을 번역할 수 있게 되었다. 다나베 연구를 권해주신 길희성 교수님께 이 자리를 빌려서 감사를 드린다.)

이에나가에 대한 소개는 역시 다른 기회로 다룰 수밖에 없으나, 다만 그가 니시다나 다나베가 포함된 교토학파에 대한 이해를 둘러싸고 서술하는 부분은, 한국에 교토학파를 소개하려는 본 시리즈에도 중요한 의미를 지니고 있다고 여겨지므로, 여기에 인용하여 앞으로의 논의를 위한 하나의 단초로 삼고자 한다. 이에나가는 일본의 사상계가 교토학파에 대해서 비판적인 입장을 취하고 있다는 입장을 취하면서—물론 이러한 이에나가의 입장 자체가 논의의 대상이 됨은 재언의 여지가 없겠으나— 다음과 같이 말하고 있다.

이른바 교토 철학이 "비생산적"이고 "관념적"이라고 여겨져서 현재 사상계의 관심 밖에 나 있는 것은 틀림없다. 하지만 그것은 처음부터 일방적으로 교토 철학을 "관념론의 철학"이고, 정치적으로 "반동적"이라는 이유에서 다짜고짜로 부정해 버리는 비판이 한 편에 있고, 다른 한편에는 무조건 교토 철학을 찬미하고 옹호하면서 자신들의 스승의 사상을 이어받아 학문을 하려는 입장으로 시종하는 것으로 만족하는 태도가 있기 때문에, 공정하게 교토학파의 적극적 의미가 어디까지인가를 탐구하고, 교토 철학의 성립과 전개를 일본의 역사적 상황과 관련해서 객관적으로 고찰하며, 그것이 일본 사상사에 남긴 정신적 유산이 되어야 할 것과 그럼에도 불구하고 숨기기 어려운 사상적 한계 사이의 미묘한 관계를 상세하게 밝히려는 시도가 거의 보이지 않는다는 사실과 무관계하다고 과연 말할 수 있을 것인가? 나는 다나베 철학, 특히 15년 전쟁[만주사변이 있었던 1931년부터 제2차 세계대전에 패배한 1945년까지의 전쟁을 가리킴 - 역자주] 중에 보여준 그의 주장에는 크게 위화감을 느끼는 것이 사실이다. 하지만 전체로서의 다나베 철학의 근본적 사고 방향으로부터 어떤 의미에서는 결정적인 영향을 받았던 나로서는 다나베 철학을 다시 한 번 사상사적 관점으로부터 객관적으로 재검토해 보고 싶다는 생각을 억누를 수 없다. 다나베 철학을 청산해야 한다는 전면적 부정의 입장도 아니고, 호교적이고 송덕적(頌德的)이라고 해야 할 찬미주의 일변도의 입장도 아닌, 사상사가의 눈으로 다나베 철학을 다시 생각해 보려는 시도는 학문적으로 오늘날 이른바 교토 철학이 열광적인 찬미와 조소(嘲笑) 사이에 끼여 있는 시기를 거치면서 망각의 늪으로 빠져들어 가려는 오늘날에 있어서야 말로 오히려 그 필요성이 더욱더 늘어난다고 할 수 있는 것은 아닐까? (家永三郎,『田辺元の思想史的研究:戦争と哲学者』法政大学出版局, 1974年, vii.)

*

본서의 번역에 대해서 몇 가지 언급하고자 한다.『참회도의 철학』은 1940년대의 문어체로 되어 있어서, 역자의 부족한 실력으로는 뜻을 파악하기 쉽지 않은 경우가 여러 번 있었다. 한 문단이 수 페이지를 차지하는 경우도 있었으며, 철학 용어들의 경우 한국에서 상용되는 용어들과는 다른 경우가 상당 수 있었다. 그러한 경우에는 다음의 영역본으로부터 많은 도움을 받았다. 또한 다나베의 원저에는 표기되어 있지 않은 서양의 철학적, 신학적 용어들도 필요하다고 여겨진 경우에는 이 영역본에서 참고로 하여 번역본에 실었음을 밝혀둔다. (Tanabe Hajime, *Philosophy as Metanoetics*, Translated by Tekeuchi Yoshinori with Valso Viglielmo, and James W. Heisig, University of California Press, 1986). 또 본서의 말미에 있는 〈찾아보기〉는 원저에는 없는 것으로서, 역자가 독자의 이해를 위해서 임의로 작성한 것임을 밝혀둔다.

『참회도의 철학』은 전 교토대학 교수인 후지타 마사카쓰 선생의 편집으로 이와나미서점에서 펴낸 〈다나베 하지메 철학선 [전 4권]〉 중 제2권으로 새롭게 출판되었고, 여기에는 독자들의 이해를 돕기 위해서 편집자인 후지타 선생이 붙이신 〈주해〉가 많이 실려 있다. (藤田正勝編, 『懺悔道としての哲学:田辺元哲学選II』, 岩波書店, 2010年.) 한국의 독자들에게는 다나베의 책이 처음으로 소개되기에 이 후지타 선생의 〈주해〉(注解)가 다나베를 이해하는 데 대단히 유용하다고 보아, 본 역서에는 그 〈주해〉의 일부를 선별하여 번역하였다. 그러므로 본서에 달린 각주 중 별도의 표기가 없는 것은 후지타 선생의 〈주해〉의 번역이다. 역자가 필요하다고 판단해서 붙인 주의 경우는 [역자주]라고 별도로 표기하여 구분하였다. 〈주해〉의 번역을 허락해 주시고 여러 면으로 격려해 주신 후지타 선생과 이와나미서점에 이 자리를 빌려서 심심한 감사를 드리는 바이다.

역자는 교토학파의 창시자로 평가받는 니시다 기타로의 만년의 저작인 『장소적 논리와 종교적 세계관』(場所的論理と宗教的世界觀)을 역시 〈난잔종교문화연구소연구총서〉의 제1권으로 2013년에 정우서적에서 번역, 출판한 적이 있다. (제2권은 난잔종교문화연구소의 심포지움의 기록을 책으로 펴낸 『기독교와 불교, 서로에게 배우다』였다.) 이번에 세 번째의 책으로 도서출판 동연에서 『참회도의 철학』이 출판됨으로써 교토학파의 중요한 두 사상가의 저서가 한국에 소개되게 되었다. 역자의 역량 부족으로 말미암아 오독(誤讀)을 불러오는 경우가 없지 않을 것이므로 앞으로 고쳐나가야 할 여지가 많음은 부끄러운 일이라 하겠으나, 형식적으로나마 교토학파를 대표하는 두 철학자의 저서가 한국에 소개될 수 있게 된 것을 번역자로서 기쁘게 생각하는 바이다. 이 부족한 번역을 통해서 한·일간의 학문적이고 종교적인 교류를 위해서 조금이라도 기여할 수 있기를 바람이 역자의 과욕이라면 과욕이라 하겠으나, 모자라는 실력에 이 책을 번역하기로 했던 의도가 거기에 있음 또한 부인할 수 없는 일이다. 독자 여러분의 질정(叱正)과 성원을 부탁드리는 바이다.

이 책을 출판함에 있어서 동국대학교 불교학부의 김호성 교수님께로부터 불교 용어를 비롯하여 번역어의 수정에 이르기까지 큰 도움을 받을 수 있었다. 이 자리를 빌어서 충심으로 감사를 드린다. 또 예쁜 책으로 펴내 주신 도서출판 동연의 김영호 선생님과 편집부의 모든 분들에게 심심한 감사를 드리고, 문장을 교정해 준 상현숙 씨에게도 고마움을 표하는 바이다.

2015년 12월 성탄절에
나고야의 난잔종교문화연구소에서
역자 김승철 씀

찾 아 보 기 Index